A ARBITRAGEM VOLUNTÁRIA
E
A MEDIAÇÃO DE CONFLITOS

MIGUEL CANCELLA DE ABREU FILIPE LOBO D'AVILA
ARAFAM MANÉ CLARA MOREIRA CAMPOS

CONCÓRDIA
Centro de Conciliação e Mediação de Conflitos

A ARBITRAGEM VOLUNTÁRIA
E
A MEDIAÇÃO DE CONFLITOS

LEGISLAÇÃO COMENTADA DOS ESPAÇOS
DE LÍNGUA PORTUGUESA

(Angola, Brasil, Cabo Verde, Guiné-Bissau, Macau, Moçambique,
Portugal, S. Tomé e Príncipe e Timor)

ALMEDINA

A ARBITRAGEM VOLUNTÁRIA E A MEDIAÇÃO DE CONFLITOS

AUTORES
MIGUEL CANCELLA DE ABREU
FILIPE LOBO D'AVILA
ARAFAM MANÉ
CLARA MOREIRA CAMPOS

DISTRIBUIÇÃO
EDIÇÕES ALMEDINA, SA
Av. Fernão Magalhães, n.° 584, 5.° Andar
3000-174 Coimbra
Tel.: 239 851 904
Fax: 239 851 901
www.almedina.net
editora@almedina.net

Concórdia – Centro de Conciliação e Mediação de Conflitos
Rua Rodrigo da Fonseca, 149-3.° Dt.°
1070-242 Lisboa
Tel.: + (351) 21 381 2815
Fax: +(351) 21 381 2817
Email: correio@concordia.com.pt
Site: www.concordia.com.pt

PRÉ-IMPRESSÃO | IMPRESSÃO | ACABAMENTO
G.C. – GRÁFICA DE COIMBRA, LDA.
Palheira – Assafarge
3001-453 Coimbra
producao@graficadecoimbra.pt

Novembro, 2008

DEPÓSITO LEGAL
284681/08

Os dados e as opiniões inseridos na presente publicação
são da exclusiva responsabilidade do(s) seu(s) autor(es).

Toda a reprodução desta obra, por fotocópia ou outro qualquer
processo, sem prévia autorização escrita do Editor, é ilícita
e passível de procedimento judicial contra o infractor.

Biblioteca Nacional de Portugal – Catalogação na Publicação

A arbitragem voluntária a mediação de conflitos :
legislação comentada dos espaços de língua
portuguesa / Miguel Cancella de Abreu... [et al.]
ISBN 978-972-40-3689-2

I – ABREU, Miguel Cancela de

CDU   347

PREFÁCIO

Cabe-me o grato privilégio de poder, em nome da *Concórdia – Centro de Conciliação e Mediação de Conflitos*, redigir um curto prefácio para esta obra, fruto do trabalho incansável dos seus autores, que não necessitam de maior elogio que não seja o reconhecimento por parte de Advogados e Juristas de que ela fazia falta, e se revela imprescindível para todos os que porfiam no desenvolvimento de meios alternativos de resolução de conflitos.

A Concórdia recebeu da UALP – União dos Advogados de Língua Portuguesa, a incumbência de elaborar um relatório preliminar, que analisasse os vários diplomas legislativos das Nações que integram a CPLP – Comunidade dos Países de Língua Portuguesa, e que regulam a matéria de Arbitragem e da Mediação.

Tal incumbência revelou-se particularmente trabalhosa, porquanto tais normativos correspondem a ordens jurídicas em desenvolvimento, estando a actividade da Mediação, Conciliação e Arbitragem em constante evolução normativa, com os governos dos Estados profundamente empenhados, em que essa actividade se expanda, como forma de poderem atenuar a profunda crise que afecta as instituições judiciárias tradicionais.

A globalização, o uso de meios informáticos, as acções de massas, a desterritorialização de actividades económicas, levam-nos para soluções alternativas.

Só utilizando meios alternativos é possível conceptualizar a expansão de um novo espaço judiciário de Arbitragem, sem que os recursos dos Estados consumam por forma insuportável as suas Finanças Públicas.

A crise financeira global, vai seguramente influenciar também as decisões que os Estados irão tomar sobre a desjudicialização tradicional nas formas de regulação de conflitos.

É muito interessante verificar, que apesar da diversidade de Instituições que vão corresponder à expansão dos diversos meios de resolução alternativa de conflitos, permanece uma harmonia de pensamento jurídico de matriz lusófona, que aproxima entre si todas as nações da Lusofonia.

Muito claramente, concluem os Autores poderem identificar-se as convergências normativas, que vão conduzir a um percurso comum, e a construção de uma Rede de prestação de serviços judiciais arbitrais, assente em matriz jurídica comum.

A noção de Rede e de controlo da Rede, é hoje um conceito imprescindível para quem queira conhecer os efeitos do fim do poder dos Estados, sobre a Arbitragem de conflitos, internacionalizada e desterritorializada.

Porquanto as Redes, não são só comunicacionais, sem qualquer limite. As Redes irão transformar o exercício de poderes Económicos e Financeiros, e já não serão os Estados ou a Organizações Internacionais moldadas tal como até aqui foram concebidas a poder controlar os mercados, sejam eles financeiros ou de mercadorias.

Mas sim as Instituições das Redes globalizadas, que permitirão regular o funcionamento dos mercados, e as Arbitragens Internacionais de conflitos que aí se geram.

A obra que agora se publica, é assim um trabalho de vanguarda, que coloca a Lusofonia no centro das grandes transformações em curso, e que se estão a operar no Mundo.

Bem hajam os Autores por terem trabalhado neste "Digestum" que permitirá dar-nos a conhecer novos instrumentos de Regulação, Mediação, Conciliação e Arbitragem de conflitos, ao serviço da Justiça.

JÚLIO DE CASTRO CALDAS
(Antigo Bastonário da Ordem dos Advogados Portugueses,
Presidente do Conselho Executivo da CONCORDIA-
-Centro de Conciliação e Mediação de Conflitos)

NOTA INTRODUTÓRIA

A presente colectânea nasceu de uma evidência: a relevância crescente dos mecanismos de resolução alternativa de litígios no âmbito dos diferentes Espaços de Língua Portuguesa e, em particular, a relevância que as diferentes legislações de arbitragem e mediação têm assumido nessas mesmas comunidades.

Esta realidade é comprovada pelo facto da última década ter sido particularmente intensa no que concerne à elaboração e publicação de diferentes e relevantes diplomas de arbitragem e mediação no espaços de língua portuguesa.

A este propósito, não podemos deixar de referir o seguinte:
 (i) No ano de 1996 foi aprovado e publicado o Decreto-Lei n.° 29/96/M, de 11 de Junho, respeitante ao território de Macau e, bem assim, a Lei de Arbitragem Brasileira n.° 9307, de 23 de Setembro.
 (ii) No ano de 1999 foi publicada a Lei de Arbitragem de Moçambique, à qual se seguiu, no ano de 2000, a Lei de Arbitragem da Guiné-Bissau.
 (iii) Já em 2003 foi aprovada e publicada a Lei de Arbitragem Angolana n.° 16/2003, de 25 de Julho, e no ano de 2005 a Lei de Arbitragem de Cabo Verde n.° 76/VI/2005, de 16 de Agosto.
 (iv) Por fim, em 2006 foi aprovada e publicada a Lei de Arbitragem de S. Tomé e Príncipe e, já no ano de 2007, foi aprovada e publicada, em Portugal, a Lei de Mediação Penal n.° 21/2007, de 12 de Junho.

Os últimos dez anos têm sido, assim, uma época de intensa actividade legislativa, a qual comprova a atenção e aposta que os diferentes Governos têm reservado à promoção e desenvolvimento dos mecanismos de resolução alternativa de litígios.

O propósito da presente Colectânea de Legislação Comentada sobre Arbitragem e Mediação não podia deixar de ser, por um lado, uma forma de se contribuir para a visibilidade desse esforço conjunto assumido pelos Países de Língua Portuguesa e, por outro, de procurar colmatar a ausência de uma publicação sobre esta matéria e com este alcance territorial.

A par da compilação das Leis que nos pareceram mais relevantes, procurámos, simultaneamente, em cada um dos respectivos capítulos, introduzir um breve comentário com as principais sínteses. Naturalmente, as sínteses apresentadas não esgotam as diferentes análises que cada um dos diferentes ordenamentos jurídicos de arbitragem e mediação merecem.

Nesta nota introdutória, não poderíamos deixar de agradecer o apoio imediato do Instituto Português de Apoio ao Desenvolvimento (IPAD), da Fundação Luso-Americana para o Desenvolvimento (FLAD) e, bem assim, da Comunidade de Países de Língua Portuguesa (CPLP). O seu apoio foi decisivo para que a presente obra se tornasse uma realidade.

Por fim, aproveitamos também para agradecer ao jurista Carlos Antunes, cujo apoio também foi absolutamente decisivo na preparação da presente colectânea, assim como a todas as pessoas que com o seu entusiasmo e dedicação nos ajudaram nas diferentes pesquisas e levantamentos legislativos.

A todos eles o nosso muito obrigado.

13 de Outubro de 2008

Os Autores

I PARTE

LEGISLAÇÃO SOBRE ARBITRAGEM E OUTROS MEIOS DE RESOLUÇÃO DE LITÍGIOS: CONCILIAÇÃO E MEDIAÇÃO DE CONFLITOS

TÍTULO I

ANGOLA

ANGOLA

CAPÍTULO I
Legislação

LEI CONSTITUCIONAL DA REPÚBLICA DE ANGOLA

(...)

CAPÍTULO V
Da Justiça

SECÇÃO I
Dos tribunais

(...)

ARTIGO 125.º

1. Além do Tribunal Constitucional, os tribunais estruturam-se nos termos da lei, de acordo com as seguintes categorias:
 a) Tribunais Municipais;
 b) Tribunais Provinciais;
 c) Tribunal Supremo.
2. Lei própria estabelece a organização e funcionamento da justiça militar.
3. Nos termos da lei, podem ser criados tribunais militares, administrativos, de contas, fiscais, tribunais marítimos e arbitrais.

(...)

***

LEI SOBRE A ARBITRAGEM VOLUNTÁRIA

LEI 16/03
de 25 de Julho

A arbitragem constitui um mecanismo extrajudicial privilegiado não só pelos operadores privados como pelo próprio Estado para a solução dos eventuais conflitos sobre direitos patrimoniais, considerados disponíveis por lei, devido às enormes vantagens que lhe são reconhecidas, designadamente, a sua celeridade e flexibilidade, bem como a liberdade das partes no processo de escolha e nomeação de árbitros, aliados ao seu carácter sigiloso e propício à transacção.

Face ao inevitável processo de abertura política e económica do nosso País e consequentemente à multiplicação das relações económicas, comerciais e industriais ao nível quer do mercado interno, bem como internacional, torna-se conveniente e necessário conferir maior segurança, certeza e previsibilidade jurídica no que concerne à resolução dos eventuais litígios decorrentes dessa relações internas e internacionais.

A arbitragem, enquanto modo extrajudicial privado de resolução de litígios, traduz-se num complemento útil e necessário aos tribunais estatais, pois concorre, em última instância, para maior eficácia, eficiência e dignificação do sistema geral de administração da justiça.

Impõe-se, assim neste domínio, dotar o nosso País e o seu sistema jurídico de uma legislação pertinente, mais moderna e adequada à dinâmica e às transformações do mundo actual.

Nestes termos, ao abrigo da alínea *b)* do artigo 88.° da Lei Constitucional, a Assembleia da República aprova a seguinte:

LEI SOBRE A ARBITRAGEM VOLUNTÁRIA

CAPÍTULO I
Da Convenção de Arbitragem

ARTIGO 1.°
(Convenção de Arbitragem)

1. Todos aqueles que dispuserem de capacidade contratual podem, nos termos da presente lei, recorrer a um Tribunal Arbitral para resolver litígios relativos a direitos disponíveis, mediante Convenção de Arbitragem, desde que por lei especial não estejam exclusivamente submetidos a Tribunal Judicial ou à arbitragem necessária.

2. Os menores, interditos ou inabilitados não podem celebrar convenções de arbitragem, ainda que por intermédio dos seus representantes legais, mas, em caso de sucessão, os litígios em que sejam interessados podem ser dirimidos pelo Tribunal Arbitral ao abrigo e nos termos da Convenção de Arbitragem celebrada por aqueles a quem tiverem sucedido.

3. O Estado e, em geral, as pessoas colectivas de direito público, só poderão celebrar convenções de arbitragem:
a) para dirimir questões respeitantes a relações de direito privado;
b) nos contratos administrativos;
c) nos casos especialmente estabelecidos por lei.

ARTIGO 2.º
(Espécies de Convenção de Arbitragem)

1. A Convenção de Arbitragem pode assumir a modalidade de cláusula compromissória ou de compromisso arbitral.

2. Cláusula compromissória é a convenção segundo a qual as partes se obrigam a dirimir, através de árbitros, os litígios que venham a decorrer de uma determinada relação jurídica contratual ou extra-contratual.

3. Compromisso arbitral é a convenção segundo a qual as partes se obrigam a dirimir através de árbitros um litígio actual, quer ele se encontre afecto, quer não, a um Tribunal Judicial,

4. As partes podem, na Convenção de Arbitragem, estender o respectivo objecto a outras questões relacionadas com o litígio, conferindo aos árbitros, nomeadamente, o poder de precisar, completar, actualizar e, inclusivamente, rever os contratos ou as relações jurídicas que determinaram a Convenção de Arbitragem.

ARTIGO 3.º
(Requisitos da Convenção de Arbitragem)

1. Sem prejuízo de lei especial exigir forma mais solene, a Convenção de Arbitragem deve ser celebrada por escrito.

2. Considera-se celebrada por escrito a convenção inserida em qualquer documento assinado pelas partes ou em qualquer exemplar de correspondência trocada entre elas de que reste prova por escrito, nomeadamente meios de telecomunicação, quer esses instrumentos titulem directamente a convenção celebrada quer remetam para outro documento escrito ou de que reste prova por escrito que contenha uma Convenção de Arbitragem.

3. As partes devem, na cláusula compromissória, especificar as relações litigiosas ou os factos jurídicos de que possam derivar e, no compromisso arbitral, determinar com a maior exactidão possível o objecto do litígio.

4. As partes podem, por acordo e por escrito, revogar a Convenção de Arbitragem até ser proferida a decisão arbitral.

ARTIGO 4.º
(Nulidade da Convenção de Arbitragem)

1. A convenção de arbitragem é nula quando:
a) não revestir a forma prescrita por lei;
b) for celebrada em contravenção das normas imperativas do artigo 1.º da presente lei;
c) a cláusula compromissória não especificar os factos jurídicos de que deva emergir a relação litigiosa;
d) o compromisso arbitral não determinar o objecto do litígio e não for possível proceder, de outro modo, à sua determinação.

2. A nulidade do contrato não importa a nulidade da Convenção de Arbitragem, salvo mostrando-se que aquele não teria sido celebrado sem a referida convenção.

ARTIGO 5.º
(Caducidade da convenção)

1. O compromisso arbitral caduca e a cláusula compromissória deixa, no que respeita ao litígio submetido à decisão do Tribunal Arbitral, de produzir efeito, quando:
a) algum dos árbitros falecer, se escusar, ficar permanentemente impossibilitado para o exercício da arbitragem ou a sua designação ficar sem efeito e, em qualquer destes casos, não for substituído, de harmonia com o art. 11.º da presente lei;
b) não puder, sendo o tribunal colectivo, obter-se maioria nas deliberações;
c) a decisão não for proferida nos prazos estabelecidos de harmonia com o art. 25.º da presente lei.

2. Salvo estipulação em contrário, a Convenção de Arbitragem não caduca e a instância arbitral não se extingue com a morte de qualquer das partes ou com a sua extinção, sendo pessoa colectiva.

CAPÍTULO II
Do Tribunal

ARTIGO 6.º
(Composição do tribunal)

1. O Tribunal Arbitral pode ser composto por um único árbitro, ou por vários, sempre em número ímpar.

2. Se o número de árbitros não for fixado na Convenção de Arbitragem ou em escrito posterior assinado pelas partes, nem deles resultar, o tribunal será composto por três árbitros.

ARTIGO 7.º
(Designação dos árbitros)

1. Na Convenção de Arbitragem ou em escrito posterior por elas assinado, podem as partes designar o árbitro ou árbitros que integrarão o Tribunal, ou fixar o modo como são designados.

2. Se as partes não tiverem designado o árbitro ou árbitros nem fixado o modo da sua designação e não houver acordo entre elas sobre essa designação, cada uma das partes indicará um árbitro, a menos que acordem em que cada uma delas indique, em número igual, mais do que um, cabendo aos árbitros assim designados a escolha e designação do árbitro que completará a composição do tribunal.

ARTIGO 8.º
(Requisitos dos árbitros)

Podem ser designados árbitros as pessoas singulares que estejam no pleno gozo e exercício da sua capacidade civil.

ARTIGO 9.º
(Liberdade de aceitação)

1. A aceitação da designação como árbitro é inteiramente livre, mas, se o encargo tiver sido aceite, só é admissível a escusa fundada em causa superveniente que impossibilite o designado de exercer a função.

2. Considera-se aceite o encargo sempre que a pessoa designada revele inequivocamente a intenção de agir como árbitro ou não declare, por escrito dirigido a qualquer das partes, dentro dos oito dias subsequentes à comunicação da designação, que não aceita exercer a função.

3. O árbitro que, tendo aceite o encargo, se escusar injustificadamente ao exercício da sua função, responde civilmente pelos danos a que der causa.

ARTIGO 10.º
(Recusa)

1. Quem for convidado para exercer as funções de árbitro, tem o dever de dar imediato conhecimento de todas as circunstâncias que possam suscitar dúvidas sobre a sua imparcialidade e independência. Esse dever de informação a ambas as partes mantém-se enquanto decorrer o processo arbitral.

2. Um árbitro designado só pode ser recusado quando existir circunstância susceptível de gerar fundada dúvida sobre a sua imparcialidade e independência ou se manifestamente não possuir a qualificação que tenha sido previamente convencionada pelas partes.

3. Uma parte só pode recusar um árbitro por si designado ou em cuja designação tenha participado, por motivo que apenas tenha conhecido após essa designação.

4. Na falta de acordo, a parte que pretenda recusar um árbitro deve expor por escrito os motivos da recusa ao Tribunal Arbitral, no prazo de oito dias a contar da data em que teve conhecimento da constituição do Tribunal Arbitral ou da data em que teve conhecimento de qualquer circunstância relevante, nos termos do n.º 2 do presente artigo e se o árbitro recusado não se escusar ou demitir, ou se a outra parte não aceitar a recusa, compete ao Tribunal Arbitral decidir sobre esta.

5. Se for indeferida a arguição de recusa, a parte recusante pode, no prazo de quinze dias contados desde a comunicação do indeferimento, requerer ao Tribunal ou à autoridade ou entidade referidas no artigo 14.º da presente lei, que decida sobre a recusa, sendo tal decisão insusceptível de recurso e na pendência deste pedido pode, o Tribunal Arbitral, incluindo o árbitro recusado, prosseguir com o processo arbitral e proferir decisões, salvo a decisão final.

ARTIGO 11.º
(Substituição de árbitros)

Se algum dos árbitros falecer, se escusar, for recusado ou ficar impossibilitado de forma permanente para o exercício das suas funções ou se a designação ou nomeação ficar sem efeito, proceder-se-á à sua substituição, segundo as regras aplicáveis à designação ou nomeação com as necessárias adaptações.

ARTIGO 12.º
(Presidente do Tribunal)

1. Sendo o Tribunal composto por mais de um árbitro, escolherão entre si o Presidente, a menos que as partes tenham acordado, por escrito, até à aceitação do primeiro árbitro noutra solução.

2. Não sendo possível a designação do presidente nos termos do número anterior, a sua escolha e nomeação será feita pelo modo estabelecido no art. 14.º da presente lei.

3. Compete ao Presidente do Tribunal Arbitral preparar o processo, dirigir a instrução, conduzir os trabalhos nas audiências e ordenar os debates, salvo convenção em contrário.

ARTIGO 13.º
(Processo de constituição do tribunal)

1. Salvo acordo das partes em contrário ou disposição diversa de regulamento aplicável, a parte que pretenda submeter o litígio ao Tribunal Arbitral deve notificar desse facto a parte contrária.

2. A notificação de arbitragem pode ser feita por qualquer meio, desde que seja possível provar a sua recepção pelo destinatário.

3. A notificação deve conter os seguintes elementos:
 a) identificação das partes;

b) pretensão de que o litígio seja submetido a arbitragem;
c) indicação da Convenção de Arbitragem;
d) objecto do litígio, se tal não resultar já da Convenção de Arbitragem.

4. Se couber às partes designar um ou mais árbitros, a notificação deverá incluir a designação do árbitro ou árbitros pela parte notificante, bem como o convite dirigido à outra parte para que designe o árbitro ou árbitros que lhe cabe indicar.

5. Se o árbitro único dever ser designado por acordo das partes, a notificação conterá a indicação do árbitro proposto e o convite à outra parte para que o aceite.

6. No caso de a designação caber a um terceiro e ainda não ter sido efectuada a parte notificará o terceiro para o fazer e comunicará a designação feita a ambas as partes.

ARTIGO 14.º
(Nomeação de árbitros)

1. Sempre que se não verifique a designação de árbitro ou árbitros pelas partes ou pelos árbitros ou por terceiros nos termos previstos nos artigos anteriores, a sua nomeação caberá ao Presidente do Tribunal Provincial do lugar fixado para a arbitragem ou, na falta dessa fixação, o do domicilio do requerente ou o Tribunal Provincial de Luanda no caso do domicílio do requerente ser no estrangeiro.

2. A nomeação pode ser requerida passados 30 dias sobre a notificação, prevista no n.º 2 do artigo13.º, nos casos contemplados nos n.ºs 4 e 5 do mesmo artigo ou no mesmo prazo, a partir da designação do último dos árbitros a quem caiba a escolha e designação, nos casos referidos no n.º 2 do artigo 6.º e no n.º 2 do artigo 7.º, todos da presente lei.

3. A autoridade judicial referida no n.º 1 do presente artigo decide, no prazo de 30 dias e sem recurso, sobre a nomeação ou nomeações que lhe forem requeridas, após prévia auscultação das partes, mas sempre tendo presente a necessidade de nomeação de árbitros independentes, imparciais e com a qualificação que tenha sido previamente convencionada pelas partes.

4. Se as partes tiverem, por acordo escrito, designado outra autoridade ou entidade para a nomeação de árbitros prevista no presente artigo, aplicam-se com as necessárias adaptações as disposições dos números anteriores mas, faltando a nomeação por aquela autoridade ou entidade, pode ser pedida a intervenção judicial, nos termos do presente artigo.

ARTIGO 15.º
(Deontologia dos árbitros)

Os árbitros devem, no exercício da sua função de composição de conflitos, mostrar-se dignos da honra e responsabilidades inerentes, não podendo representar nem agir no interesse das partes e obrigando-se a decidir com independência, imparcialidade, lealdade e boa-fé e a contribuir para a garantia de um processo célere e justo.

CAPITULO III
Do Procedimento Arbitral

ARTIGO 16.º
(Regras de processo)

1. A convenção de arbitragem ou em escrito posterior, podem as partes acordar sobre as regras de processo a observar na arbitragem.

2. Se o acordo referido no número anterior não tiver sido celebrado até à aceitação do primeiro árbitro, competirá aos árbitros a definição das regras a observar.

3. O acordo das partes pode resultar da escolha das regras de arbitragem de um órgão arbitral institucional ou da escolha deste órgão para proceder a arbitragem.

ARTIGO 17.º
(Lugar da arbitragem)

1. O lugar da arbitragem será determinado por acordo das partes na Convenção de Arbitragem ou em escrito posterior e, na falta de acordo até à aceitação do primeiro árbitro, será fixado pelos árbitros.

2. Salvo convenção das partes em contrário, o disposto no número anterior não prejudica a reunião do Tribunal Arbitral em qualquer lugar que considere apropriado para consultas entre os seus membros ou a prática de qualquer actos processuais.

ARTIGO 18.º
(Princípios)

O procedimento arbitral deverá observar os seguintes princípios:
a) as partes serão tratadas com absoluta igualdade;
b) em todas as fases do processo será garantido o contraditório, devendo o demandado ser citado para se defender;
c) ambas as partes devem ser ouvidas, oralmente ou por escrito, antes de proferida decisão final.

ARTIGO 19.º
(Representação das partes)

As partes podem fazer-se representar ou assistir por advogado constituído.

ARTIGO 20.º
(Início e termo da instância arbitral)

1. Salvo o disposto no n.º 1 do artigo 13.º, a instância arbitral tem início na data da notificação da arbitragem ao demandado, mas só se desenrola perante o Tribunal a partir da notificação às partes da nomeação de todos os árbitros de harmonia com os artigos 13.º e 14.º, todos da presente lei.

2. O processo extingue-se ou com o depósito da sentença arbitral ou, no caso a que se refere o n.º 4, com o trânsito em julgado da sentença que homologar a desistência.

3. A desistência do pedido no todo ou em parte, é livre em qualquer fase do processo.

4. A desistência da instância arbitral só é permitida se a ela se não opuser a parte contrária no prazo previsto no n.º 3 do artigo 29.º da presente lei.

ARTIGO 21.º
(Provas)

1. Podem ser produzidas perante o Tribunal Arbitral, a requerimento das partes ou oficiosamente, todas as provas legalmente admitidas.

2. Quando a prova a produzir depender da vontade de uma das partes ou de terceiro e estes recusarem a necessária colaboração, pode a parte interessada, com autorização do Tribunal Arbitral, ou este mesmo, a requerimento de qualquer das partes, requerer ao Tribunal Judicial do lugar da realização da diligência que, perante este, seja produzida a prova.

3. O Tribunal Judicial deve praticar os actos solicitados, nos limites da sua competência e com observância das regras de produção da prova a que está vinculado e remeter os seus resultados ao Tribunal Arbitral.

ARTIGO 22.º
(Medidas provisórias)

1. Salvo convenção das partes em contrário, o Tribunal Arbitral pode, a pedido de qualquer das partes, ordenar a tomada de medidas provisórias, relacionadas com o objecto do litígio, nomeadamente a prestação de garantias que considere necessárias.

2. O disposto no número anterior não impede que as partes requeiram ao Tribunal Judicial competente nos termos das normas do processo civil aplicável, os procedimentos nelas previstos que julguem adequados para prevenir ou acautelar a lesão dos direitos.

ARTIGO 23.º
(Honorários)

A remuneração dos árbitros e dos outros intervenientes no processo, bem como a sua repartição entre as partes, deve ser objecto de acordo entre as partes e os árbitros a menos que resultem de regulamentos de arbitragem escolhidos nos termos do artigo 16.º da presente lei.

CAPITULO IV
Do Julgamento

ARTIGO 24.º
(Direito aplicável)

1. As partes podem acordar na Convenção de Arbitragem ou em escrito posterior, que o Tribunal Arbitral julgue segundo a equidade ou segundo determinados usos e costumes, quer internos quer internacionais.
2. Na falta de acordo escrito, o Tribunal Arbitral julga segundo o direito constituído.
3. Nas decisões tomadas com base nos usos e costumes, o Tribunal Arbitral é obrigado a respeitar os princípios de ordem pública do direito positivo angolano.

ARTIGO 25.º
(Prazo para decisão)

1. Salvo se de outra forma for estabelecido em Convenção de Arbitragem ou em escrito posterior até à aceitação do primeiro árbitro, a sentença arbitral deve ser proferida no prazo de seis meses a contar da data da aceitação do último árbitro designado.
2. As partes podem, por acordo escrito, prorrogar o prazo convencionado ou, na falta de convenção, o estabelecido no número anterior.
3. Os árbitros que, sem fundamento justo, impedirem que a decisão arbitral seja tomada dentro do prazo respondem, nos termos da lei, pelos prejuízos causados.

ARTIGO 26.º
(Deliberação)

1. Quando forem vários os árbitros, a decisão é tomada com a presença de todos e por maioria simples salvo se, por convenção das partes, for exigível maior número de votos.
2. As partes podem convencionar, para a hipótese de não se formar a maioria exigida, que a decisão seja tomada pelo árbitro-presidente ou que o litígio seja decidido no sentido do voto por ele expresso.
3. As partes podem acordar ou os árbitros, por unanimidade, resolver que as questões processuais suscitadas no decurso da arbitragem sejam decididas pelo árbitro-presidente.

ARTIGO 27.º
(Elementos da decisão arbitral)

1. A decisão do tribunal arbitral deve ser reduzida a escrito e dela constar:
a) a identificação das partes;
b) a referência à Convenção de Arbitragem;

c) o objecto do litígio;
d) a identificação de cada árbitro;
e) o lugar da arbitragem, o local e a data em que a sentença foi proferida;
f) a decisão tomada e a respectiva fundamentação;
g) a assinatura dos árbitros.

2. A sentença não necessita de ser fundamentada quando assim tiver sido convencionado pelas partes, quando estas, no decurso do processo, chegarem a acordo quanto à decisão do litígio e em caso de desistência.

3. A fundamentação da decisão proferida segundo a equidade basta-se com a declaração dos factos dados como provados.

4. O número de assinaturas deve ser, pelo menos, igual ao da maioria dos árbitros, indicando-se sempre a razão por que os outros não assinam, assim como aqueles que votaram vencidos.

5. Na decisão final são fixados os encargos do processo e a sua repartição pelas partes.

ARTIGO 28.º
(Transação e sentença homologatória)

1. Se as partes decidirem compor-se, devem apresentar ao Tribunal arbitral, mediante requerimento escrito, os termos do acordo a que chegarem para pôr termo ao litígio ou juntar o acordo celebrado, pedindo em requerimento a sua homologação e a competente extinção do processo de arbitragem.

2. O requerimento, no primeiro caso ou o acordo celebrado devem ser assinados pelas partes com reconhecimento presencial ou subscrito por mandatário forense com poderes para transigir,

3. Nada se opondo à transação, basta que a decisão arbitral se limite, no que respeita à parte decisória, a reproduzir os termos e cláusulas acordadas e a homologá-los.

ARTIGO 29.º
(Desistência e sentença homologatória)

1. Quando a parte que requereu a arbitragem desistir dela e sendo livre de o fazer, deve comunicar a sua decisão ao Tribunal Arbitral, através de requerimento assinado por si com reconhecimento presencial ou subscrito por mandatário forense com poderes para o acto.

2. No caso previsto no número anterior, o Tribunal Arbitral, reconhecendo que se verifica o condicionalismo estabelecido no n.º 3 ou no n.º 4 do artigo 20.º da presente lei, limitar-se-á a homologar a desistência e decidir em conformidade.

3. Não sendo a desistência livre, o requerimento da parte desistente deve ser notificado à parte contrária, que poderá opor-se-lhe no prazo de 10 dias.

4. Na falta de oposição, aplica-se à sentença homologatória o disposto na parte final do n.º 2 do presente artigo.

5. Se o Tribunal Arbitral, não obstante a oposição da parte contrária, decidir homologar a desistência nos termos do n.º 6 do artigo 20.º da presente lei, a sentença homologatória deve especificar os fundamentos da decisão tomada,

ARTIGO 30.º
(Notificação e depósito)

1. O Presidente do Tribunal Arbitral mandará notificar a decisão às partes. por carta registada ou por qualquer outro meio de comunicação que permita comprovar que foi recebida, juntando-se cópia integral da decisão proferida.
2. Qualquer das partes poderá, no prazo de 10 dias a contar da data da notificação, requerer ao Tribunal Arbitral que corrija os erros de cálculo, de cópia, tipográficos ou similares ou que esclareça obscuridade ou dúvidas da sentença arbitral, só começando a correr o prazo de recurso depois de notificada às partes a decisão que recaiu sobre o requerimento a solicitar a correcção ou a aclaração.
3. Se o Tribunal Arbitral considerar o pedido justificado, deve proceder à rectificação ou à aclaração nos 30 dias seguintes à recepção do pedido e a decisão respectiva é parte integrante da decisão arbitral.
4. Salvo acordo das partes em contrário transitada em julgado a decisão arbitral, esta será depositada na secretaria do Tribunal Provincial do lugar da arbitragem.
5. Não são depositadas as sentenças homologatória da desistência da instância arbitral.
6. O depósito será notificado às partes.
7. O Presidente do Tribunal Provincial atribuirá a uma das secretarias, competências para o depósito das sentenças arbitrais proferidas na área sob a sua jurisdição.

ARTIGO 31.º
(Decisão sobre a competência)

1. Compete ao Tribunal Arbitral pronunciar-se sobre a sua própria competência, ainda que, para esse efeito, haja necessidade de apreciar quer os vícios da Convenção de Arbitragem ou do contrato em que ela se insere, quer a aplicabilidade daquela convenção ao conflito.
2. As partes só podem arguir a incompetência do tribunal assim como a irregularidade da sua constituição até a apresentação da defesa quanto ao fundo, causa ou juntamente com esta ou na primeira oportunidade de que disponham, após o conhecimento de facto superveniente que dê causa a algum dos referidos vícios.
3. A decisão do Tribunal Arbitral através da qual se declare competente para decidir a questão só pode ser apreciada pelo Tribunal Judicial depois de proferida a decisão arbitral, em sede de impugnação ou por via de oposição à execução, nos termos dos artigos 34.º e 39.º da presente lei.

ARTIGO 32.º
(Extinção do poder jurisdicional)

1. O poder jurisdicional do Tribunal Arbitral extingue-se com o trânsito em julgado da decisão arbitral ou da decisão proferida nos termos do n.º 3 do artigo 30.º da presente lei.

2. O poder jurisdicional do Tribunal Arbitral extingue-se também com o trânsito em julgado da decisão homologatória da desistência da instância arbitral.

ARTIGO 33.º
(Efeitos da instância arbitral)

A decisão arbitral produz entre as partes os mesmos efeitos das sentenças judiciais e, sendo condenatória, tem força executiva.

CAPITULO V
Da Impugnação da Decisão

ARTIGO 34.º
(Anulação da decisão)

1. A decisão arbitral pode ser anulada pelo Tribunal Judicial por algum dos seguintes fundamentos:
a) não ser o litígio susceptível de solução por arbitragem;
b) ter sido proferida por tribunal incompetente;
c) ter-se operado a caducidade da convenção arbitral;
d) ter sido proferida por Tribunal irregularmente constituído;
e) não conter fundamentação;
f) ter havido violação dos princípios referidos no artigo 18.º da presente lei e isso influenciado decisivamente a resolução do litígio;
g) ter o tribunal conhecido de questões de que não podia tomar conhecimento ou ter deixado de se pronunciar sobre questões que devia apreciar;
h) não ter o tribunal, sempre que julgue segundo a equidade e os usos e costumes nos termos do artigo 24.º da presente lei, respeitado os princípios de ordem pública da ordem jurídica angolana.

2. O fundamento previsto na alínea b) do número anterior só pode ser invocado naqueles casos em que o Tribunal Arbitral se tiver, ao abrigo do artigo 31.º da presente lei, declarado competente ou se arguida a incompetência na devida oportunidade o tribunal não tiver tomado nenhuma decisão.

3. O fundamento de anulação previsto na alínea d) do n.º 1 do presente artigo, só pode ser considerado se a parte que o invoca tiver arguido a irregularidade até ao termo do prazo estabelecido no n.º 2 do artigo 31.º da presente lei e aquela tiver influenciado, de modo decisivo, a resolução do litígio.

4. No caso do fundamento referido na primeira parte da alínea g) do n.º 1 do presente artigo, a anulação não prejudica a validade da decisão sobre as questões que o tribunal podia conhecer.

5. No caso do fundamento referido na segunda parte da alínea g) do n.º 1 do artigo anterior, a anulação só é admissível quando o não conhecimento das questões em causa tenha tido uma influência decisiva na resolução do litígio.

6. O direito de requerer anulação da decisão arbitral é irrenunciável.

ARTIGO 35.º
(Tramitação)

1. A acção de anulação deve ser intentada perante o Tribunal Supremo, no prazo de 20 dias, contados desde a data da notificação da sentença arbitral.

2. Se couber recurso da decisão arbitral, a anulação só pode ser apreciada e decidida por via de recurso.

3. O requerimento inicial na acção de anulação deve conter os fundamentos em que se baseia a pretensão, sendo subsidiariamente aplicáveis as regras do recurso de agravo previstas no Código de Processo Civil.

ARTIGO 36.º
(Recursos)

1. Se as partes não tiverem renunciado previamente a essa faculdade, cabem da sentença arbitral os mesmos recursos que caberiam se a sentença fosse proferida pelo Tribunal Provincial.

2. Os recursos são interpostos para o Tribunal Supremo e processados nos termos do Código de Processo Civil. com as necessárias adaptações. mas o prazo de interposição é de 15 dias.

3. A faculdade atribuída ao Tribunal Arbitral para julgar segundo a equidade implica a renúncia aos recursos.

CAPÍTULO VI
Da Execução da Decisão

ARTIGO 37.º
(Execução)

1. As partes devem executar a decisão arbitral nos precisos termos determinados pelo Tribunal Arbitral.

2. Findo o prazo fixado pelo Tribunal Arbitral para o cumprimento voluntário da sentença ou, na falta dessa fixação, no prazo de 30 dias após a notificação da sentença, sem que a mesma tenha sido cumprida, pode a parte interessada requerer a sua execução forçada perante o Tribunal Provincial, nos termos da Lei do Processo Civil.

ARTIGO 38.º
(Processo de execução forçada)

1. O processo de execução forçada segue os termos do processo sumário de execução, independentemente do valor da causa.

2. O requerimento para a execução deve ser acompanhado de cópias autenticadas dos seguintes documentos:
a) sentença arbitral, sua rectificação ou aclaração;
b) comprovativo da notificação e do depósito da sentença.

ARTIGO 39.º
(Oposição à execução)

1. É admitida a oposição à execução forçada com fundamento no previsto nos artigos 813.º e 814.º do Código de Processo Civil quando se alegar causa de anulação ou encontrado-se pendente acção de anulação correspondente,

2. A oposição deve ser deduzida no prazo de oito dias a contar da data da citação que no processo lhe for feita.

3. A decisão judicial que recaia sobre a oposição à execução não é susceptível de recurso.

CAPÍTULO VII
Da Arbitragem Internacional

ARTIGO 40.º
(Conceito)

1. Entende-se por arbitragem internacional a que põe em jogo interesses do comércio internacional, designadamente quando:
a) as partes numa Convenção de Arbitragem tiverem, no momento da conclusão da convenção, os seus estabelecimentos em Estados diferentes;
b) o lugar da arbitragem, o lugar da execução de uma parte substancial das obrigações resultantes da relação jurídica de que emerge o conflito ou o lugar com o qual o objecto do litígio tenha uma relação mais estreita se encontre situado fora do Estado no qual as partes têm o seu estabelecimento;
c) as partes tiverem convencionado expressamente que o objecto da Convenção de Arbitragem tem conexão com mais de um Estado.

2. Para efeitos do número anterior, entende-se que:
a) se uma parte tiver mais do que um estabelecimento, é tomado em consideração aquele que tiver uma conexão mais estreita com a Convenção de Arbitragem;
b) se uma parte não tiver estabelecimento releva para este efeito a sua residência habitual.

ARTIGO 41.º
(Regime)

Na falta de estipulação expressa das partes, são aplicáveis à arbitragem internacional as disposições da presente Lei, com as necessárias adaptações e sem prejuízo do estabelecido no presente capítulo.

ARTIGO 42.º
(Língua)

1. As partes podem, por acordo escolher livremente a língua ou línguas a utilizar no processo arbitral e na falta de tal acordo, o Tribunal Arbitral determinará a língua ou línguas a utilizar no processo.

2. O acordo ou a determinação referidos no número anterior, aplicam-se a qualquer declaração escrita de uma das partes, a qualquer procedimento oral e a qualquer sentença, decisão ou comunicação do Tribunal Arbitral, a menos que tenha sido especificado de modo diverso.

3. O Tribunal Arbitral pode ordenar que qualquer peça processual seja acompanhada de uma tradução na língua ou línguas convencionadas pelas partes ou escolhidas pelo Tribunal Arbitral.

ARTIGO 43.º
(Direito aplicável)

1. O Tribunal Arbitral decide o litígio de acordo com a lei escolhida pelas partes para ser aplicada ao fundo da causa.

2. Qualquer designação da lei ou do sistema jurídico de um determinado Estado é considerada, salvo indicação expressa em contrário, como designando directamente as regras jurídicas materiais desse Estado e não as suas regras de conflitos de leis.

3. Na falta de designação pelas partes, o tribunal aplicará o direito resultante da aplicação da regra de conflitos de leis que julgue aplicável na espécie.

4. O Tribunal apenas poderá decidir segundo a equidade ou proceder a uma composição amigável quando expressamente autorizado pelas partes.

5. Em qualquer caso, o Tribunal Arbitral toma em conta os usos e costumes do comércio internacional aplicável ao objecto da Convenção de Arbitragem.

ARTIGO 44.º
(Recursos)

A decisão do Tribunal Arbitral não é recorrível, salvo se as partes tiverem acordado a possibilidade de recurso e regulado os seus termos.

CAPITULO VIII
Das Disposições Finais e Transitórias

ARTIGO 45.º
(Arbitragem institucionalizada)

O Governo definirá, mediante decreto, o regime de outorga de competência a determinadas pessoas jurídicas para realizarem arbitragem voluntária institucionalizada, com especificação, em cada caso, do carácter geral ou especializado de tais arbitragens bem como as regras de reapreciação e eventual revogação das autorizações concedidas, quando tal se justifique.

ARTIGO 46.º
(Alteração ao Código de Processo Civil)

São alterados e substituídas, nos termos deste artigo, os preceitos do Código de Processo Civil seguintes:

«ARTIGO 90.º
(Competência para a execução fundada em sentença)

1. ....
2. Se a decisão tiver sido proferida por árbitro em arbitragem que tenha tido lugar em território angolano, é competente para a execução o tribunal da província do lugar da arbitragem.

ARTIGO 814.º
(Execução baseada em decisão arbitral)

1. São fundamentos de oposição à execução baseada em sentença arbitral não só os previstos no artigo anterior, mas também aqueles em que pode basear-se a anulação judicial da mesma decisão.

2. O tribunal indefere oficiosamente o pedido de execução quando reconhecer que o litígio não podia ser cometido à decisão por árbitros, quer por estar submetido por lei especial, exclusivamente a Tribunal Judicial ou a arbitragem necessária, quer por o direito litigioso não ser disponível pelo seu titular.

ARTIGO 47.º
(Remissões legais)

As remissões legais nos artigos 1525.º a 1528.º do Código de Processo Civil para as disposições do regime do Tribunal Arbitral voluntário. devem considerar-se feitas para a presente lei, com as necessárias adaptações.

ARTIGO 48.º
(Revogação)

1. É revogado o Título I do Livro IV – Do Tribunal Arbitral Voluntária – do Código de Processo Civil.

2. É revogado o artigo 36.º do Código das Custas Judiciais.

ARTIGO 49.º
(Custas devidas nos Tribunais Judiciais)

1. O imposto de justiça nos recursos interpostos nos termos do artigo 36.º, nos processos de execução requeridos e na oposição deduzida, nos termos dos artigos 37.º a 39.º, todos da presente lei, é o estabelecido no Código das Custas Judiciais para os actos correspondentes, com as adaptações que se mostrarem necessárias.

2. O imposto de justiça devido nas acções de anulação de sentença arbitral intentadas, de harmonia com a presente lei, nos Tribunais Provinciais, é o estabelecido para os processos cíveis de igual valor, reduzido a metade.

3. Pela nomeação de árbitros e pelo depósito de sentenças arbitrais é devido o imposto de justiça mínimo estabelecido no Código das Custas Judiciais para qualquer acto intentado nos Tribunais Provinciais.

ARTIGO 50.º
(Dúvidas e omissões)

As dúvidas e omissões que se suscitarem da interpretação e aplicação da presente lei são resolvidas pela Assembleia Nacional.

ARTIGO 51.º
(Regulamentação)

A presente lei deve ser regulamentada no prazo de 90 dias a contar da data da entrada em vigor.

ARTIGO 52.º
(Entrada em vigor)

O presente diploma entra em vigor sessenta dias após a sua publicação.

Visto e aprovada pela Assembleia Nacional, em Luanda, aos 3 de Abril de 2003.

O Presidente da Assembleia Nacional, *Roberto António Víctor Francisco de Almeida*.

Promulgada em 23 de Maio de 2003.

Publique-se.

O Presidente da República, José Eduardo dos Santos

***

LEGISLAÇÃO CONEXA

Decreto n.º 4/06, de 27 de Fevereiro de 2006: Autoriza a criação de Centros de Arbitragem

Resolução n.º 34/06, de 15 de Maio: Reconhece-se que os centros de arbitragem reconhecidos e institucionalizados constituem uma oferta merecedora de especial confiança e indiscutível aceitação para actuarem nos diferendos.

***

CAPÍTULO II
Comentários

ARBITRAGEM VOLUNTÁRIA EM ANGOLA

I – Breve Introdução

O regime jurídico aplicável à Arbitragem na República de Angola encontra-se regulado pela Lei n.º 16/03, de 25 de Julho e, bem assim, pelo Decreto n.º 04/06, de 27 de Fevereiro.

O preâmbulo da Lei de Arbitragem aponta o caminho da arbitragem *"face ao inevitável processo de abertura política e económica do nosso País e consequentemente à multiplicação das relações económicas, comerciais e industriais ao nível quer do mercado interno, bem como internacional [...]"*, e define-o como um mecanismo que poderá contribuir para *"conferir maior segurança, certeza e previsibilidade jurídica"*.

A Lei acrescenta, ainda, que *"a arbitragem traduz-se num complemento útil e necessário aos tribunais estatais, pois concorre, em última instância, para maior eficácia, eficiência e dignificação do sistema geral de administração da justiça."*

II – Convenção de Arbitragem

A Lei de Arbitragem Angolana assume como critério de arbitrabilidade o critério da disponibilidade de direitos, desde que os mesmos não estejam exclusivamente submetidos a Tribunal Judicial ou a arbitragem necessária. Neste sentido, os menores, interditos ou inabilitados não podem celebrar convenções de arbitragem.

À semelhança de outros ordenamentos jurídicos, a convenção de arbitragem pode assumir a modalidade de cláusula compromissória ou de compromisso arbitral. Nos termos da Lei Angolana, a Cláusula compromissória é *"a convenção segundo a qual as partes se obrigam a dirimir, através de árbitros, os litígios que venham a decorrer de uma determinada relação jurídica"* (cfr. artigo 2.º). O Compromisso arbitral *"é a convenção segundo a qual as partes se obrigam a dirimir através de árbitros um litígio actual, quer se encontre afecto ou não a um Tribunal Judicial"*.

Sem prejuízo de lei especial exigir forma mais solene, a Convenção de Arbitragem deve ser celebrada por escrito.

III – Constituição do Tribunal Arbitral

O Tribunal Arbitral só pode ser composto por um único árbitro ou por vários, sempre em número ímpar. Se as partes não estipularem em contrário, o tribunal será composto por três árbitros.

Não havendo acordo quanto à nomeação do terceiro árbitro (pelas partes e pelos árbitros), a sua nomeação caberá ao Presidente do Tribunal Provincial do lugal fixado para a arbitragem ou, na falta de fixação, o do domicílio do requerente ou o Tribunal Provincial de Luanda no caso do domicílio do requerente ser no estrangeiro.

Os árbitros devem ser pessoas singulares que estejam no pleno gozo e exercício da sua capacidade civil.

O artigo 15.º da Lei de Arbitragem da República de Angola prevê um artigo bastante interessante respeitante à Deontologia dos árbitros. Dispõe aquele artigo que *"os árbitros devem, no exercício da sua função de composição de conflitos, mostrar-se dignos da honra e responsabilidades inerentes, não podendo representar nem agir no interesse das partes e obrigando-se a decidir com independência, imparcialidade, lealdade e boa-fé e a contribuir para a garantia de um processo célere e justo."*

IV – Procedimento e Funcionamento do Tribunal

As Partes podem acordar, na convenção de arbitragem ou em escrito posterior, sobre as regras do processo aplicáveis à arbitragem.

Em qualquer circunstância, o procedimento arbitral deve respeitar (i) o princípio da igualdade, (ii) o princípio do contraditório, (iii) o princípio da audição das partes, antes de proferida a decisão arbitral.

São admitidas todas as provas legalmente admitidas. O Tribunal Arbitral pode, a pedido de qualquer das partes, ordenar a tomada de medidas provisórias, relacionadas com o objecto do litígio, nomeadamente a prestação de garantias que considere necessárias.

Compete ao Tribunal Arbitral pronunciar-se sobre a sua própria competência, ainda que, para esse efeito, haja necessidade de apreciar quer os vícios da Convenção de Arbitragem ou do contrato em que ela se insere, quer a aplicabilidade daquela convenção ao conflito.

Importa, ainda, salientar que as partes podem, por acordo, escolher livremente a língua ou línguas a utilizar no processo arbitral.

V – Decisão Arbitral

As partes podem acordar na Convenção de Arbitragem ou em escrito posterior, que o Tribunal Arbitral julgue segundo a equidade ou segundo determinados usos e costumes, quer internos quer internacionais.

Na falta de acordo escrito, o Tribunal Arbitral julgará sempre de acordo com o direito constituído.

Nas decisões tomadas com base nos usos e costumes (sendo certo que também é preciso ter em conta que a República de Angola tem um direito costumeiro muito enraizado – veja-se, a título de exemplo, o papel central que os Sobas assumiram na aplicação desse direito), o Tribunal Arbitral é obrigado a respeitar os princípios de ordem pública do direito positivo angolano.

Em regra geral, a sentença arbitral deve ser proferida no prazo de seis meses a contar da data da aceitação do último árbitro designado, podendo este prazo ser prorrogado. Essa decisão será tomada com a presença de todos e por maioria simples salvo se, por convenção das partes, for exigível maior número de votos.

A decisão do tribunal arbitral deve ser reduzida a escrito e dela constar (i) identificação das partes; (ii) a referência à Convenção de Arbitragem; (iii) o objecto do litígio; (iv) a identificação de cada árbitro; (v) lugar da arbitragem, o local e a data em que a sentença foi proferida; (vi) a decisão tomada e a respectiva fundamentação; (vii) a assinatura dos árbitros.

O Presidente do Tribunal Arbitral mandará notificar a decisão às partes por carta registada ou por qualquer outro meio de comunicação que permita comprovar que foi recebida, juntando-se cópia integral da decisão proferida. Outro aspecto interessante está relacionado com a possibilidade das partes poderem, no prazo de 10 dias a contar da data da notificação, *"requerer ao Tribunal Arbitral que corrija os erros de cálculo, de cópia, tipográficos ou similares ou que esclareça obscuridade ou dúvidas da sentença arbitral, só começando a correr o prazo de recurso depois de notificada às partes a decisão que recaiu sobre o requerimento a solicitar a correcção ou a aclaração"*.

A decisão arbitral produz entre as partes os mesmos efeitos das sentenças judiciais e, sendo condenatória, tem força executiva.

VI – Impugnação

A decisão arbitral pode ser anulada pelo Tribunal Judicial por algum dos seguintes fundamentos (i) não ser o litígio susceptível de solução por arbitragem; (ii) ter sido proferida por tribunal incompetente; (iii) ter-se operado a caducidade da convenção arbitral; (iv) ter sido proferida por Tribunal irregularmente constituído; (v) não conter fundamentação; (vi) ter havido violação dos princípios referidos no artigo 18.º da lei e isso ter influenciado decisivamente a resolução do litígio; (vii) ter o tribunal conhecido de questões de que não podia tomar conhecimento ou ter deixado de se pronunciar sobre questões que devia apreciar; (viii) não ter o tribunal, sempre que julgue segundo a equidade e os usos e costumes, nos termos do artigo 24.º da lei, respeitado os princípios de ordem pública da ordem jurídica angolana.

A acção de anulação deve ser intentada perante o Tribunal Supremo, no prazo de 20 dias, contados desde a data da notificação da sentença arbitral. Se couber recurso da decisão arbitral, a anulação só pode ser apreciada e decidida por via de recurso. Se as partes não tiverem renunciado previamente a essa faculdade, cabem da sentença arbitral os mesmos recursos que caberiam se a sentença fosse proferida pelo Tribunal Provincial.

Os recursos são interpostos para o Tribunal Supremo e processados nos termos do Código de Processo Civil. com as necessárias adaptações, mas o prazo de interposição é de 15 dias.

A faculdade atribuída ao Tribunal Arbitral para julgar segundo a equidade implica a renúncia aos recursos.

VII – Reconhecimento e execução das sentenças

Até ao momento presente, a República de Angola não é parte na Convenção de Nova Iorque sobre o Reconhecimento e Execução de Sentenças Arbitrais Estrangeiras, nem é parte na Convenção de Genebra de 1927.

Contudo, importa referir que, ao nível das relações bilaterais entre Portugal e Angola, existe um Acordo de Cooperação Judiciária assinado no ano de 1995, o qual só entrou em vigor no ano de 2006 (só neste ano é que se trocaram os respectivos instrumentos de ratificação).

Esse Acordo define algumas regras – aceites pelos dois Estados – relativamente ao reconhecimento de decisões judiciais, prevendo, igualmente, uma norma respeitante ao reconhecimento das decisões arbitrais.

VIII – Arbitragem Internacional

A Lei de Arbitragem de Angola define a arbitragem internacional como *"a que põe em jogo interesses do comércio internacional, designadamente quando:*
   a) as partes numa Convenção de Arbitragem tiverem, no momento da conclusão da convenção, os seus estabelecimentos em Estados diferentes;
   b) o lugar da arbitragem, o lugar da execução de uma parte substancial das obrigações resultantes da relação jurídica de que emerge o conflito ou o lugar com o qual o objecto do litígio tenha uma relação mais estreita se encontre situado fora do Estado no qual as partes têm o seu estabelecimento;
   c) as partes tiverem convencionado expressamente que o objecto da Convenção de Arbitragem tem conexão com mais de um Estado".

IX – Arbitragem Institucionalizada

Na sequência da Lei de Arbitragem Voluntária Angolana, a Arbitragem institucionalizada encontra-se regulamentada pelo Decreto n.º 4/06, de 27 de Fevereiro. A autorização para a criação de Centros de Arbitragem de carácter institucionalizado é da competência do Ministro da Justiça.

X – Mediação

Algumas das últimas notícias evidenciam um interesse crescente da parte do Ministério da Justiça da República de Angola por algumas experiências internacionais na área da Mediação. Segundo se conseguiu apurar, a criação de Centros de Mediação está a ser poderada pelo Governo de Angola.

TÍTULO II

BRASIL

BRASIL

CAPÍTULO I
Legislação

CONTITUIÇÃO DA REPÚBLICA FEDERATIVA DO BRASIL DE 1988

(…)

TÍTULO II
Dos Direitos e Garantias Fundamentais

CAPÍTULO I
Dos Direitos e Deveres Individuais e Colectivos

ART. 5.º
(…)
LXXVIII "a todos, no âmbito judicial ou administrativo, são assegurados de razoável duração do processo e os meios que garantam a celeridade da sua tramitação.

(…)

TÍTULO IV
Da Organização dos Poderes

CAPÍTULO III
Do Poder Judiciário

SECÇÃO I
Disposições Gerais

ART. 98.º
A União, no Distrito Federal e nos Territórios, e os Estados criarão:
I – juizados especiais, providos por juízes togados, ou togados e leigos, competentes para a conciliação, o julgamento e a execução de causas cíveis de menor

complexidade e infração penais de menor potêncial ofensivo, mediante os procedimentos oral e sumaríssimo, permitidos, nas hipóteses previstas em lei, a transação e o julgamentode recursos por turmas de juízes de primeiro grau;

II – justiça de paz, remunerada, composta de cidadãos eleitos pelo voto direto, universal e secreto, com mandato de quatro anos e competência para, na forma da lei, celebrar casamentos, verificar, de ofício ou em face de impugnação apresentada, o processo de habilitação e exercer atribuições conciliatórias, sem carácter jurisdicional, além de outras previstas na legislação.

(...)

***

LEI DA ARBITRAGEM

LEI N.º 9.307,
de 23 de Setembro de 1996

Dispõe sobre a arbitragem

CAPÍTULO I
Disposições Gerais

ARTIGO 1.º

As pessoas capazes de contratar poderão valer-se da arbitragem para dirimir litígios relativos a direitos patrimoniais disponíveis.

ARTIGO 2.º

A arbitragem poderá ser de direito ou de eqüidade, a critério das partes.

§ 1.º Poderão as partes escolher, livremente, as regras de direito que serão aplicadas na arbitragem, desde que não haja violação aos bons costumes e à ordem pública.

§ 2.º Poderão, também, as partes convencionar que a arbitragem se realize com base nos princípios gerais de direito, nos usos e costumes e nas regras internacionais de comércio.

CAPÍTULO II
Da Convenção de Arbitragem e seus Efeitos

ARTIGO 3.º

As partes interessadas podem submeter a solução de seus litígios ao juízo arbitral mediante convenção de arbitragem, assim entendida a cláusula compromissória e o compromisso arbitral.

ARTIGO 4.º

A cláusula compromissória é a convenção através da qual as partes em um contrato comprometem-se a submeter à arbitragem os litígios que possam vir a surgir, relativamente a tal contrato.

§ 1.º A cláusula compromissória deve ser estipulada por escrito, podendo estar inserta no próprio contrato ou em documento apartado que a ele se refira.

§ 2.º Nos contratos de adesão, a cláusula compromissória só terá eficácia se o aderente tomar a iniciativa de instituir a arbitragem ou concordar, expressamente, com a sua instituição, desde que por escrito em documento anexo ou em negrito, com a assinatura ou visto especialmente para essa cláusula.

ARTIGO 5.º

Reportando-se as partes, na cláusula compromissória, às regras de algum órgão arbitral institucional ou entidade especializada, a arbitragem será instituída e processada de acordo com tais regras, podendo, igualmente, as partes estabelecer na própria cláusula, ou em outro documento, a forma convencionada para a instituição da arbitragem.

ARTIGO 6.º

Não havendo acordo prévio sobre a forma de instituir a arbitragem, a parte interessada manifestará à outra parte sua intenção de dar início à arbitragem, por via postal ou por outro meio qualquer de comunicação, mediante comprovação de recebimento, convocando-a para, em dia, hora e local certos, firmar o compromisso arbitral.

Parágrafo único. Não comparecendo a parte convocada ou, comparecendo, recusar-se a firmar o compromisso arbitral, poderá a outra parte propor a demanda de que trata o art. 7.º desta Lei, perante o órgão do Poder Judiciário a que, originariamente, tocaria o julgamento da causa.

ARTIGO 7.º

Existindo cláusula compromissória e havendo resistência quanto à instituição da arbitragem, poderá a parte interessada requerer a citação da outra parte para comparecer em juízo a fim de lavrar-se o compromisso, designando o juiz audiência especial para tal fim.

§ 1.º O autor indicará, com precisão, o objeto da arbitragem, instruindo o pedido com o documento que contiver a cláusula compromissória.

§ 2.º Comparecendo as partes à audiência, o juiz tentará, previamente, a conciliação acerca do litígio. Não obtendo sucesso, tentará o juiz conduzir as partes à celebração, de comum acordo, do compromisso arbitral.

§ 3.º Não concordando as partes sobre os termos do compromisso, decidirá o juiz, após ouvir o réu, sobre seu conteúdo, na própria audiência ou no prazo de dez dias, respeitadas as disposições da cláusula compromissória e atendendo ao disposto nos arts. 10.º e 21.º, § 2.º, desta Lei.

§ 4.º Se a cláusula compromissória nada dispuser sobre a nomeação de árbitros, caberá ao juiz, ouvidas as partes, estatuir a respeito, podendo nomear árbitro único para a solução do litígio.

§ 5.º A ausência do autor, sem justo motivo, à audiência designada para a lavratura do compromisso arbitral, importará a extinção do processo sem julgamento de mérito.

§ 6.º Não comparecendo o réu à audiência, caberá ao juiz, ouvido o autor, estatuir a respeito do conteúdo do compromisso, nomeando árbitro único.

§ 7.º A sentença que julgar procedente o pedido valerá como compromisso arbitral.

ARTIGO 8.º

A cláusula compromissória é autônoma em relação ao contrato em que estiver inserta, de tal sorte que a nulidade deste não implica, necessariamente, a nulidade da cláusula compromissória.

Parágrafo único. Caberá ao árbitro decidir de ofício, ou por provocação das partes, as questões acerca da existência, validade e eficácia da convenção de arbitragem e do contrato que contenha a cláusula compromissória.

ARTIGO 9.º

O compromisso arbitral é a convenção através da qual as partes submetem um litígio à arbitragem de uma ou mais pessoas, podendo ser judicial ou extrajudicial.

§ 1.º O compromisso arbitral judicial celebrar-se-á por termo nos autos, perante o juízo ou tribunal, onde tem curso a demanda.

§ 2.º O compromisso arbitral extrajudicial será celebrado por escrito particular, assinado por duas testemunhas, ou por instrumento público.

ARTIGO 10.º

Constará, obrigatoriamente, do compromisso arbitral:

I – o nome, profissão, estado civil e domicílio das partes;

II – o nome, profissão e domicílio do árbitro, ou dos árbitros, ou, se for o caso, a identificação da entidade à qual as partes delegaram a indicação de árbitros;

III – a matéria que será objeto da arbitragem; e

IV – o lugar em que será proferida a sentença arbitral.

ARTIGO 11.º

Poderá, ainda, o compromisso arbitral conter:

I – local, ou locais, onde se desenvolverá a arbitragem;

II – a autorização para que o árbitro ou os árbitros julguem por eqüidade, se assim for convencionado pelas partes;

III – o prazo para apresentação da sentença arbitral;

IV – a indicação da lei nacional ou das regras corporativas aplicáveis à arbitragem, quando assim convencionarem as partes;

V – a declaração da responsabilidade pelo pagamento dos honorários e das despesas com a arbitragem; e

VI – a fixação dos honorários do árbitro, ou dos árbitros.

Parágrafo único. Fixando as partes os honorários do árbitro, ou dos árbitros, no compromisso arbitral, este constituirá título executivo extrajudicial; não havendo tal estipulação, o árbitro requererá ao órgão do Poder Judiciário que seria competente para julgar, originariamente, a causa que os fixe por sentença.

ARTIGO 12.º

Extingue-se o compromisso arbitral:

I – escusando-se qualquer dos árbitros, antes de aceitar a nomeação, desde que as partes tenham declarado, expressamente, não aceitar substituto;

II – falecendo ou ficando impossibilitado de dar seu voto algum dos árbitros, desde que as partes declarem, expressamente, não aceitar substituto; e

III – tendo expirado o prazo a que se refere o art. 11.º, inciso III, desde que a parte interessada tenha notificado o árbitro, ou o presidente do tribunal arbitral, concedendo-lhe o prazo de dez dias para a prolação e apresentação da sentença arbitral.

CAPÍTULO III
Dos Árbitros

ARTIGO 13.º

Pode ser árbitro qualquer pessoa capaz e que tenha a confiança das partes.

§ 1.º As partes nomearão um ou mais árbitros, sempre em número ímpar, podendo nomear, também, os respectivos suplentes.

§ 2.º Quando as partes nomearem árbitros em número par, estes estão autorizados, desde logo, a nomear mais um árbitro. Não havendo acordo, requererão as partes ao órgão do Poder Judiciário a que tocaria, originariamente, o julgamento da causa a nomeação do árbitro, aplicável, no que couber, o procedimento previsto no art. 7.º desta Lei.

§ 3.º As partes poderão, de comum acordo, estabelecer o processo de escolha dos árbitros, ou adotar as regras de um órgão arbitral institucional ou entidade especializada.

§ 4.º Sendo nomeados vários árbitros, estes, por maioria, elegerão o presidente do tribunal arbitral. Não havendo consenso, será designado presidente o mais idoso.

§ 5.º O árbitro ou o presidente do tribunal designará, se julgar conveniente, um secretário, que poderá ser um dos árbitros.

§ 6.º No desempenho de sua função, o árbitro deverá proceder com imparcialidade, independência, competência, diligência e discrição.

§ 7.º Poderá o árbitro ou o tribunal arbitral determinar às partes o adiantamento de verbas para despesas e diligências que julgar necessárias.

ARTIGO 14.º

Estão impedidos de funcionar como árbitros as pessoas que tenham, com as partes ou com o litígio que lhes for submetido, algumas das relações que caracterizam os casos de impedimento ou suspeição de juízes, aplicando-se-lhes, no que couber, os mesmos deveres e responsabilidades, conforme previsto no Código de Processo Civil.

§ 1.º As pessoas indicadas para funcionar como árbitro têm o dever de revelar, antes da aceitação da função, qualquer fato que denote dúvida justificada quanto à sua imparcialidade e independência.

§ 2.º O árbitro somente poderá ser recusado por motivo ocorrido após sua nomeação. Poderá, entretanto, ser recusado por motivo anterior à sua nomeação, quando:

    a) não for nomeado, diretamente, pela parte; ou
    b) o motivo para a recusa do árbitro for conhecido posteriormente à sua nomeação.

ARTIGO 15.º

A parte interessada em argüir a recusa do árbitro apresentará, nos termos do art. 20.º, a respectiva exceção, diretamente ao árbitro ou ao presidente do tribunal arbitral, deduzindo suas razões e apresentando as provas pertinentes.

Parágrafo único. Acolhida a exceção, será afastado o árbitro suspeito ou impedido, que será substituído, na forma do art. 16.º desta Lei.

ARTIGO 16.º

Se o árbitro escusar-se antes da aceitação da nomeação, ou, após a aceitação, vier a falecer, tornar-se impossibilitado para o exercício da função, ou for recusado, assumirá seu lugar o substituto indicado no compromisso, se houver.

§ 1.º Não havendo substituto indicado para o árbitro, aplicar-se-ão as regras do órgão arbitral institucional ou entidade especializada, se as partes as tiverem invocado na convenção de arbitragem.

§ 2.º Nada dispondo a convenção de arbitragem e não chegando as partes a um acordo sobre a nomeação do árbitro a ser substituído, procederá a parte interessada da forma prevista no art. 7.º desta Lei, a menos que as partes tenham declarado, expressamente, na convenção de arbitragem, não aceitar substituto.

ARTIGO 17.º

Os árbitros, quando no exercício de suas funções ou em razão delas, ficam equiparados aos funcionários públicos, para os efeitos da legislação penal.

ARTIGO 18.º

O árbitro é juiz de fato e de direito, e a sentença que proferir não fica sujeita a recurso ou a homologação pelo Poder Judiciário.

CAPÍTULO IV
Do Procedimento Arbitral

ARTIGO 19.º

Considera-se instituída a arbitragem quando aceita a nomeação pelo árbitro, se for único, ou por todos, se forem vários.

Parágrafo único. Instituída a arbitragem e entendendo o árbitro ou o tribunal arbitral que há necessidade de explicitar alguma questão disposta na convenção de arbitragem, será elaborado, juntamente com as partes, um adendo, firmado por todos, que passará a fazer parte integrante da convenção de arbitragem.

ARTIGO 20.º

A parte que pretender argüir questões relativas à competência, suspeição ou impedimento do árbitro ou dos árbitros, bem como nulidade, invalidade ou ineficácia da convenção de arbitragem, deverá fazê-lo na primeira oportunidade que tiver de se manifestar, após a instituição da arbitragem.

§ 1.º Acolhida a argüição de suspeição ou impedimento, será o árbitro substituído nos termos do art. 16.º desta Lei, reconhecida a incompetência do árbitro ou do tribunal arbitral, bem como a nulidade, invalidade ou ineficácia da convenção de arbitragem, serão as partes remetidas ao órgão do Poder Judiciário competente para julgar a causa.

§ 2.º Não sendo acolhida a argüição, terá normal prosseguimento a arbitragem, sem prejuízo de vir a ser examinada a decisão pelo órgão do Poder Judiciário competente, quando da eventual propositura da demanda de que trata o art. 33.º desta Lei.

ARTIGO 21.º

A arbitragem obedecerá ao procedimento estabelecido pelas partes na convenção de arbitragem, que poderá reportar-se às regras de um órgão arbitral institucional ou entidade especializada, facultando-se, ainda, às partes delegar ao próprio árbitro, ou ao tribunal arbitral, regular o procedimento.

§ 1.º Não havendo estipulação acerca do procedimento, caberá ao árbitro ou ao tribunal arbitral discipliná-lo.

§ 2.º Serão, sempre, respeitados no procedimento arbitral os princípios do contraditório, da igualdade das partes, da imparcialidade do árbitro e de seu livre convencimento.

§ 3.º As partes poderão postular por intermédio de advogado, respeitada, sempre, a faculdade de designar quem as represente ou assista no procedimento arbitral.

§ 4.º Competirá ao árbitro ou ao tribunal arbitral, no início do procedimento, tentar a conciliação das partes, aplicando-se, no que couber, o art. 28.º desta Lei.

ARTIGO 22.º

Poderá o árbitro ou o tribunal arbitral tomar o depoimento das partes, ouvir testemunhas e determinar a realização de perícias ou outras provas que julgar necessárias, mediante requerimento das partes ou de ofício.

§ 1.º O depoimento das partes e das testemunhas será tomado em local, dia e hora previamente comunicados, por escrito, e reduzido a termo, assinado pelo depoente, ou a seu rogo, e pelos árbitros.

§ 2.º Em caso de desatendimento, sem justa causa, da convocação para prestar depoimento pessoal, o árbitro ou o tribunal arbitral levará em consideração o comportamento da parte faltosa, ao proferir sua sentença; se a ausência for de testemunha, nas mesmas circunstâncias, poderá o árbitro ou o presidente do tribunal arbitral requerer à autoridade judiciária que conduza a testemunha renitente, comprovando a existência da convenção de arbitragem.

§ 3.º A revelia da parte não impedirá que seja proferida a sentença arbitral.

§ 4.º Ressalvado o disposto no § 2.º, havendo necessidade de medidas coercitivas ou cautelares, os árbitros poderão solicitá-las ao órgão do Poder Judiciário que seria, originariamente, competente para julgar a causa.

§ 5.º Se, durante o procedimento arbitral, um árbitro vier a ser substituído fica a critério do substituto repetir as provas já produzidas.

CAPÍTULO V
Da Sentença Arbitral

ARTIGO 23.º

A sentença arbitral será proferida no prazo estipulado pelas partes. Nada tendo sido convencionado, o prazo para a apresentação da sentença é de seis meses, contado da instituição da arbitragem ou da substituição do árbitro.

Parágrafo único. As partes e os árbitros, de comum acordo, poderão prorrogar o prazo estipulado.

ARTIGO 24.º

A decisão do árbitro ou dos árbitros será expressa em documento escrito.

§ 1.º Quando forem vários os árbitros, a decisão será tomada por maioria. Se não houver acordo majoritário, prevalecerá o voto do presidente do tribunal arbitral.

§ 2.º O árbitro que divergir da maioria poderá, querendo, declarar seu voto em separado.

ARTIGO 25.º

Sobrevindo no curso da arbitragem controvérsia acerca de direitos indisponíveis e verificando-se que de sua existência, ou não, dependerá o julgamento, o árbitro ou o tribunal arbitral remeterá as partes à autoridade competente do Poder Judiciário, suspendendo o procedimento arbitral.

Parágrafo único. Resolvida a questão prejudicial e juntada aos autos a sentença ou acórdão transitados em julgado, terá normal seguimento a arbitragem.

ARTIGO 26.º

São requisitos obrigatórios da sentença arbitral:

I – o relatório, que conterá os nomes das partes e um resumo do litígio;

II – os fundamentos da decisão, onde serão analisadas as questões de fato e de direito, mencionando-se, expressamente, se os árbitros julgaram por eqüidade;

III – o dispositivo, em que os árbitros resolverão as questões que lhes forem submetidas e estabelecerão o prazo para o cumprimento da decisão, se for o caso; e

IV – a data e o lugar em que foi proferida.

Parágrafo único. A sentença arbitral será assinada pelo árbitro ou por todos os árbitros. Caberá ao presidente do tribunal arbitral, na hipótese de um ou alguns dos árbitros não poder ou não querer assinar a sentença, certificar tal fato.

ARTIGO 27.º

A sentença arbitral decidirá sobre a responsabilidade das partes acerca das custas e despesas com a arbitragem, bem como sobre verba decorrente de litigância de má-fé, se for o caso, respeitadas as disposições da convenção de arbitragem, se houver.

ARTIGO 28.º

Se, no decurso da arbitragem, as partes chegarem a acordo quanto ao litígio, o árbitro ou o tribunal arbitral poderá, a pedido das partes, declarar tal fato mediante sentença arbitral, que conterá os requisitos do art. 26.º desta Lei.

ARTIGO 29.º

Proferida a sentença arbitral, dá-se por finda a arbitragem, devendo o árbitro, ou o presidente do tribunal arbitral, enviar cópia da decisão às partes, por via postal ou por outro meio qualquer de comunicação, mediante comprovação de recebimento, ou, ainda, entregando-a diretamente às partes, mediante recibo.

ARTIGO 30.º

No prazo de cinco dias, a contar do recebimento da notificação ou da ciência pessoal da sentença arbitral, a parte interessada, mediante comunicação à outra parte, poderá solicitar ao árbitro ou ao tribunal arbitral que:

I – corrija qualquer erro material da sentença arbitral;

II – esclareça alguma obscuridade, dúvida ou contradição da sentença arbitral, ou se pronuncie sobre ponto omitido a respeito do qual devia manifestar-se a decisão.

Parágrafo único. O árbitro ou o tribunal arbitral decidirá, no prazo de dez dias, aditando a sentença arbitral e notificando as partes na forma do art. 29.º.

ARTIGO 31.º

A sentença arbitral produz, entre as partes e seus sucessores, os mesmos efeitos da sentença proferida pelos órgãos do Poder Judiciário e, sendo condenatória, constitui título executivo.

ARTIGO 32.º

É nula a sentença arbitral se:

I – for nulo o compromisso;

II – emanou de quem não podia ser árbitro;

III – não contiver os requisitos do art. 26.º desta Lei;

IV – for proferida fora dos limites da convenção de arbitragem;

V – não decidir todo o litígio submetido à arbitragem;

VI – comprovado que foi proferida por prevaricação, concussão ou corrupção passiva;

VII – proferida fora do prazo, respeitado o disposto no art. 12.º, inciso III, desta Lei; e

VIII – forem desrespeitados os princípios de que trata o art. 21.º, § 2.º, desta Lei.

ARTIGO 33.º

A parte interessada poderá pleitear ao órgão do Poder Judiciário competente a decretação da nulidade da sentença arbitral, nos casos previstos nesta Lei.

§ 1.º A demanda para a decretação de nulidade da sentença arbitral seguirá o procedimento comum, previsto no Código de Processo Civil, e deverá ser proposta no prazo de até noventa dias após o recebimento da notificação da sentença arbitral ou de seu aditamento.

§ 2.º A sentença que julgar procedente o pedido:

I – decretará a nulidade da sentença arbitral, nos casos do art. 32.º, incisos I, II, VI, VII e VIII;

II – determinará que o árbitro ou o tribunal arbitral profira novo laudo, nas demais hipóteses.

§ 3.º A decretação da nulidade da sentença arbitral também poderá ser argüida mediante ação de embargos do devedor, conforme o art. 741.º e seguintes do Código de Processo Civil, se houver execução judicial.

CAPÍTULO VI
Do Reconhecimento e Execução de Sentenças Arbitrais Estrangeiras

ARTIGO 34.º

A sentença arbitral estrangeira será reconhecida ou executada no Brasil de conformidade com os tratados internacionais com eficácia no ordenamento interno e, na sua ausência, estritamente de acordo com os termos desta Lei.

Parágrafo único. Considera-se sentença arbitral estrangeira a que tenha sido proferida fora do território nacional.

ARTIGO 35.º

Para ser reconhecida ou executada no Brasil, a sentença arbitral estrangeira está sujeita, unicamente, à homologação do Supremo Tribunal Federal.

ARTIGO 36.º

Aplica-se à homologação para reconhecimento ou execução de sentença arbitral estrangeira, no que couber, o disposto nos arts. 483.º e 484.º do Código de Processo Civil.

ARTIGO 37.º

A homologação de sentença arbitral estrangeira será requerida pela parte interessada, devendo a petição inicial conter as indicações da lei processual, conforme o art. 282.º do Código de Processo Civil, e ser instruída, necessariamente, com:

I – o original da sentença arbitral ou uma cópia devidamente certificada, autenticada pelo consulado brasileiro e acompanhada de tradução oficial;

II – o original da convenção de arbitragem ou cópia devidamente certificada, acompanhada de tradução oficial.

ARTIGO 38.º

Somente poderá ser negada a homologação para o reconhecimento ou execução de sentença arbitral estrangeira, quando o réu demonstrar que:

I – as partes na convenção de arbitragem eram incapazes;

II – a convenção de arbitragem não era válida segundo a lei à qual as partes a submeteram, ou, na falta de indicação, em virtude da lei do país onde a sentença arbitral foi proferida;

III – não foi notificado da designação do árbitro ou do procedimento de arbitragem, ou tenha sido violado o princípio do contraditório, impossibilitando a ampla defesa;

IV – a sentença arbitral foi proferida fora dos limites da convenção de arbitragem, e não foi possível separar a parte excedente daquela submetida à arbitragem;
V – a instituição da arbitragem não está de acordo com o compromisso arbitral ou cláusula compromissória;
VI – a sentença arbitral não se tenha, ainda, tornado obrigatória para as partes, tenha sido anulada, ou, ainda, tenha sido suspensa por órgão judicial do país onde a sentença arbitral for prolatada.

ARTIGO 39.º

Também será denegada a homologação para o reconhecimento ou execução da sentença arbitral estrangeira, se o Supremo Tribunal Federal constatar que:
I – segundo a lei brasileira, o objeto do litígio não é suscetível de ser resolvido por arbitragem;
II – a decisão ofende a ordem pública nacional.
Parágrafo único. Não será considerada ofensa à ordem pública nacional a efetivação da citação da parte residente ou domiciliada no Brasil, nos moldes da convenção de arbitragem ou da lei processual do país onde se realizou a arbitragem, admitindo-se, inclusive, a citação postal com prova inequívoca de recebimento, desde que assegure à parte brasileira tempo hábil para o exercício do direito de defesa.

ARTIGO 40.º

A denegação da homologação para reconhecimento ou execução de sentença arbitral estrangeira por vícios formais, não obsta que a parte interessada renove o pedido, uma vez sanados os vícios apresentados.

CAPÍTULO VII
Disposições Finais

ARTIGO 41.º

Os arts. 267.º, inciso VII; 301.º, inciso IX; e 584.º, inciso III, do Código de Processo Civil passam a ter a seguinte redação:

"Art. 267.º ....
VII – pela convenção de arbitragem;"
"Art. 301.º ....
IX – convenção de arbitragem;"
"Art. 584.º ....
III – a sentença arbitral e a sentença homologatória de transação ou de conciliação;"

ARTIGO 42.º

O art. 520.º do Código de Processo Civil passa a ter mais um inciso, com a seguinte redação:

"Art. 520.º ....
VI – julgar procedente o pedido de instituição de arbitragem."

ARTIGO 43.º

Esta Lei entrará em vigor sessenta dias após a data de sua publicação.

ARTIGO 44.º

Ficam revogados os arts. 1037.º a 1048.º da Lei n.º 3.071, de 1.º de Janeiro de 1916, Código Civil Brasileiro; os arts. 101.º e 1072.º a 1102.º da Lei n.º 5.869, de 11 de Janeiro de 1973, Código de Processo Civil; e demais disposições em contrário.

***

LEGISLAÇÃO CONEXA

Lei n.º 9.099, de 26 de Setembro de 1995, Seção VIII – Dispõe sobre os Juizados Especiais Cíveis e Criminais e dá outras providências.

Seção VIII
Da Conciliação e do Juízo Arbitral

Art. 21.º Aberta a sessão, o Juiz togado ou leigo esclarecerá as partes presentes sobre as vantagens da conciliação, mostrando-lhes os riscos e as conseqüências do litígio, especialmente quanto ao disposto no § 3.º do art. 3.º desta Lei.

Art. 22.º A conciliação será conduzida pelo Juiz togado ou leigo ou por conciliador sob sua orientação.

Parágrafo único. Obtida a conciliação, esta será reduzida a escrito e homologada pelo Juiz togado, mediante sentença com eficácia de título executivo.

Art. 23.º Não comparecendo o demandado, o Juiz togado proferirá sentença.

Art. 24.º Não obtida a conciliação, as partes poderão optar, de comum acordo, pelo juízo arbitral, na forma prevista nesta Lei.

§ 1.º O juízo arbitral considerar-se-á instaurado, independentemente de termo de compromisso, com a escolha do árbitro pelas partes. Se este não estiver presente, o Juiz convocá-lo-á e designará, de imediato, a data para a audiência de instrução.

§ 2.º O árbitro será escolhido dentre os juízes leigos.

Art. 25.º O árbitro conduzirá o processo com os mesmos critérios do Juiz, na forma dos arts. 5.º e 6.º desta Lei, podendo decidir por eqüidade.

Art. 26.º Ao término da instrução, ou nos cinco dias subseqüentes, o árbitro apresentará o laudo ao Juiz togado para homologação por sentença irrecorrível.

Lei n.º 7.783, de 28 de Junho de 1989 – Lei de Greve (Art. 3.º).

Art. 3.º Frustrada a negociação ou verificada a impossibilidade de recursos via arbitral, é facultada a cessação coletiva do trabalho.

Parágrafo único. A entidade patronal correspondente ou os empregadores diretamente interessados serão notificados, com antecedência mínima de 48 (quarenta e oito) horas, da paralisação.

Medida Provisória n.º 1.982-76, de 26 de outubro de 2000 (Art. 4.º) – Dispõe sobre a participação dos trabalhadores nos lucros ou resultados da empresa e dá outras providências.

Art. 4.º Caso a negociação visando à participação nos lucros ou resultados da empresa resulte em impasse, as partes poderão utilizar-se dos seguintes mecanismos de solução do litígio:
I – mediação;
II – arbitragem de ofertas finais.

§ 1.º Considera-se arbitragem de ofertas finais aquela em que o árbitro deve restringir-se a optar pela proposta apresentada, em caráter definitivo, por uma das partes.

§ 2.º O mediador ou o árbitro será escolhido de comum acordo entre as partes.

§ 3.º Firmado o compromisso arbitral, não será admitida a desistência unilateral de qualquer das partes.

§ 4.º O laudo arbitral terá força normativa, independentemente de homologação judicial.

Medida Provisória n.º 1.950-70, de 16 de Novembro de 2000 (art. 11.º) – Dispõe sobre medidas complementares ao Plano Real e dá outras providências.

Art. 11.º Frustrada a negociação entre as partes, promovida diretamente ou através de mediador, poderá ser ajuizada a ação de dissídio coletivo.

§ 1.º O mediador será designado de comum acordo pelas partes ou, a pedido destas, pelo Ministério do Trabalho e Emprego, na forma da regulamentação de que trata o § 5.º deste artigo.

§ 2.º A parte que se considerar sem as condições adequadas para, em situação de equilíbrio, participar da negociação direta, poderá, desde logo, solicitar ao Ministério do Trabalho e Emprego a designação de mediador, que convocará a outra parte.

§ 3.º O mediador designado terá prazo de até trinta dias para a conclusão do processo de negociação, salvo acordo expresso com as partes interessadas.

§ 4.º Não alcançado o entendimento entre as partes, ou recusando-se qualquer delas à mediação, lavrar-se-á ata contendo as causas motivadoras do conflito e as reivindicações de natureza econômica, documento que instruirá a representação para o ajuizamento do dissídio coletivo.

Lei n.º 9.514, de 20 de Novembro de 1997 (Art. 34.º) – Dispõe sobre o Sistema de Financiamento Imobiliário, institui a alienação fiduciária de coisa imóvel e dá outras providências.

Art. 34.º Os contratos relativos ao financiamento imobiliário em geral poderão estipular que litígios ou controvérsias entre as partes sejam dirimidos mediante arbitragem, nos termos do disposto na Lei n.º 9.307, de 24 de setembro de 1996.

***

PROJECTO DE LEI DE MEDIAÇÃO DA CÂMARA N.º 94/2002
(não se encontra ainda aprovado) – institucionaliza e disciplina a mediação, como método de prevenção e solução consensual de conflitos.

PARECER N.º_____, DE 2006
Da COMISSÃO DE CONSTITUIÇÃO, JUSTIÇA E CIDADANIA, sobre o Projeto de Lei da Câmara n.º 94, de 2002 (n.º 4.827, de 1998, na Casa de origem), que institucionaliza e disciplina a mediação, como método de prevenção e solução consensual de conflitos.

RELATOR: Senador Pedro Simon

I – RELATÓRIO

Vem ao exame desta Comissão o Projeto de Lei da Câmara n.º 94, de 2002 (n.º 4.827, de 1998, na Casa de origem), de autoria da Deputada Zulaiê Cobra, que institucionaliza e disciplina a mediação, como método de prevenção e solução consensual de conflitos.

A proposição traz a disciplina jurídica da mediação – judicial ou extrajudicial –, definida como atividade técnica exercida por terceira pessoa, que, escolhida ou aceita pelas partes interessadas, as escuta e orienta com o propósito de lhes permitir que, de modo consensual, previnam ou solucionem conflitos.

O projeto contempla a possibilidade de mediação em toda matéria que a lei civil ou penal admita conciliação, reconciliação ou transação, apontando como mediadores, tanto pessoas físicas quanto pessoas jurídicas, que, nos termos de seu objeto social, se dediquem ao exercício da mediação.

Na Câmara dos Deputados, o projeto foi aprovado pela Comissão de Constituição, Justiça e Redação, não tendo sido interposto o recurso a que alude o inciso I, do § 2.º do art. 58.º da Constituição Federal, sendo então remetido a esta Câmara Alta para revisão, a teor do que dispõe o art. 65.º da Constituição da República.

Nesta Casa, a proposição não recebeu emendas. Entretanto, o Senador Eduardo Suplicy apresentou na última reunião da CCJ (08/03/2006) Voto em Separado, que também constituirá objeto desta análise.

II – ANÁLISE

Os requisitos formais e materiais de constitucionalidade são atendidos pelo Projeto de Lei da Câmara n.º 94, de 2002, merecendo registro que é competência privativa da União legislar sobre direito processual (CF/88, art. 22.º, inciso I). Da mesma forma, no que concerne à juridicidade, a proposta se revela isenta da necessidade de reparos.

Quanto ao mérito, porém, cremos que o avanço trazido pela proposição afigura-se tímido. Cabe salientar que, hoje, se vive no Brasil momento especialmente favorável às iniciativas que buscam desafogar o Poder Judiciário, trazendo à luz mecanismos modernos de solução alternativa de conflitos.

Não podemos nos furtar à menção do novíssimo inciso LXXVIII do art. 5.º da Constituição Federal (introduzido pela Emenda Constitucional n.º 45, de 2004 – Reforma do Judiciário), que estatui que *"a todos, no âmbito judicial e administrativo, são assegurados a razoável duração do processo e os meios que garantam a celeridade de sua tramitação"*. Ora, essa norma programática é que nos anima a perseguir avanços ainda maiores na legislação acerca da mediação.

Nesse sentido, mantivemos intenso diálogo com instituições públicas e representantes da sociedade civil, e recebemos diversas sugestões de aperfeiçoamento da proposta ora relatada, merecendo destaque as sugestões do Conselho Regional de Administração do Rio Grande do Sul, da Secretaria de Reforma do Judiciário do Ministério da Justiça, do Grupo de Pesquisa e Trabalho em Arbitragem, Mediação e Negociação da Universidade de Brasília, do Instituto de Mediação e Arbitragem do Brasil e do Centro de Administração de Conflitos.

As sugestões diferem parcialmente do projeto aprovado pela Câmara dos Deputados, justamente por avançar na disciplina jurídica da mediação, classificando-a em judicial ou extrajudicial e prévia ou incidental. Outrossim, as sugestões contemplam a formação e seleção dos mediadores, trazendo linhas gerais sobre o Registro de Mediadores, que dará aos interessados – e à sociedade, em última análise – a indispensável segurança para eleger mediadores, com a garantia de que a pessoa ou instituição escolhida goza de reputação ilibada e vasta experiência na atividade.

Como fruto dessa interação, apresentamos substitutivo, que entendemos disciplinar de forma mais abrangente o instituto da mediação, avançando em alguns pontos que o projeto original aprovado pela Câmara dos Deputados não contemplava, mas sem atentar contra o seu espírito, ressalva feita à mediação penal, que não concordamos deva integrar o texto.

Especificamente quanto à mediação em matéria penal, deve ser feito o registro de que vige nesta seara o princípio da obrigatoriedade da ação penal, que, embora sofra temperamentos, merece um detalhamento incompatível com o texto aprovado pela Câmara dos Deputados. Em verdade, o membro do Ministério Público, que é o dominus litis da ação penal pública, dispõe de "discricionariedade vinculada" quanto à transação penal ou à suspensão condicional do processo, de modo que, para o seu efetivo exercício, é indispensável que a lei traga de forma minuciosa as suas hipóteses de cabimento.

Nosso substitutivo é estruturado em seis capítulos: I – modalidades de mediação; II – dos mediadores; III – do registro dos mediadores e da fiscalização e controle da atividade de mediação; IV – da mediação prévia; V – da mediação incidental; e VI – disposições finais.

No Capítulo I, definimos a atividade de mediação, e estabelecemos suas modalidades em prévia ou incidental e judicial ou extrajudicial (art. 3.º), assentando que ela será sempre sigilosa, salvo convenção das partes (art. 6.º) e que o termo de transação lavrado pelo mediador e assinado por ele e pelos interessados poderá ser homologado pelo juiz e consistirá em título executivo judicial. (art. 7.º).

No Capítulo II, trouxemos a disciplina jurídica dos mediadores, assentando quem pode ser mediador judicial (art. 10.º) e extrajudicial (art. 11.º) e co-mediador (art. 15.º), outorgando atribuições à Ordem dos Advogados do Brasil, aos Tribunais de Justiça dos Estados e às instituições especializadas previamente credenciadas pelos Tribunais de Justiça para treinar e selecionar candidatos à função de mediador (art. 14.º).

Este, sem dúvida, é ponto sensível para o sucesso da mediação, pois é fundamental a habilidade pessoal do mediador para apaziguar os ânimos e buscar uma solução consensuada do conflito.

O Capítulo II, outrossim, equipara os mediadores, quando no exercício de suas atribuições, aos funcionários públicos para fins penais (art. 12.º, in fine), e aos auxiliares da justiça, para todos os fins (art. 12.º), impondo-lhes os deveres de imparcialidade, independência, aptidão, diligência e confidencialidade (art. 13.º).

No Capítulo III, tratamos do Registro de Mediadores, mantido pelos Tribunais de Justiça (art. 16.º), a quem caberá normatizar o processo de inscrição dos mediadores que atuarão no âmbito de sua jurisdição (art. 16.º, § 1.º). Ademais, inserimos disposição que impõe aos Tribunais de Justiça a sistematização dos dados dos mediadores e a sua publicação para fins estatísticos (art. 16.º, § 4.º).

Neste ponto, optamos por tornar a inscrição no Registro de Mediadores obrigatória para o exercício da atividade de mediação, seja judicial ou extrajudicial. Tal fato se deve à necessidade de se ter o efetivo controle do trabalho dos mediadores, de modo a assegurar aos que optarem pela prevenção ou solução de seus conflitos pela mediação, que o terceiro que escolherem para conduzir os trabalhos gozará dos atributos que a lei exige. Tal providência será útil, ainda, para que haja rigoroso controle estatístico.

Além disso, com o controle do Registro de Mediadores pelo Tribunal de Justiça do Estado, será possível punir efetivamente os mediadores que apresentarem desvios de conduta e bani-los do exercício da atividade de mediação, impedindo que maus mediadores inviabilizem a incorporação da mediação na cultura dos brasileiros.

Ademais, está descrita a forma de fiscalização e controle da atividade de mediação. Aqui, arrolamos hipóteses de impedimento dos mediadores e condutas passíveis de censura (arts. 20.º a 24.º), trazendo linhas gerais sobre o processo administrativo a que se submeterão os mediadores (art. 25.º). Cabe registrar a disciplina especial trazida para os mediadores judiciais, que submeter-se-ão ao controle efetuado pela Ordem dos Advogados do Brasil (art. 18.º).

Outrossim, no Capítulo III estão enumeradas as hipóteses de exclusão do Registro de Mediadores, e a cláusula de vedação de recadastramento do mediador excluído por conduta inadequada, em qualquer local do território nacional (art. 24.º, § 2.º).

No Capítulo IV, acolhendo quase integralmente as propostas da Secretaria de Reforma do Judiciário do Ministério da Justiça, do Conselho Regional de Administração do Rio Grande do Sul e do Grupo de Pesquisa e Trabalho em Arbitragem, Mediação e Negociação da Universidade de Brasília, disciplinamos a mediação prévia.

No Capítulo V, contribuiu a solidez dos argumentos esposados nas sugestões da Secretaria de Reforma do Judiciário do Ministério da Justiça e do Conselho Regional de Administração do Rio Grande do Sul, no sentido de tornar obrigatória a tentativa de mediação incidental. Neste sentido, a obrigatoriedade da mediação incidental pode ter o condão de estimular a auto-composição e desafogar as varas de primeira instância.

Por fim, o Capítulo VI traz disposições finais, de caráter geral, estatuindo que a atividade do mediador será sempre remunerada e estabelecendo o prazo de 180 dias para os Tribunais de Justiça expedirem as normas regulamentadoras que viabilizem o início das atividades.

Como já foi dito, foi apresentado, na última reunião desta Comissão, relatório substitutivo de autoria do ilustre senador Eduardo Suplicy, espelhando posicionamento do Ministério da Justiça e, conforme acordado com o nobre colega, reapresento meu parecer com nova redação contemplando e acatando em parte as propostas ora apresentadas.

III – VOTO

Com as considerações precedentes de que ressaltam a constitucionalidade, juridicidade, oportunidade e conveniência da proposta, votamos pela aprovação do Projeto de Lei da Câmara n.º 94, de 2002 (n.º 4.827, de 1998, na origem), na forma do substitutivo a seguir:

EMENDA N.º – CCJ (SUBSTITUTIVO)

Institucionaliza e disciplina a mediação, como método de prevenção e solução consensual de conflitos na esfera civil, e dá outras providências.

O CONGRESSO NACIONAL decreta:

CAPÍTULO I
Disposições Gerais

Art. 1.º Esta Lei institui e disciplina a mediação paraprocessual nos conflitos de natureza civil.

Art. 2.º Para fins desta Lei, mediação é a atividade técnica exercida por terceiro imparcial que, escolhido ou aceito pelas partes interessadas, as escuta, orienta e estimula, sem apresentar soluções, com o propósito de lhes permitir a prevenção ou solução de conflitos de modo consensual.

Art. 3.º A mediação paraprocessual será prévia ou incidental, em relação ao momento de sua instauração, e judicial ou extrajudicial, conforme a qualidade dos mediadores.

Art. 4.º É lícita a mediação em toda matéria que admita conciliação, reconciliação, transação ou acordo de outra ordem.

Art. 5.º A mediação poderá versar sobre todo o conflito ou parte dele.

Art. 6.º A mediação será sigilosa, salvo estipulação expressa em contrário pelas partes, observando-se, em qualquer hipótese, o disposto nos arts. 13.º e 14.º.

Art. 7.º O acordo resultante da mediação se denominará termo de mediação e deverá ser subscrito pelo mediador, judicial ou extrajudicial, pelas partes e advogados, constituindo-se título executivo extrajudicial.

Parágrafo único. A mediação prévia, desde que requerida, scrá reduzida a termo e homologada por sentença, independentemente de processo.

Art. 8.º A pedido de qualquer um dos interessados, o termo de mediação obtido na mediação prévia ou incidental, poderá ser homologado pelo juiz, caso em que terá eficácia de título executivo judicial.

CAPÍTULO II
Dos Mediadores

Art. 9.º Pode ser mediador qualquer pessoa capaz, de conduta ilibada e com formação técnica ou experiência prática adequada à natureza do conflito, nos termos desta Lei.

Art. 10.º Os mediadores serão judiciais ou extrajudiciais.

Art. 11.º São mediadores judiciais os advogados com pelo menos três anos de efetivo exercício de atividades jurídicas, capacitados, selecionados e inscritos no Registro de Mediadores, na forma desta Lei.

Art. 12.º São mediadores extrajudiciais aqueles independentes, selecionados e inscritos no respectivo Registro de Mediadores, na forma desta Lei.

Art. 13.º Na mediação paraprocessual, os mediadores judiciais ou extrajudiciais e os co-mediadores são considerados auxiliares da justiça, e, quando no exercício de suas funções, e em razão delas, são equiparados aos funcionários públicos, para os efeitos da lei penal.

Art. 14.º No desempenho de suas funções, o mediador deverá proceder com imparcialidade, independência, aptidão, diligência e confidencialidade, salvo, no último caso, por expressa convenção das partes.

Art. 15.º Caberá, em conjunto, à Ordem dos Advogados do Brasil, aos Tribunais de Justiça dos Estados e às pessoas jurídicas especializadas em mediação, nos termos de seu estatuto social, desde que, no último caso, devidamente autorizadas pelo Tribunal de Justiça do Estado em que estejam localizadas, a formação e seleção de mediadores, para o que serão implantados cursos apropriados, fixando-se os critérios de aprovação, com a publicação do regulamento respectivo.

Art. 16.º É lícita a co-mediação quando, pela natureza ou pela complexidade do conflito, for recomendável a atuação conjunta do mediador com outro profissional especializado na área do conhecimento subjacente ao litígio.

§ 1.º A co-mediação será obrigatória nas controvérsias submetidas à mediação que versem sobre o estado da pessoa e Direito de Família, devendo dela necessariamente participar psiquiatra, psicólogo ou assistente social.

§ 2.º A co-mediação, quando não for obrigatória, poderá ser requerida por qualquer dos interessados ou pelo mediador.

CAPÍTULO III
Do Registro de Mediadores e da Fiscalização e Controle da Atividade de Mediação

Art. 17.º O Tribunal de Justiça local manterá Registro de Mediadores, contendo relação atualizada de todos os mediadores habilitados a atuar prévia ou incidentalmente no âmbito do Estado.

§ 1.º Os Tribunais de Justiça expedirão normas regulamentando o processo de inscrição no Registro de Mediadores.

§ 2.º A inscrição no Registro de Mediadores será requerida ao Tribunal de Justiça local, na forma das normas expedidas para este fim, pelos que tiverem cumprido satisfatoriamente os requisitos do art. 15.º desta Lei.

§ 3.º Do registro de mediadores constarão todos os dados relevantes referentes à atuação do mediador, segundo os critérios fixados pelo Tribunal de Justiça local.

§ 4.º Os dados colhidos na forma do parágrafo anterior serão classificados sistematicamente pelo Tribunal de Justiça, que os publicará anualmente para fins estatísticos.

Art. 18.º Na mediação extrajudicial, a fiscalização das atividades dos mediadores e co-mediadores competirá sempre ao Tribunal de Justiça do Estado, na forma das normas específicas expedidas para este fim.

Art. 19.º Na mediação judicial, a fiscalização e controle da atuação do mediador será feita pela Ordem dos Advogados do Brasil, por intermédio de suas seccionais; a atuação do co-mediador será fiscalizada e controlada pelo Tribunal de Justiça.

Art. 20.º Se a mediação for incidental, a fiscalização também caberá ao juiz da causa, que, verificando a atuação inadequada do mediador ou do co-mediador, poderá afastá-lo de suas atividades relacionadas ao processo, e, em caso de urgência, tomar depoimentos e colher provas, dando notícia, conforme o caso, à Ordem dos Advogados do Brasil ou ao Tribunal de Justiça, para as medidas cabíveis.

Art. 21.º Aplicam-se aos mediadores e co-mediadores os impedimentos previstos nos artigos 134.º e 135.º do Código de Processo Civil.

§ 1.º No caso de impedimento, o mediador devolverá os autos ao distribuidor, que designará novo mediador; se a causa de impedimento for apurada quando já iniciado o procedimento de mediação, o mediador interromperá sua atividade, lavrando termo com o relatório do ocorrido e solicitará designação de novo mediador ou co-mediador.

§ 2.º O referido relatório conterá:
a) nomes e dados pessoais das partes envolvidas;
b) indicação da causa de impedimento ou suspeição;
c) razões e provas existentes pertinentes do impedimento ou suspeição.

Art. 22.º No caso de impossibilidade temporária do exercício da função, o mediador informará o fato ao Tribunal de Justiça, para que, durante o período em que subsistir a impossibilidade, não lhe sejam feitas novas distribuições.

Art. 23.° O mediador fica absolutamente impedido de prestar serviços profissionais a qualquer das partes, em matéria correlata à mediação; o impedimento terá o prazo de dois anos, contados do término da mediação, quando se tratar de outras matérias.

Art. 24.° Considera-se conduta inadequada do mediador ou do co-mediador a sugestão ou recomendação acerca do mérito ou quanto aos termos da resolução do conflito, assessoramento, inclusive legal, ou aconselhamento, bem como qualquer forma explícita ou implícita de coerção para a obtenção de acordo.

Art. 25.° Será excluído do Registro de Mediadores aquele que:

I – assim o solicitar ao Tribunal de Justiça, independentemente de justificação;

II – agir com dolo ou culpa na condução da mediação sob sua responsabilidade;

III – violar os princípios de confidencialidade e imparcialidade;

IV – funcionar em procedimento de mediação mesmo sendo impedido ou sob suspeição;

V – sofrer, em procedimento administrativo realizado pela Ordem dos Advogados do Brasil, pena de exclusão do Registro de Mediadores;

VI – for condenado, em sentença criminal transitada em julgado.

§ 1.° Os Tribunais de Justiça dos Estados, em cooperação, consolidarão mensalmente relação nacional dos excluídos do Registro de Mediadores.

§ 2.° Salvo no caso do inciso I, aquele que for excluído do Registro de Mediadores não poderá, em hipótese alguma, solicitar nova inscrição em qualquer parte do território nacional ou atuar como co-mediador.

Art. 26.° O processo administrativo para averiguação de conduta inadequada do mediador poderá ser iniciado de ofício ou mediante representação e obedecerá ao procedimento estabelecido pelo Tribunal de Justiça local.

Art. 27.° O processo administrativo conduzido pela Ordem dos Advogados do Brasil obedecerá ao procedimento previsto no Título III da Lei n.° 8.906, de 1994, podendo ser aplicada desde a pena de advertência até a exclusão do Registro de Mediadores.

Parágrafo único. O processo administrativo a que se refere o caput será concluído em, no máximo, noventa dias, e suas conclusões enviadas ao Tribunal de Justiça para anotação no registro do mediador ou seu cancelamento, conforme o caso.

Art. 28.° O co-mediador afastado de suas atividades nos termos do art. 19.°, desde que sua conduta inadequada seja comprovada em regular procedimento administrativo, fica impedido de atuar em novas mediações pelo prazo de dois anos.

CAPÍTULO IV
Da Mediação Prévia

Art. 29.° A mediação prévia pode ser judicial ou extrajudicial.

Parágrafo único. O requerimento de mediação prévia interrompe a prescrição e deverá ser concluído no prazo máximo de 90 dias.

Art. 30.º O interessado poderá optar pela mediação prévia judicial. Neste caso, o requerimento adotará formulário padronizado, subscrito por ele ou por seu advogado, sendo, neste caso, indispensável à juntada do instrumento de mandato.

§ 1.º Distribuído ao mediador, o requerimento ser-lhe-á encaminhado imediatamente.

§ 2.º Recebido o requerimento, o mediador designará dia, hora e local onde realizará a sessão de mediação, dando ciência aos interessados por qualquer meio eficaz e idôneo de comunicação.

§ 3.º A cientificação ao requerido conterá a recomendação de que deverá comparecer à sessão acompanhado de advogado, quando a presença deste for indispensável. Neste caso, não tendo o requerido constituído advogado, o mediador solicitará à Defensoria Pública ou, na falta desta, à Ordem dos Advogados do Brasil a designação de advogado dativo. Na impossibilidade de pronto atendimento à solicitação, o mediador imediatamente remarcará a sessão, deixando os interessados já cientificados da nova data e da indispensabilidade dos advogados.

§ 4.º Os interessados, de comum acordo, poderão escolher outro mediador, judicial ou extrajudicial.

§ 5.º Não sendo encontrado o requerido, ou não comparecendo qualquer das partes, estará frustrada a mediação.

Art. 31.º Obtido ou não o acordo, o mediador lavrará o termo de mediação, descrevendo detalhadamente todas as cláusulas do mesmo ou consignando a sua impossibilidade.

Parágrafo único. O mediador devolverá o requerimento ao distribuidor, acompanhado do termo de mediação, para as devidas anotações.

Art. 32.º A mediação prévia extrajudicial, a critério dos interessados, ficará a cargo de mediador independente ou daquele ligado à instituição especializada em mediação.

Art. 33.º Em razão da natureza e complexidade do conflito, o mediador judicial ou extrajudicial, a seu critério ou a pedido de qualquer das partes, prestará seus serviços em regime de co-mediação com profissional especializado em outra área que guarde afinidade com a natureza do conflito.

CAPÍTULO V
Da Mediação Incidental

Art. 34.º A mediação incidental será obrigatória no processo de conhecimento, salvo nos seguintes casos:

I – na ação de interdição;

II – quando for autora ou ré pessoa de direito público e a controvérsia versar sobre direitos indisponíveis;

III – na falência, na recuperação judicial e na insolvência civil;

IV – no inventário e no arrolamento;

V – nas ações de imissão de posse, reivindicatória e de usucapião de bem imóvel;

VI – na ação de retificação de registro público;
VII – quando o autor optar pelo procedimento do juizado especial ou pela arbitragem;
VIII – na ação cautelar;
IX – quando na mediação prévia, realizada na forma da seção anterior, tiver ocorrido sem acordo nos cento e oitenta dias anteriores ao ajuizamento da ação.
Parágrafo único. A mediação deverá ser realizada no prazo máximo de 90 dias e, não sendo alcançado o acordo, dar-se-á continuidade ao processo.
Art. 35.º Nos casos de mediação incidental, a distribuição da petição inicial ao juízo interrompe a prescrição, induz litispendência e produz os demais efeitos previstos no art. 263.º do Código de Processo Civil.
§ 1.º Havendo pedido de liminar, a mediação terá curso após a respectiva decisão.
§ 2.º A interposição de recurso contra a decisão liminar não prejudica o processo de mediação.
Art. 36.º A designação inicial será de um mediador, judicial ou extrajudicial, a quem será remetida cópia dos autos do processo judicial.
Parágrafo único. As partes, de comum acordo, poderão escolher outro mediador, judicial ou extrajudicial.
Art. 37.º Cabe ao mediador intimar as partes por qualquer meio eficaz e idôneo de comunicação, designando dia, hora e local para seu comparecimento.
§ 1.º A intimação deverá conter a recomendação de que as partes deverão se fazer acompanhar de advogados, quando indispensável à assistência judiciária.
§ 2.º Se o requerido não tiver sido citado no processo judicial, a intimação para a sessão de mediação constitui-lo-á em mora, tornando prevento o juízo, induzindo litispendência, fazendo litigiosa a coisa e interrompendo a prescrição.
§ 3.º Se qualquer das partes não tiver advogado constituído nos autos do processo judicial, o mediador procederá de acordo com o disposto na parte final do § 3.º do art. 30.º.
§ 4.º Não sendo encontrado o requerido, ou não comparecendo qualquer das partes, estará frustrada a mediação.
Art. 38.º Na hipótese de mediação incidental, ainda que haja pedido de liminar, a antecipação das despesas do processo, a que alude o art. 19.º do Código de Processo Civil, somente será devida após a retomada do curso do processo, se a mediação não tiver resultado em acordo ou conciliação.
Parágrafo único. O valor pago a títulos de honorários do mediador, na forma do art. 19.º do Código de Processo Civil, será abatido das despesas do processo.
Art. 39.º Obtido ou frustrado o acordo, o mediador lavrará o termo de mediação descrevendo detalhadamente todas as cláusulas do acordo ou consignando sua impossibilidade.
§ 1.º O mediador devolverá a petição inicial ao juiz da causa, acompanhada do termo, para que seja dado prosseguimento ao processo.
§ 2.º Ao receber a petição inicial acompanhada do termo de transação, o juiz determinará seu imediato arquivamento ou, frustrada a transação, providenciará a retomada do processo judicial.

Art. 40.º Havendo acordo, o juiz da causa, após verificar o preenchimento das formalidades legais, homologará o acordo por sentença.

Parágrafo único. Se o acordo for obtido quando o processo judicial estiver em grau de recurso, a homologação do mesmo caberá ao relator.

CAPÍTULO VI
Disposições Finais

Art. 41.º A mediação será sempre realizada em local de fácil acesso, com estrutura suficiente para atendimento condigno dos interessados, disponibilizado por entidade pública ou particular para o desenvolvimento das atividades de que trata esta Lei.

Parágrafo único. O Tribunal de Justiça local fixará as condições mínimas a que se refere este artigo.

Art. 42.º Os serviços do mediador serão sempre remunerados, nos termos e segundo os critérios fixados pela norma local.

§ 1.º Nas hipóteses em que for concedido o benefício da assistência judiciária, estará a parte dispensada do recolhimento dos honorários, correndo as despesas às expensas de dotação orçamentária do respectivo Tribunal de Justiça.

Art. 43.º O art. 331.º e parágrafos da Lei n.º 5.869, de 1973, Código de Processo Civil, passam a vigorar com a seguinte redação:

> "Art. 331.º Se não se verificar qualquer das hipóteses previstas nas seções precedentes, o juiz designará audiência preliminar, a realizar-se no prazo máximo de trinta dias, para qual serão as partes intimadas a comparecer, podendo fazer-se representar por procurador ou preposto, com poderes para transigir.
>
> §1.º Na audiência preliminar, o juiz ouvirá as partes sobre os motivos e fundamentos da demanda e tentará a conciliação, mesmo tendo sido realizada a tentativa de mediação prévia ou incidental.
>
> §2.º A lei local poderá instituir juiz conciliador ou recrutar conciliadores para auxiliarem o juiz da causa na tentativa de solução amigável dos conflitos.
>
> §3.º Segundo as peculiaridades do caso, outras formas adequadas de solução do conflito poderão ser sugeridas pelo juiz, inclusive a arbitragem, na forma da lei, a mediação e a avaliação neutra de terceiro.
>
> §4.º A avaliação neutra de terceiro, a ser obtida no prazo a ser fixado pelo juiz, é sigilosa, inclusive para este, e não vinculante para as partes, sendo sua finalidade exclusiva a de orientá-las na tentativa de composição amigável do conflito.
>
> §5.º Obtido o acordo, será reduzido a termo e homologado pelo juiz.
>
> §6.º Se, por qualquer motivo, a conciliação não produzir resultados e não for adotado outro meio de solução do conflito, o juiz, na mesma audiência, fixará os pontos controvertidos, decidirá as questões processuais pendentes e determinará as provas a serem produzidas, designando audiência de instrução e julgamento, se necessário" (NR)

Art. 44.º Fica acrescentado à Lei n.º 5.869, de 1973, Código de Processo Civil, o art. 331.º-A, com a seguinte redação:

"Art. 331.º-A. Em qualquer tempo e grau de jurisdição, poderá o juiz ou tribunal adotar, no que couber, as providências no artigo anterior".

Art. 45.º Os Tribunais de Justiça dos Estados, no prazo de 180 dias, expedirão as normas indispensáveis à efetivação do disposto nesta Lei.

Art. 46.º O termo de mediação, de qualquer natureza, frustrado ou não o acordo, conterá expressamente a fixação dos honorários do mediador, ou do co-mediador, se for o caso.

Parágrafo único. Fixando as partes os honorários do mediador, no termo de mediação, este constituirá título executivo extrajudicial; não havendo tal estipulação, o mediador requererá ao Tribunal de Justiça que seria competente para julgar, originariamente, a causa, que os fixe por sentença.

Art. 47.º Esta Lei entra em vigor na data de sua publicação.

Sala da Comissão, 21 de junho de 2006.

_____, Presidente
_____, Relator

IV – DECISÃO DA COMISSÃO

A Comissão de Constituição, Justiça e Cidadania, em Reunião Ordinária realizada nesta data, decide pela aprovação do Projeto de Lei Câmara n.º 94, de 2002, na forma da Emenda n.º 1-CCJ (Substitutivo), e das Emendas n.os 1 a 3, de autoria do Senador Juvêncio da Fonseca, e da Emenda n.º 4, de autoria do Senador Aloizio Mercadante, consolidadas no Substitutivo, conforme abaixo:

EMENDA N.º 1 – CCJ (SUBSTITUTIVO)
AO PROJETO DE LEI DA CÂMARA N.º 94, DE 2002
Institucionaliza e disciplina a mediação, como método de prevenção e solução consensual de conflitos na esfera civil, e dá outras providências.

O CONGRESSO NACIONAL decreta:

CAPÍTULO I
Disposições Gerais

Art. 1.º Esta Lei institui e disciplina a mediação paraprocessual nos conflitos de natureza civil.

Art. 2.º Para fins desta Lei, mediação é a atividade técnica exercida por terceiro imparcial que, escolhido ou aceito pelas partes interessadas, as escuta, orienta e estimula, sem apresentar soluções, com o propósito de lhes permitir a prevenção ou solução de conflitos de modo consensual.

Art. 3.º A mediação paraprocessual será prévia ou incidental, em relação ao momento de sua instauração, e judicial ou extrajudicial, conforme a qualidade dos mediadores.

Art. 4.º É lícita a mediação em toda matéria que admita conciliação, reconciliação, transação ou acordo de outra ordem.

Art. 5.º A mediação poderá versar sobre todo o conflito ou parte dele.

Art. 6.º A mediação será sigilosa, salvo estipulação expressa em contrário pelas partes, observando-se, em qualquer hipótese, o disposto nos arts. 13.º e 14.º.

Art. 7.º O acordo resultante da mediação se denominará termo de mediação e deverá ser subscrito pelo mediador, judicial ou extrajudicial, pelas partes e advogados, constituindo-se título executivo extrajudicial.

Parágrafo único. A mediação prévia, desde que requerida, será reduzida a termo e homologada por sentença, independentemente de processo.

Art. 8.º A pedido de qualquer um dos interessados, o termo de mediação obtido na mediação prévia ou incidental, poderá ser homologado pelo juiz, caso em que terá eficácia de título executivo judicial.

CAPÍTULO II
Dos Mediadores

Art. 9.º Pode ser mediador qualquer pessoa capaz, de conduta ilibada e com formação técnica ou experiência prática adequada à natureza do conflito, nos termos desta Lei.

Art. 10.º Os mediadores serão judiciais ou extrajudiciais.

Art. 11.º São mediadores judiciais os advogados com pelo menos três anos de efetivo exercício de atividades jurídicas, capacitados, selecionados e inscritos no Registro de Mediadores, na forma desta Lei.

Art. 12.º São mediadores extrajudiciais aqueles independentes, selecionados e inscritos no respectivo Registro de Mediadores, na forma desta Lei.

Art. 13.º Na mediação paraprocessual, os mediadores judiciais ou extrajudiciais e os co-mediadores são considerados auxiliares da justiça, e, quando no exercício de suas funções, e em razão delas, são equiparados aos funcionários públicos, para os efeitos da lei penal.

Art. 14.º No desempenho de suas funções, o mediador deverá proceder com imparcialidade, independência, aptidão, diligência e confidencialidade, salvo, no último caso, por expressa convenção das partes.

Art. 15.º Caberá, em conjunto, à Ordem dos Advogados do Brasil, ao Tribunal de Justiça, à Defensoria Pública e às instituições especializadas em mediação devidamente cadastradas na forma do Capítulo III, a formação e seleção de mediadores, para o que serão implantados cursos apropriados, fixando-se os critérios de aprovação, com a publicação do regulamento respectivo.

Art. 16.º É lícita a co-mediação quando, pela natureza ou pela complexidade do conflito, for recomendável a atuação conjunta do mediador com outro profissional especializado na área do conhecimento subjacente ao litígio.

§ 1.º A co-mediação será obrigatória nas controvérsias submetidas à mediação que versem sobre o estado da pessoa e Direito de Família, devendo dela necessariamente participar psiquiatra, psicólogo ou assistente social.

§ 2.º A co-mediação, quando não for obrigatória, poderá ser requerida por qualquer dos interessados ou pelo mediador.

CAPÍTULO III
Do Registro de Mediadores e da Fiscalização e Controle da Atividade de Mediação

Art. 17.º O Tribunal de Justiça local manterá Registro de Mediadores, contendo relação atualizada de todos os mediadores habilitados a atuar prévia ou incidentalmente no âmbito do Estado.

§ 1.º Os Tribunais de Justiça expedirão normas regulamentando o processo de inscrição no Registro de Mediadores.

§ 2.º A inscrição no Registro de Mediadores será requerida ao Tribunal de Justiça local, na forma das normas expedidas para este fim, pelos que tiverem cumprido satisfatoriamente os requisitos do art. 15.º desta Lei.

§ 3.º Do registro de mediadores constarão todos os dados relevantes referentes à atuação do mediador, segundo os critérios fixados pelo Tribunal de Justiça local.

§ 4.º Os dados colhidos na forma do parágrafo anterior serão classificados sistematicamente pelo Tribunal de Justiça, que os publicará anualmente para fins estatísticos.

§ 5.º No caso de atuação de defensor público como mediador, o registro, a fiscalização e o controle da atividade serão realizados pela Defensoria Pública.

Art. 18.º Na mediação extrajudicial, a fiscalização das atividades dos mediadores e co-mediadores competirá sempre ao Tribunal de Justiça do Estado, na forma das normas específicas expedidas para este fim.

Art. 19.º Na mediação judicial, a fiscalização e controle da atuação do mediador será feita pela Ordem dos Advogados do Brasil, por intermédio de suas seccionais; a atuação do co-mediador será fiscalizada e controlada pelo Tribunal de Justiça.

Art. 20.º Se a mediação for incidental, a fiscalização também caberá ao juiz da causa, que, verificando a atuação inadequada do mediador ou do co-mediador, poderá afastá-lo de suas atividades relacionadas ao processo, e, em caso de urgência, tomar depoimentos e colher provas, dando notícia, conforme o caso, à Ordem dos Advogados do Brasil ou ao Tribunal de Justiça, para as medidas cabíveis.

Art. 21.º Aplicam-se aos mediadores e co-mediadores os impedimentos previstos nos artigos 134.º e 135.º do Código de Processo Civil.

§ 1.º No caso de impedimento, o mediador devolverá os autos ao distribuidor, que designará novo mediador; se a causa de impedimento for apurada quando já iniciado o procedimento de mediação, o mediador interromperá sua atividade, lavrando termo com o relatório do ocorrido e solicitará designação de novo mediador ou co-mediador.

§ 2.º O referido relatório conterá:
d) nomes e dados pessoais das partes envolvidas;

e) indicação da causa de impedimento ou suspeição;
f) razões e provas existentes pertinentes do impedimento ou suspeição.

Art. 22.º No caso de impossibilidade temporária do exercício da função, o mediador informará o fato ao Tribunal de Justiça, para que, durante o período em que subsistir a impossibilidade, não lhe sejam feitas novas distribuições.

Art. 23.º O mediador fica absolutamente impedido de prestar serviços profissionais a qualquer das partes, em matéria correlata à mediação; o impedimento terá o prazo de dois anos, contados do término da mediação, quando se tratar de outras matérias.

Art. 24.º Considera-se conduta inadequada do mediador ou do co-mediador a sugestão ou recomendação acerca do mérito ou quanto aos termos da resolução do conflito, assessoramento, inclusive legal, ou aconselhamento, bem como qualquer forma explícita ou implícita de coerção para a obtenção de acordo.

Art. 25.º Será excluído do Registro de Mediadores aquele que:

I – assim o solicitar ao Tribunal de Justiça, independentemente de justificação;

II – agir com dolo ou culpa na condução da mediação sob sua responsabilidade;

III – violar os princípios de confidencialidade e imparcialidade;

IV – funcionar em procedimento de mediação mesmo sendo impedido ou sob suspeição;

V – sofrer, em procedimento administrativo realizado pela Ordem dos Advogados do Brasil, pena de exclusão do Registro de Mediadores;

VI – for condenado, em sentença criminal transitada em julgado.

§ 1.º Os Tribunais de Justiça dos Estados, em cooperação, consolidarão mensalmente relação nacional dos excluídos do Registro de Mediadores.

§ 2.º Salvo no caso do inciso I, aquele que for excluído do Registro de Mediadores não poderá, em hipótese alguma, solicitar nova inscrição em qualquer parte do território nacional ou atuar como co-mediador.

Art. 26.º O processo administrativo para averiguação de conduta inadequada do mediador poderá ser iniciado de ofício ou mediante representação e obedecerá ao procedimento estabelecido pelo Tribunal de Justiça local.

Art. 27.º O processo administrativo conduzido pela Ordem dos Advogados do Brasil obedecerá ao procedimento previsto no Título III da Lei n.º 8.906, de 1994, podendo ser aplicada desde a pena de advertência até a exclusão do Registro de Mediadores.

Parágrafo único. O processo administrativo a que se refere o caput será concluído em, no máximo, noventa dias, e suas conclusões enviadas ao Tribunal de Justiça para anotação no registro do mediador ou seu cancelamento, conforme o caso.

Art. 28.º O co-mediador afastado de suas atividades nos termos do art. 19.º, desde que sua conduta inadequada seja comprovada em regular procedimento administrativo, fica impedido de atuar em novas mediações pelo prazo de dois anos.

CAPÍTULO IV
Da Mediação Prévia

Art. 29.º A mediação prévia pode ser judicial ou extrajudicial.

Parágrafo único. O requerimento de mediação prévia interrompe a prescrição e deverá ser concluído no prazo máximo de noventa dias.

Art. 30.º O interessado poderá optar pela mediação prévia judicial, caso em que o requerimento adotará formulário padronizado, subscrito por ele ou por seu defensor público ou advogado, sendo, no último caso, indispensável à juntada do instrumento de mandato.

§ 1.º Distribuído ao mediador, o requerimento ser-lhe-á encaminhado imediatamente.

§ 2.º Recebido o requerimento, o mediador designará dia, hora e local onde realizará a sessão de mediação, dando ciência aos interessados por qualquer meio eficaz e idôneo de comunicação.

§ 3.º A cientificação ao requerido conterá a recomendação de que deverá comparecer à sessão acompanhado de advogado, quando a presença deste for indispensável. Neste caso, não tendo o requerido constituído advogado, o mediador solicitará à Defensoria Pública ou, na falta desta, à Ordem dos Advogados do Brasil a designação de advogado dativo. Na impossibilidade de pronto atendimento à solicitação, o mediador imediatamente remarcará a sessão, deixando os interessados já cientificados da nova data e da indispensabilidade dos advogados.

§ 4.º Os interessados, de comum acordo, poderão escolher outro mediador, judicial ou extrajudicial.

§ 5.º Não sendo encontrado o requerido, ou não comparecendo qualquer das partes, estará frustrada a mediação.

Art. 31.º Obtido ou não o acordo, o mediador lavrará o termo de mediação, descrevendo detalhadamente todas as cláusulas do mesmo ou consignando a sua impossibilidade.

Parágrafo único. O mediador devolverá o requerimento ao distribuidor, acompanhado do termo de mediação, para as devidas anotações.

Art. 32.º A mediação prévia extrajudicial, a critério dos interessados, ficará a cargo de mediador independente ou daquele ligado à instituição especializada em mediação.

Art. 33.º Em razão da natureza e complexidade do conflito, o mediador judicial ou extrajudicial, a seu critério ou a pedido de qualquer das partes, prestará seus serviços em regime de co-mediação com profissional especializado em outra área que guarde afinidade com a natureza do conflito.

CAPÍTULO V
Da Mediação Incidental

Art. 34.º A mediação incidental será obrigatória no processo de conhecimento, salvo nos seguintes casos:

I – na ação de interdição;

II – quando for autora ou ré pessoa de direito público e a controvérsia versar sobre direitos indisponíveis;

III – na falência, na recuperação judicial e na insolvência civil;

IV – no inventário e no arrolamento;

V – nas ações de imissão de posse, reivindicatória e de usucapião de bem imóvel;

VI – na ação de retificação de registro público;

VII – quando o autor optar pelo procedimento do juizado especial ou pela arbitragem;

VIII – na ação cautelar;

IX – quando na mediação prévia, realizada na forma da seção anterior, tiver ocorrido sem acordo nos cento e oitenta dias anteriores ao ajuizamento da ação.

Parágrafo único. A mediação deverá ser realizada no prazo máximo de noventa dias e, não sendo alcançado o acordo, dar-se-á continuidade ao processo.

Art. 35.º Nos casos de mediação incidental, a distribuição da petição inicial ao juízo interrompe a prescrição, induz litispendência e produz os demais efeitos previstos no art. 263.º do Código de Processo Civil.

§ 1.º Havendo pedido de liminar, a mediação terá curso após a respectiva decisão.

§ 2.º A interposição de recurso contra a decisão liminar não prejudica o processo de mediação.

Art. 36.º A designação inicial será de um mediador, judicial ou extrajudicial, a quem será remetida cópia dos autos do processo judicial.

Parágrafo único. As partes, de comum acordo, poderão escolher outro mediador, judicial ou extrajudicial.

Art. 37.º Cabe ao mediador intimar as partes por qualquer meio eficaz e idôneo de comunicação, designando dia, hora e local para seu comparecimento.

§ 1.º A intimação deverá conter a recomendação de que as partes deverão se fazer acompanhar de advogados, quando indispensável à assistência judiciária.

§ 2.º Se o requerido não tiver sido citado no processo judicial, a intimação para a sessão de mediação constitui-lo-á em mora, tornando prevento o juízo, induzindo litispendência, fazendo litigiosa a coisa e interrompendo a prescrição.

§ 3.º Se qualquer das partes não tiver advogado constituído nos autos do processo judicial, o mediador procederá de acordo com o disposto na parte final do § 3.º do art. 30.º.

§ 4.º Não sendo encontrado o requerido, ou não comparecendo qualquer das partes, estará frustrada a mediação.

Art. 38.º Na hipótese de mediação incidental, ainda que haja pedido de liminar, a antecipação das despesas do processo, a que alude o art. 19.º do Código de Processo Civil, somente será devida após a retomada do curso do processo, se a mediação não tiver resultado em acordo ou conciliação.

Parágrafo único. O valor pago a títulos de honorários do mediador, na forma do art. 19.º do Código de Processo Civil, será abatido das despesas do processo.

Art. 39.º Obtido ou frustrado o acordo, o mediador lavrará o termo de mediação descrevendo detalhadamente todas as cláusulas do acordo ou consignando sua impossibilidade.

§ 1.º O mediador devolverá a petição inicial ao juiz da causa, acompanhada do termo, para que seja dado prosseguimento ao processo.

§ 2.º Ao receber a petição inicial acompanhada do termo de transação, o juiz determinará seu imediato arquivamento ou, frustrada a transação, providenciará a retomada do processo judicial.

Art. 40.º Havendo acordo, o juiz da causa, após verificar o preenchimento das formalidades legais, homologará o acordo por sentença.

Parágrafo único. Se o acordo for obtido quando o processo judicial estiver em grau de recurso, a homologação do mesmo caberá ao relator.

CAPÍTULO VI
Disposições Finais

Art. 41.º A mediação será sempre realizada em local de fácil acesso, com estrutura suficiente para atendimento condigno dos interessados, disponibilizado por entidade pública ou particular para o desenvolvimento das atividades de que trata esta Lei.

Parágrafo único. O Tribunal de Justiça local fixará as condições mínimas a que se refere este artigo.

Art. 42.º Os serviços do mediador serão sempre remunerados, nos termos e segundo os critérios fixados pela norma local.

§ 1.º Nas hipóteses em que for concedido o benefício da assistência judiciária, estará a parte dispensada do recolhimento dos honorários, correndo as despesas às expensas de dotação orçamentária do respectivo Tribunal de Justiça.

Art. 43.º O art. 331.º e parágrafos da Lei n.º 5.869, de 1973, Código de Processo Civil, passam a vigorar com a seguinte redação:

"Art. 331.º Se não se verificar qualquer das hipóteses previstas nas seções precedentes, o juiz designará audiência preliminar, a realizar-se no prazo máximo de trinta dias, para qual serão as partes intimadas a comparecer, podendo fazer-se representar por procurador ou preposto, com poderes para transigir.

§1.º Na audiência preliminar, o juiz ouvirá as partes sobre os motivos e fundamentos da demanda e tentará a conciliação, mesmo tendo sido realizada a tentativa de mediação prévia ou incidental.

§2.º A lei local poderá instituir juiz conciliador ou recrutar conciliadores para auxiliarem o juiz da causa na tentativa de solução amigável dos conflitos.

§3.º Segundo as peculiaridades do caso, outras formas adequadas de solução do conflito poderão ser sugeridas pelo juiz, inclusive a arbitragem, na forma da lei, a mediação e a avaliação neutra de terceiro.

§4.º A avaliação neutra de terceiro, a ser obtida no prazo a ser fixado pelo juiz, é sigilosa, inclusive para este, e não vinculante para as partes, sendo sua finalidade exclusiva a de orientá-las na tentativa de composição amigável do conflito.

§5.º Obtido o acordo, será reduzido a termo e homologado pelo juiz.

§6.º Se, por qualquer motivo, a conciliação não produzir resultados e não for adotado outro meio de solução do conflito, o juiz, na mesma audiência, fixará os pontos controvertidos, decidirá as questões processuais pendentes e determinará as provas a serem produzidas, designando audiência de instrução e julgamento, se necessário." (NR)

Art. 44.º Fica acrescentado à Lei n.º 5.869, de 1973, Código de Processo Civil, o art. 331.º-A, com a seguinte redação:

"Art. 331.º-A. Em qualquer tempo e grau de jurisdição, poderá o juiz ou tribunal adotar, no que couber, as providências no artigo anterior."

Art. 45.º Os Tribunais de Justiça dos Estados, no prazo de cento e oitenta dias, expedirão as normas indispensáveis à efetivação do disposto nesta Lei.

Art. 46.º O termo de mediação, de qualquer natureza, frustrado ou não o acordo, conterá expressamente a fixação dos honorários do mediador, ou do co-mediador, se for o caso.

Parágrafo único. Fixando as partes os honorários do mediador, no termo de mediação, este constituirá título executivo extrajudicial; não havendo tal estipulação, o mediador requererá ao Tribunal de Justiça que seria competente para julgar, originariamente, a causa, que os fixe por sentença.

Art. 47.º Esta Lei entra em vigor quatro meses após a data de sua publicação.

Sala das Comissões, 21 de junho de 2006.

Senador ANTONIO CARLOS MAGALHÃES

Presidente da Comissão de Constituição, Justiça e Cidadania.

***

CAPÍTULO II
Comentários

A ARBITRAGEM VOLUNTÁRIA NO BRASIL

I – Breve Introdução

A disciplina jurídica da Arbitragem no Brasil encontra-se actualmente regulada pela Lei n.º 9.307/96, de 23 de Setembro de 1996.

Este diploma foi considerado pela generalidade da doutrina brasileira como um passo absolutamente decisivo numa aposta certa pelo caminho da arbitragem e pelo caminho dos mecanismos de resolução alternativa de litígios[1-2]. Nas palavras do Prof. Dr. Carlos Alberto Carmona, Professor de Direito Processual Civil na Faculdade de Direito da Universidade de S. Paulo, e uma das diversas personalidades que colaborou no projecto[3], *"a Lei 9.307/96 estabeleceu nova e revigorante disciplina para a arbitragem no Brasil, favorecendo, finalmente, a utilização deste mecanismo de resolução de litígios em nosso país."* Segundo aquele Professor *"este meio alternativo de solução de controvérsias relativo a direitos patrimoniais disponíveis estava praticamente esquecido e não era utilizado pela população por conta de dois entraves básicos: o primeiro referente à cláusula compromissória [...], que entre nós não produzia praticamente efeito algum; o segundo dizia respeito à necessidade (fixada até então pelo artigo 1.097.º do Código de Processo Civil) de homologar o laudo arbitral para que a decisão produzisse os mesmos efeitos da sentença arbitral"*[4].

Dir-se-á como ponto prévio ao presente sumário que a opção legislativa – e de política de justiça – adoptada pela Lei de Arbitragem Brasileira foi, no mínimo, esclarecedora.

Ao autonomizar as regras aplicáveis à arbitragem (anteriormente inseridas no Código de Processo Civil) e, sobretudo, ao eliminar a necessidade de homologação da decisão arbitral – por parte do Poder Judiciário (num sistema de dupla homologação) –, a Lei de Arbitragem Brasileira pôs de lado uma perspectiva demasiado judicializante da arbitragem, em claro favorecimento de uma outra que visa privilegiar o principio da autonomia das partes.

Os primeiros artigos da Lei são, quanto a isso, absolutamente esclarecedores ao definir o critério de arbitrabilidade. O artigo 1.º estabelece que *"as pessoas capazes de contratar poderão valer-se da arbitragem para dirimir litígios relativos a direitos patrimoniais disponíveis"* e o artigo 2.º dispõe que a arbitragem poderá ser de direito ou de equidade, a critério das partes.

II – Convenção de Arbitragem

No conceito de *"convenção de arbitragem"* adoptado pela Lei Brasileira de Arbitragem encontram-se abrangidos, de forma genérica, quer a cláusula compromissória, quer o compromisso arbitral. Nos termos da lei, a cláusula compromissória é a convenção através da qual as partes comprometem-se, num determinado contrato, a submeter à arbitragem os litígios que possam vir a surgir – relativamente a esse mesmo contrato. Esta cláusula compromissória deve estar reduzida a escrito e deve constar do próprio contrato ou de um documento anexo ou aditado àquele contrato.

---

[1] *"É notório o avanço do novo microssistema da arbitragem, sobretudo quando comparado com os regimes anteriores até então agasalhados nos artigos 1072.º a 1102.º do Código de Processo Civil"* (Joel Dias Figueira Júnior, Manual da Arbitragem, São Paulo, Revista dos Tribunais, 1997, p. 91).

[2] Alguns magistrados manifestaram a sua oposição ao novo instituto, alegando a sua inconstitucionalidade, à luz da Constituição Federal. A este propósito cfr. Paulo de Tarso Santos em a *"Arbitragem e o Poder Judiciário: Mudança Cultural"*. São Paulo, LTr, 2001, p. 69.

[3] *"Arbitragem – Estudos em homenagem ao Prof. Guido Fernando da Silva Soares, In Memoriam"*, Selma Ferreira Lemes, Carlos Alberto Carmona, Pedro Baptista Martins, São Paulo, Editora Atlas, S.A., 2007.

[4] *"A Revitalização da Arbitragem no Brasil"*, Carlos Alberto Carmona.

Já o compromisso arbitral é a convenção através da qual as partes submetem um litígio à arbitragem de uma ou mais pessoas, podendo o mesmo assumir carácter judicial ou extrajudicial.

O compromisso arbitral judicial celebrar-se-á por termo nos autos, perante o juízo ou tribunal, enquanto o compromisso arbitral extrajudicial será celebrado por escrito particular, assinado por duas testemunhas, ou por instrumento público.

Do compromisso arbitral devem constar obrigatoriamente:
(i) o nome, profissão, estado civil e domicílio das partes;
(ii) o nome, profissão e domicílio do árbitro, ou dos árbitros, ou, se for o caso, a identificação da entidade à qual as partes delegaram a indicação de árbitros;
(iii) a matéria que será objecto da arbitragem; e
(iv) o lugar em que será proferida a sentença arbitral.

O compromisso arbitral considerar-se-á extinto com a escusa de qualquer um dos árbitros (antes da aceitação e na eventualidade das partes terem renunciado à substituição), com a morte ou impossibilidade de "dar o seu voto" de algum dos árbitros (se as partes tiverem renunciado à substituição) e em, regra geral, com o termo do prazo para o prolação da sentença.

Em bom rigor, a principal diferença entre a cláusula compromissória e o compromisso arbitral está relacionado com o momento em que é outorgado entre as partes. A cláusula compromissória será necessariamente prévia ao litígio, enquanto o compromisso arbitral surge num momento posterior.

A verificação da cláusula compromissória ou do compromisso arbitral significa o afastamento da jurisdição estatal.

III – Constituição do Tribunal Arbitral

Não havendo acordo prévio sobre a forma de instituir a arbitragem, a parte interessada manifestará à outra parte a sua intenção de dar início à arbitragem, convocando-a para, em dia, hora e local certos, firmar o compromisso arbitral. Não comparecendo a parte convocada ou, comparecendo, recusar-se a firmar o compromisso arbitral, poderá a outra parte recorrer ao poder judiciário, nos termos do artigo 7.º da Lei.

IV – Procedimento e Funcionamento do Tribunal

Nos termos do Artigo 19.º da Lei de Arbitragem Brasileira, considera-se instituída a arbitragem no momento da aceitação do árbitro (ou dos árbitros).

As questões relacionadas com a competência, suspeição ou impedimento dos árbitros, bem como da nulidade, invalidade ou ineficácia da convenção de arbitragem devem ser arguidas pelas partes na primeira oportunidade que tiverem para se manifestar, após a instituição da arbitragem.

Como se referiu anteriormente, a Lei de Arbitragem Brasileira confere um grande valor à autonomia da vontade das partes, permitindo não apenas uma auto-regulação integral do procedimento arbitral, como possibilitando, inclusivamente, que os árbitros apliquem regras escolhidas pelos litigantes, princípios gerais de direito ou até os usos do comércio.

O procedimento arbitral encontra-se conformado, em qualquer circunstância, pelos princípios do contraditório, da igualdade das partes, da imparcialidade dos árbitros e do seu "livre convencimento". Outro aspecto relevante reside no papel que é dado ao princípio da confidencialidade, em contraposição com o princípio da publicidade dos Tribunais do Estado.

Por outro lado, no início do procedimento arbitral, haverá sempre lugar a uma tentativa de conciliação promovida pelo(s) árbitro(s). Em regra, é admitida qualquer prova que seja requerida pelas partes e aceite pelos árbitros (ex.: prova testemunhal – incluindo o depoimento das partes – e prova pericial).

V – Decisão Arbitral

A sentença arbitral será proferida no prazo estipulado pelas partes, a qual terá que ser expressa em documento escrito e por maioria dos votos. Se nada tiver sido acordado pelas partes, o prazo para a apresentação da sentença é de seis meses, contado da instituição da arbitragem ou da substituição do árbitro. Este prazo é prorrogável por acordo das partes e dos árbitros.

A sentença arbitral deve conter obrigatoriamente os seguintes elementos:
- (i) o relatório, que conterá os nomes das partes e um resumo do litígio;
- (ii) os fundamentos da decisão, onde serão analisadas as questões de facto e de direito, mencionando-se, expressamente, se os árbitros julgaram por equidade;
- (iii) o dispositivo, em que os árbitros resolverão as questões que lhes forem submetidas e estabelecerão o prazo para o cumprimento da decisão, se for o caso; e
- (iv) a data e o lugar em que foi proferida.

A sentença arbitral será assinada pelo árbitro ou por todos os árbitros.

Importa, ainda, referir um aspecto bastante interessante da Lei de Arbitragem Brasileira: a possibilidade de, no prazo de cinco dias, a contar da notificação da sentença arbitral, a parte interessada poder solicitar a correcção, revisão ou aclaração da mesma, permitindo-se, consequentemente, que o tribunal arbitral decida sobre o mesmo pedido no prazo de dez dias. Trata-se, evidentemente, de um aspecto que deve ser salientado e enaltecido, sobretudo, se tivermos em linha de conta que, em alguns ordenamentos – como o português –, o poder jurisdicional dos árbitros se extingue com a notificação da decisão arbitral (ou mesmo com o depósito da decisão arbitral junto de determinados Tribunais Judiciais).

Por fim, importa referir que a sentença arbitral brasileira produz os mesmo efeitos que a sentença proferida pelos órgãos do Poder Judiciário e, sendo condenatória, constitui título executivo.

A sentença arbitral será nula se (i) for nulo o compromisso, (ii) emanar de árbitro incompetente, (iii) não contiver os requisitos do art. 26.º da Lei, (iv) for proferida fora dos limites da convenção de arbitragem, (v) não decidir todo o litígio submetido à arbitragem, (vi) ter sido proferida por prevaricação ou corrupção passiva, (vii) ter sido proferida fora do prazo, e (viii) tiverem sido desrespeitados os princípios de que trata o art. 21.º da Lei.

VI – Impugnação
A decisão arbitral será impugnada através de acção de anulação, intentada num prazo de 90 dias a contar da sua notificação. Esta acção segue o procedimento comum previsto no Código de Processo Civil Brasileiro. Havendo execução judicial, a nulidade da sentença arbitral também pode vir a ser arguida em sede de embargos do devedor.

VII – Reconhecimento e execução das sentenças
Nos termos do artigo 34.º da Lei de Arbitragem Brasileira, *"a sentença arbitral estrangeira será reconhecida ou executada no Brasil de conformidade com os tratados internacionais com eficácia no ordenamento interno e, na sua ausência, estritamente de acordo com os termos desta Lei"*. Para estes efeitos, considera-se como sentença arbitral estrangeira a que tenha sido proferida fora do território nacional brasileiro.

Para ser reconhecida ou executada no Brasil, a sentença arbitral estrangeira está sujeita à homologação do Supremo Tribunal Federal, aplicando-se o disposto nos artigos 483.º e 484.º do Código de Processo Civil. Neste aspecto, a Lei de Arbitragem Brasileira pôs fim ao sistema da dupla homologação (pelo Poder Judiciário Local e pelo Supremo Tribunal Federal).

A sentença arbitral estrangeira não será reconhecida e homologada quando o réu demonstrar que (i) as partes na convenção de arbitragem eram incapazes, (ii) a convenção de arbitragem não era válida segundo a lei à qual as partes a submeteram (iii) na falta de indicação, em virtude da lei do país onde a sentença arbitral foi proferida, (iv) não foi notificado da designação do árbitro ou do procedimento de arbitragem, ou tenha sido violado o princípio do contraditório, impossibilitando a ampla defesa; (v) a sentença arbitral foi proferida fora dos limites da convenção de arbitragem, e não foi possível separar a parte excedente daquela submetida à arbitragem; (vi) a instituição da arbitragem não está de acordo com o compromisso arbitral ou cláusula compromissória; (vii) a sentença arbitral não se tenha, ainda, tornado obrigatória para as partes, tenha sido anulada, ou, ainda, tenha sido suspensa por órgão judicial do país onde a sentença arbitral for proferida. (viii) se o Supremo Tribunal Federal constatar que, segundo a lei brasileira, o objecto do litígio não é susceptível de ser resolvido por arbitragem; (ix) a decisão ofende a ordem pública nacional.

VIII – Arbitragem Internacional
Por força do Decreto de Promulgação n.º 4.311, de 23 de Julho de 2002, o Brasil é signatário da Convenção de Nova Iorque sobre reconhecimento e execução de sentenças arbitrais estrangeiras.

IX – A Conciliação e a Mediação no Direito Brasileiro

O recurso à Mediação no Brasil tem sido efectuado até ao momento presente, sem que se tenha verificado a necessidade de se aprovar uma Lei específica sobre a matéria. O projecto de mediação que tramita presentemente no Congresso ainda não foi aprovado, não se prevendo um prazo para a conclusão do processo legislativo.

Não obstante esta realidade, importa referir que existem, presentemente, diversas instituições que, ao longo dos últimos anos, se têm dedicado à promoção da Mediação, assim como à formação e supervisão de Mediadores e, bem assim, à definição de um quadro deontológico aplicável aos Mediadores (ex. CONIMA ou o IMAB).

Numa outra linha de actuação, refere-se também que a implementação do sistema de conciliação junto do poder judiciário encontrou-se ligado à tentativa de descongestionamento dos Tribunais e à diminuição do número de processos.

TÍTULO III

CABO VERDE

CABO VERDE

CAPÍTULO I
Legislação

CONSTITUIÇÃO DA REPÚBLICA DE CABO VERDE

(...)

CAPÍTULO II
Organização dos Tribunais

ARTIGO 213.º
(Categorias de tribunais)

1. Além do Tribunal Constitucional, há as seguintes categorias de tribunais:
a) O Supremo Tribunal de Justiça e tribunais judiciais de primeira instância;
b) O Tribunal de Contas;
c) O Tribunal Militar de Instância;
d) Os Tribunais fiscais e aduaneiros.
2. Podem ser criados, por lei:
a) Tribunais judiciais de segunda instância;
b) Tribunais administrativos;
c) Tribunais arbitrais;
d) Organismos de regulação de conflitos em áreas territoriais mais restritas que a da jurisdição do tribunal judicial de primeira instância.
3. Na primeira instância pode haver tribunais com competência específica e tribunais especializados para o julgamento de matérias determinadas.
4. A lei determina os casos e as formas em que os tribunais previstos nos números anteriores se podem constituir, separada ou conjuntamente, em tribunais de conflitos.
5. Sem prejuízo do disposto na Constituição, não pode haver tribunais com competência exclusiva para o julgamento de determinadas categorias de crimes.

(...)

***

LEI DE ARBITRAGEM

LEI N.º 76/VI/2005
de 16 de Agosto

Por mandato do povo, a Assembleia da Nacional decreta, nos termos da alínea b) do artigo 174.º da Constituição, o seguinte:

CAPÍTULO I
Disposições Gerais

ARTIGO 1.º
(Objecto)

O presente diploma regula a arbitragem como meio de resolução não jurisdicional de conflitos.

ARTIGO 2.º
(Âmbito)

O presente diploma aplica-se às arbitragens nacionais e internacionais tal como nele definidas.

CAPÍTULO II
Convenção de Arbitragem

ARTIGO 3.º
(Convenção de arbitragem)

1. Qualquer litígio pode, mediante convenção de arbitragem, ser submetido pelas partes intervenientes, à decisão de árbitros.
2. A convenção de arbitragem pode ter por objecto um litígio actual, ainda que se encontre afecto a tribunal judicial, caso em que é designada *compromisso arbitral*, ou litígios eventuais emergentes de uma determinada relação jurídica contratual ou extra-contratual caso em que é designada *cláusula compromissória*.
3. As partes podem acordar em considerar abrangidas no conceito de litígio, para além das questões de natureza contenciosa em sentido estrito, quaisquer outras, designadamente as relacionadas com a necessidade de precisar, completar, actualizar ou mesmo rever os contratos ou as relações jurídicas que estejam na origem da convenção de arbitragem.

4. O Estado e outras pessoas colectivas de direito público podem celebrar convenções de arbitragem, se para tanto forem autorizados por lei especial ou se elas tiverem por objecto litígios respeitantes a relações de direito privado.

ARTIGO 4.º
(Exclusões)

Não podem ser objecto de arbitragem:
a) Os litígios respeitantes a direitos indisponíveis;
b) Os litígios que por lei especial estejam submetidos exclusivamente a tribunal judicial ou a arbitragem necessária;
c) Os litígios em que intervenham menores, incapazes ou inabilitados, nos termos da lei civil, ainda que legalmente representados.

ARTIGO 5.º
(Requisitos da convenção)

1. A convenção de arbitragem deve ser reduzida a escrito.
2. Considera-se reduzida a escrito a convenção de arbitragem constante de documento assinado pelas partes, ou de troca de cartas, telex, telegramas, correio electrónico ou outros meios de telecomunicações, de que fique prova escrita, quer esses instrumentos contenham directamente a convenção, quer deles conste cláusula de remissão para algum documento em que uma convenção esteja contida.
3. O compromisso arbitral deve determinar com precisão o objecto do litígio; a cláusula de arbitragem deve especificar a relação jurídica a que os litígios respeitem.
4. Constando o compromisso arbitral de um contrato de adesão, a sua validade e interpretação serão regidas pelo disposto na legislação aplicável ao respectivo tipo contratual.

ARTIGO 6.º
(Validade)

1. A assinatura da convenção de arbitragem implica a renúncia pelas partes ao direito de se dirigirem ao tribunal judicial sobre as questões objecto da convenção.
2. A renúncia não impede a interposição de providências cautelares, antes ou durante o procedimento arbitral, desde que tais medidas não sejam incompatíveis com aquele
3. O Tribunal onde dê entrada acção sobre questão objecto de convenção de arbitragem deve, logo que tomar conhecimento da existência dessa cláusula, remeter as partes para a arbitragem, salvo se considerar a convenção nula.

ARTIGO 7.º
(Autonomia)

A nulidade do contrato em que se insira uma convenção de arbitragem não acarreta a nulidade desta, salvo quando se mostre que ele não teria sido concluído sem a referida convenção.

ARTIGO 8.º
(Revogação)

1. A convenção de arbitragem pode ser revogada até à pronúncia da decisão arbitral, por escrito assinado por ambas as partes e que observe o previsto no artigo 5.º.
2. A revogação efectuada unilateralmente torna-se válida e eficaz, desde que, no prazo de cinco dias, a contar da sua notificação à outra parte, esta nada declarar em contrário.

ARTIGO 9.º
(Nulidade da convenção)

É nula a convenção de arbitragem celebrada com violação do disposto no n.º 4 do artigo 3.º, bem como das alíneas a), b) ou c) do artigo 4.º e do artigo 5.º.

ARTIGO 10.º
(Caducidade da convenção)

1. O compromisso arbitral caduca e a cláusula compromissória fica sem efeito, quanto ao litígio considerado:
 a) Se algum dos árbitros designados falecer, se escusar ou se impossibilitar permanentemente para o exercício da função ou se a designação ficar sem efeito, desde que não seja substituído nos termos previstos no artigo 20.º;
 b) Se a decisão não for proferida no prazo estabelecido, de acordo com o disposto no n.º 2 do artigo 28.º.
2. Salvo convenção em contrário, a morte ou a extinção das partes não faz caducar a convenção de arbitragem nem extinguir a instância no tribunal arbitral.

ARTIGO 11.º
(Encargos do processo)

A remuneração dos árbitros e dos outros intervenientes no processo, bem como a sua repartição entre as partes, deve ser fixada na convenção de arbitragem ou em documento posterior subscrito pelas partes, a menos que resultem dos regulamentos de arbitragem da entidade escolhida nos termos do artigo 46.º.

CAPÍTULO III
Árbitros e Tribunal Arbitral

ARTIGO 12.º
(Composição do tribunal)

1. O tribunal arbitral poderá ser constituído por um ou vários árbitros, sempre em número ímpar.

2. Se o número de membros do tribunal arbitral não for fixado na convenção de arbitragem ou em escrito posterior assinado pelas partes, nem deles resultar, o tribunal é composto por três árbitros.

ARTIGO 13.º
(Competência do tribunal)

Apenas os tribunais arbitrais constituídos nos termos da presente lei têm competência para decidir litígios submetidos à arbitragem.

ARTIGO 14.º
(Designação dos árbitros)

1. As partes devem, na convenção de arbitragem ou em escrito posterior por elas assinado, designar o árbitro ou árbitros que constituem o tribunal ou fixar o modo por que são escolhidos.

2. Se as partes não tiverem designado o árbitro ou os árbitros, nem fixado o modo da sua escolha, e não houver acordo entre elas quanto a essa designação, cada uma indica um árbitro, cabendo aos árbitros assim designados a escolha do árbitro que deve completar a constituição do tribunal.

ARTIGO 15.º
(Requisitos dos árbitros)

Os árbitros devem ser pessoas singulares e plenamente capazes de preencher os requisitos estipulados pelas partes ou pelas entidades de arbitragem por elas indicadas.

ARTIGO 16.º
(Liberdade de aceitação)

1. Ninguém pode ser obrigado a funcionar como árbitro, mas, se o encargo tiver sido aceite, só é legítima a escusa fundada em causa superveniente que impossibilite o designado de exercer a função.

2. Considera-se aceite o encargo sempre que a pessoa designada revele a intenção de agir como árbitro ou não declare, por escrito dirigido a qualquer das partes, dentro dos dez dias subsequentes à comunicação da designação, que não quer exercer a função.

3. O árbitro que, tendo aceitado o encargo, se escusar injustificadamente ao exercício da sua função responde pelos danos a que der causa.

ARTIGO 17.º
(Impedimentos e recusas)

1. É aplicável o regime de impedimentos e escusas, estabelecido na lei de processo civil para os juízes, aos árbitros não nomeados por acordo das partes.

2. Não pode ser indicado como árbitro quem tiver exercido a actividade de mediação em qualquer questão relacionada com o objecto do litígio, salvo expressa anuência das partes.

3. A parte não pode recusar o árbitro por ela designado, salvo ocorrência de causa superveniente de impedimento ou escusa, nos termos do número anterior.

Compete ao presidente do tribunal arbitral a decisão sobre impedimentos e recusas.

ARTIGO 18.º
(Constituição do tribunal)

1. A parte que pretenda instaurar o litígio no tribunal arbitral deve notificar desse facto à parte contrária.

2. A notificação é feita por carta registada com aviso de recepção ou por outros meios de comunicação que permitam a comprovação da notificação e da recepção.

3. A notificação deve indicar a convenção de arbitragem e precisar o objecto do litígio, se ele não resultar já determinado da convenção.

4. Se às partes couber designar um ou mais árbitros, a notificação deve conter a designação do árbitro ou árbitros pela parte que se propõe instaurar a acção, bem como o convite dirigido à outra parte para designar o árbitro ou árbitros que lhe cabe indicar.

5. Nos casos em que o árbitro deve ser designado por acordo das duas partes, a notificação deve conter a indicação do árbitro proposto e o convite à outra parte para que o aceite.

6. Caso pertença a terceiro a designação de um ou mais árbitros e tal designação não haja ainda sido feita, é o terceiro notificado para a efectuar e comunicar a ambas as partes.

ARTIGO 19.º
(Nomeação de árbitros e determinação do objecto do litígio pelo tribunal judicial)

1. Em todos os casos em que falte nomeação de árbitro ou árbitros, em conformidade com o disposto nos artigos anteriores, cabe essa nomeação ao presidente do tribunal de comarca do lugar fixado para a arbitragem ou, na falta de tal fixação, do domicílio do requerente.

2. A nomeação pode ser requerida, passado um mês sobre a notificação prevista no n.º 1 do artigo anterior, nos casos contemplados nos números 4 e 5 desse artigo ou no prazo de um mês a contar da nomeação do último dos árbitros, no caso referido no n.º 2 do artigo 14.º.

3. As nomeações feitas nos termos dos números anteriores não são susceptíveis de impugnação.

4. Se no prazo referido no n.º 2 as partes não chegarem a acordo sobre a determinação do objecto do litígio, caberá ao tribunal decidir. Desta decisão cabe recurso de agravo, a subir imediatamente.

5. Se a convenção de arbitragem for manifestamente nula, deve o tribunal declarar não haver lugar à designação de árbitros ou à determinação do objecto do litígio

ARTIGO 20.º
(Substituição dos árbitros)

Se algum dos árbitros falecer, se escusar ou se impossibilitar permanentemente para o exercício das funções ou se a designação ficar sem efeito, proceder-se-á à sua substituição segundo as regras aplicáveis à nomeação ou designação, com as necessárias adaptações.

ARTIGO 21.º
(Presidente do tribunal arbitral)

1. Sendo o tribunal constituído por mais de um árbitro, os mesmos escolherão entre si o presidente, a menos que as partes tenham acordado, por escrito, até à aceitação do primeiro árbitro, noutra solução.

2. Não sendo possível a designação do presidente nos termos do número anterior, o árbitro mais idoso assume essa função.

3. Compete ao presidente do tribunal arbitral preparar o processo, dirigir a instrução, conduzir os trabalhos das audiências e ordenar os debates, salvo convenção em contrário.

ARTIGO 22.º
(Deveres éticos dos árbitros)

1. O árbitro não pode:
a) Representar os interesses de qualquer das partes;
b) Receber ou obter antes, durante ou depois da arbitragem qualquer remuneração, prémio ou vantagem patrimonial de pessoa com interesse directo ou indirecto na arbitragem.

2. O árbitro deve:
a) Proceder com imparcialidade, independência, sigilo e boa fé;

b) Tratar as partes, os seus representantes e as testemunhas com diligência e urbanidade;
c) Decidir de acordo com a lei substantiva ou com a equidade, exclusivamente com base nos elementos do litígio, mesmo quando tenha sido designado por uma das partes;
d) Disponibilizar o tempo necessário para que o processo de arbitragem decorra com celeridade;
e) Respeitar e impor as regras de procedimento, assegurando-se de que a arbitragem é conduzida com diligência, evitando quaisquer expedientes dilatórios;
f) Aceitar sua nomeação somente se preencher as condições para actuar em conformidade com os princípios fundamentais da presente lei.

3. Os árbitros são responsáveis pelos danos causados, por conduta desonesta, fraudulenta ou por violação da lei no exercício das suas funções.

CAPÍTULO IV
Funcionamento da Arbitragem

ARTIGO 23.º
(Regras de processo)

1. Na convenção de arbitragem ou em escrito posterior, até à aceitação do último árbitro, podem as partes acordar sobre as regras de processo a observar na arbitragem, bem como sobre o lugar onde funcionará o tribunal.

2. O acordo das partes sobre a matéria referida no número anterior pode resultar da escolha de um regulamento de arbitragem emanado de uma das entidades a que se reporta o artigo 46.º ou, ainda, da escolha de uma dessas entidades para a organização da arbitragem.

3. Se as partes não tiverem acordado sobre as regras de processo a observar na arbitragem e sobre o lugar de funcionamento do tribunal arbitral, cabe aos árbitros essa escolha.

ARTIGO 24.º
(Princípios fundamentais a observar no processo)

Os trâmites processuais da arbitragem deverão respeitar os seguintes princípios fundamentais:
a) As partes serão tratadas com absoluta igualdade;
b) O demandado é citado para se defender;
c) Em todas as fases do processo é garantida a estreita observância do princípio do contraditório;
d) Ambas as partes devem ser ouvidas, oralmente ou por escrito, antes de ser proferida a decisão final.

ARTIGO 25.º
(Representação das partes)

As partes podem designar quem as represente ou assista em tribunal.

ARTIGO 26.º
(Provas)

1. Pode ser produzida perante o tribunal arbitral qualquer prova admitida por lei.

2. Quando a prova a produzir dependa da vontade de uma das partes ou de terceiro e estes recusem a necessária colaboração, pode a parte interessada, uma vez obtida autorização do tribunal arbitral, requerer ao tribunal judicial que a prova seja produzida perante este último, sendo os seus resultados remetidos àquele primeiro tribunal.

ARTIGO 27.º
(Providências cautelares)

Salvo estipulação em contrário das partes, o tribunal arbitral pode, a pedido de uma delas, ordenar a outra que tome as providências provisórias ou conservatórias que considere necessárias em relação ao objecto do litígio, podendo exigir a prestação da garantia.

CAPÍTULO V
Decisão Arbitral

ARTIGO 28.º
(Prazo para a decisão)

1. As partes fixam o prazo para a decisão do tribunal arbitral ou o modo de estabelecimento desse prazo na convenção de arbitragem ou em escrito posterior até à aceitação do primeiro árbitro.

2. É de seis meses o prazo para a decisão, se outra coisa não resultar do acordo das partes, nos termos do número anterior.

3. O prazo a que se referem os números anteriores conta-se a partir da data da designação do último árbitro, salvo convenção em contrário.

4. Por acordo escrito das partes, pode o prazo da decisão ser prorrogado até ao dobro da sua duração inicial.

5. Os árbitros que injustificadamente obstarem a que a decisão seja proferida dentro do prazo fixado respondem pelos danos causados.

ARTIGO 29.º
(Deliberação)

1. Sendo o tribunal composto por mais de um árbitro, a decisão é tomada por maioria de votos, em deliberação em que todos os árbitros devem participar, salvo se as partes, na convenção de arbitragem ou em acordo escrito posterior, celebrado até à aceitação do último árbitro, exigirem uma maioria qualificada.

2. Podem ainda as partes convencionar que, não se tendo formado a maioria necessária, a decisão seja tomada unicamente pelo presidente ou que a questão se considere decidida no sentido do voto do presidente.

3. No caso de não se formar a maioria necessária apenas por divergências quanto ao montante de condenação em dinheiro, a questão considera-se decidida no sentido do voto do presidente, salvo diferente convenção das partes.

ARTIGO 30.º
(Decisão sobre a própria competência)

1. O tribunal arbitral pode pronunciar-se sobre a sua própria competência, mesmo que para esse fim seja necessário apreciar a existência, a validade ou a eficácia da convenção de arbitragem ou do contrato em que ela se insira, ou a aplicabilidade da referida convenção.

2. A incompetência do tribunal arbitral só pode ser arguida até à apresentação da defesa quanto ao fundo da causa, ou juntamente com esta.

3. A decisão pela qual o tribunal arbitral se declara competente só pode ser apreciada pelo tribunal judicial depois de proferida a decisão sobre o fundo da causa e pelos meios previstos nos artigos 36.º e 39.º.

ARTIGO 31.º
(Recurso à equidade)

Os árbitros julgam segundo o direito constituído, a menos que as partes, na convenção de arbitragem ou em documento subscrito até à aceitação do último árbitro, os autorizem a julgar segundo a equidade.

ARTIGO 32.º
(Elementos da decisão)

1. A decisão final do tribunal arbitral é reduzida a escrito e dela consta:
a) A identificação das partes;
b) A referência à convenção de arbitragem;
c) O objecto do litígio;
d) A identificação dos árbitros;
e) O lugar da arbitragem e o local e a data em que a decisão foi proferida;
f) A assinatura dos árbitros;
g) A indicação dos árbitros que não puderem ou não quiserem assinar.

2. A decisão deve conter um número de assinaturas pelo menos igual ao da maioria dos árbitros e inclui os votos de vencido, devidamente identificados.

3. A decisão deve ser fundamentada.

4. Da decisão consta a fixação e repartição pelas partes dos encargos resultantes do processo.

ARTIGO 33.º
(Notificação e depósito da decisão)

O presidente do tribunal manda notificar a decisão a cada uma das partes, mediante a remessa de um exemplar da mesma, por carta registada com aviso de recepção.

ARTIGO 34.º
(Extinção do poder dos árbitros)

O poder dos árbitros finda com a notificação da decisão às partes.

ARTIGO 35.º
(Caso julgado e força executiva)

1. A decisão arbitral, notificada às partes, considera-se transitada em julgado logo que não seja susceptível de anulação, nos termos do artigo 37.º.
2. A decisão arbitral tem a mesma força executiva que a sentença do tribunal judicial de primeira instância.

CAPÍTULO VI
Impugnação da Decisão Arbitral

ARTIGO 36.º
(Anulação da decisão)

1. A sentença arbitral só pode ser anulada pelo tribunal judicial por algum dos seguintes fundamentos:
 a) Não ser o litígio susceptível de resolução por via arbitral;
 b) Ter sido proferida por tribunal incompetente ou irregularmente constituído;
 c) Ter havido no processo violação dos princípios referidos no artigo 24.º, com influência decisiva na resolução do litígio;
 d) Ter havido violação da alínea f) do n.º 1 e dos n.ºs 2 e 3 do artigo 32.º;
 e) Ter o tribunal conhecido de questões de que não podia tomar conhecimento, ou ter deixado de pronunciar-se sobre questões que devia apreciar.

2. O fundamento de anulação previsto na alínea b) do número anterior não pode ser invocado pela parte que dele teve conhecimento no decurso da arbitragem e que, podendo fazê-lo, não o alegou oportunamente.

ARTIGO 37.º
(Direito de requerer a anulação)

1. O direito de requerer a anulação da decisão dos árbitros é irrenunciável.
2. A acção de anulação pode ser intentada no prazo de um mês a contar da notificação da decisão arbitral, no Supremo tribunal de Justiça.

CAPÍTULO VII
Execução da Decisão Arbitral

ARTIGO 38.º
(Execução da decisão)

A execução da decisão arbitral corre no tribunal judicial de primeira instância, nos termos da lei de processo civil.

ARTIGO 39.º
(Oposição à execução)

O decurso do prazo para intentar a acção de anulação não obsta a que se invoquem os seus fundamentos em via de oposição à execução da decisão arbitral.

CAPÍTULO VIII
Arbitragem Internacional

ARTIGO 40.º
(Conceito de arbitragem internacional)

A arbitragem tem carácter internacional quando nela ocorra alguma das seguintes circunstâncias:
   a) Que, no momento da celebração do compromisso arbitral, as partes tenham domicílio em Estados diferentes;
   b) Que a relação jurídica que dê origem ao litígio afecte interesses de comércio internacional.

ARTIGO 41.º
(Direito aplicável)

1. As partes podem escolher o direito substantivo a aplicar pelos árbitros, incluindo as regras do comércio internacional, se os não tiverem autorizado a julgar segundo a equidade.
2. Na falta de escolha, o tribunal aplica o direito mais apropriado ao litígio.

ARTIGO 42.º
(Recursos)

Tratando-se de arbitragem internacional, a decisão do tribunal não é recorrível, salvo se as partes tiveram acordado a possibilidade de recurso e regulado os seus termos.

ARTIGO 43.º
(Composição amigável)

Se as partes lhe tiverem confiado essa função, o tribunal poderá decidir o litígio por apelo à composição das partes na base do equilíbrio dos interesses em jogo.

CAPÍTULO IX
Reconhecimento e Execução das Decisões Arbitrais Estrangeiras

ARTIGO 44.º
(Reconhecimento e execução)

1. A decisão arbitral estrangeira, independentemente do Estado em que tenha sido proferida, é reconhecida como tendo força obrigatória e, mediante solicitação dirigida por escrito ao tribunal competente, deve ser executada, sem prejuízo do disposto no presente artigo e no artigo seguinte.

2. A parte que invocar a decisão arbitral ou que pedir a respectiva execução deve fornecer o original da decisão arbitral ou uma cópia autenticada da mesma, bem como o original da Convenção de arbitragem referida no artigo 5.º ou uma cópia da mesma. Se a dita decisão arbitral ou convenção não estiver registada em língua portuguesa a parte deve fornecer uma tradução devidamente autenticada.

ARTIGO 45.º
(Fundamentos de recusa do reconhecimento ou da execução)

1. O reconhecimento ou a execução de uma decisão arbitral estrangeira pode ser recusado, a pedido da parte contra a qual for invocada, se essa parte fornecer ao tribunal competente ao qual é solicitado o reconhecimento ou a execução a prova de que:
  a) A convenção de arbitragem não é válida nos termos da lei a que as partes a tenham subordinado, ou, na falta de indicação a este propósito, nos termos da lei do Estado onde a decisão arbitral foi proferida;
  b) Não foi devidamente informada da designação ou nomeação de um árbitro ou do processo arbitral, ou que lhe foi impossível fazer valer os seus direitos por qualquer outra razão;
  c) A decisão arbitral diz respeito a um litígio que não foi objecto de convenção de arbitragem ou contém decisões que extravasam os termos da convenção de arbitragem, entendendo-se contudo que as disposições da decisão arbitral relativas a questões submetidas à arbitragem podem ser dissociadas das que não tiverem sido submetidas à arbitragem; só poderá ser recusado o reconhecimento ou a execução da parte da decisão arbitral que contenha decisões sobre as questões não submetidas à arbitragem;

d) A constituição do tribunal arbitral ou o processo arbitral não está conforme à convenção das partes ou, na falta de tal convenção, à lei do Estado onde a arbitragem teve lugar;
   e) A decisão arbitral não se tornou ainda obrigatória para as partes ou foi anulada ou suspensa por um tribunal competente do Estado em que, ou segundo a lei do qual, a decisão arbitral tenha sido proferida.

2. O reconhecimento ou a execução pode igualmente ser recusado se o tribunal constatar que:
   a) O objecto do litígio não é susceptível de ser decidido por arbitragem, nos termos do artigo 4.º;
   b) O reconhecimento ou a execução da decisão arbitral contraria a ordem pública;
   c) O Estado em que a decisão arbitral foi proferida negaria o reconhecimento ou a execução da decisão arbitral proferida em Cabo Verde.

3. Se um pedido de anulação ou de suspensão de uma decisão arbitral tiver sido apresentado a um tribunal competente do Estado em que, ou segundo a lei do qual, a decisão arbitral tenha sido proferida, o tribunal ao qual for pedido o reconhecimento ou execução pode, se o julgar apropriado, adiar a sua decisão e pode também, a requerimento da parte que pede o reconhecimento ou a execução da decisão arbitral, ordenar à outra parte que preste garantias adequadas.

CAPÍTULO X
Disposições Finais

ARTIGO 46.º
(Arbitragem Institucionalizada)

O Governo definirá o regime da outorga de competência a determinadas entidades para realizarem arbitragens voluntárias institucionalizadas, com especificação, em cada caso, do carácter especializado ou geral de tais arbitragens, bem como as regras de reapreciação e eventual revogação das autorizações concedidas, quando tal se justifique.

ARTIGO 47.º
Revogação

Fica revogada toda a disposição em contrário.

ARTIGO 48.º
Entrada em vigor

O presente diploma entra em vigor 90 dias após a sua publicação.

Aprovada em 30 de Junho de 2005.

O Presidente da Assembleia Nacional, *Aristides Raimundo Lima*

Promulgada em 29 de Julho de 2005.

Publique-se.

O Presidente da República, PEDRO VERONA RODRIGUES PIRES

Assinada em 1 de Agosto de 2005.

O Presidente da Assembleia Nacional, *Aristides Raimundo Lima*.

***

LEGISLAÇÃO CONEXA

Casas de Direito
Decreto-Lei n.° 62/2005, de 10 de Outubro – Cria as «Casas de Direito».

Centros de Arbitragem
Decreto Regulamentar n.° 8/2005, de 10 de Outubro – Regula a criação dos Centros de Arbitragem.

Centros de Mediação
Decreto-Lei n.° 30/2005, de 9 de Maio – Regula a criação dos Centros de Mediação.

A questão de acesso à Justiça e ao Direito tem constituído objecto de grandes discussões a nível mundial. A morosidade na realização da justiça acarreta um elevado custo para as pessoas e para as empresas. Visto que essas demandas e necessidades sociais e individuais requerem soluções dinâmicas e, dado o carácter essencialmente privado das questões subjacentes a muitos conflitos, estudiosos e operadores do direito vêm recomendando a adopção de instrumentos genuinamente céleres e eficazes melhor vocacionados para o tratamento de tais conflitos.

O Programa do Governo para a VI Legislatura de 2001-2005, aprovado pela Resolução n.° 5-A/2001, de 13 de Março, identifica indícios de uma acentuada crise na justiça e afirma que esta deverá ser enfrentada com determinação e superada através de um vigoroso e coerente movimento de reformas tendentes à afirmação e estruturação de uma justiça efectivamente independente, acessível aos cidadãos, célere, no seu funcionamento, que dê segurança ao cidadão e esteja à altura de responder aos desafios do desenvolvimento. Para aliviar o excesso de litigância e a sobrecarga dos tribunais, propõe, entre outras alternativas, o incentivo de solução conciliatória de litígios, através de institutos vocacionados para o efeito, nomeadamente centros de arbitragem e instâncias de mediação.

Ora, o recurso à mediação oferece a presteza e a celeridade na solução dos conflitos pela via consensual. Trata-se, em última análise, de um mecanismo que garante a ampliação do acesso à justiça e ao direito dos cidadãos susceptível, por isso, de reformar o funcionamento da justiça e o exercício da cidadania.

Como forma alternativa de solução de conflitos, a mediação apresenta-se como uma possibilidade de desafogamento dos tribunais e, consequentemente de seu fortalecimento e prestígio junto dos cidadãos. Objectiva-se, na verdade, uma solução dos litígios rápida, segura e eficaz.

Conclui-se, pois, pela coexistência da jurisdição formal com a solução alternativa dos conflitos, uma vez que a mediação não visa substituir ou enfraquecer o Poder Judiciário, mas, pelo contrário, soma-se a ele com o fim de contribuir para fortalecer a ampliação do acesso à justiça e ao direito e, consequentemente a efectivação dos direitos e garantias fundamentais da pessoa humana.

De uma forma ou de outra, o acesso ao direito e aos tribunais para defesa dos direitos constitui uma garantia fundamental indispensável a uma plena cidadania.

No uso da faculdade conferida pela alínea a) do número 2 do artigo 203.º da Constituição, o Governo decreta o seguinte:

CAPÍTULO I
Princípios Gerais

ARTIGO 1.º
(Objecto)

O presente decreto-lei regula o uso da Mediação, na resolução de conflitos, por acordo entre as partes.

ARTIGO 2.º
(Definição)

Para efeito do artigo anterior, Mediação é um meio alternativo de composição de litígios pelo qual as partes, auxiliadas por um terceiro, neutro, uma parcial e independente, procura, alcançar um acordo que resolva uma questão que as divide.

ARTIGO 3.º
(Princípios gerais da Mediação)

A Mediação rege-se pelos seguintes princípios gerais:
a) Imparcialidade;
b) Equidade;
c) Informalidade;
d) Celeridade;
e) Confidencialidade;
f) Autonomia de vontade;

g) Respeito;
h) Cooperação;
i) Boa fé,
j) Voluntarismo;
k) Auto-composição;

ARTIGO 4.º
(A Natureza da causa)

1. Podem ser objecto de mediação, os litígios em matéria cível, administrativa, comercial, financeira, laboral, familiar ou mesmo criminal, desde que os mesmos versem sobre direitos disponíveis.

2. Sem prejuízo do disposto em legislação especial, não podem ser objecto de mediação, além de outras, as causas de natureza alimentar, falimentar, fiscal e as referentes ao estado e capacidade das pessoas e que dizem respeito ao interesse da Fazendo Pública.

ARTIGO 5.º
(Predomínio da vontade das partes)

1. Na mediação prevalece sempre a vontade das partes.
2. 2. As partes negociam directamente o conflito, com o objectivo de encontrar uma solução que contemple e satisfaça os seus interesses.

ARTIGO 6.º
(Centros de mediação)

1. Podem ser criadas estruturas oficias ou particulares de mediação, denominadas centros de mediação, que disponibilizam a qualquer interessado o acesso à mediação, como forma de resolução alternativa de litígios.

2. Os centros têm como objectivo estimular a resolução, com carácter preliminar, de litígios por acordo das partes.

3. O Governo define, mediante decreto-lei, o regime de funcionamento e registo dos centros de mediação.

ARTIGO 7.º
(Mediadores)

1. Os Mediadores são pessoas singulares, nacionais ou estrangeiras, plenamente capazes, de comprovada idoneidade moral e profissional que as habilitem a mediar os litígios ou casos submetidos aos centros de mediação inscritas na Lista de Mediadores Oficiais.

2. O mediador tem de reunir os seguintes requisitos:
a) Ter mais de 25 anos de idade;
b) Possuir o 11.º ano de escolaridade;

c) Estar habilitado com um curso de mediação reconhecido pelo Ministério da Justiça;
d) Ser preferencialmente residente na comarca ou ilha onde pretende exercer como mediador.

3. No exercício das suas funções para os quais são indicados ou nomeados os mediadores obedecem aos preceitos constantes da presente Lei, do Regulamento Deontológico dos Mediadores, do Regulamento Interno do Centro de Mediação e demais normas pertinentes.

CAPÍTULO II
Representação das Partes

ARTIGO 8.º
(Representação)

1. As partes participam no processo pessoalmente. Na impossibilidade comprovada de fazê-lo, podem fazer-se representar por outra pessoa, com procuração que outorga a esta poderes de decisão.

2. As partes podem fazer-se acompanhar por advogados, ou outras pessoas de sua confiança, desde que assim seja entre elas convencionado e, considerado pelo mediador útil e pertinente ao processo da Mediação.

ARTIGO 9.º
(Representação obrigatória)

A representação é obrigatória, quando a parte seja cega, surda, muda, analfabeta, desconhecedora das línguas crioulas e portuguesa ou, se por qualquer outro motivo, se encontrar numa posição de manifesta inferioridade.

CAPÍTULO III
Mediação

SECÇÃO I
Pré-mediação

ARTIGO 10.º
(Introdução da causa à mediação)

1. A introdução da causa à Mediação pode ser feita oralmente ou por escrito.

2. Quando for por escrito, a parte apresenta um pedido de mediação com a identificação mais completa possível das partes e uma descrição sumária do litígio, juntando os documentos que considere úteis para a solução do litígio.

3. Sempre que for solicitada a mediação para a resolução de um litígio, o coordenador do centro de mediação, verifica, desde logo, se a questão apresentada é possível de mediação e bem assim a sua respectiva procedência.

4. Se existir alguma causa que exclua o litígio do âmbito da mediação o facto e os motivos são imediatamente comunicados ao requerente da mediação.

ARTIGO 11.º
(Notificação do requerimento à outra parte)

1. O requerido é notificado, em dois dias, da entrada do pedido, para no prazo de dez dias, manifestar a sua aceitação ou recusa em submeter-se ao processo de Mediação.

2. A falta de resposta no referido período é considerada como não aceitação da Mediação, a qual é de imediato comunicada ao requerente.

ARTIGO 12.º
(Sessão de Pré-mediação)

Quando o convite da mediação é aceite pela parte contrária, as partes são convocadas para participar numa entrevista preliminar, denominada de Sessão de Pré-Mediação.

ARTIGO 13.º
(Trâmites da Pré-Mediação)

A entrevista de Pré-Mediação segue os seguintes trâmites:
a) O mediador escuta as partes com o propósito de compreender a natureza e extensão do litígio;
b) Toma esclarecimentos junto às partes sobre o objecto do litígio e os motivos que as levaram a optar pela Mediação, verificando, se sobreveio alguma causa de exclusão de litigio da mediação;
c) Afere a predisposição das partes para um possível acordo de mediação;
d) Esclarece as partes sobre os objectivos, técnicas e processo de Mediação, bem como a respeito dos seus processos e custos;
e) Se as partes manifestarem a sua concordância escolhem, de comum acordo, o profissional a ser nomeado para a função de Mediador, nos termos do artigo 17.º

ARTIGO 14.º
(Assinatura do Termo de Compromisso de Mediação)

1. Após a escolha do mediador, as partes reunidas com este, e sob sua orientação, firmam um Termo de Compromisso de Mediação, por meio do qual contratam o mediador e estabelecem:
a) A identificação das partes e dos seus representantes, nas sessões de Mediação, sendo requisito exigível que tais representantes tenham os necessários

poderes para acordar numa solução consensual para o litígio, sem necessidade de consultas adicionais e a identificação dos advogados, caso as partes acordem na sua presença.
b) A identificação do mediador e, se houver, o co-mediador;
c) Os objectivos da Mediação;
d) As regras de processo, ainda que sujeitas a redefinição negociada, a qualquer momento, durante o processo;
e) O número máximo de sessões de mediação;
f) Os honorários bem como as despesas incorridas durante a Mediação e formas de pagamento, os quais são, na ausência de estipulação expressam em contrário, suportadas pelas partes, em proporção igual;
g) Uma cláusula dispondo que qualquer das partes pode, em qualquer altura, retirar-se de Mediação, comprometendo-se a dar um pré-aviso desse facto, de pelo menos quarenta e oito horas, ao mediador ou conciliador, caso em que a Mediação termina.

2. É obrigatório que o Termo de Compromisso de Mediação contenha uma cláusula de confidencialidade absoluta, relativa a todo o processo e conteúdo de Mediação, nos termos da qual as partes e o mediador se comprometem a manter em total confidencialidade a realização de Mediação e a não utilizar qualquer informação, oral, escrita ou informática, produzida, durante ou em resultado de Mediação, para efeitos de utilização posterior em juízo arbitral ou judicial;

3. Uma cláusula dispondo que o Mediador pode, por sua iniciativa, pôr termo à Mediação, quando considerar que:
a) A mesma é inútil, dada a forte improbabilidade de um acordo;
b) A mesma não deve continuar, por uma parte ou as partes haverem violado as normas éticas e de conduta que se obrigaram a respeitar no decurso da Mediação.

4. Uma cláusula pela qual as partes se comprometem a reduzir a escrito o eventual acordo que tenham obtido durante a Mediação, assinando-o ou fazendo-o assinar pelos seus legais representantes, ficando entendido que não pode ser invocada a existência de um acordo válido até que o referido documento se mostre assinado por ambas as partes.

SECÇÃO II
Mediação

ARTIGO 15.º
(Trâmites)

1. Firmado o Termo de Compromisso, a Mediação segue os trâmites acordados entre as partes ou, na falta destes, os que forem fixados pelo Mediador tendo em atenção as circunstâncias de cada caso.

2. Ordinariamente, e sem embargo de alterações nos termos do número anterior, o processo decompõe-se nas fases seguintes:
  a) Resumo dos interesses e ordenamento dos problemas apresentados pelo Mediador;
  b) Sessões conjuntas e separadas;
  c) Sessão final e assinatura do Acordo, se conseguido.

ARTIGO 16.º
(Acordo)

1. Obtido acordo, o mediador elabora o correspondente Termo, firmado pelas partes e por duas testemunhas, valendo como título executivo extrajudicial.

2. Na hipótese de não haver acordo quanto ao objectivo pretendido na Mediação nenhum facto ou circunstância revelado ou ocorrido durante esta fase prejudica o direito de qualquer das partes, em eventual processo arbitral ou judicial que se seguir.

CAPÍTULO IV
Mediador

ARTIGO 17.º
(Escolha do Mediador)

1. O mediador é escolhido livremente pelas partes, podendo a escolha recair sobre o mediador que tenha realizado a Pré-mediação.

2. As partes podem escolher mais de um mediador.

3. As partes, de comum acordo, podem, excepcionalmente, escolher um mediador que não pertença à lista de mediadores que colaborem com o centro de mediação e em casos devidamente justificados que não estejam inscritos na Lista Oficial de Mediadores.

4. Podem as partes delegar a indicação do mediador ao centro de mediação por elas escolhido.

ARTIGO 18.º
(Co-Mediação)

O mediador escolhido pode recomendar a Co-Mediação, dependendo da natureza e complexidade da controvérsia.

ARTIGO 19.º
(Reunião do mediador com as partes)

1. Nas sessões de Mediação o mediador reúne-se, preferencialmente, em conjunto com as partes.

2. Havendo necessidade e concordância das partes, ele pode reunir-se separadamente com cada uma delas, respeitado o disposto no Regulamento Ético e Deontológico dos Mediadores quanto à igualdade de oportunidade e quanto ao sigilo nessa circunstância.

ARTIGO 20.º
(Liberdade do procedimento)

O mediador conduz o processo da maneira que considerar apropriada, levando em conta as circunstâncias, o estabelecido na negociação com as partes e a própria celeridade do processo.

ARTIGO 21.º
(Imparcialidade e independência)

A pessoa designada para actuar como mediador deve ser imparcial e independente, assim permanecendo durante todo o processo de Mediação. Este dever se estende ao co-mediador na hipótese de Co-Mediação.

ARTIGO 22.º
(Impedimento)

O mediador fica impedido de actuar ou estar, directamente ou indirectamente, envolvido em processos subsequentes à Mediação, tais como a arbitragem ou o processo judicial, independentemente do êxito da Mediação, a menos que as partes disponham diferentemente.

ARTIGO 23.º
(Confidencialidade)

1. As informações de Mediação são confidenciais e privilegiadas.
2. O mediador, qualquer das partes ou outra pessoa que actue na Mediação, não pode revelar a terceiros ou ser chamado ou compelido, inclusive em posterior arbitragem ou processo judicial, a revelar factos, propostas ou quaisquer outras informações obtidas durante a Mediação.
3. Os documentos apresentados durante a Mediação devem ser devolvidos às partes, após análise. Os demais devem ser destruídos ou arquivados conforme o convencionado.

ARTIGO 24.º
(Responsabilidade)

O mediador não pode ser responsabilizado por qualquer das partes, por acto ou omissão relacionada com a Mediação conduzida de acordo com a presente decreto-lei, com o Regulamento Ético e Deontológico dos Mediadores e regras acordadas com as partes, excepto quando houver comprovado dolo, fraude ou violação de confidencialidade.

CAPÍTULO V
Encerramento do Processo de Mediação

ARTIGO 25.º
(Encerramento do Processo de Mediação)

Além dos meios já previstos no presente diploma, o Processo de Mediação pode encerrar-se decisão do coordenador do centro de mediação quando tenha fundados motivos para crer que foram violadas regras ou os princípios da mediação estabelecidos no presente Decreto-lei, no código deontológico dos Mediadores ou demais legislação aplicável.

CAPÍTULO VI
Disposições Finais

ARTIGO 26.º
(Lista de Mediadores)

1. Os nomes e domicílios profissionais das pessoas habilitadas a exercerem as funções de mediador, em regime de profissão liberal, e ou em colaboração com os centros de mediação consta de Lista Oficial de Mediadores, por ordem alfabética.

2. As listas são anualmente actualizadas, por despacho do Ministro da Justiça e publicadas no Boletim Oficial.

3. A inscrição nas listas é efectuada a pedido dos interessados que reúnam os requisitos previstos no artigo 7.º do presente Decreto-lei.

4. A referida inscrição não investe os inscritos na qualidade de agente, nem garante o pagamento de qualquer remuneração fixa por parte do Estado.

5. A fiscalização da actividade dos mediadores será regulamentada pelo Governo.

ARTIGO 27.º
(Honorários e encargos)

1. Cada centro de mediação adopta um regulamento próprio, ajustando, entre outras as regras sobre os honorários e encargos administrativos.

2. Os encargos de mediação compreendem a taxa de inscrição, os encargos administrativos, os honorários dos mediadores, as despesas dos mediadores e as despesas extraordinárias.

3. Os encargos com a mediação são suportados pelas partes em fracções iguais, salvo convenção em contrário.

4. O Governo estabelece os valores máximos percentuais incidentes sobre o valor da causa, dos honorários e encargos a serem observados pelos centros de mediação.

ARTIGO 28.º
(Publicação de acordos)

1. Quando houver interesse das partes, e mediante autorização expressa destas, pode haver a divulgação do resultado obtido na Mediação.
2. A publicação dos acordos obtidos deve preservar sempre a identidade das partes.

ARTIGO 29.º
(Cláusula de Mediação)

É recomendável que as partes passem a inserir Cláusula de Mediação nos contratos em geral que venham a firmar tal como o modelo proposto:

"Se surgir um litígio em razão deste contrato ou posteriores adendas, nomeadamente, o seu incumprimento, termino, validade ou invalidade, as partes convencionam desde já que primeiramente procuraram uma solução por meio de Mediação, fundadas no princípio da boa-fé, antes de recorrer a outros meios judiciais ou extrajudiciais para resolução de litígios".

ARTIGO 30.º
(Disposições transitórias)

1. O Governo, promove, durante o ano de 2005, a selecção e a formação específica de mediadores, para a Lista Oficial.
2. A selecção para habilitação a prestar os serviços de mediação, é feita por concurso curricular, aberto para o efeito.
3. O regulamento do concurso é aprovado por portaria da Ministra da Justiça.

ARTIGO 31.º
(Integração de Lacunas)

As eventuais lacunas do presente decreto-lei são supridas pelas partes e nos termos da lei em geral.

ARTIGO 32.º
(Entrada em vigor)

O presente diploma entra em vigor a 90 dias após a sua publicação

Visto e aprovado em Conselho de Ministros. – *José Maria Pereira Neves – Manuel Inocêncio Sousa – Basílio Mosso Ramos – Victor Manuel Barbosa Borges – Maria Cristina Fontes Lima – Júlio Lopes Correia – Armindo Cipriano Maurício – Manuel Monteiro da Veiga – Maria Madalena de Brito Neves – Filomena de*

Fátima Ribeiro Vieira Martins – Sidónio Fontes Lima Monteiro – João Pereira Silva – Ilídio Alexandre da Cruz – João Pinto Serra

Promulgado em 14 de Abril de 20035

Publique-se.

O Presidente da República, PEDRO VERONA RODRIGUES PIRES.

Referendado em 15 de Abril de 2005.

O Primeiro-Ministro, *José Maria Pereira Neves*.

***

CAPÍTULO II
Comentários

LEI DE ARBITRAGEM DE CABO VERDE

I – Breve introdução

Com o objectivo de promover a maior acessibilidade da justiça, em 2005 o Governo de Cabo Verde aprovou diversas leis que instituem e regulamentam meios alternativos de resolução de conflitos, já experimentados noutros países, como a arbitragem e a mediação.

É neste contexto que surge a publicação da Lei 76/VI/2005 de 16 de Agosto relativa à Arbitragem Voluntária, dentro das políticas sobre o melhoramento do acesso à Justiça em Cabo Verde, uma vez que desempenha um papel complementar em relação aos procedimentos jurisdicionais.

A Arbitragem surge instituída como um importante instrumento ao serviço da paz social, muitas vezes posta em causa pela excessiva morosidade que caracteriza o andamento dos processos judiciais, o que tem sido motivo de preocupação por parte de todos os agentes da justiça de Cabo Verde.

A arbitragem tem vindo a ser implementada pelo Conselho Superior das Câmaras de Comércio.

A República de Cabo Verde é já membro da Organização Mundial do Comércio e a sua economia começar a dar passos no sentido da internacionalização dos negócios, pelo que tem vindo a ser ponderada pelas entidades competentes a sua adesão à OHADA.

Relativamente à Mediação foi aprovado o Decreto-Lei 30/2005 de 9 de Maio que regula esse meio alternativo de resolução de conflitos, tendo, desde então, o Governo vindo a instalar as Casas de Direito (Decreto-Lei 62/2005 de 10 de Outubro) que são estruturas vocacionadas para promover o acesso à justiça e ao direito aos grupos sociais mais carenciados ou vulneráveis, promovendo e divulgando os meios alternativos de resolução de conflitos e podendo funcionar como centros de mediação.

II – Convenção de Arbitragem

O artigo 1.º da Lei 76/VI/2005 de 16 de Agosto estabelece o princípio segundo o qual *"qualquer litígio pode, mediante convenção de arbitragem, ser submetido pelas partes intervenientes, à decisão de árbitros"*, princípio este que, no entanto, é limitado pelo art. 4.º da Lei que expressamente exclui do âmbito da decisão de um Tribunal Arbitral os litígios respeitantes a direitos indisponíveis e os que por lei especial estejam exclusivamente submetidos a tribunal judicial ou a arbitragem necessária e ainda aqueles em que intervenham menores, incapazes ou inabilitados, ainda que legalmente representados.

Nos termos do art. 3.º da L.A.V. a convenção de arbitragem inclui o compromisso arbitral quando tiver por objecto litígios actuais ainda que afectos a tribunal judicial e a cláusula compromissória, quando tiver por objecto litígios eventuais emergentes de uma determinada relação jurídica contratual ou extracontratual.

Estabelece o art. 5.º da Lei de Arbitragem como requisito de validade da convenção de arbitragem a sua redução a escrito.

A convenção celebrada sem redução a escrito ou que tenha por objecto qualquer um dos litígios excluídos do âmbito da arbitragem (*vide* art. 4.º) é nula.

Porém, a eventual nulidade do contrato em que se insere a convenção de arbitragem não carreta a nulidade desta, salvo quando se mostre que ele não teria sido celebrado sem a referida convenção (art. 7.º da Lei).

O art. 6.º da Lei explicita que a assinatura da convenção de arbitragem implica a renúncia do direito a dirigir-se ao tribunal judicial relativamente às questões objecto da convenção, mas não prejudica o direito de, antes ou durante o procedimento arbitral, as partes poderem requerer providências cautelares, desde que não sejam incompatíveis com a arbitragem.

O compromisso arbitral caduca e a cláusula compromissória fica sem efeito se (i) algum dos árbitros falecer, se escusar ou se impossibilitar permanentemente para o exercício da função e ou se a designação ficar sem efeito, desde que não seja substituído e (ii) se a decisão não for proferida dentro do prazo (art. 10.º).

A morte e a extinção das partes não faz caducar a convenção de arbitragem nem extinguir a instância do tribunal arbitral, salvo convenção em contrário (art. 10.º, n.º 2).

III – Constituição do Tribunal Arbitral

O Tribunal Arbitral pode ser composto por um único ou vários árbitros, sempre em número ímpar. Se as partes não estipularem em contrário, o tribunal será composto por três árbitros (art. 12.º).

As partes devem designar os árbitros ou o modo como estes são escolhidos. Se o não fizerem e não houver acordo para a sua designação, cada uma designa um árbitro, cabendo a estes a escolha do terceiro árbitro (art. 14.º).

Os árbitros devem ser pessoas singulares que estejam no pleno gozo e exercício da sua capacidade civil (art. 15.º).

O artigo 22.º da Lei de Arbitragem estabelece um elenco de deveres éticos dos árbitros como garantia da sua total imparcialidade na decisão do litígio e prevê a sua responsabilidade civil por conduta desonesta, fraudulenta ou por violação da lei no exercício das suas funções.

IV – Procedimento e Funcionamento do Tribunal

As Partes podem acordar, na convenção de arbitragem ou em escrito posterior, sobre as regras do processo aplicáveis à arbitragem (art. 23.º).

São princípios fundamentais a observar no processo de arbitragem (i) o princípio da igualdade, (ii) o princípio do contraditório, (iii) o princípio da audição das partes, antes de proferida a decisão arbitral (art. 24.º).

Perante o Tribunal Arbitral podem ser produzidas todas as provas legalmente admitidas (art. 26.º). O Tribunal Arbitral pode, a pedido de qualquer das partes, ordenar a tomada de medidas provisórias, relacionadas com o objecto do litígio, nomeadamente a prestação de garantias que considere necessárias (art. 27.º).

V – Decisão Arbitral

Salvo convenção das partes, o prazo para a decisão é de seis meses, a contar da data da designação do último árbitro, prorrogável para o dobro por acordo das partes (art. 28.º).

No caso do Tribunal Arbitral ser composto por mais de um árbitro, a decisão arbitral é tomada por maioria dos votos, em deliberação em que todos os árbitros devem participar, excepto se tiver sido fixada pelas partes a necessidade de maioria qualificada (art. 29.º).

O Tribunal Arbitral também pode pronunciar-se sobre a sua própria competência, mesmo que para tento tenha de apreciar a existência, validade ou eficácia da convenção de arbitragem ou do contrato em que ela se insere (art. 30.º).

Os árbitros julgam segundo o direito constituído, a menos que as partes os autorizem a julgar segundo a equidade (art. 31.º).

A decisão arbitral deve ser fundamentada, reduzida a escrito e conter obrigatoriamente (art. 32.º): (i) a identificação das partes, (ii) a referência à convenção de arbitragem, (iii) o objecto do litígio, (iv) a identificação dos árbitros, (v) o lugar da arbitragem e o local e data em que a decisão foi proferida, (vi) a assinatura dos árbitros, (vii) a indicação dos árbitros que não puderem ou não quiserem assinar.

A decisão deve conter, pelo menos, um número de assinaturas igual à maioria dos votos e incluirá os votos de vencido, devidamente identificados.

Da decisão deve igualmente constar a fixação e repartição pelas partes dos encargos do processo.

O poder dos árbitros finda com a notificação da decisão às partes (art. 34.º), não se prevendo a possibilidade de correcção de erros matérias ou de escrita, aclaração ou revisão da decisão arbitral.

A decisão arbitral tem a mesma força executiva que a sentença do tribunal judicial de 1.ª Instância (art. 35.º).

VI – Impugnação

A sentença arbitral só pode ser anulada pelo Tribunal Judicial com base em fundamentos de carácter estritamente formal/processual, a saber (i) não ser o litígio susceptível de resolução por via arbitral; (ii) ter sido proferida por tribunal incompetente ou irregularmente constituído; (iii) ter havido violação dos princípios estabelecidos no art. 24.º relativamente à igualdade e ao contraditório; não se encontrar fundamentada ou assinada pelos árbitros; (vi) ter o tribunal conhecido de questões de que não podia tomar conhecimento ou ter deixado de se pronunciar sobre questões que devia apreciar (art. 36.°).

O direito de requerer a anulação da decisão é considerado irrenunciável (art. 37.°).

A acção de anulação deve ser intentada no prazo de um mês a contar da notificação da decisão perante o Supremo Tribunal de Justiça.

VII – Reconhecimento e execução das sentenças

A República de Cabo Verde ainda não subscreveu a Convenção de Nova Iorque sobre o Reconhecimento e Execução de Sentenças Arbitrais Estrangeiras em 9 de Julho de 1987 nem a Convenção de Genebra de 1927.

VIII – Arbitragem Internacional

A Lei de Arbitragem de Cabo Verde considera que tem carácter internacional a arbitragem internacional que *"no momento da celebração do compromisso arbitral, as partes tenham domicílios em Estados diferentes ou em que a relação jurídica que dê origem ao litígio afecte interesses de comércio internacional"* (art. 40.°).

As partes podem escolher o direito substantivo a aplicar pelos árbitros, se os não tiverem autorizado a julgar segundo a equidade (art. 41.°). A decisão arbitral não é recorrível, salvos se as partes tiverem acordado a possibilidade de recurso e regulado os seus termos (art. 42.°)

IX – Arbitragem Institucionalizada

A Arbitragem institucionalizada encontra-se regulada no Decreto Regulamentar 8/2005 de 10 de Outubro, sendo a autorização para a criação de Centros de Arbitragem da competência do Ministério da Justiça.

X – Mediação

O Governo de Cabo Verde aprovou em 2005 o Decreto-lei 31/2005 de 9 de Maio que regula especificamente a Mediação, a qual é instituída como um meio alternativo de resolução de conflitos *"pelo qual as partes, auxiliadas por um terceiro, neutro, imparcial e independente, procuram alcançar um acordo que resolva uma questão que as divide"* (art. 2.°).

A Mediação rege-se pelos seguintes princípios fundamentais: (I) imparcialidade, (ii) equidade; (iii) informalidade; (iv) celeridade; (v) confidencialidade; (vi) autonomia da vontade; (vii) respeito; (viii) cooperação; (ix) boa fé; (x) voluntarismo e (xi) auto-composição (art. 3.°).

A lei institui o sistema de mediação repartido em duas fases: a pré-mediação destinada a introduzir a causa à mediação, com apreciação da viabilidade de aplicação da mediação à causa e obtenção do acordo das partes para a sujeição do litígio a esta forma de resolução de conflitos (arts. 10.° a 14.°) e a Mediação que pode terminar com a obtenção de um acordo que vale como título executivo extra-judicial ou não, caso em que as partes podem recorrer a outro meio, judicial ou arbitral, de resolução do litígio sem que nenhum facto ou circunstância revelado ou ocorrido nesta fase prejudique os seus direitos (art. 15.°).

TÍTULO IV

GUINÉ-BISSAU

GUINÉ-BISSAU

CAPÍTULO I
Legislação

ARBITRAGEM VOLUNTÁRIA

DECRETO-LEI N.º 9/2000
de 2 de Outubro

PREÂMBULO

A arbitragem constitui um dos meios alternativos da justiça judicial nas sociedades modernas, ao mesmo tempo que constitui grandemente para desbloquear a actividade dos tribunais.

Por se afigurar mais adaptada e adequada como o objectivo de criação de um ambiente favorável tanto para a atracção de investimento externos como para o crescimento e consequente desenvolvimento de comércio na Guiné-Bissau, a implementação e respectiva institucionalização do mecanismo alternativo de solução de litígios emergentes da actividade comercial e quiçá, do investimento ou do negócio em geral, torna-se uma tarefa premente.

A credibilidade do mecanismo da arbitragem como meio alternativo de solução de litígios que envolvem matérias relacionadas com direitos disponíveis está intrinsecamente ligada á sua própria natureza que, sendo um contrato, pressupõe sempre um acordo de vontade entre as partes, desenrolando-se sob o império das regras decorrentes de opção das partes.

Assim sendo, a opção pela institucionalização da arbitragem no país afigura-se--nos um meio bastante eficaz e eficiente para os homens de negócios pelo facto de ser menos onerosa e de constituir um meio razoável e célere de pôr termo às controvérsias.

Nesta perspectiva, a existência do Centro de Arbitragem pode constituir de forma significativa, não só para dirimir conflitos por esta via, como também no estudo, aprofundamento e difusão desse mecanismo alternativo de soluções em litígios em matéria comercial e de negócios em geral.

Convém sublinhar que a realização efectiva do projecto visando a institucionalização da arbitragem no país como instrumento eficaz, eficiente e credível de solução de litígios passa a fortiori pela necessária e indispensável intervenção do governo com vista a operar algumas alterações substanciais aos articulados do Título I do Livro IV "Do Tribunal arbitral voluntário", do Código de Processo Civil, evitando-se assim a indesejável sobreposição imposta pela actual legislação e que constitui um obstáculo ao processo arbitral.

Neste sentido, seguindo a lógica das modernas legislações processuais civis em direito comparado, nomeadamente a legislação processual civil portuguesa, que visa desbloquear a crescente actividade dos tribunais que, por razões diversas não conseguem, em tempo razoável, responder às expectativas dos cidadãos em geral e, em particular, dos homens de negócios, há toda uma necessidade da revogação do título I do Livro IV do Código de Processo Civil, com vista à degradação e ao aperfeiçoamento necessário da nossa legislação em matéria de arbitragem.

Assim, O Governo, sob proposta da Ministra da Justiça, decreta, nos termos do Artigo 100.° alínea d), da Constituição, o seguinte:

CAPÍTULO I
Das Disposições Gerais

ARTIGO 1.°
(Capacidade das partes)

As pessoas capazes de contratar poderão valer-se da arbitragem para dirimir litígios relativos a direitos patrimoniais disponíveis.

ARTIGO 2.°
(Direito aplicável e recurso à equidade)

1. As partes podem escolher livremente as regras de direito aplicáveis na arbitragem, desde que respeitem os princípios que regem a ordem pública e os bons costumes.

2. As partes podem convencionar que a arbitragem se realize com base nos princípios gerais de direito, nos usos e costumes e nas regras internacionais de comércio.

3. A arbitragem pode ser feita com base nos princípios gerais de direito ou nas da equidade, a critério das partes.

4. Se os árbitros forem autorizados a julgar segundo a equidade, não ficam sujeitos à aplicação do direito constituído e decidem conforme lhes parecer justo.

5. A concessão, aos árbitros, da faculdade de julgarem segundo a equidade, envolve necessariamente a renúncia aos recursos.

6. Na falta de escolha, o tribunal aplica o direito mais apropriado ao litígio.

7. Se as partes não tiverem renunciado aos recursos, das decisões dos árbitros cabem, nos termos do Código de Processo Civil, os mesmos recursos que caberiam das sentenças proferidas pelo tribunal judicial.

CAPÍTULO II
Da Convenção de Arbitragem

ARTIGO 3.º
(Cláusula compromissória)

1. As partes interessadas podem submeter a solução dos seus litígios ao juízo arbitral mediante convenção de arbitragem.
2. A cláusula compromissória é a convenção através da qual as partes num contrato comprometem-se a submeter à arbitragem os litígios emergentes das suas relações jurídicas.
3. A cláusula compromissória deve ser estipulada por escrito, podendo ser inserta no próprio contrato ou em documento diverso que a ele se refira.
4. Nos contratos de adesão, a cláusula compromissória só teria eficácia se o aderente tomar a iniciativa de instituir a arbitragem ou concordar expressamente com a sua instituição, desde que por escrito em documento anexo, com a assinatura ou visto especialmente para essa cláusula.

ARTIGO 4.º
(Compromisso arbitral)

1. O compromisso arbitral é a convenção através da qual as partes submetem um litígio à arbitragem
2. O compromisso arbitral será celebrado por instrumento particular, assinado por duas testemunhas, ou celebrado por instrumento público.
3. Do compromisso arbitral constará:
a) O nome, a profissão, o estado civil e domicílio das partes;
b) A matéria que será objecto da arbitragem e o lugar em que será proferida a sentença.
4. Poderá, ainda, o compromisso arbitral conter:
a) Local ou locais onde se desenvolverá a arbitragem;
b) A autorização para que o árbitro ou os árbitros julguem por equidade, se assim for convencionado pelas partes;
c) O prazo para a prolação e apresentação da sentença arbitral;
d) A indicação da lei nacional ou das regras corporativas aplicáveis à arbitragem, quando assim convencionarem as partes;
e) A declaração da responsabilidade pelo pagamento dos honorários e das despesas com a arbitragem e a fixação dos honorários do árbitro ou dos árbitros.
5. Fixando as partes os honorários do árbitro, ou dos árbitros, no compromisso arbitral, este constituirá título executivo extrajudicial. Na ausência desta estipulação, o árbitro requererá ao órgão do poder judicial que seria competente para julgar, originariamente, a causa que os fixe por sentença.

ARTIGO 5.º
(Extinção do compromisso arbitral)

Extingue-se o compromisso arbitral:
a) Em caso de escusa de qualquer dos árbitros, antes de aceitar a nomeação, desde que as partes tenham declarado, expressamente, não aceitar substituto;
b) Em caso de falecimento ou da impossibilidade de declaração de voto por parte de algum dos árbitros, desde que as partes declarem, expressamente, não aceitar substituto;
c) Em caso de expiração do prazo a que se refere o Artigo 4.º, n.º 4 alínea c), do presente diploma, desde que a parte interessada tenha notificado o árbitro, ou o presidente do tribunal arbitral, concedendo-lhe o prazo de 10 (dez) dias para a prolação e apresentação da sentença arbitral.

CAPÍTULO III
Do Processo e do Procedimento de Arbitragem

ARTIGO 6.º
(Organização do Tribunal Arbitral)

1. O Tribunal tem como finalidade, de acordo com o presente diploma, encontrar solução arbitral ao litígio de ordem contratual, e organiza-se em aplicação de uma cláusula compromissória ou de um compromisso de arbitragem que lhe for submetido por qualquer parte num contrato, quer quando uma das partes tenha o seu domicílio ou a sua residência habitual no território da República da Guiné-Bissau, quer quando o contrato seja executado ou a executar, em todo ou em parte no território do domicílio ou de residência de uma das partes.

2. O tribunal pode conhecer, a pedido das partes, os litígios em matéria de direitos dos negócios, desde que exista um compromisso de arbitragem atribuindo-lhe essa competência e que por lei especial não estejam submetidos exclusivamente a tribunal judicial ou a arbitragem necessária.

3. O tribunal arbitral não conhece dos pedidos de arbitragem referentes a direitos indisponíveis.

ARTIGO 7.º
(Limites da competência do Tribunal)

1. O Tribunal exerce as suas competências jurisdicionais nos limites fixados no compromisso arbitral.

2. O compromisso arbitral deve expressamente atribuir, por escrito, a competência ao tribunal arbitral.

ARTIGO 8.º
(Decisão sobre a própria competência do Tribunal)

1. O tribunal arbitral pode pronunciar-se sobre a sua própria competência, mesmo que para esse fim seja necessário apreciar a existência, a validade ou a eficácia da convenção de arbitragem ou do contrato em que ela se insira, ou a aplicabilidade da referida convenção.

2. A incompetência do tribunal arbitral só pode ser arguida até à apresentação de defesa quanto ao fundo da causa, ou juntamente com esta.

ARTIGO 9.º
(Composição do tribunal)

1. O tribunal arbitral pode ser constituído por um único árbitro único ou por vários, em número impar.

2. Se o número de membros do tribunal não for fixado pela convenção de arbitragem ou em escrito posterior assinado pelas partes, nem delas resultar, o tribunal será composto por três árbitros.

ARTIGO 10.º
(Designação dos Árbitros)

1. Os árbitros são escolhidos pelas partes, nos termos do presente diploma, com o fim de constituírem o tribunal de arbitragem.

2. O litígio pode ser resolvido por um ou por três árbitros.

3. Quando as partes concordarem que o litígio será resolvido por um só árbitro, elas podem designá-lo de comum acordo.

4. Na falta de entendimento entre as partes, num prazo de 15 (quinze) dias da notificação do pedido de arbitragem à outra parte, o árbitro será nomeado pela entidade autorizada para realizar arbitragens voluntárias.

5. Quando forem previstos três árbitros, cada uma das partes no compromisso de arbitragem designa um árbitro inscrito na lista estabelecida pela entidade autorizada para a realização de arbitragens. Se uma das partes se abstém, a nomeação é feita pela mesma entidade autorizada. O terceiro árbitro, que assume a presidência do tribunal arbitral, é nomeado pela entidade autorizada para realizar arbitragens, a menos que as partes decidam que os árbitros por elas nomeados devem escolher o terceiro, num prazo fixado por elas. Neste último caso, a entidade autorizada para realização de arbitragens deve confirmar o terceiro árbitro.

6. Se à expiração do prazo fixado pelas partes, ou do prazo fixado pela entidade autorizada nos termos do n.º 4, do presente Artigo, os árbitros designados pelas partes não conseguirem chegar a um acordo, o terceiro árbitro é nomeado por esta entidade.

7. No caso de as partes não fixarem de comum acordo o número de árbitros, a entidade autorizada nomeia um único árbitro para constituir um tribunal, a não ser que o litígio justifique a designação de três árbitros. Neste último caso, as partes dispõem de um prazo de 7 (sete) dias para procederem à designação dos árbitros.

8. Para nomear os árbitros, a entidade autorizada deve tomar em consideração a nacionalidade das partes, a língua das partes, a natureza das questões em litígio e eventualmente as leis escolhidas pelas partes para reger as suas relações.

9. Os árbitros só podem ser nomeados quando dispõem de tempo necessário para cumprirem a sua missão.

ARTIGO 11.º
(Independência, Recusa e Substituição dos Árbitros)

1. Qualquer árbitro nomeado ou confirmado pela entidade autorizada deve ser e continuar a ser independente das partes em litígio, prosseguindo a sua missão até ao fim.

2. No momento da sua nomeação pela entidade autorizada, o árbitro que tenha tido conhecimento de informações sobre o litígio objecto da demanda de arbitragem deve comunicar por escrito à entidade autorizada para a realização de arbitragens os factos ou circunstâncias que podem ser de natureza a pôr em causa a sua independência no espírito das partes.

3. A partir da recepção desta informação, a entidade autorizada deve comunicar por escrito as partes, fixando-as um prazo para darem a conhecer as suas observações eventuais.

4. O árbitro deve comunicar imediatamente, por escrito, à entidade autorizada, as partes, os factos e circunstâncias supervenientes da mesma natureza entre a sua nomeação ou sua confirmação pela entidade autorizada a realizar arbitragens e a notificação da sentença final.

5. A demanda de recusação, fundada numa alegação de defeito de independência ou em relação a qualquer outro motivo, deve ser proposta pelo envio à entidade autorizada a realizar arbitragens de uma declaração precisando os factos e as circunstâncias sobre as quais é fundada esta demanda.

6. Se algum dos árbitros falecer, se excusar ou se impossibilitar permanentemente para o exercício das funções ou se a designação ficar sem efeito, proceder-se-á à sua substituição segundo as regras aplicáveis à nomeação ou designação, com as necessárias adaptações.

7. Haverá lugar à substituição dum árbitro quando a entidade autorizada constante que ele está impedido de jure ou de facto para cumprir a sua missão.

ARTIGO 12.º
(Demanda de Arbitragem)

1. Toda a parte que desejar recorrer ao processo de arbitragem instituído pelo presente diploma deve dirigir a sua demanda à entidade autorizada para a realização de arbitragens com vista à instituição do tribunal arbitral.

2. Esta demanda deve conter:
a) Os nomes completos, qualidades, razão social e endereços das partes com a indicação de eleição de domicílio para fins processuais;

b) A convenção de arbitragem assinada entre as partes, assim como os documentos, contratuais ou não, de natureza a estabelecer claramente as circunstâncias do caso;
c) Uma exposição sumária das pretensões do demandante e dos respectivos fundamentos legais;
d) Todas as indicações úteis concernentes ao número e à escolha dos árbitros, de conformidade com o disposto no artigo 10.°, do presente diploma;
e) O demandante deve indicar a existência ou não da convenção de arbitragem entre as partes quanto:
   i) À sede de arbitragem;
   ii) À língua da arbitragem;
   iii) À lei aplicável à convenção de arbitragem, ao processo de arbitragem e ao fundo da causa;
f) Na ausência do disposto na alínea e), do número 2 do presente artigo, a vontade do demandante em relação a esses diferentes pontos deve ser expressa na demanda;
g) A demanda deve ser acompanhada do montante de direitos previstos no Regulamento das custas da entidade autorizada;
h) O demandante deve, no memorando da demanda, comprovar o envio do exemplar deste com todas as peças nele anexadas, às partes demandadas à arbitragem;
i) O órgão competente da entidade autorizada notificar pessoalmente à parte ou as partes demandadas, da data da recepção da demanda no órgão habilitado pela entidade autorizada, assim como um exemplar das normas que regulamentam a arbitragem;
j) A data da recepção da demanda pelo órgão habilitada pela entidade autorizada a realizar a arbitragem constitui a data do começo do processo arbitral.

ARTIGO 13.°
(Resposta à demanda)

1. As partes demandadas devem, nos 15 (quinze) dias a contar do recebimento da notificação do responsável do órgão de gestão da arbitragem da entidade autorizada, dirigir a sua resposta a este com a justificação dum semelhante envio efectuado à parte demandada.

2. Nos casos visados pelo número 4 do artigo 10.°, do presente diploma, o acordo das partes deve ser realizado no prazo de quinze dias previsto no referido Artigo.

3. A resposta deve conter:
a) Confirmação, ou não, de seus nomes completos, razão social e endereço tais como foram enunciadas pelos demandantes com a eleição do domicílio para a continuação dos trâmites processuais;
b) Confirmação, ou não, da existência de uma convenção de arbitragem entre as partes outorgando a competência de arbitragem ao órgão de gestão da arbitragem da entidade autorizada;

c) Uma breve exposição do caso e da posição do demandado sobre os pedidos formulados contra si, com indicação dos motivos e das peças nas quais entende fundamentar a sua defesa;
d) As respostas do demandado sobre todos os pontos tratados pela demanda da arbitragem, nos termos das alíneas d) e e), do n.º 2 do Artigo 12.º, do presente diploma.

ARTIGO 14.º
(Reconvenção)

Se a parte demandada formular na sua resposta uma demanda reconvencional, a parte reconvinda pode, nos quinze dias da recepção desta resposta, apresentar uma nota complementar sobre a demanda.

ARTIGO 15.º
(Instituição do Tribunal Arbitral e fixação das custas)

1. Após a recepção da demanda de arbitragem, da resposta e, eventualmente da nota complementar tais como visadas nos artigos 12.º, 13.º e 14.º, do presente diploma, ou decorrido os prazos para a sua recepção, o responsável pela gestão do órgão de arbitragem da entidade autorizada institui o tribunal arbitral e fixa o local de arbitragem e a provisão para as custas de arbitragem.

2. Os autos processuais são enviados ao árbitro assim que o tribunal arbitral seja constituído e que as decisões adoptadas em aplicação do n.º 2 do Artigo 12.º, alínea g), do presente diploma, para o pagamento da provisão forem cumpridas.

ARTIGO 16.º
(Ausência de Convenção de Arbitragem)

Quando, prima facie não existe entre as partes nenhuma convenção de arbitragem visando a aplicação do presente diploma, se a demandada declinar a arbitragem do órgão da entidade autorizada para realizar a arbitragem, ou não responder no prazo de 15 (quinze dias), considera-se incompetente o referido órgão.

ARTIGO 17.º
(Efeitos da Convenção de Arbitragem)

Quando as partes se comprometerem a recorrer à arbitragem do órgão da entidade autorizada para a realização da arbitragem, elas submetem-se automaticamente ao presente diploma e ao Regulamento interno do órgão da entidade autorizada para a realização da arbitragem e à tabela de custas de arbitragem e dos honorários dos árbitros, na sua redacção em vigor à data do início do processo de arbitragem.

CAPÍTULO IV
Do Funcionamento da Arbitragem

ARTIGO 18.º
(Regras aplicáveis ao processo de arbitragem)

As regras aplicáveis ao processo diante do tribunal arbitral são aquelas que resultam do presente diploma ou do acordo das partes, sob reserva do respeito pelas normas de ordem pública.

ARTIGO 19.º
(Lei aplicável ao fundo da causa)

As partes são livres de determinarem o direito que o árbitro deve aplicar ao fundo da causa. Na ausência de indicação pelas partes do direito aplicável, o árbitro aplica a lei designada pela regra do conflito que julgar adequada ao feito.

ARTIGO 20.º
(Demandas novas)

1. Durante o processo arbitral as partes podem invocar novas alegações para fundamentarem a demanda formulada.
2. As partes podem também formular novas demandas, reconvencionais ou não, desde que permaneçam no quadro da cláusula compromissória, e a menos que o árbitro considere que não deva autorizar uma tal extensão da sua missão, em razão, nomeadamente do seu carácter intempestivo.

ARTIGO 21.º
(Instrução da causa)

1. O árbitro instrui a causa nos prazos mais curtos por todos os meios adequados. Após o exame dos escritos das partes e das peças objectos de junções para os debates, o árbitro procede à audiência contraditória das partes caso haja um pedido formulado por uma deles.
2. Nesta fase, se o árbitro entender, pode de ofício ouvir as partes directamente ou por seus representantes devidamente mandatados. As partes podem ser assistidas pelos advogados.
3. O árbitro, se estimar necessário, pode decidir ouvir as partes separadamente. Neste caso, a audição de cada parte terá lugar em presença de seus respectivos advogados. A audição das partes terá lugar no dia e local pelo árbitro.
4. Se uma das partes, embora regularmente convocada não compareça, o árbitro, após ter-se assegurado que a parte fora devidamente notificada, tem a faculdade, salvo escusa válida, de proceder ao cumprimento da sua missão, sendo o debate reputado contraditório.
5. A acta de audiência das partes será lavrada e uma cópia remetida ao órgão de gestão de arbitragem da entidade autorizada.

6. O árbitro pode nomear um ou vários peritos, definir a sua missão, receber os seus relatórios e ouvi-los na presença das partes ou de seus advogados.
7. O árbitro regula o desenrolar das audiências. Estas são contraditórias. Salvo o acordo das partes, elas não são abertas às pessoas estranhas ao processo.

ARTIGO 22.º
(Regras processuais)

Na convenção de arbitragem ou em escrito posterior, até à aceitação do primeiro árbitro, podem as partes acordar sobre as regras do processo a observar na arbitragem.

ARTIGO 23.º
(Princípios fundamentais a observar no processo)

Em qualquer caso, os trâmites processuais de arbitragem deverão respeitar os seguintes princípios fundamentais:
a) As partes serão tratadas com absoluta igualdade;
b) A demandada será citada para se defender;
c) Em todas as fases do processo será garantida a estrita observância do princípio do contraditório;
d) Ambas as partes devem ser ouvidas, oralmente ou por escrito, antes de ser proferida a decisão final.

ARTIGO 24.º
(Representação das partes)

As partes devem designar quem as represente ou assista em tribunal.

ARTIGO 25.º
(Provas)

Pode ser produzida perante tribunal arbitral qualquer prova em direito admitida.

ARTIGO 26.º
(Prazo para a decisão)

1. Na convenção de arbitragem ou em escrito posterior, até à aceitação do primeiro árbitro, podem as partes fixar o prazo para a decisão do tribunal ou o modo de estabelecimento desse prazo.
2. Será de seis meses o prazo para a decisão, se outro prazo não resultar do acordo das partes, nos termos do número anterior.
3. O prazo a que se refere os números 1 e 2, do presente Artigo, conta-se a partir da data da designação do último árbitro, salvo convenção em contrário.
4. Por acordo das partes poderá o prazo da decisão ser prorrogado até ao dobro da sua duração inicial.

5. O árbitro que injustificadamente obstarem a que a decisão seja proferida dentro do prazo fixado respondem civilmente pelos danos causados.

ARTIGO 27.º
(Notificações, comunicações e prazos)

1. As memórias, correspondências e notas escritas trocadas pelas partes, assim como todas as peças objecto de junções no processo, devem ser fornecidas em tantos exemplares quanto o número das partes no processo, mais um para cada árbitro e um outro para o responsável do órgão encarregue da gestão de arbitragem pela entidade autorizada.

2. As memórias, correspondência e comunicações emanadas do órgão de gestão de arbitragem, do árbitro ou das partes, só têm validade quando:
  a) Forem entregues contra recibo;
  b) Quando forem expedidos por carta registada endereçada ao último endereço conhecido da parte que é destinatária, tal como comunicada por esta ou outra parte, segundo os casos.

4. A notificação ou a comunicação validamente feita, é considerada regular quando for recebida pelo interessado ou pelo seu representante.

5. Os prazos fixados pelo presente diploma começam a correr no dia seguinte ao do dia em que a notificação ou a comunicação é considerada feita nos termos do número precedente.

6. Quando, a notificação ou a comunicação for considerada feita numa certa data, e o dia seguinte for feriado ou não útil, o prazo começa a correr no primeiro dia útil seguinte.

7. Os dias feriados e os dias não úteis contam no cálculo dos prazos e são improrrogáveis.

8. Se o último dia do prazo fixado for um dia feriado ou um dia não útil no país, o prazo expira-se no fim do primeiro dia útil seguinte.

ARTIGO 28.º
(Confidencialidade do processo arbitral)

1. O processo arbitral é confidencial. Os trabalhos do tribunal arbitral estão sujeitos a esta confidencialidade, assim como as reuniões do órgão de gestão de arbitragem da entidade, autorizada para a administração da arbitragem. A confidencialidade abrange os documentos submetidos ao tribunal de arbitragem e todas as diligências processuais.

2. Sob reserva de um acordo contrário de todas as partes, estas e seus advogados ou assistentes, os árbitros, os peritos e todas as pessoas associadas ao processo de arbitragem, estão obrigados em relação às informações e documentos produzidos no decurso deste processo. A confidencialidade estende-se, nas mesmas condições, às sentenças arbitrais.

ARTIGO 29.º
(Acta de Audiência constatando o objecto da arbitragem e fixando o desenrolar do processo arbitral)

1. Após a recepção das peças processuais pelo árbitro, este convoca as partes ou os seus representantes devidamente habilitados e seus advogados a uma reunião que se deve ter lugar o mais breve possível, e o mais tardar nos sessenta dias subsequentes à recepção das peças processuais.

2. Esta reunião tem por objecto:
a) Constatar a regularidade do compromisso de arbitragem e as demandas sobre as quais deve pronunciar-se e proceder a uma enumeração dessas demandas tais como resultam das memórias respectivamente produzidas pelas partes, com indicação sumária dos motivos dessas demandas e das alegações invocadas para fins de direito;
b) Constatar se existe ou não um acordo das partes sobre os pontos enumerados nos Artigos 12.º, n.º 2, alínea e) e 13.º, n.º 3, alíneas b) e d), do presente diploma. Na ausência de um tal acordo, o árbitro constata que a sentença terá que pronunciar-se sobre este assunto.

3. Compete ao árbitro, no decurso da primeira audiência de arbitragem, a fixação do calendário do processo e do procedimento arbitrais, precisando as datas da entrega das respectivas memórias julgadas necessárias, assim como da data da audiência na qual os debates serão declarados findos.

4. A acta da audiência estabelecida nos termos do presente Artigo é assinada pelo árbitro ou pelos árbitros, conforme os termos do Artigo 9.º, do presente diploma, e pelas partes ou os seus representantes. As partes podem, no momento da assinatura, fazer menção das reservas formuladas durante a audiência.

5. As cópias da acta da audiência são enviadas às partes e aos seus advogados, assim como ao responsável do órgão encarregue da gestão de arbitragem pela entidade autorizada.

6. O calendário de arbitragem fixado nos termos do n.º 3, do presente artigo e que deve figurar na acta de audiência, pode, em caso de necessidade, ser modificado pelo árbitro ou pelo Presidente do tribunal, em caso de pluralidade de árbitros, por iniciativa própria, após observações das partes ou a pedido destas.

7. Esse calendário, uma vez modificado, deve ser enviado ao responsável pela gestão do órgão encarregue de arbitragem pela entidade autorizada.

ARTIGO 30.º
(Redacção da sentença arbitral)

1. O árbitro redige e assina a sentença no prazo de 90 (noventa) dias subsequentes ao encerramento dos debates. Esse prazo pode ser prorrogado pelo órgão encarregue de gestão de arbitragem pela entidade autorizada a pedido do árbitro se este não estiver em condições de respeitar o referido prazo.

2. Quando a sentença proferida não põe termo ao processo de arbitragem, uma reunião deve ser convocada imediatamente para fixar, nas mesmas condições, um novo calendário para a sentença que decidirá completamente o litígio.

ARTIGO 31.º
(Sentença relativa ao acordo das partes)

Se as partes chegarem a acordo, no decorrer do processo arbitral, elas podem requerer ao árbitro que este acordo seja constatado em forma de uma sentença proferida em razão de acordo das partes.

ARTIGO 32.º
(Sentença arbitral)

1. Salvo o acordo das partes, e sob reserva que um tal acordo seja admissível nos termos da lei aplicável, todas as sentença devem ser motivadas.

2. As sentenças são reputadas proferidas na sede da arbitragem e no dia da sua assinatura após o exame do órgão de gestão de arbitragem a designar pelos estatutos da entidade autorizada.

3. Se os três árbitros foram designados, a sentença é adoptada por maioria. Na ausência de maioria, o Presidente do tribunal arbitral decidirá sozinho. A sentença então será assinada, segundo ao casos, pelos três membros do tribunal arbitral ou unicamente pelo Presidente.

4. Caso a sentença tenha sido proferida por maioria, a recusa de assinatura do árbitro minoritário não afecta a validade da sentença.

5. Todo o membro do tribunal arbitral pode remeter ao Presidente do tribunal a sua opinião particular para que a sua junção seja feita à sentença com vista ao exame desta pelo órgão habilitado pelos estatutos ou regulamentos da entidade autorizada.

ARTIGO 33.º
(Exame prévio do projecto de sentença)

1. Os projectos de sentença sobre a competência das sentenças parciais que põem termo a certas pretensões das partes, e de sentença definitiva, são submetidas ao exame prévio do órgão designado para tal pela entidade autorizada para a realização de arbitragem antes da sua assinatura, nos termos do regulamento próprio.

2. As outras sentenças não são submetidas a um exame prévio, mas somente transmitidas a título de informação ao órgão de gestão de arbitragem da entidade autorizada.

3. O órgão referido nos termos anteriores pode propor modificações de pura forma, e fornecer indicações necessárias ao árbitro sobre a liquidação dos encargos da arbitragem, fixando nomeadamente o montante dos honorários do árbitro.

ARTIGO 34.º
(Requisitos de validade da sentença)

1. A sentença arbitral do tribunal deve ser reduzida a escrito e dela constará:
a) A identificação das partes;
b) A referência à convenção de arbitragem;
c) O objecto do litígio;

d) A identificação dos árbitros;
e) O lugar da arbitragem e o local e a data em que a sentença foi proferida;
f) A assinatura dos árbitros;
g) A indicação dos árbitros que não puderam ou quiseram assinar.

2. A sentença arbitral deve conter um número de assinaturas pelo menos igual ao da maioria dos árbitros e incluirá os votos de vencido, devidamente identificados.

3. A sentença deve ser fundamentada.

ARTIGO 35.º
(Nulidade da sentença)

É nula a sentença arbitral se:
a) For nulo o compromisso arbitral;
b) Emanou de quem não podia ser árbitro;
c) Não contiver os requisitos do Artigo 34.º, do presente diploma;
d) For proferida fora dos limites da convenção de arbitragem;
e) Não decidir todo o litígio submetido à arbitragem;
f) Comprovado que foi proferida por prevaricação, concussão ou corrupção passiva;
g) Proferida fora do prazo, sem prejuízo pelo disposto no Artigo 5.º, alínea c), do presente diploma.

ARTIGO 36.º
(Notificação e depósito da sentença arbitral)

1. O presidente do tribunal arbitral mandará notificar a sentença arbitral a cada uma das partes, mediante a remessa de um exemplar dela, por carta registada.

2. O original da sentença judicial é depositado na secretaria do tribunal judicial do lugar da arbitragem, a menos que na convenção de arbitragem ou em escrito posterior as partes tenham dispensado tal depósito ou que, nas arbitragens institucionalizadas, o respectivo regulamento preveja outra modalidade de depósito.

ARTIGO 37.º
(Caso julgado e força executiva da sentença arbitral)

1. A sentença arbitral, notificada às partes e, se for caso disso depositada no tribunal judicial, nos termos do Artigo precedente, considera-se transitada em julgado logo que não seja susceptível de recurso ordinário.

2. A sentença arbitral tem a mesma força executiva que a sentença do tribunal judicial da primeira instância.

ARTIGO 38.º
(Impugnação da Sentença Arbitral)

A sentença arbitral só pode ser anulada pelo tribunal por algum dos seguintes fundamentos:

a) Não ser o litígio susceptível de resolução por via arbitral, nos termos da lei;
b) Ter sido proferida por tribunal incompetente ou irregularmente constituído;
c) Ter havido violação dos princípios fundamentais processuais previstos no Artigo 23.º, do presente diploma;
d) Ter o tribunal conhecido de questões de que não podia tomar conhecimento, ou ter deixado de pronunciar-se sobre questões que devia apreciar.

ARTIGO 39.º
(Decisão sobre os encargos da arbitragem)

1. A sentença final do árbitro, para além da decisão sobre o fundo da causa, liquida os encargos da arbitragem e decide sobre a qual das partes incumbe esse pagamento, ou em que proporção serão partilhadas entre elas.

2. Os encargos da arbitragem compreendem:
a) os honorários do árbitro e os encargos administrativos fixados pelo órgão de gestão da arbitragem da entidade autorizada, de conformidade com a tabela adoptada, os encargos eventuais do árbitro, os encargos do funcionamento do tribunal arbitral, os honorários e as despesas dos peritos em caso de peritagem;
b) os encargos normais dispendidos pelas partes para a sua defesa, segundo a apreciação feita pelo árbitro das demandas formuladas sobre esse ponto pelas partes.

Se as circunstâncias de espécie o tornarem excepcionalmente necessária, o órgão de gestão de arbitragem de entidade autorizada pode fixar os honorários do árbitro num montante superior ou inferior que resulta da aplicação da tabela.

ARTIGO 40.º
(Notificação da sentença)

1. Uma vez a sentença proferida, o responsável pela gestão de arbitragem da entidade autorizada dela notifica as partes o texto assinado pelo árbitro, após que os encargos de arbitragem visados no n.º 2, do artigo 39.º, do presente diploma, forem pagos integralmente ao órgão de gestão para tal habilitado nos termos regulamentados pela entidade autorizada pelas partes ou uma entre elas.

2. Pelo facto da notificação efectuada, as partes renunciam a toda a outra notificação.

ARTIGO 41.º
(Rectificação da sentença)

1. Toda a demanda de rectificação de erros materiais duma sentença, ou de interpretação desta, ou em complementação da sentença que terá omitido de decidir sobre um pedido que fora submetido ao árbitro, deve ser enviada ao responsável pela gestão de arbitragem da entidade autorizada, de conformidade com os regulamentos desta, no prazo de 45 (quarenta e cinco) dias subsequentes à notificação da sentença.

2. O responsável pela gestão de arbitragem da entidade autorizada comunica à parte contrária da demanda que recebeu e no prazo de 30 (trinta) dias, tarnsmiti-la-á ao árbitro.

3. Caso o responsável pela gestão de arbitragem da entidade autorizada, por um motivo qualquer, não possa transmitir a demanda ao árbitro que decidiu, a entidade autorizada para realizar a arbitragem, após observações das partes, designa um novo árbitro.

4. Após o exame contraditório do ponto de vista das partes e das peças processuais que tenham eventualmente submetido para apreciação, o objecto de sentença deve ser enviado para o exame prévio previsto no artigo 33.º, do presente diploma, nos 60 (sessenta) dias subsequentes à recepção da demanda pelo árbitro.

ARTIGO 42.º
(Execução da sentença arbitral)

1. Se a sentença tiver sido proferida em arbitragem que tenha tido lugar em território nacional é competente para a execução o tribunal do lugar da arbitragem.

2. São fundamentos de oposição à execução baseada em sentença arbitral não só os previstos os previstos no artigo 813.º, do Código do Processo Civil, mas também aqueles em que pode basear-se a anulação judicial da mesma sentença.

3. O tribunal indeferirá oficiosamente o pedido de execução quando reconhecer que o litígio não podia ser cometido à decisão por árbitros, quer por estar submetido, por lei especial, exclusivamente a tribunal judicial ou a arbitragem necessária, quer por o direito litigioso não ser disponível pelo seu titular.

CAPÍTULO V
Da Arbitragem Internacional

ARTIGO 43.º
(Conceito)

Por arbitragem internacional entende-se a que se põe em jogo os interesses de comércio internacional.

ARTIGO 44.º
(Recursos)

Tratando-se de arbitragem internacional a sentença arbitral não é recorrível, salvo se as partes tiverem acordado a possibilidade de recurso e regulado os seus termos.

CAPÍTULO VI
Disposições Finais

ARTIGO 45.º
(Composição amigável)

Se as partes lhe tiverem confiado a função de composição amigável, o tribunal poderá decidir o litígio por apelo à composição das partes na base do equilíbrio dos interesses em jogo.

ARTIGO 46.º
(Decisão de autorização da arbitragem institucionalizada)

Compete ao governo, por Decreto, definir o regime de outorga de competência a determinadas entidades para realizarem arbitragens voluntárias institucionalizadas, com especificação em cada caso do carácter especializado ou geral de tais arbitragens, bem como as regras de reapreciação e eventual revogação das autorizações concedidas, quando tal se justifique.

ARTIGO 47.º
(Cláusula-tipo de arbitragem)

Para adoptar a arbitragem da entidade autorizada é recomendado às partes a aceitação e consequente subscrição da seguinte cláusula-tipo anexa ao presente diploma e do qual faz parte integrante.

ARTIGO 48.º
(Direito revogado)

É revogado o título I do Livro IV, Do tribunal arbitral voluntário, do Código de Processo Civil e todas as disposições legais que contrariem o presente diploma.

ARTIGO 49.º
(Entrada em vigor)

O presente diploma entra imediatamente após a sua publicação.

Aprovado pelo Conselho de Ministros, 13 de Julho de 2000. – O Primeiro-Ministro, *Dr. Caetano N'tchama*. – A Ministra da Justiça, Mestre *Antonieta Rosa Gomes*.

Promulgado em 25 de Setembro de 2000.

Publique-se.

O Presidente da República, Dr. KOUMBA YALÁ.

ANEXO
Cláusula-Tipo de Arbitragem da Entidade Autorizada para a Realização de Mediação e Arbitragem Comercial

Para adopção da arbitragem prevista no diploma de Arbitragem, às partes interessadas é recomendado aceitação das seguintes cláusulas:

"Todos os litígios emergentes do presente contrato serão resolvidos definitivamente de acordo com o Regulamento de Arbitragem (da entidade autorizada) ... por um ou por vários árbitros nomeados de conformidade com as regras previstas no Regulamento".

As partes podem também inserir na cláusula, as disposições em relação a vários outros pontos. Elas devem aconselhar-se quanto à oportunidade de inserir ou não a cláusula compromissória num contrato.

No que diz respeito aos prazos:

"As partes concordam que os prazos previstos no regulamento de Arbitragem (da entidade autorizada) ... serão reduzidos da metade (ou de um terço) da duração que figura no Regulamento".

No que diz respeito à sede de arbitragem:
As partes devem completar a cláusula geral por: "A sede da arbitragem será (nome de uma cidade)".

No que diz respeito à língua da arbitragem:

"O processo e procedimentos e os debates da arbitragem terão lugar em (português)"

No que diz respeito à composição amigável:

"Os árbitros funcionarão com base no apelo à composição das partes".

No que diz respeito ao número de árbitros:

"Os litígios serão resolvidos por um árbitro único em face do acordo das partes sobre o nome dum tal árbitro ou, na falta deste, por três árbitros nomeados de conformidade com o Regulamento (da entidade autorizada) ..."

As partes podem igualmente escolher a lei aplicável à convenção de arbitragem, ao processo e procedimento ou fundo da causa.

***

CAPÍTULO II
Comentários

DECRETO-LEI DE ARBITRAGEM DA GUINÉ-BISSAU

I – Breve Introdução

Numa primeira nota introdutória, releva sublinhar que, a par da sua manutenção face à vigência do Acto Uniforme sobre arbitragem organizada no âmbito do Tratado da OHADA (cfr. Comentário ao Tratado da OHADA), têm sido suscitadas dúvidas sobre a constitucionalidade orgânica e material do Decreto-Lei n.º 9/2000, de 02 de Outubro, diploma que estabelece o regime jurídico do processo de arbitragem voluntária na Guiné-Bissau. Com efeito, essas teses têm entendido e defendido a posição de que a competência para legislar, nesta matéria tão sensível da área da justiça, se encontra atribuída exclusivamente à Assembleia Nacional Popular e não ao Governo. Para essas personalidades, estamos perante uma matéria do âmbito da reserva absoluta da Assembleia Nacional Popular.

Como é evidente, sem se pretender contribuir para a polémica, quer doutrinal e jurisprudencial, sempre se dirá que a única fonte jurídica interna de arbitragem voluntária na ordem jurídica guineense é o já mencionado Decreto-Lei n.º 9/2000, de 02 de Outubro, não existindo qualquer norma constitucional relativa à Arbitragem.

Por outro lado, importa referir, de igual forma, que a preocupação do legislador guineense não parece apartar-se de outras que se manifestam em circunstâncias análogas na experiência comparada. Essas experiências explicam-se na urgência de difusão por via da regulamentação de procedimentos complementares de resolução de litígios que se caracterizam pela simplicidade, pelo baixo custo, pela confidencialidade, pela celeridade e eficácia, e que possibilitem, simultaneamente, à Guiné--Bissau enfrentar os desafios de intensificação das suas relações económicas e comerciais, internas e internacionais.

Relativamente às fontes jurídicas internacionais, no plano multilateral, destacam-se o Acto Uniforme sobre arbitragem voluntária organizada no âmbito do Tratado da OHADA (Organização para Harmonização em África do Direito de Negócios), assinado em 17 de Outubro de 1993, em Port-Louis (Ilhas Maurícias) – a ele voltaremos no lugar próprio –, e a Lei-Modelo da CNUDCI, de 21 de Junho de 1985, sobre a arbitragem comercial internacional.

II – A Convenção de arbitragem

A Lei de Arbitragem da Guiné-Bissau é omissa quer no que respeita à autonomia da Convenção de arbitragem, quer ainda sobre a regra material da sua validade. Isto, apesar dessa autonomia poder ser aferida da análise do n.º 1 do art. 8.º que enuncia, no capítulo das competências, que *"o tribunal arbitral pode pronunciar-se sobre a sua própria competência, mesmo que para esse fim seja necessário apreciar a existência, a validade ou a eficácia da Convenção de arbitragem ou do contrato em que ela se insere ..."*, e do n.º 2 do seu art. 3.º ao dispor que *"a cláusula compromissória é a Convenção através da qual as partes num contrato comprometem-se a submeter à arbitragem os litígios emergentes das suas relações jurídicas"*, que poderá ser contida no próprio contrato ou num documento diverso que se refira ao mesmo contrato (vide, n.º 3, *in fine* do artigo citado).

Por outro lado, importa referir que não existe uma definição legal de arbitragem. Pela arrumação das matérias e, bem assim, pela localização sistemática das suas disposições, constata-se que o legislador guineense desdobrou a Convenção de Arbitragem em duas modalidades diferentes (vide, art. 3.º, n.º 2, e art. 4.º, n.º 1): a clásula compromissória e o compromisso arbitral.

Contrariamente à cláusula compromissória, a qual identificámos no parágrafo supra, o compromisso arbitral é a Convenção através da qual as partes submetem um litígio à arbitragem. A Cláusula compromissória será a que se encontra inserida no contrato principal ou contida num documento que a ele se refira, enquanto o compromisso arbitral será o que se encontra reduzido num escrito particular assinado por duas testemunhas, ou celebrado sob cobertura notarial, por autenticação ou reconhecimento de assinaturas.

A forma escrita, mostra-se relevante sobretudo para fins de prova, não se impondo exigências particulares de forma para a celebração da Convenção de arbitragem.

As pessoas capazes de contratar poderão valer-se da arbitragem para dirimir conflitos relativos a direitos patrimoniais disponíveis, tal como resulta do art. 1.º da lei da arbitragem. O critério adoptado é, assim, o critério da disponibilidade de direitos patrimoniais.

A par de outras legislações, a fórmula utilizada relativamente à capacidade das partes (no caso concreto, *"as pessoas capazes de contratar ..."*) pode levantar dificuldades práticas.

De acordo com a redacção adoptada, poderemos considerar que o Estado e demais pessoas colectivas de direito púbico são *"pessoas capazes de contratar"*? Poderão estas entidades, sem quaisquer restrições, celebrar Convenções de arbitragem?

No tocante aos efeitos da Convenção de arbitragem, a lei de arbitragem não faz nenhuma referência à incompetência das jurisdições judiciais, limitando-se a prever a possibilidade do tribunal arbitral poder pronunciar-se sobre a sua própria competência.

O tribunal arbitral pronuncia-se sobre a sua competência como referimos supra, *"...mesmo que para esse fim seja necessário apreciar a existência, a validade ou a eficácia da Convenção de arbitragem ou do contrato em que ela se insere"* (vide, art. 8.º, n.º 1).

Desta diposição resulta que ao juíz não é reservado nenhum poder de apreciação da validade da Convenção de arbitragem. E cabe ainda ao tribunal arbitral o monopólio quer da instrução da causa, como da produção de provas (vide, artigos 21.º e 25.º).

III – A constituição do Tribunal Arbitral

Sobre a composição ou constituição do tribunal arbitral dá-se primazia à vontade das partes: da conjugação do n.º 1 do art. 10.º com o n.º 2 do art. 9.º, resulta que os árbitros são escolhidos pelas partes (…) sempre em número ímpar, por Convenção de arbitragem ou em escrito posterior por elas assinados, com a finalidade de constituírem o tribunal arbitral.

Quando resultar do acordo das partes, o litígio será resolvido por um só árbitro, podendo elas designá-lo de comum acordo.

Quando for prevista a designação de três árbitros, caberá a cada uma das partes no compromisso de arbitragem designar um árbitro de entre os inscritos na lista estabelecida pela entidade autorizada para promover a realização de arbitragens (refira-se que é muito frequente tratar-se de centros de arbitragens), a qual procede à designação do segundo árbitro, caso uma das partes se abstenha de o fazer, e do terceiro árbitro que assume a presidência do tribunal arbitral, a menos que as partes confiem a escolha deste àqueles por eles designados no prazo para o efeito fixado, sob a confirmação daquela entidade.

Finalmente, dispõe o n.º 9 do art. 10.º que só podem ser nomeados os árbitros que disponham de tempo necessário para cumprir a sua missão.

Embora o mesmo não ressalte da formulação literal da norma, mas ao referir-se a *"árbitros que disponham de tempo …"* ela parece restringir a possibilidade de escolha de árbitros às pessoas singulares que, *a fortiori*, estejam no pleno gozo da sua capacidade jurídica.

No momento da sua nomeação pela entidade autorizada, o árbitro deve comunicar as circunstâncias que possam suscitar dúvidas sobre a sua independência na avaliação das partes. Dever esse que se mantém ao longo de todo o processo arbitral (vide, n.os 2 e 4 do art. 11.º).

Tratando-se de recusa fundada na falta de independência (ou mais rigorosamente de imparcialidade) ou ainda noutros motivos quaisquer, a demanda deve juntar declaração que contenha os factos ou circunstâncias em que ela se baseia, nos termos do n.º 5 do artigo citado.

Outrossim, se algum dos árbitros falecer, se escusar ou ficar permanentemente impossibilitado de exercer as suas funções, ou ainda se a sua designação ficar sem efeito, proceder-se-á à sua substituição segundo as regras aplicáveis à nomeação ou designação, *mutatis mutandis*.

IV – O procedimento/funcionamento do Tribunal Arbitral

Da análise conjugada dos artigos 2.º, n.º 1, 18.º e 22.º, resulta que a lei da arbitragem atribui relevo à vontade das partes na organização do processo de arbitragem, estabelecendo que na Convenção de arbitragem ou em escrito posterior, até à aceitação do primeiro árbitro, as partes possam acordar sobre as regras do processo a observar na arbitragem, no que estarão condicionados todavia pelas exigências de ordem pública e dos bons costumes, devendo as mesmas designarem quem as deva representar ou assistir no tribunal.

Há, no entanto, um conjunto de princípios fundamentais de carácter imperativo enunciados no art. 23.º, a cuja observância os árbitros estão vinculados, como sejam o princípio da igualdade das partes, o princípio do direito à defesa, o princípio do contraditório, e o da audição prévia das partes, oralmente ou por escrito, antes de ser proferida a decisão final. Embora, paradoxalmente, à sua violação se associe uma reprovação menos gravosa que se traduz na anulabilidade da sentença arbitral, nos termos da alínea c) do art. 38.º.

O princípio da confidencialidade do processo arbitral que se lhes acresce, apesar da sua importância, a lei atribui-lhe um carácter supletivo, podendo por isso ser afastado por acordo das partes.

Nos termos da alínea j) do n.º 2 do art. 12.º, a instância tem o início na data da recepção da demanda pelo órgão habilitado pela entidade autorizada a realizar a arbitragem.

Relativamente aos critérios de fixação do prazo à missão dos árbitros, a lei é igualmente omisssa.

No respeitante ao direito substantivo aplicável, o art. 19.º dispõe que *"as partes são livres de determinarem o direito que o árbitro deve aplicar ao fundo da causa"*. O qual consagra na sua parte final o seguinte regime supletivo: *"na ausência de indicação pelas partes do direito aplicável, o árbitro aplica a lei designada pela regra do conflito que julgar adequada"*, o que no âmbito do direito privado interno, pode causar dificuldades práticas.

Por outro lado, o processo arbitral pode ser julgado segundo a equidade.

No que se refere à arbitragem internacional, a lei limita-se a mencionar de modo restritivo que ela deve ser entendida como aquela que cuida de interesses de comércio internacional, cujo procedimento culmina com uma decisão insusceptível de recurso, salvo se as partes tiverem um acordo diferente (ver artigos 43.º e 44.º).

Nenhuma referência foi expressamente feita sobre outras formas de extinção do processo de arbitragem, nomeadamente transacção, desistência, etc., para além do caso julgado, embora o art. 31.º consagre a possibilidade de as partes chegarem a acordo, sem especificar por que via, no decorrer do processo arbitral, podendo *"requerer ao árbitro que este acordo seja constatado"* (entenda-se homologado).

Os incidentes que podem afectar o árbitro pessoalmente, como seja quando falecer, se recusar ou ficar permanente ou definitivamente impossibilitado de exercer as suas funções, ou se a sua designação ficar sem efeito, não põe termo à instância arbitral, devendo tão somente proceder-se à substituição do árbitro falecido, que se escusa, impedido ou recusado nos termos do art. 10.º.

V – A decisão arbitral

Nos termos do n.º 1 do art. 30.º, conjugado com o n.º 3 do art. 32.º do Decreto--lei n.º 9/2000, de 02 de Outubro, a sentença arbitral é redigida e assinada no prazo de

90 dias subsequentes ao encerramento dos debates, por maioria dos árbitros designados. Na falta de maioria a decisão caberá ao Presidente do tribunal arbitral.

Caso a sentença tenha sido proferida pela maioria, a recusa da sua assinatura pelo árbitro minoritário não afecta a validade do acto.

O art. 34.º enuncia o número determinado de menções obrigatórias que devem ser contidas na sentença, cuja omissão será sancionada com a nulidade da própria decisão nos termos da alínea c) do art. 35.º, como sejam a identificação das partes; a referência à Convenção de arbitragem; o objecto do litígio; a identificação dos árbitros; o lugar da arbitragem e o local e a data em que a sentença foi proferida; a assinatura dos árbitros; e a indicação dos árbitros que não puderam ou quiseram assinar.

Nulidade ainda que se associa à sentença proferida por quem não podia ser árbitro; se for nulo o compromisso arbitral; se for proferida fora dos limites da Convenção de arbitragem; se não decidir todo o litígio submetido à arbitragem; se for proferida fora do prazo ou se se provar que foi proferida por prevaricação, concussão ou corrupção passiva.

Outrossim, a sentença deve ser fundamentada, salvo se outro for convencionado pelas partes.

O poder jurisdicional do tribunal arbitral extingue-se com o trânsito em julgado da decisão arbitral e ou da decisão homologatória do acordo alcançado na pendência da instância arbitral.

A sentença arbitral tem os mesmos efeitos das sentenças judiciais de primeira instância e reveste-se da mesma força executiva.

VI – Impugnação

Resulta dos números 3 e 5 do art. 2.º do Decreto-Lei l n.º 9/2000, de 02 de Outubro, que se o processo de arbitragem for julgado segundo a equidade, uma tal autorização pelas partes significa obrigatoriamente a renúncia da sua faculdade de interpor recurso contra a decisão arbitral.

Se as partes não tiverem renunciado aos recursos, das decisões dos árbitros cabem, nos termos do Código de Processo Civil, os mesmos recursos que caberiam das sentenças proferidas pelos tribunais judiciais.

Da articulação do n.º 2 do artigo 37.º com o art. 38.º, resulta pacífico concluir que o recurso de anulação da sentença arbitral é interposto junto do Supremo Tribunal de Justiça – por não se verificar haver ainda instalação dos tribunais de círculo tal como prevê a Lei Orgânica dos Tribunais Judiciais – aplicando-se supletivamente o regime sobre prazos do Código do Processo Civil, prazo contado a partir da data da notificação da decisão arbitral.

VII – Reconhecimento e execução das sentenças

A prova de existência da decisão arbitral é estabelecida pela produção de exemplar mandado notificar às partes, nos termos do n.º 1 do art. 36.º.

O *exequatur* da decisão arbitral é acordado pelo tribunal judicial do lugar de arbitragem no território nacional, podendo proceder como fundamentos de oposição à execução nela baseada, não só os previstos no art. 813.º do Código de Processo

Civil, mas também aquela em que se possa basear a anulação judicial nos termos do art. 38.º.

VIII – Arbitragem Internacional

Veja-se a este propósito os comentários efectuados *infra* à Organização para a Harmonização do Direito de Negócios em África (mais conhecida por Tratado da Ohada).

TÍTULO V
MACAU

MACAU

CAPÍTULO I
Legislação

ARBITRAGEM VOLUNTÁRIA

DECRETO-LEI N.º 29/96/M
de 11 de Junho

A Lei de Bases da Organização Judiciária de Macau, aprovada pela Lei n.º 112/91, de 29 de Agosto, permite que sejam criados tribunais arbitrais e estabelecidos instrumentos e formas de composição não jurisdicional de conflitos, conferindo ao Governador a competência para mandar publicar os diplomas legais complementares necessários à sua execução, o que tem vindo a ser feito ao longo dos últimos anos.

Na sequência desse processo entendeu-se ter chegado o momento de rever o regime jurídico do Tribunal Arbitral constante do Livro IV do Código de Processo Civil.

Aprova-se assim o novo regime jurídico da arbitragem interna, dotando-se desta forma o Território de uma regulamentação actual e adequada às necessidades dos operadores do Direito e dos agentes económicos.

Efectivamente, o presente diploma tem em conta não só as realidades do Território mas também os aperfeiçoamentos introduzidos no instituto da arbitragem pelas legislações de vários países, por diversas convenções internacionais e pelas normas de organismos especializados.

De entre os grandes princípios enformadores deste diploma destaca-se o amplo acolhimento do princípio da autonomia das partes, reduzindo-se ao mínimo as normas de ordem pública.

Nestes termos;

Ouvido o Conselho Consultivo;

No desenvolvimento do regime jurídico estabelecido pela Lei n.º 112/91, de 29 de Agosto, e nos termos do n.º 3 do artigo 13.º do Estatuto Orgânico de Macau, o Governador decreta, para valer como lei no território de Macau, o seguinte:

CAPÍTULO I
Arbitragem voluntária

SECÇÃO I
Disposições gerais

ARTIGO 1.º
(Submissão de litígios a arbitragem)

As pessoas singulares ou colectivas, partes de um litígio, podem submeter a arbitragem, mediante convenção, o mesmo litígio, confiando a um ou vários árbitros a respectiva resolução.

ARTIGO 2.º
(Objecto da arbitragem)

1. A arbitragem pode ter por objecto qualquer litígio que não respeite a direitos indisponíveis, desde que não esteja submetido por lei especial a tribunal judicial ou a arbitragem necessária.
2. Em especial, não podem constituir objecto de arbitragem:
   a) Os litígios já decididos por decisão de mérito transitada em julgado, excepto quando se trate de decidir questões respeitantes à futura execução do julgado que não constem daquela decisão;
   b) Os litígios objecto de processo em que deva intervir o Ministério Público, em representação de pessoas que careçam da necessária capacidade processual para agir em juízo por si mesmos.

ARTIGO 3.º
(Direito aplicável; recurso à equidade)

Os árbitros julgam segundo o direito constituído, salvo se as partes os autorizarem expressamente a julgar segundo a equidade, na convenção de arbitragem ou em acordo escrito posterior celebrado até à aceitação do primeiro árbitro.

SECÇÃO II
Convenção de arbitragem

ARTIGO 4.º
(Modalidades)

1. A convenção de arbitragem pela qual as partes de um litígio confiam a respectiva solução a um ou vários árbitros pode revestir uma das seguintes modalidades:

a) Compromisso arbitral, quando o acordo tem por objecto um litígio actual, ainda que afecto a tribunal judicial;
b) Cláusula compromissória, quando o acordo tem por objecto litígios eventuais emergentes de uma determinada relação jurídica, de natureza contratual ou extracontratual.

2. A convenção de arbitragem pode constar de um contrato ou ser estipulada em acordo autónomo.

3. No caso de a convenção de arbitragem constar de clausulado contratual, a invalidade do contrato principal não acarreta necessariamente a invalidade daquela, salvo quando se mostre que ele não teria sido concluído sem a referida convenção.

ARTIGO 5.º
(Capacidade)

1. Têm capacidade para celebrar convenções de arbitragem as pessoas com capacidade de exercício de direitos.

2. O território de Macau e as demais pessoas colectivas de direito público têm capacidade para celebrar convenções de arbitragem, se forem autorizados para o efeito por lei especial ou se tais convenções tiverem por objecto litígios respeitantes a relações jurídicas de natureza civil ou comercial.

ARTIGO 6.º
(Forma)

1. A convenção de arbitragem deve ser reduzida a escrito, sob pena de nulidade.

2. A convenção de arbitragem tem forma escrita quando conste de um documento assinado pelas partes ou de uma troca de cartas, telex, telegramas, mensagens telecopiadas ou qualquer outro meio de telecomunicação que prove a sua existência, ou ainda do acordo das partes nos articulados do processo arbitral, desde que uma das partes alegue a existência de convenção de arbitragem e tal afirmação não seja impugnada pela outra parte no seu articulado de defesa.

3. Os documentos referidos no número anterior podem conter directamente a convenção ou uma cláusula de remissão para algum documento em que a convenção esteja contida.

4. Se as partes se referirem na convenção de arbitragem a um regulamento de instituição especializada de arbitragem considera-se que tal regulamento faz parte integrante da própria convenção.

ARTIGO 7.º
(Objecto)

1. O compromisso arbitral deve determinar com precisão o objecto do litígio e designar os árbitros ou, pelo menos, indicar as modalidades de designação destes.

2. A cláusula compromissória deve especificar a relação jurídica a que os litígios eventuais respeitem.
3. Cabe ao tribunal arbitral fixar o objecto do litígio, em caso de divergência das partes sobre o mesmo.
4. Têm-se por não escritas as estipulações da convenção de arbitragem que confiram a uma das partes qualquer situação de privilégio relativamente à designação do árbitro ou dos árbitros.
5. A violação do disposto nos n.ºs 1 e 2 acarreta a nulidade da convenção de arbitragem.

ARTIGO 8.º
(Revogação)

1. A convenção de arbitragem pode ser revogada até à data da elaboração da decisão arbitral, por escrito assinado por ambas as partes.
2. Estando constituído o tribunal arbitral, as partes são obrigadas a dar-lhe conhecimento do acordo revogatório.
3. A revogação da convenção de arbitragem não dispensa o pagamento aos árbitros dos honorários convencionados; na falta de previsão, são devidos os fixados na tabela a que se refere o n.º 4 do artigo 19.º

ARTIGO 9.º
(Caducidade)

1. A convenção de arbitragem caduca, quanto aos litígios nela considerados, nos seguintes casos:
   a) Morte, escusa ou impossibilidade permanente para o exercício das funções de árbitro, ou se a sua designação ficar sem efeito, desde que não se proceda à substituição nos termos do presente diploma;
   b) Tratando-se de tribunal colectivo, não se formar maioria na deliberação dos árbitros, nos termos previstos na convenção ou no presente diploma;
   c) Não ser a decisão proferida no prazo estabelecido na convenção de arbitragem, em acordo posterior, ou no prazo supletivo previsto no presente diploma.

2. Salvo convenção em contrário, a morte ou a extinção das pessoas colectivas não faz caducar a convenção de arbitragem de que sejam partes, nem extinguir a instância no tribunal arbitral.

SECÇÃO III
Tribunal arbitral

ARTIGO 10.º
(Composição)

1. O tribunal arbitral pode ser constituído por um único árbitro ou por vários, em número ímpar.

2. Se as partes não determinarem o número de árbitros na convenção de arbitragem ou em acordo escrito posterior, o tribunal arbitral é composto por três árbitros.
3. Se as partes designarem um número par de árbitros, o tribunal arbitral é completado por um outro árbitro escolhido por acordo entre os árbitros designados ou, na falta de acordo, nos termos do artigo 16.°

ARTIGO 11.°
(Designação dos árbitros)

1. Na convenção de arbitragem ou em escrito posterior assinado pelas partes, estas devem designar o árbitro ou árbitros que constituem o tribunal, ou fixar o modo por que são escolhidos.
2. No silêncio da convenção de arbitragem sobre a designação dos árbitros e verificando-se falta de acordo quanto à designação ou ao modo de escolha, cada parte indica um árbitro, a menos que acordem em designar cada uma mais de um árbitro, mas em número igual.
3. Os árbitros designados nos termos do número anterior escolhem, por acordo, o árbitro que deve completar a constituição do tribunal.
4. No caso previsto no número anterior, se os árbitros designados não chegarem a acordo sobre a pessoa do árbitro a escolher por eles, observa-se o disposto no artigo 16.°, exercendo as funções de presidente do tribunal arbitral o árbitro nomeado pelo tribunal.
5. N o caso de arbitragem confiada a instituição especializada, aplica-se o disposto no respectivo regulamento.

ARTIGO 12.°
(Requisitos dos árbitros)

1. Os árbitros devem ser pessoas singulares e plenamente capazes.
2. Se a convenção de arbitragem ou acordo escrito posterior das partes designar como árbitro uma pessoa colectiva, entende-se que se confia a essa pessoa a organização da arbitragem, no caso de se tratar de instituição especializada, com a observância d o respectivo regulamento, tendo-se a designação por não escrita nos restantes casos.
3. Se a convenção de arbitragem ou acordo posterior das partes estabelecer a prévia realização de uma conciliação antes de constituído o tribunal arbitral, a pessoa que tiver desempenhado as funções de conciliador fica impedida de exercer as funções de árbitro, salvo se o contrário resultar de acordo das partes.

ARTIGO 13.°
(Liberdade de aceitação; escusa)

1. As pessoas designadas como árbitros podem declinar livremente a designação.
2. Se o designado pretender aceitar a designação deve declará-lo por escrito a ambas as partes, no prazo de 10 dias contados da comunicação da designação.

3. Considera-se, todavia, aceite a designação se a pessoa designada praticar sem reserva actos que revelem a intenção de exercer as funções de árbitro, mesmo antes de decorrido o prazo previsto no número anterior.

4. Depois de aceitar o encargo, só é legítima a escusa fundada em causa superveniente que impossibilite o designado de exercer a função, salvo se houver acordo das partes quanto ao pedido de escusa.

5. A pessoa que, tendo aceite o encargo das funções de árbitro, se escusar injustificadamente ao exercício da função, responde pelos danos a que der causa.

ARTIGO 14.º
(Impedimentos; recusas)

1. É aplicável aos árbitros o regime de impedimentos suspeições e escusas estabelecido na lei do processo civil, com ressalva do que se dispõe no número seguinte.

2. Os árbitros só podem ser recusados por causas que hajam sobrevindo depois da sua designação, sem prejuízo de o poderem ser por causas anteriores quando não tenham sido directamente designados pelas partes ou quando as respectivas causas de impedimento só tiverem sido conhecidas posteriormente pelas partes.

3. As pessoas designadas como árbitros estão obrigadas a revelar de imediato às partes as circunstâncias que podem determinar a sua recusa, logo que delas tenham conhecimento, só podendo aceitar ou continuar a desempenhar o respectivo cargo com o acordo das partes.

4. A parte que pretenda recusar um árbitro deve dar a conhecer à outra parte e aos árbitros já designados ou nomeados os motivos da recusa, no prazo de 15 dias contados do momento em que teve conhecimento da designação ou nomeação, da constituição do tribunal ou da existência do impedimento, se outra coisa não resultar da convenção de arbitragem ou de acordo posterior das partes.

5. Não havendo estipulação das partes sobre o modo de decidir uma recusa, tal decisão cabe ao Tribunal de Competência Genérica, sem recurso, salvo se o árbitro recusado optar por se demitir das funções ou se a outra parte aceitar a recusa.

6. Até à decisão final da recusa, a instância arbitral fica suspensa.

ARTIGO 15.º
(Constituição)

1. A constituição do tribunal arbitral faz-se de harmonia com o disposto na convenção de arbitragem ou em acordo escrito posterior das partes, observando-se, na falta de estipulação, o disposto nos números seguintes.

2. A parte que pretenda instaurar o litígio no tribunal arbitral deve notificar desse facto a parte contrária, por carta registada com aviso de recepção ou através de outro documento escrito com prova da recepção pelo destinatário.

3. A notificação prevista no número anterior deve identificar a convenção de arbitragem e precisar o objecto do litígio, se este não estiver já determinado na convenção.

4. Se às partes couber designar um ou mais árbitros, a notificação conterá a designação do árbitro ou árbitros por parte daquela que pretende recorrer à arbitragem, bem como o convite dirigido à outra para proceder a idêntica designação.

5. No caso de estar estipulado que deve existir um único árbitro, a notificação deve conter a proposta da pessoa a designar e o convite à outra parte para que tome posição quanto à proposta.

6. Se tiver sido estipulado que seja um terceiro a designar um ou mais árbitros e tal designação não tiver ainda sido feita, a parte que pretende instaurar o litígio no tribunal arbitral notifica o terceiro para que efectue a designação no prazo fixado ou, se o não tiver sido, no prazo de 15 dias e a comunique a ambas as partes.

ARTIGO 16.º
(Nomeação dos árbitros)

1. Em todos os casos em que não venha a ser feita a designação de árbitro ou árbitros, em conformidade com o disposto nos artigos anteriores, essa nomeação cabe ao Tribunal de Competência Genérica, salvo estipulação das partes em contrário.

2. A nomeação pode ser requerida pela parte interessada decorridos 30 dias sobre a notificação prevista nos n.ºs 2 e 6 do artigo anterior ou sobre a designação do último dos árbitros, nos casos previstos no n.º 3 do artigo 10.º e nos n.ºs 2, 3 e 4 do artigo 11.º

3. As partes podem requerer a substituição dos árbitros nomeados pelo tribunal com qualquer dos fundamentos previstos no artigo 14.º, no prazo de 5 dias contados da notificação da nomeação.

4. As nomeações feitas pelo Tribunal de Competência Genérica são insusceptíveis de impugnação por recurso.

ARTIGO 17.º
(Substituição dos árbitros)

Se algum dos árbitros morrer, se escusar, for recusado, ou se impossibilitar para o exercício de funções ou se qualquer designação ficar sem efeito por qualquer motivo, procede-se à sua substituição segundo as regras aplicáveis à designação ou nomeação, com as necessárias adaptações, a menos que tenha sido afastada por acordo a possibilidade de substituição.

ARTIGO 18.º
(Presidente do tribunal arbitral)

1. Quando o tribunal arbitral for composto por mais de um árbitro, os árbitros escolhem entre si o presidente, se as partes não tiverem procedido a tal escolha ou indicado por escrito o modo de a fazer, nem se verificar o disposto no n.º 4 do artigo 11.º

2. Não sendo possível a escolha do presidente, cabe a mesma ao Tribunal de Competência Genérica, aplicando-se, com as devidas adaptações, o disposto no artigo 16.º

3. Compete ao presidente do tribunal designar um secretário ou pessoal de secretariado, preparar o processo, dirigir a instrução, ordenar os debates e elaborar o acórdão da decisão final, salvo convenção das partes em contrário.

ARTIGO 19.º
(Remuneração e encargos)

1. As remunerações dos árbitros e de outros intervenientes no processo e a repartição entre as partes dos adiantamentos ou provisões para despesas e dos encargos devidos a final do processo devem constar da convenção de arbitragem ou de acordo subscrito pelas partes, salvo se resultem dos regulamentos de arbitragem a que elas se submetam.
2. No silêncio da convenção de arbitragem ou na falta de acordo das partes, os encargos finais devem ser suportados nos termos fixados pela decisão arbitral.
3. Os adiantamentos ou provisões podem ser suportados por uma das partes, em substituição da outra se esta última se recusar indevidamente a prestar a sua parte.
4. Se a convenção de arbitragem for omissa e as partes não chegarem a acordo na matéria, as remunerações dos árbitros e de outros intervenientes no processo arbitral são as que forem fixadas supletivamente em tabela a aprovar por despacho do Governador.

(Redacção dada pelo Decreto-Lei n.º 19/98/M, de 11 de Maio)

SECÇÃO IV
Instância Arbitral

ARTIGO 20.º
(Princípios gerais do processo arbitral)

Em qualquer fase do processo arbitral e relativamente a cada um dos tramites, deve ser assegurada a observância dos seguintes princípios:
a) As partes devem ser tratadas com absoluta igualdade e cada uma delas deve dispor de possibilidades de fazer valer os seus direitos no processo arbitral;
b) Cada parte deve ter plena oportunidade para sustentar as suas pretensões e para expor os seus pontos de vista relativamente ao litígio e às questões suscitadas no decurso do processo, sendo garantida a aplicação do princípio do contraditório;
c) O demandado é citado para se defender, podendo deduzir pedido reconvencional, no âmbito da convenção de arbitragem ou de acordo posterior das partes, nos termos em que o pode fazer segundo a lei do processo civil;
d) As partes devem ser ouvidas, oralmente ou por escrito, antes de ser proferida a decisão final;
e) As partes são notificadas por carta registada ou outro meio acordado, com antecedência suficiente, das datas e lugares de audiências e reuniões do tri-

bunal para apreciação das provas e discussão das questões jurídicas pendentes, bem como de todos os articulados, alegações, requerimentos, documentos apresentados e decisões.

ARTIGO 21.º
(Regras do processo)

1. Na convenção de arbitragem ou em escrito posterior até à aceitação do primeiro árbitro, as partes podem acordar sobre as regras do processo a observar na arbitragem, bem como sobre o lugar de funcionamento do tribunal.

2. As partes podem acordar na aplicação de um regulamento de arbitragem emanado de uma instituição especializada, entendendo-se que existe tal acordo quando seja confiada a organização da própria arbitragem a tais instituições.

3. Na falta de acordo das partes sobre as regras do processo a observar na arbitragem ou sobre o lugar de funcionamento do tribunal, cabe aos árbitros tal escolha.

ARTIGO 22.º
(Representação das partes)

1. As partes podem livremente designar quem as represente ou assista em tribunal.

2. Tem-se por não escrita a estipulação das partes em cláusula compromissória que exclua a intervenção de advogados no processo arbitral, a menos que se trate de exigência de regulamento de instituição especializada de arbitragem para o qual aquela cláusula remeta.

3. É aplicável nesta matéria, com as devidas adaptações, o disposto no n.º 3 do artigo 12.º

ARTIGO 23.º
(Inactividade das partes)

1. Se, depois de notificado para o efeito, o demandante não apresentar articulado de onde constem as suas pretensões, fica sem efeito a arbitragem, suportando nesse caso as despesas com a constituição do tribunal.

2. Se o demandado não apresentar a sua defesa no prazo concedido, o tribunal arbitral certifica-se de que ocorreu a citação e ordena o prosseguimento do processo, sem considerar que tal inactividade vale como aceitação por aquele da pretensão do demandante, salvo estipulação em contrário.

3. Se uma das partes deixar de comparecer a uma audiência para que foi convocada ou de fornecer documentos de prova, o tribunal ordena o prosseguimento do processo com base nos elementos de prova já obtidos, sem prejuízo do disposto no artigo 25.º

4. No caso de estar prevista uma conciliação prévia à arbitragem, o tribunal exige ao demandante a prova de que tal conciliação foi convocada.

5. No caso de não ter havido convocação, o tribunal suspende a instancia por um prazo máximo de 30 dias para que o demandante desencadeie as medidas necessárias à convocação de tal conciliação.

6. Decorrido o prazo de suspensão da instancia a que se refere o número anterior, sem que o demandante diligencie a convocação da conciliação, fica sem efeito a arbitragem, suportando nesse caso as despesas com a constituição do tribunal.

7. A instancia prossegue desde que o demandante comprove ter diligenciado a convocação da conciliação, ainda que a diligência não se tenha realizado por motivo não imputável ao demandante.

ARTIGO 24.º
(Procedimentos cautelares; medidas provisórias ou conservatórias)

1. Não é incompatível com a convenção de arbitragem a dedução de procedimento cautelar no tribunal judicial, antes ou depois de constituído o tribunal arbitral, não implicando tal dedução em caso algum renúncia à arbitragem.

2. O requerente do procedimento cautelar deve desencadear as diligências para constituição do tribunal arbitral no prazo previsto na lei de processo civil para proposição de acção judicial de que o procedimento deva ser dependente.

3. Salvo convenção das partes em contrário, o tribunal arbitral pode, a pedido de qualquer das partes, ordenar que estas acatem medidas provisórias ou conservatórias que considere adequadas em relação ao objecto do litígio ou exigir a qualquer delas que, em conexão com tais medidas, preste uma garantia adequada.

4. No caso de não ser acatada a decisão do tribunal prevista no número anterior, o tribunal arbitral pode solicitar ao Tribunal de Competência Genérica que ordene a sua execução.

ARTIGO 25.º
(Provas)

1. Pode ser admitida em processo arbitral qualquer prova admitida pela lei do processo civil.

2. As pessoas que tenham exercido as funções de conciliador quanto ao litígio ficam impedidas de depor como testemunhas ou exercer funções de perito, salvo acordo das partes em contrário.

3. O tribunal arbitral pode, oficiosamente ou a requerimento de qualquer parte, solicitar ao Tribunal de Competência Genérica que preste a sua assistência para obtenção de provas, nomeadamente quando tal prova dependa de um acto de vontade das partes ou de terceiro, e estes recusem a colaboração necessária.

4. Os resultados da prova produzida perante o tribunal são exarados em documento escrito ou registados por outra forma apropriada, sendo remetidos ao tribunal arbitral.

SECÇÃO V
Decisão arbitral

ARTIGO 26.º
(Prazo)

1. Na convenção de arbitragem ou em acordo escrito firmado até à aceitação do primeiro árbitro, podem as partes fixar o prazo para a decisão do tribunal arbitral ou o modo de estabelecimento desse prazo.
2. Na falta de estipulação, é de ó meses o prazo para a decisão.
3. Os prazos referidos nos números anteriores contam-se a partir da designação ou nomeação do último árbitro, salvo estipulação em contrário.
4. Por acordo escrito das partes, o prazo da decisão pode ser prorrogado uma ou mais vezes.
5. A verificação de um impedimento, pedido de recusa, escusa ou necessidade de substituição de um árbitro, bem como a morte ou extinção de uma das partes suspendem o prazo para proferimento da decisão até que se mostre ter cessado a situação de incerteza ou a falta de árbitro ou se tenha habilitado o sucessor da parte.
6. Aos árbitros que injustificadamente obstem a que a decisão seja proferida no prazo fixado, aplica-se o disposto no n.º 5 do artigo 13.º

ARTIGO 27.º
(Decisão sobre a própria competência)

1. O tribunal pode decidir oficiosamente sobre a sua competência, apreciando para esse efeito a existência, a validade e a eficácia da convenção de arbitragem ou do contrato em que ela se mslra.
2. A excepção de incompetência deve ser deduzida no primeiro articulado de defesa do demandado ou até ao momento de apresentação desse articulado, salvo estipulação em contrário.
3. O tribunal arbitral pode optar por conhecer de imediato da excepção a que se refere o número anterior ou relegar tal conhecimento para a decisão final.
4. A designação de um árbitro pela parte não a priva da possibilidade de deduzir a incompetência do tribunal.

ARTIGO 28.º
(Suspensão da instancia; desistência, confissão ou transacção)

1. Em qualquer momento da instância arbitral, e até à decisão final, as partes podem, de comum acordo, suspender aquela por um período certo e determinado, não superior a 60 dias, através de declaração subscrita por ambas e dirigida ao tribunal arbitral.
2. A suspensão prevista no número anterior implica a suspensão, por igual período, do prazo previsto no artigo 26.º

3. São livres a desistência do pedido formulado pelo demandante, a confissão do pedido pelo demandado, bem como a transacção celebrada pelas partes para pôr termo ao litígio.

4. A desistência do pedido não afecta qualquer pedido reconvencional do demandado.

5. Nos casos previstos no n.º 3, uma decisão arbitral deve homologar os respectivos actos, sendo-lhe aplicável o disposto no artigo 30.º

ARTIGO 29.º
(Deliberação do tribunal arbitral)

1. Sendo o tribunal arbitral composto por mais de um árbitro, a decisão é tomada por maioria de votos, em deliberação em que todos os árbitros devem participar, salvo o disposto no número seguinte.

2. A convenção de arbitragem ou um acordo escrito posterior subscrito até à aceitação do primeiro árbitro, podem estabelecer uma maioria qualificada para a deliberação, ou que, não sendo formada a necessária maioria, a decisão seja tomada unicamente pelo presidente ou que a questão se considere decidida no sentido do voto do presidente.

ARTIGO 30.º
(Forma e conteúdo)

1. A decisão final do tribunal arbitral é exarada por escrito e assinada pelo árbitro ou árbitros.

2. No processo arbitral com mais de um árbitro, a decisão deve conter as assinaturas da maioria dos membros do tribunal, devendo ser mencionada a razão da omissão dos restantes.

3. Havendo votos de vencido na decisão, devem os mesmos ser exarados nela e devidamente identificados.

4. Da decisão consta necessariamente:
a) A identificação das partes e dos árbitros;
b) A referência à convenção de arbitragem;
c) O objecto do litígio;
d) O lugar da arbitragem e o local e a data em que a decisão foi proferida;
e) A assinatura dos árbitros, votos de vencido e outras menções previstas no n.º 2;
f) A fixação e repartição dos encargos da arbitragem, de harmonia com o disposto no artigo 19.º

5. A decisão deve ser fundamentada.

ARTIGO 31.º
(Rectificação ou aclaração)

1. No prazo de 30 dias contados da notificação da decisão final, se outro não tiver sido convencionado, pode qualquer d as partes pedir a rectificação de qualquer

erro material, erro de cálculo ou erro de natureza idêntica ou o esclarecimento de alguma obscuridade ou ambiguidade na fundamentação ou na parte decisória.
2. Cada uma das partes pode formular o pedido de rectificação ou aclaração por uma só vez, num só requerimento.
3. O tribunal arbitral pode rectificar oficiosamente qualquer erro material, de cálculo ou de natureza idêntica, no prazo previsto no n.º 1.
4. O tribunal decide sobre os pedidos de rectificação ou aclaração, depois de ouvida a parte contrária.
5. A decisão a que se refere o número anterior considera-se complemento e parte integrante da decisão arbitral.

ARTIGO 32.º
(Depósito)

1. Após a notificação da decisão às partes e na falta de quaisquer pedidos de rectificação ou aclaração, o presidente do tribunal manda depositar o original da decisão na secretaria do Tribunal de Competência Genérica, notificando as partes de tal depósito.
2. O depósito é dispensado se houver estipulação escrita das partes nesse sentido ou se, tratando-se de arbitragem institucionalizada, o respectivo regulamento dispuser diversamente.

ARTIGO 33.º
(Extinção do poder dos árbitros)

O poder dos árbitros extingue-se com a notificação do depósito da decisão que pôs termo ao litígio ou, quando tal depósito seja dispensado, logo que decorrido o prazo previsto no n.º 1 do artigo 31.º, se não tiver havido pedidos de rectificação ou aclaração.

ARTIGO 34.º
(Impugnação por recurso)

1. A convenção de arbitragem ou acordo escrito posterior assinado pelas partes podem prever uma instancia arbitral de recurso, sendo necessário, sob pena de nulidade da estipulação, que sejam reguladas as condições e prazo de interposição de recurso, os termos deste e a composição da instancia arbitral que há-de conhecer do mesmo recurso, salvo se tais elementos resultarem de regulamento de instituição de arbitragem para que as partes remetam.
2. As partes podem também estipular na convenção de arbitragem ou em escrito posterior assinado até à aceitação do primeiro árbitro, que cabe recurso da decisão arbitral, a interpor para o Tribunal Superior de Justiça, aplicando-se, na sua tramitação, as correspondentes normas da lei do processo civil.
3. A autorização dada aos árbitros para julgarem segundo a equidade impede que haja impugnação por recurso, ainda que tal tenha sido estipulado pelas partes.

ARTIGO 35.º
(Caso julgado e força executiva)

1. A decisão arbitral considera-se transitada em julgado quando não seja suspectível de pedido de rectificação ou aclaração ou de impugnação por recurso.

2. A decisão arbitral tem a mesma força executiva que as sentenças do Tribunal de Competência Genérica.

ARTIGO 36.º
(Execução e oposição)

1. A execução da decisão arbitral corre no Tribunal de Competência Genérica, nos termos da lei do processo civil.

2. O executado pode opor-se à execução da decisão arbitral, nos termos da lei do processo civil.

SECÇÃO VI
Nulidade e anulação da decisão arbitral

ARTIGO 37.º
(Nulidade)

1. É nula a decisão arbitral:
a) Quando o litígio não é susceptível de resolução por via arbitral, por não dizer respeito a direitos disponíveis das partes;
b) Quando faltar a citação do demandado a que alude a alínea c) do artigo 20.º, se este não interveio no processo;
c) Quando o tribunal tenha conhecido questões de que não podia tomar conhecimento, ou tenha deixado de se pronunciar sobre questões que devia apreciar;
d) Quando ofenda princípios de ordem pública.

2. O disposto na alínea c) do número anterior implica apenas a nulidade parcial da decisão se a parte dispositiva desta relativa às questões submetidas à arbitragem se puder dissociar das questões que não chegaram a ser submetidas à arbitragem ou que o foram indevidamente.

3. A nulidade da decisão arbitral pode ser arguida a todo o tempo, por qualquer interessado, ou pelo Ministério Público e pode ser declarada oficiosamente pelos tribunais judiciais.

4. Da decisão proferida sobre a nulidade cabe sempre recurso para o Tribunal Superior de Justiça.

ARTIGO 38.º
(Anulação)

1. No caso de as partes não terem convencionado a possibilidade de impugna-

ção por recurso da decisão arbitral, esta só pode ser anulada pelo Tribunal de Competência Genérica por algum dos seguintes fundamentos:
   a) Sofrer alguma das partes de incapacidade para a celebração de convenção de arbitragem ou verificar-se a situação prevista na alínea b) do n.º 2 do artigo 2.º;
   b) Ter sido proferida por tribunal arbitral incompetente ou irregularmente constituído;
   c) Ter havido no processo violação de algum dos princípios referidos no artigo 20.º, com influência decisiva na resolução do litígio, sem prejuízo do disposto na alínea b) do n.º 1 do artigo 37.º;
   d) Faltar a assinatura dos árbitros, em violação do disposto no n.º 1 e na alínea e) do n.º 4 do artigo 30.º;
   e) Faltar a fundamentação da decisão.

2. O fundamento de anulação previsto na alínea b) do número anterior não pode ser invocado pela parte que dele teve conhecimento no decurso da arbitragem e que, podendo fazê-lo, não o alegou oportunamente.

3. No caso de as partes terem convencionado a impugnação por recurso, os fundamentos de anulação previstos no n.º 1 devem ser apreciados no âmbito desse recurso.

ARTIGO 39.º
(Regime da anulação)

1. A anulação da decisão arbitral pode ser requerida por qualquer das partes através de acção judicial a intentar no Tribunal de Competência Genérica, no prazo de 30 dias contados da data da notificação daquela.

2. A pendência da acção de anulação não impede a instauração da acção executiva com base na decisão do tribunal arbitral, sendo equiparada tal pendência, para todos os efeitos legais, à pendência de um recurso com efeito meramente devolutivo.

3. Da decisão proferida na acção de anulação cabe sempre recurso para o Tribunal Superior de Justiça.

(Redacção dada pelo Decreto-Lei n.º 110/99/M, de 13 de Dezembro)

CAPÍTULO II
Arbitragem voluntária no domínio do contencioso administrativo
(Redacção dada pelo Decreto-Lei n.º 110/99/M, de 13 de Dezembro)

ARTIGO 39.º-A
(Âmbito)

No domínio do contencioso administrativo, pode ser submetido a arbitragem o julgamento de questões que tenham por objecto:
   a) Contratos administrativos;

b) Responsabilidade da Administração ou dos titulares dos seus órgãos, funcionários ou agentes por prejuízos decorrentes de actos de gestão pública, incluindo a efectivação do direito de regresso;
c) Direitos subjectivos ou interesses legalmente protegidos de conteúdo patrimonial, designadamente quantias que devam ser pagas a título diferente do tributário.

ARTIGO 39.º-B
(Constituição e funcionamento do tribunal arbitral)

1. O tribunal arbitral é constituído e funciona, com as necessárias adaptações, nos termos previstos no capítulo anterior.

2. Consideram-se reportadas ao Tribunal Administrativo e à lei de processo administrativo contencioso, respectivamente, as referências efectuadas no capítulo anterior a qualquer tribunal de primeira instância e à lei de processo civil.

ARTIGO 39.º-C
(Competência para propor, aceitar e assinar a convenção de arbitragem e para designar os árbitros)

1. Quando pretenda o recurso à arbitragem para o julgamento de litígios em que o Território seja ou venha a ser parte, o Governador deve propor ao particular a aceitação da respectiva convenção de arbitragem.

2. Quando pretenda o recurso à arbitragem nos termos previstos no número anterior, o particular deve propor ao Governador a aceitação da respectiva convenção de arbitragem.

3. A aceitação ou a recusa da convenção por parte do Território é efectuada por despacho a proferir pelo Governador no prazo de 60 dias.

4. A falta de despacho proferido no prazo previsto no número anterior considera-se recusa da convenção.

5. Quando haja aceitação, compete ao Governador assinar a convenção de arbitragem e designar os árbitros cuja designação caiba ao Território.

6. Quando, nos litígios, sejam ou venham a ser parte as restantes pessoas colectivas públicas, a competência prevista nos números anteriores pertence ao presidente do respectivo órgão executivo ou equivalente.

CAPÍTULO III
Arbitragem necessária
(Redacção dada pelo Decreto-Lei n.º 110/99/M, de 13 de Dezembro)

ARTIGO 40.º
(Regime)

1. Se a arbitragem for prescrita por lei especial, atende-se ao que nesta estiver determinado.

2. Na falta de determinação, observa-se, na parte aplicável, o disposto nos capítulos anteriores.
(Redacção dada pelo Decreto-Lei n.º 110/99/M, de 13 de Dezembro)

CAPÍTULO IV
Disposições finais e transitórias
(Redacção dada pelo Decreto-Lei n.º 110/99/M, de 13 de Dezembro)

ARTIGO 41.º
(Arbitragem voluntária institucionalizada)

O Governador define, mediante decreto-lei, as condições em que pode ser reconhecida a competência a determinadas entidades para realizarem no Território arbitragens voluntárias institucionalizadas, de carácter geral ou especializado, bem como as regras de reapreciação e eventual revogação das autorizações concedidas, quando tal se justifique.

ARTIGO 42.º
(Revogações)

São revogados:
a) O Livro IV, «Do tribunal arbitral», artigos 1 508.º a 1 528.º, do Código de Processo Civil, aprovado pelo Decreto-Lei n.º 44 129, de 28 de Dezembro de 1961, e publicado no suplemento ao Boletim Oficial n.º 40, de 9 de Outubro de 1962;
b) Os artigos 36.º e 47.º do Código das Custas Judiciais do Ultramar, aprovado pelo Decreto n.º 43 809, de 20 de Julho de 1961, publicado no Boletim Oficial n.º 33, de 19 de Agosto de 1961;
c) A Secção I do Capítulo III e o artigo 31.º do Código das Custas Judiciais do Trabalho, aprovado pelo Decreto-Lei n.º 45 698, de 30 de Abril de 1964, com a redacção dada pela Portaria n.º 88/70, de 3 de Fevereiro, ambos publicados no Boletim Oficial n.º 11, de 14 de Março de 1970;
d) O artigo 15.º do Código de Processo do Trabalho, aprovado pelo Decreto--Lei n.º 45 497, de 30 de Dezembro de 1963, com a redacção dada pela Portaria n.º 87/70, de 2 de Fevereiro, ambos publicados no Boletim Oficial n.º 11, de 14 de Março de 1970.

ARTIGO 43.º
(Alteração ao Código de Processo Civil)

É alterada a alínea b) do artigo 814.º do Código de Processo Civil, a qual passa a ter a seguinte redacção:
b) Nulidade ou anulabilidade da sentença, se as partes não tiverem convencionado a possibilidade de recurso.

ARTIGO 44.º
(Entrada em vigor)

O presente diploma entra em vigor no dia 15 de Setembro de 1996.

Aprovado em 29 de Maio de 1996.
Publique-se.
O Governador, Vasco Rocha Vieira.

***

DECRETO-LEI N.º 40/96/M
de 22 de Julho

O Decreto-Lei n.º 29/96/M, de 11 de Junho, que institui o regime jurídico da arbitragem, consagra a figura da arbitragem voluntária institucionalizada.

Sendo a arbitragem voluntária uma forma alternativa à via judicial para resolver litígios de natureza privada, a existência de entidades que se dediquem de forma permanente e institucionalizada à realização de arbitragens contribuirá para reforçar o recurso a este instituto.

Cumpre, assim, dar execução ao artigo 41.º do Decreto-Lei n.º 29/96/M, de 11 de Junho.

Nestes termos;
Ouvido o Conselho Consultivo;
O Encarregado do Governo decreta, nos termos do n.º 1 do artigo 13.º do Estatuto Orgânico de Macau, para valer como lei no território de Macau, o seguinte:

ARTIGO 1.º
(Pedido de autorização)

1. As entidades que, no âmbito do Decreto-Lei n.º 29/96/M, de 11 de Junho, pretendam promover, com carácter institucionalizado, a realização de arbitragens voluntárias, devem requerer autorização ao Governador.

2. No requerimento referido no número anterior as entidades interessadas devem expor circunstanciadamente as razões que justificam a sua pretensão, delimitando, se for o caso, o objecto das arbitragens que pretendem levar a efeito.

ARTIGO 2.º
(Critérios de apreciação)

Na apreciação do pedido formulado nos termos do artigo anterior deve ser tida em conta a representatividade, a idoneidade e capacidade técnica da entidade requerente para a prossecução da actividade que se propõe realizar, com vista a verificar se estão preenchidas as condições que assegurem uma execução adequada de tal actividade.

ARTIGO 3.º
(Decisão)

1. O despacho proferido sobre o requerimento a que se refere o n.º 1 do artigo 1.º deve ser fundamentado.

2. O despacho que conceder a autorização deve especificar o carácter geral ou especializado das arbitragens a realizar pela entidade requerente e é publicado, por extracto, no Boletim Oficial.

ARTIGO 4.º
(Publicação de lista anual)

1. A Direcção dos Serviços de Justiça publica, até 15 de Janeiro de cada ano, a lista das entidades autorizadas a realizar arbitragens voluntárias institucionalizadas, com a menção do carácter geral ou especializado de cada uma.

2. A lista a que se refere o número anterior é publicada sem prejuízo das publicações referidas no n.º 2 do artigo anterior.

ARTIGO 5.º
(Revogação da autorização)

1. A autorização concedida nos termos do presente diploma pode ser revogada se a entidade em causa deixar de possuir as condições referidas no artigo 2.º

2. O despacho de revogação, devidamente fundamentado, é publicado, por extracto, no Boletim Oficial.

ARTIGO 6.º
(Multas)

1. As entidades que realizem arbitragens voluntárias institucionalizadas sem que para tal tenham obtido prévia autorização ou após a publicação, a que se refere o n.º 2 do artigo anterior, são punidas com multa de 20 000 a 40 000 patacas, que constituem receitas do Cofre de Justiça e dos Registos e Notariado.

2. A fiscalização do disposto no presente diploma e a aplicação das multas previstas no número anterior competem ao director dos Serviços de Justiça.

ARTIGO 7.º
(Entrada em vigor)

O presente diploma entra em vigor em 15 de Setembro de 1996.

Aprovado em 18 de Julho de 1996.

Publique-se.

O Encarregado do Governo, *Vítor Rodrigues Pessoa.*

***

DECRETO-LEI N.º 55/98/M
de 23 de Novembro

Regulando o Decreto-Lei n.º 29/96/M, de 11 de Junho, a matéria da arbitragem, considera-se, no entanto, conveniente completar esse quadro normativo com uma lei especialmente vocacionada para a arbitragem externa no âmbito comercial.

De facto, a tendência num mundo sujeito a uma crescente globalização é a de que a grande maioria dos litígios emergentes das relações comerciais internacionais ou externas sejam resolvidos pela via arbitral, sendo hoje a arbitragem reconhecida como um factor importante para o desenvolvimento de uma política eficaz de captação de investimento externo e de desenvolvimento das transacções comerciais com o exterior.

O presente diploma, que procura dar resposta a esses objectivos, corresponde quase integralmente à Lei Modelo sobre a arbitragem comercial internacional, aprovada pela CNUDCI (Comissão das Nações Unidas para o Direito do Comércio Internacional), em 21 de Junho de 1985, e adoptada pelas Nações Unidas pela resolução da Assembleia Geral n.º 40/72, de 11 de Dezembro do mesmo ano.

Esta Lei Modelo foi elaborada com o propósito de uniformizar a regulamentação da arbitragem comercial internacional, podendo ser adoptada pelos diferentes Estados ou Territórios com ou sem alterações. Mas o efeito uniformizador da Lei Modelo implica que lhe sejam introduzidas o mínimo possível de alterações; apenas as indispensáveis à eventual necessidade de adaptação ao sistema legal que irá integrar.

Nessa medida e considerando as disposições legais vigentes no Território com relevo na matéria, foram apenas introduzidas alterações no n.º 1 do artigo 7.º e no n.º 1 do artigo 36.º da Lei Modelo, de modo a uniformizar o objecto da arbitragem e os fundamentos de recusa da execução das decisões arbitrais ao estabelecido no já citado Decreto-Lei n.º 29/96/M, de 11 de Junho, e no Código de Processo Civil.

Nestes termos;
Ouvido o Conselho Consultivo;
No desenvolvimento do regime jurídico estabelecido pela Lei n.º 112/91, de 29 de Agosto, e nos termos do n.º 3 do artigo 13.º do Estatuto Orgânico de Macau, o Governador decreta, para valer como lei no território de Macau, o seguinte:

CAPÍTULO I
Disposições gerais

ARTIGO 1.º
(Âmbito de aplicação)

1. O presente diploma regula a arbitragem comercial externa, não prejudicando o disposto na lei fundamental do Território, em convenção internacional aplicável a Macau ou em acordo no domínio da cooperação judiciária.

2. Para efeitos do presente diploma o termo «comercial» abrange as questões suscitadas por qualquer relação de natureza comercial, contratual ou extracontratual, compreendendo, entre outras, as seguintes transacções: qualquer transacção comercial relativa ao fornecimento ou troca de mercadorias ou de serviços; acordo de distribuição; representação comercial ou agência; factoring; locação financeira; consultadoria; engineering; contrato de licença; investimento; financiamento; transacção bancária; seguro; acordo de exploração ou concessão; joint venture e outras formas de cooperação industrial ou comercial; transporte de mercadorias ou de passageiros por via aérea, marítima, ferroviária ou rodoviária.

3. As disposições do presente diploma, à excepção dos artigos 8.°, 9.°, 35.° e 36.°, só se aplicam se o lugar da arbitragem se situar no território de Macau.

4. Para efeitos do presente diploma, uma arbitragem é externa quando:
   a) As partes numa convenção de arbitragem tiverem, no momento da celebração da mesma convenção, o seu estabelecimento em Estados ou Territórios diferentes;
   b) Um dos lugares a seguir referidos se situar fora do Estado ou Território no qual as partes têm o seu estabelecimento:
      i) O lugar da arbitragem, se este estiver fixado na convenção de arbitragem ou for determinável de acordo com esta;
      ii) Qualquer lugar onde deva ser executada uma parte substancial das obrigações resultantes da relação contratual ou o lugar com o qual o objecto do litígio se ache mais estreitamente conexo; ou
   c) As partes tiverem convencionado expressamente que o objecto da convenção de arbitragem tem conexões com mais de um Estado ou Território.

5. Para efeitos do número anterior:
   a) Se uma parte tiver mais de um estabelecimento, o estabelecimento a tomar em consideração é aquele que tem a relação mais estreita com a convenção de arbitragem;
   b) Se uma parte não tiver estabelecimento, releva a sua residência habitual.

6. O presente diploma não prejudica o disposto em qualquer outro diploma legal de Macau em virtude do qual certos litígios não possam ser submetidos à arbitragem ou apenas o possam ser por aplicação de disposições diferentes das do presente diploma.

ARTIGO 2.°
(Definições e regras de interpretação)

Para os efeitos do presente diploma:
   a) O termo «arbitragem» designa toda e qualquer arbitragem, quer a sua organização seja ou não confiada a uma instituição permanente de arbitragem;
   b) A expressão «tribunal arbitral» designa um árbitro único ou um grupo de árbitros;
   c) O termo «tribunal» designa um organismo ou órgãos do sistema judiciário de um Estado ou Território;

d) Quando uma disposição do presente diploma, com excepção do artigo 28.°, deixa às partes a liberdade de decidir uma certa questão, esta liberdade compreende o direito de as partes autorizarem um terceiro, incluindo uma instituição, a decidir essa questão;
e) Quando uma disposição do presente diploma se refere ao facto de as partes terem convencionado ou poderem vir a chegar a acordo a respeito de certa questão, ou de qualquer outra maneira se refere a um acordo das partes, tal acordo engloba qualquer regulamento de arbitragem aí referido;
f) Quando uma disposição do presente diploma, à excepção da alínea a) do artigo 25.° e da alínea a) do n.° 2 do artigo 32.°, se refere a um pedido aplica-se igualmente a um pedido reconvencional, e quando se refere a alegações de defesa aplica-se igualmente às alegações de defesa relativas a um pedido reconvencional.

ARTIGO 3.°
(Recepção de comunicações escritas)

1. Salvo convenção das partes em contrário,
a) Considera-se recebida qualquer comunicação escrita que for entregue quer à pessoa do destinatário, quer no seu estabelecimento, na sua residência habitual ou no seu endereço postal; se em nenhum destes locais puder ser encontrado após uma indagação razoável, considera-se recebida uma comunicação escrita que for enviada para o estabelecimento, residência habitual ou endereço postal do destinatário por último conhecidos, através de carta registada ou qualquer outro meio que prove que se procurou fazer a entrega;
b) A comunicação considera-se recebida no dia em que for entregue nos termos da alínea anterior.
2. As disposições do número anterior não se aplicam às comunicações feitas no âmbito de processos judiciais.

ARTIGO 4.°
(Renúncia ao direito de oposição)

Considera-se que renunciou ao seu direito de oposição qualquer parte que, embora sabendo que uma das disposições do presente diploma que as partes podem derrogar ou qualquer condição enunciada na convenção de arbitragem não foi respeitada, prossegue apesar disso a arbitragem sem deduzir oposição de imediato, ou, se estiver previsto um prazo para este efeito, o não fizer dentro do referido prazo.

ARTIGO 5.°
(Âmbito de intervenção dos tribunais)

Em todas as questões reguladas pelo presente diploma, os tribunais só podem intervir nos casos em que este o prevê.

ARTIGO 6.º
(Competência para o exercício de certas funções de assistência e de controlo no âmbito da arbitragem)

As funções mencionadas nos n.ºs 3 e 4 do artigo 11.º, no n.º 3 do artigo 13.º, no artigo 14.º, no n.º 3 do artigo 16.º e no n.º 2 do artigo 34.º são atribuídas ao tribunal de Macau considerado competente nos termos da organização judiciária do Território.

CAPÍTULO II
Convenção de arbitragem

ARTIGO 7.º
(Definição e forma da convenção de arbitragem)

1. «Convenção de arbitragem» é uma convenção pela qual as partes decidem submeter à arbitragem todos ou alguns dos litígios surgidos ou a surgir entre elas com respeito a uma determinada relação jurídica, contratual ou extracontratual. Uma convenção de arbitragem pode revestir a forma de uma cláusula compromissória num contrato ou de uma convenção autónoma.

2. A convenção de arbitragem deve ser reduzida a escrito. Considera-se que uma convenção tem forma escrita quando conste de um documento assinado pelas partes ou de uma troca de cartas, telex, telegramas ou qualquer outro meio de telecomunicação que prove a sua existência, ou ainda da troca de alegações referentes à petição e à contestação na qual a existência de uma tal convenção for alegada por uma parte e não seja contestada pela outra. A referência num contrato a um documento que contenha uma cláusula compromissória equivale a uma convenção de arbitragem, desde que o referido contrato revista a forma escrita e a referência seja feita de tal modo que faça dessa cláusula uma parte integrante do contrato.

ARTIGO 8.º
(Acções propostas quanto ao fundo da causa num tribunal)

1. O tribunal no qual foi proposta uma acção relativa a uma questão abrangida por uma convenção de arbitragem, se uma das partes o solicitar até ao momento em que apresentar as suas primeiras alegações quanto ao fundo da causa, deve remeter as partes para a arbitragem, salvo se constatar a caducidade da referida convenção, a sua inexequibilidade ou insusceptibilidade de aplicação.

2. Quando tiver sido proposta num tribunal uma acção referida no número anterior, o processo arbitral pode, apesar disso, ser iniciado ou prosseguir, e pode ser proferida uma decisão arbitral, enquanto a questão estiver pendente no tribunal.

ARTIGO 9.º
(Medidas provisórias ou conservatórias decretadas pelo tribunal)

Não é incompatível com uma convenção de arbitragem a solicitação de medidas provisórias ou conservatórias feita por uma das partes a um tribunal, antes ou durante o processo arbitral, bem como a concessão de tais medidas pelo tribunal.

CAPÍTULO III
Composição do tribunal arbitral

ARTIGO 10.º
(Número de árbitros)

1. As partes podem determinar livremente o número de árbitros.
2. Na falta de determinação pelas partes do número de árbitros, estes são em número de três.

ARTIGO 11.º
(Designação de árbitros)

1. Ninguém pode, em razão da sua nacionalidade ou residência, ser impedido de exercer funções de árbitro, salvo convenção em contrário das partes.
2. As partes podem, por acordo, escolher livremente o processo de designação do árbitro ou dos árbitros, sem prejuízo do disposto nos n.os 4 e 5.
3. Na falta de acordo sobre o processo de designação do árbitro ou árbitros, aplicam-se as seguintes disposições:
    a) Tratando-se de uma arbitragem com três árbitros, cada uma das partes designa um árbitro e os dois árbitros assim designados escolhem o terceiro árbitro; se uma das partes não designar o árbitro no prazo de 30 dias a contar da recepção de um pedido feito nesse sentido pela outra parte, ou se os dois árbitros não chegarem a acordo quanto à escolha do terceiro árbitro dentro de 30 dias a contar da respectiva designação, a nomeação é feita, a pedido de uma das partes, pelo tribunal competente;
    b) Tratando-se de uma arbitragem com um único árbitro e não havendo acordo das partes para escolha do árbitro, este é nomeado, a pedido de uma das partes, pelo tribunal competente.
4. Quando, durante um processo de designação convencional pelas partes,
    a) uma parte não actuar em conformidade com o referido processo; ou
    b) as partes, ou dois árbitros, não chegarem a um acordo nos termos do referido processo, ou
    c) um terceiro, incluindo uma instituição, não cumprir uma função que lhe foi confiada no referido processo, qualquer das partes pode pedir ao tribunal competente que tome a medida pretendida, a menos que o acordo relativo ao processo de designação estipule outros meios de assegurar esta designação.

5. A decisão de uma questão confiada ao tribunal competente, nos termos dos n.ºs 3 e 4, é insusceptível de recurso. Quando nomear um árbitro, o tribunal terá em conta todas as qualificações exigidas a um árbitro pelo acordo das partes e tudo aquilo que for relevante para garantir a nomeação de um árbitro independente e imparcial e, quando nomear um árbitro único ou um terceiro árbitro, terá igualmente em consideração o facto de que poderá ser aconselhável a nomeação de um árbitro de nacionalidade ou residência diferente da das partes.

ARTIGO 12.º
(Fundamentos da recusa)

1. Quando uma pessoa for contactada com vista à sua eventual designação como árbitro, fará notar todas as circunstâncias que possam levantar fundadas dúvidas sobre a sua imparcialidade ou independência. A partir da data da sua designação e durante todo o processo arbitral, o árbitro fará notar sem demora às partes as referidas circunstâncias, a menos que já o tenha feito.

2. Um árbitro só pode ser recusado se existirem circunstâncias que possam levantar fundadas dúvidas sobre a sua imparcialidade ou independência, ou se ele não possuir as qualificações que as partes convencionaram. Uma parte só pode recusar um árbitro que tiver designado ou em cuja designação tiver participado por motivo que apenas tenha conhecido após essa designação.

ARTIGO 13.º
(Processo de recusa)

1. Sem prejuízo das disposições do n.º 3, as partes podem, por acordo, escolher livremente o processo de recusa do árbitro.

2. Na falta de acordo, a parte que tiver intenção de recusar um árbitro deve expor por escrito os motivos da recusa ao tribunal arbitral, no prazo de 15 dias a contar da data em que teve conhecimento da constituição do tribunal arbitral ou da data em que teve conhecimento das circunstâncias referidas no n.º 2 do artigo 12.º Se o árbitro recusado não se demitir das suas funções ou se a outra parte não aceitar a recusa, o tribunal arbitral decide sobre a recusa.

3. Se a recusa não puder ser obtida segundo o processo convencionado pelas partes ou nos termos do número anterior, a parte que recusa o árbitro pode, no prazo de 30 dias contados da comunicação da decisão que rejeita a recusa, pedir ao tribunal competente que tome uma decisão sobre a recusa, decisão que é insusceptível de recurso; na pendência deste pedido, o tribunal arbitral, incluindo o árbitro recusado, pode prosseguir o processo arbitral e proferir uma decisão arbitral.

ARTIGO 14.º
(Inacção de um árbitro)

1. Quando um árbitro se encontrar impossibilitado, de direito ou de facto, de cumprir a sua missão ou, por outras razões, não cumpra as suas funções num prazo razoável, o seu mandato termina se ele se demitir das suas funções ou se as partes concordarem em lhes pôr fim. No caso de subsistir desacordo quanto a algum destes motivos, qualquer das partes pode pedir ao tribunal competente que tome uma decisão sobre a cessação do mandato, decisão que é insusceptível de recurso.

2. Se, nos termos do presente artigo ou do n.º 2 do artigo anterior, um árbitro se demitir das suas funções ou se uma das partes aceitar a cessação do mandato de um árbitro, isso não implica o reconhecimento dos motivos mencionados no n.º 2 do artigo 12.º, ou no presente artigo.

ARTIGO 15.º
(Designação de um árbitro substituto)

Quando o mandato de um árbitro terminar, nos termos dos artigos 13.º e 14.º, quando este se demitir das suas funções por qualquer outra razão, quando o seu mandato for revogado por acordo das partes, ou em qualquer outro caso em que seja posto fim ao seu mandato, é designado um árbitro substituto, de acordo com as regras aplicadas à designação do árbitro substituído.

CAPÍTULO IV
Competência do tribunal arbitral

ARTIGO 16.º
(Competência do tribunal arbitral para decidir sobre a sua própria competência)

1. O tribunal arbitral pode decidir sobre a sua própria competência incluindo qualquer excepção relativa à existência ou à validade da convenção de arbitragem. Para este efeito, uma cláusula compromissória que faça parte de um contrato é considerada como uma convenção distinta das outras cláusulas do contrato. A decisão do tribunal arbitral que considere nulo o contrato não implica automaticamente a nulidade da cláusula compromissória.

2. A excepção de incompetência do tribunal arbitral só pode ser arguida até à apresentação das alegações de defesa. O facto de uma parte ter designado um árbitro ou ter participado na sua designação não a priva do direito de arguir esta excepção. A excepção baseada no excesso de poderes do tribunal arbitral deve ser arguida logo que surja no decurso do processo arbitral a questão que se considera exceder esses poderes. O tribunal arbitral pode, em ambos os casos, admitir uma excepção arguida após o prazo previsto, se considerar justificada a demora.

3. O tribunal arbitral pode decidir sobre a excepção referida no número anterior, quer enquanto questão prévia, quer na decisão sobre o fundo. Se o tribunal arbitral decidir, a título de questão prévia, que é competente, qualquer das partes pode, no prazo de 30 dias após a comunicação desta decisão, pedir ao tribunal competente que tome uma decisão sobre este ponto, decisão que é insusceptível de recurso; na pendência deste pedido, o tribunal arbitral pode prosseguir o processo arbitral e proferir uma decisão arbitral.

ARTIGO 17.º
(Poder do tribunal arbitral para ordenar medidas provisórias ou conservatórias)

Salvo convenção em contrário das partes, o tribunal arbitral pode, a pedido de uma parte, ordenar a qualquer delas que tome as medidas provisórias ou conservatórias que este considere necessárias em relação ao objecto do litígio. O tribunal arbitral pode exigir a qualquer das partes que, em conexão com essas medidas, preste uma garantia adequada.

CAPÍTULO V
Instância arbitral

ARTIGO 18.º
(Igualdade de tratamento das partes)

As partes devem ser tratadas com absoluta igualdade e devem ser dadas a cada uma delas todas as possibilidades de fazerem valer os seus direitos.

ARTIGO 19.º
(Determinação das regras de processo)

1. Sem prejuízo das disposições do presente diploma, as partes podem, por acordo, escolher livremente o processo a seguir pelo tribunal arbitral.

2. Na falta de tal acordo, o tribunal arbitral pode, sem prejuízo das disposições do presente diploma, conduzir a arbitragem do modo que julgar apropriado. Os poderes conferidos ao tribunal arbitral compreendem o de determinar a admissibilidade, pertinência e importância de qualquer prova produzida.

ARTIGO 20.º
(Lugar da arbitragem)

1. As partes podem decidir livremente sobre o lugar da arbitragem. Na falta de acordo, o lugar é fixado pelo tribunal arbitral, tendo em conta as circunstâncias do caso e a conveniência das partes.

2. Não obstante as disposições do número anterior, o tribunal arbitral pode, salvo convenção das partes em contrário, reunir-se em qualquer lugar que julgue apropriado para consultas entre os seus membros, para audição de testemunhas, de peritos ou das partes, ou para o exame de mercadorias, outros bens ou documentos.

ARTIGO 21.º
(Início do processo arbitral)

Salvo convenção das partes em contrário, o processo arbitral relativo a um determinado litígio começa na data em que o pedido de sujeição deste litígio à arbitragem é recebido pelo demandado.

ARTIGO 22.º
(Língua)

1. As partes podem, por acordo, escolher livremente a língua ou línguas a utilizar no processo arbitral. Na falta de acordo, o tribunal arbitral determina a língua ou línguas a utilizar no processo. Este acordo ou esta determinação, salvo se especificado de modo diverso, aplica-se a qualquer declaração escrita das partes, a qualquer procedimento oral e a qualquer decisão ou outra comunicação do tribunal arbitral.

2. O tribunal arbitral pode ordenar que qualquer peça processual seja acompanhada de uma tradução na língua ou línguas convencionadas pelas partes ou escolhidas pelo tribunal arbitral.

ARTIGO 23.º
(Articulados do demandante e do demandado)

1. No prazo convencionado pelas partes ou fixado pelo tribunal arbitral, o demandante deve expor os factos que fundamentam o seu pedido, os pontos litigiosos e o objecto do pedido e o demandado deve expor a sua defesa a propósito destas questões, a menos que outra tenha sido a convenção das partes quanto aos elementos a constar das alegações. As partes podem fazer acompanhar as suas alegações de quaisquer documentos que julguem pertinentes ou nelas mencionar documentos ou outros meios de prova que venham a apresentar.

2. Salvo convenção das partes em contrário, qualquer das partes pode modificar ou completar o seu pedido ou a sua defesa no decurso do processo arbitral, a menos que o tribunal arbitral considere que não deve autorizar uma tal alteração em razão do atraso com que é formulada.

ARTIGO 24.º
(Procedimento oral e escrito)

1. Salvo convenção das partes em contrário, o tribunal arbitral decide se o processo deve comportar fases orais para produção da prova ou discussão oral, ou se o processo deve ser conduzido com base em documentos ou outros materiais. Contudo, se uma das partes assim o requerer, o tribunal arbitral organiza uma fase oral num momento apropriado do processo arbitral, salvo se as partes tiverem convencionado que não há lugar a um tal procedimento.

2. As partes devem ser notificadas com uma antecedência suficiente de todas as audiências e reuniões do tribunal arbitral realizadas com a finalidade de examinar mercadorias, outros bens ou documentos.

3. Todas as alegações, documentos ou informações que uma das partes forneça ao tribunal arbitral devem ser comunicadas à outra parte. Deve igualmente ser comunicado às partes qualquer relatório ou documento apresentado como prova que possa servir de base à decisão do tribunal arbitral.

ARTIGO 25.º
(Falta de cumprimento de uma das partes)

Salvo convenção das partes em contrário, e caso não seja demonstrado impedimento bastante:
a) Se o demandante não apresentar o seu pedido em conformidade com o n.º 1 do artigo 23.º, o tribunal arbitral deve pôr fim ao processo arbitral;
b) Se o demandado não apresentar a sua defesa em conformidade com o n.º 1 do artigo 23.º, o tribunal arbitral deve prosseguir o processo arbitral sem considerar esta falta em si mesma como uma aceitação das alegações do demandante;
c) Se uma das partes não comparecer a uma audiência ou não apresentar prova documental, o tribunal arbitral pode prosseguir o processo e decidir com base nos elementos de prova de que disponha.

ARTIGO 26.º
(Perito nomeado pelo tribunal arbitral)

1. Salvo convenção das partes em contrário, o tribunal arbitral pode:
a) Nomear um ou mais peritos encarregados de elaborar um relatório sobre pontos específicos que o tribunal arbitral determine;
b) Pedir a uma das partes que forneça ao perito todas as informações relevantes ou que lhe faculte ou torne acessíveis para exame quaisquer documentos, mercadorias ou outros bens relevantes.

2. Salvo convenção das partes em contrário, se uma das partes o solicitar ou se o tribunal arbitral o julgar necessário, o perito, após apresentação do seu relatório escrito ou oral deve participar numa audiência em que as partes o podem interrogar e na qual podem fazer intervir, na qualidade de testemunhas, peritos que deponham sobre as questões em análise.

ARTIGO 27.º
(Assistência dos tribunais na obtenção de provas)

O tribunal arbitral, ou uma parte com a aprovação do tribunal arbitral, pode solicitar assistência para obtenção de provas ao tribunal competente. O tribunal pode corresponder à solicitação nos limites da sua competência e de acordo com as suas próprias regras relativas à obtenção de provas.

CAPÍTULO VI
Decisão arbitral e encerramento do processo

ARTIGO 28.º
(Regras aplicáveis ao fundo da causa)

1. O tribunal arbitral decide o litígio de acordo com o direito escolhido pelas partes para ser aplicado ao fundo da causa. Qualquer designação da lei ou do sistema jurídico de um determinado Estado ou Território é considerada, salvo indicação expressa em contrário, como designando directamente as regras jurídicas materiais desse Estado ou Território e não as suas regras de conflitos de leis.

2. Na falta de designação pelas partes, o tribunal arbitral aplica a lei designada pela regra de conflitos de leis que considere aplicável.

3. O tribunal arbitral decide ex aequo et bono ou na qualidade de amiable compositeur apenas quando as partes a isso expressamente o autorizem.

4. Em qualquer caso, o tribunal arbitral decide de acordo com as estipulações do contrato e tem em conta os usos do comércio se forem aplicáveis ao caso concreto.

ARTIGO 29.º
(Decisão tomada por vários árbitros)

Num processo arbitral com mais de um árbitro, as decisões do tribunal arbitral são tomadas pela maioria dos seus membros, salvo convenção das partes em contrário. Todavia, as questões de processo podem ser decididas por um árbitro presidente, se este estiver autorizado para o efeito pelas partes ou por todos os membros do tribunal arbitral.

ARTIGO 30.º
(Decisão por acordo das partes)

1. Se, no decurso do processo arbitral, as partes chegarem a acordo quanto à decisão do litígio, o tribunal arbitral põe fim ao processo arbitral e, se as partes lho solicitarem e este não tiver nada a opor, homologa o acordo através de uma decisão arbitral.

2. A decisão homologatória do acordo das partes deve ser elaborada em conformidade com as disposições do artigo 31.º e deve mencionar o facto de que se trata de uma decisão arbitral. Uma tal decisão tem o mesmo estatuto e o mesmo efeito que qualquer outra decisão proferida sobre o fundo da causa.

ARTIGO 31.º
(Forma e conteúdo da decisão arbitral)

1. A decisão arbitral deve ser reduzida a escrito e assinada pelo árbitro ou árbitros. No processo arbitral com mais de um árbitro, serão suficientes as assinaturas da maioria dos membros do tribunal arbitral, desde que seja mencionada a razão da omissão das restantes.

2. A decisão arbitral deve ser fundamentada, salvo se as partes convencionarem que não há lugar à fundamentação ou se se tratar de uma decisão proferida com base num acordo das partes nos termos do artigo anterior.

3. A decisão arbitral deve mencionar a data em que foi proferida, bem como o lugar da arbitragem, determinado em conformidade com o n.º 1 do artigo 20.º Considera-se que a decisão arbitral foi proferida nesse lugar.

4. Proferida a decisão arbitral, deve ser enviada a cada uma das partes uma cópia assinada pelo árbitro ou árbitros, nos termos do n.º 1.

ARTIGO 32.º
(Encerramento do processo)

1. O processo arbitral termina quando é proferida a decisão definitiva ou quando é ordenado o encerramento do processo pelo tribunal arbitral, nos termos do número seguinte.

2. O tribunal arbitral ordena o encerramento do processo arbitral quando:
  a) O demandante retire o seu pedido, a menos que o demandado a tanto se oponha e o tribunal arbitral reconheça que este tem um interesse legítimo em que o litígio seja definitivamente resolvido;
  b) As partes concordem em encerrar o processo;
  c) Verifique que a prossecução do processo se tornou, por qualquer outra razão, inútil ou impossível.

3. O mandato do tribunal arbitral finda com o encerramento do processo arbitral, sem prejuízo do disposto no artigo 33.º e no n.º 4 do artigo 34.º.

ARTIGO 33.º
(Rectificação e interpretação da decisão arbitral
e decisão arbitral adicional)

1. Nos 30 dias seguintes à recepção da decisão arbitral, salvo se as partes tiverem convencionado outro prazo:
  a) Uma das partes pode, notificando a outra, pedir ao tribunal arbitral que rectifique no texto da decisão arbitral qualquer erro de cálculo, qualquer erro material ou tipográfico ou qualquer erro de natureza idêntica;
  b) Uma parte pode, notificando a outra, pedir ao tribunal arbitral que interprete um ponto ou passagem precisa da decisão arbitral, caso haja convenção nesse sentido.

Se o tribunal arbitral considerar o pedido justificado, deve proceder à rectificação ou à interpretação nos 30 dias seguintes à recepção do pedido. A interpretação é parte integrante da decisão arbitral.

2. O tribunal arbitral pode, por sua iniciativa, rectificar qualquer erro do tipo referido na alínea a) do número anterior, nos 30 dias seguintes à data da decisão arbitral.

3. Salvo convenção das partes em contrário, uma das partes pode, notificando a outra, pedir ao tribunal arbitral, nos 30 dias seguintes à recepção da decisão arbitral, que profira uma decisão adicional sobre certos pontos do pedido expostos no decurso do processo arbitral mas omitidos na decisão arbitral. Se julgar o pedido justificado, o tribunal arbitral deve proferir a decisão arbitral adicional dentro de 60 dias.

4. Se considerar necessário, o tribunal arbitral pode prolongar o prazo, de que dispõe nos termos dos n.ºs 1 e 3, para rectificar, interpretar ou completar a decisão arbitral.

5. As disposições do artigo 31.º aplicam-se à rectificação ou interpretação da decisão arbitral e à decisão adicional.

CAPÍTULO VII
Impugnação judicial da decisão arbitral

ARTIGO 34.º
(Anulação da decisão arbitral)

1. A impugnação judicial da decisão arbitral só pode revestir a forma de acção de anulação, nos termos dos n.ºs 2 e 3.

2. A decisão arbitral só pode ser anulada pelo tribunal competente nos seguintes casos:
  a) Quando a parte que faz o pedido fornecer a prova de que:
   i) Uma parte na convenção de arbitragem referida no artigo 7.º sofria uma incapacidade; ou que a dita convenção não é válida nos termos da lei a que as partes a tenham subordinado ou, na falta de qualquer indicação a este propósito, nos termos das disposições legais de Macau;
   ii) Não foi devidamente informada da designação ou nomeação de um árbitro ou do processo arbitral, ou lhe foi impossível fazer valer os seus direitos por qualquer outra razão;
   iii) A decisão arbitral diz respeito a um litígio que não foi objecto de convenção de arbitragem, ou contém decisões que extravasam os termos da convenção de arbitragem, entendendo-se contudo que, se as disposições da decisão arbitral relativas a questões submetidas à arbitragem puderem ser dissociadas das que não estiverem submetidas à arbitragem, unicamente poderá ser anulada a parte da decisão arbitral que contenha decisões sobre as questões não submetidas à arbitragem; ou
   iv) A constituição do tribunal arbitral ou o processo arbitral não estão conformes à convenção das partes, a menos que esta convenção contrarie alguma disposição do presente diploma que as partes não possam derrogar, ou que, na falta de uma tal convenção, não estão conformes com o presente diploma;
  b) Quando o tribunal constatar que:
   i) O objecto do litígio não é susceptível de ser decidido por arbitragem, nos termos das disposições legais de Macau; ou
   ii) A decisão arbitral é contrária à ordem pública.

3. Um pedido de anulação não pode ser apresentado decorrido o prazo de 3 meses a contar da data da recepção da comunicação da decisão arbitral ou, se tiver sido feito um pedido nos termos do artigo anterior, a partir da data em que o tribunal tomou uma decisão sobre este pedido.

4. Quando lhe for solicitado que anule uma decisão arbitral, o tribunal pode, se for caso disso e a pedido de uma das partes, sus-pender o processo de anulação durante o período de tempo que determinar, em ordem a dar ao tribunal arbitral a possibilidade de retomar o processo arbitral ou de tomar qualquer outra medida que o tribunal arbitral julgue susceptível de eliminar os motivos da anulação.

CAPÍTULO VIII
Reconhecimento e execução das decisões arbitrais

ARTIGO 35.º
(Reconhecimento e execução)

1. A decisão arbitral, independentemente do Estado ou Território em que tenha sido proferida, é reconhecida como tendo força obrigatória e, mediante solicitação dirigida por escrito ao tribunal competente, deve ser executada, sem prejuízo do disposto no presente artigo e no artigo 36.º

2. A parte que invocar a decisão arbitral ou que pedir a respectiva execução deve fornecer o original da decisão arbitral devidamente autenticado ou uma cópia do mesmo, verificadas as condições exigidas para a sua autenticidade, bem como o original da convenção de arbitragem referida no artigo 7.º ou uma cópia da mesma, verificadas as condições exigidas para a sua autenticidade. Se a dita decisão arbitral ou convenção não estiver redigida numa das línguas oficiais do território de Macau, a parte deve fornecer uma tradução numa dessas línguas, devidamente autenticada.

ARTIGO 36.º
(Fundamentos de recusa do reconhecimento ou da execução)

1. O reconhecimento ou a execução de uma decisão arbitral, independentemente do Estado ou Território em que tenha sido proferida, pode ser recusado:

a) A pedido da parte contra a qual for invocada, se essa parte fornecer ao tribunal competente ao qual é solicitado o reconhecimento ou a execução a prova de que:

  i) Uma das partes na convenção de arbitragem referida no artigo 7.º estava ferida de uma incapacidade; ou que a dita convenção não é válida nos termos da lei a que as partes a tenham subordinado ou, na falta de indicação a este propósito, nos termos da lei do Estado ou Território onde a decisão arbitral foi proferida;

  ii) Não foi devidamente informada da designação ou nomeação de um árbitro ou do processo arbitral, ou que lhe foi impossível fazer valer os seus direitos por qualquer outra razão;

iii) A decisão arbitral diz respeito a um litígio que não foi objecto de convenção de arbitragem, ou contém decisões que extravasam os termos da convenção de arbitragem, entendendo-se contudo que, se as disposições da decisão arbitral relativas a questões submetidas à arbitragem puderem ser dissociadas das que não estiverem submetidas à arbitragem, unicamente poderá ser recusado o reconhecimento ou a execução da parte da decisão arbitral que contenha decisões sobre as questões não submetidas à arbitragem;
iv) A constituição do tribunal arbitral ou o processo arbitral não estão conformes à convenção das partes ou, na falta de tal convenção, à lei do Estado ou Território onde a arbitragem teve lugar; ou
v) A decisão arbitral não se tornou ainda obrigatória para as partes ou foi anulada ou suspensa por um tribunal competente do Estado ou Território em que, ou segundo a lei do qual, a decisão arbitral tenha sido proferida;

b) Se o tribunal constatar que:
  i) O objecto do litígio não é susceptível de ser decidido por arbitragem, nos termos das disposições legais de Macau;
  ii) O reconhecimento ou a execução da decisão arbitral contraria a ordem pública; ou
  iii) O Estado ou Território em que a decisão arbitral foi proferida negaria o reconhecimento ou a execução de decisão arbitral proferida em Macau.

2. Se um pedido de anulação ou de suspensão de uma decisão arbitral tiver sido apresentado a um tribunal referido na subalínea v) da alínea a) do número anterior, o tribunal ao qual foi pedido o reconhecimento ou execução pode, se o julgar apropriado, adiar a sua decisão e pode também, a requerimento da parte que pede o reconhecimento ou a execução da decisão arbitral, ordenar à outra parte que preste garantias adequadas.

CAPÍTULO IX
Disposições finais

ARTIGO 37.º
(Legislação subsidiária)

1. Em tudo o que não estiver expressamente previsto no presente diploma é subsidiariamente aplicável o Decreto-Lei n.º 29/96/M, de 11 de Junho.

2. Se a convenção de arbitragem for omissa e as partes não chegarem a acordo nesta matéria, as remunerações dos árbitros e de outros intervenientes no processo arbitral são, no que lhes possa ser aplicável, as que forem fixadas pelo despacho do Governador a que se refere o n.º 4 do artigo 19.º do Decreto-Lei n.º 29/96/M, de 11 de Junho.

3. A decisão arbitral, havendo árbitros que não residam habitualmente em Macau, poderá fazer acrescer às remunerações aferidas nos termos do número anterior uma quantia para custear, no todo ou em parte, as despesas com a deslocação e permanência desses árbitros no Território.

4. Poderá a decisão arbitral, igualmente, fazer acrescer às remunerações aferidas nos termos do n.º 2, a totalidade ou parte dos montantes despendidos com a produção de prova efectuada no exterior do Território, quando essas diligências tenham sido consideradas necessárias pelo tribunal arbitral.

ARTIGO 38.º
(Entrada em vigor)

O presente diploma entra em vigor 60 dias após a sua publicação.

Aprovado em 13 de Novembro de 1998.

Publique-se.

O Governador, *Vasco Rocha Vieira*.

***

LEGISLAÇÃO CONEXA

Despacho n.º 26/GM/98 – Autoriza a criação do Centro de Arbitragens Voluntárias da Associação de Advogados de Macau.

Despacho n.º 48/GM/98 – Autoriza a criação do Centro de Arbitragens Voluntárias do Centro de Comércio Mundial – Macau, S.A.R.L. (World Trade Center – Macau, S.A.R.L.).

Despacho n.º 109/GM/98 – Aprova a tabela a que se refere o n.º 4 do artigo 19.º do Decreto-Lei n.º 29/96/M, de 11 de Junho, que determina que as remunerações dos árbitros e de outros intervenientes no processo arbitral são fixadas supletivamente em tabela a aprovar por despacho do Governador, no caso de a convenção de arbitragem ser omissa e as partes não chegarem a acordo na matéria.

Despacho do Chefe Executivo n.º 259/2002 – Cria o Centro de Arbitragem de Conflitos em Seguros e Fundos Privados de Pensões.

***

CAPÍTULO II
Comentários

I – Breve introdução

A Lei de Bases da Organização Judiciária de Macau, aprovada pela Lei 112/91 de 29 de Agosto, previu a criação de tribunais arbitrais e o estabelecimento de instrumentos de composição não jurisdicional de conflitos, na sequência do que veio a ser aprovado, em 1996, o Regime Jurídico da Arbitragem Voluntária.

Este diploma, expressamente inspirado na experiência de outros países e nas convenções internacionais sobre a matéria, estabelece como princípio base da arbitragem voluntária a autonomia das partes pelo que o seu texto normativo é essencialmente de carácter supletivo.

No sentido da prevalência deste princípio da autonomia das partes como estrutural do regime da arbitragem voluntária dispõem, desde logo, o artigos 1.º que estabelece que *"as pessoas singulares ou colectivas, partes de um litígio, podem submeter a arbitragem, mediante convenção, o mesmo litigio, confiando a um ou vários árbitros, a respectiva resolução"* e o artigo 3.º que estabelece que os árbitros julgam de acordo com o direito ou a equidade, de acordo com a escolha das partes que submetem o litigio à sua decisão.

II – Convenção de Arbitragem

De acordo com o art. 2.º da L.A.V., a arbitragem pode ter por objecto qualquer litígio que não respeite a direitos indisponíveis e não seja submetido por lei especial a tribunal judicial ou arbitragem necessária. Estão expressamente excluídos do âmbito da arbitragem, entre outros, (i) o caso dos litígios já decididos por decisão de mérito transitada em julgado, excepto quando se trata de decidir questões respeitantes à sua execução e que não constem da decisão; (ii) e os litígios objecto de processo em que deva intervir o Ministério Público, em representação de pessoas que careçam de capacidade processual para agir em juízo por si mesmos.

A Lei Macaense de Arbitragem faz abranger na definição de convenção de arbitragem o compromisso arbitral, quando o acordo tem por objecto um litígio actual, ainda que afecto a tribunal judicial, e a cláusula compromissória, quando o acordo tem por objecto litígios eventuais emergentes de uma determinada relação jurídica, de natureza contratual ou extracontratual.

A convenção de arbitragem pode constar de um contrato ou ser estipulada em acordo autónomo, sendo certo que a eventual nulidade do contrato em que se insere a convenção de arbitragem não acarreta a nulidade desta, salvo quando se mostre que ele não teria sido concluído sem a referida convenção (art. 4.º, n.º 3 da Lei).

Nos termos do art. 5.º desta Lei, têm capacidade para celebrar convenções de arbitragem as pessoas com capacidade de exercício de direitos.

Estabelece o art. 6.º da Lei de Arbitragem como requisito da convenção de arbitragem a sua redução a escrito, sob pena de nulidade.

O compromisso arbitral deve determinar com precisão o objecto do litígio e designar os árbitros ou indicar as modalidades de designação destes (art. 7.º) e a cláusula compromissória deve especificar a relação jurídica a que os litígios eventuais respeitem, sob pena de nulidade da mesma (n.º 4 do art. 7.º).

A convenção de arbitragem caduca se (i) algum dos árbitros falecer, se escusar ou se impossibilitar permanentemente para o exercício da função, desde que não se proceda à sua substituição; (ii) se, no caso de tribunal colectivo, não se formar a maioria na deliberação dos árbitros; e (iii) se a decisão não for proferida dentro do prazo (art. 9.º).

A morte e a extinção das partes não faz caducar a convenção de arbitragem nem extinguir a instância do tribunal arbitral, salvo convenção em contrário (art. 9.º, n.º 2).

III – Constituição do Tribunal Arbitral

O Tribunal Arbitral pode ser composto por um único ou vários árbitros, em número ímpar. Caso as partes designem número par de árbitros, o tribunal é completado por um outro árbitro escolhido por acordo dos demais ou nomeado pelo Tribunal de Competência Genérica. A título supletivo, estabelece a lei que o tribunal colectivo é composto por três árbitros (art. 10.º).

As partes devem designar os árbitros ou fixar o modo por que são escolhidos. No silêncio da convenção sobre a questão e não havendo acordo das partes para a designação dos árbitros, cada uma das partes designa um árbitro ou mais, em número igual, cabendo a estes a escolha do terceiro árbitro para composição do tribunal (art. 11.º).

Os árbitros devem ser pessoas singulares e plenamente capazes do exercício dos seus direitos (art. 12.º), não podendo exercer as funções de árbitro quem tiver desempenhado funções de conciliador no mesmo processo (art. 12.º).

IV – Procedimento e Funcionamento do Tribunal

A instância arbitral rege-se, na L.A.V. macaense, pelos seguintes princípios fundamentais: (i) o princípio da igualdade, (ii) o princípio do contraditório, (iii) o princípio da audição das partes, antes de proferida a decisão arbitral (art. 20.º).

As regras de processo a observar na arbitragem bem como o lugar de funcionamento do tribunal são fixados por acordo das Partes na convenção de arbitragem ou em escrito posterior (art. 21.º).

O Tribunal Arbitral pode, a pedido de qualquer das partes, ordenar a tomada de medidas provisórias ou conservatórias que considere adequadas em relação ao objecto do litígio ou exigir delas a prestação de garantias que considere necessárias (art. 24.º).

Pode ser admitida em processo arbitral qualquer prova que seja admitida pela lei de processo civil (art. 25.º).

V – Decisão Arbitral

Na falta de estipulação pelas partes, o prazo para a decisão é de seis meses, prorrogável por uma ou mais vezes por acordo escrito das partes (art. 26.º).

O Tribunal Arbitral pode decidir, mesmo oficiosamente, sobre a sua competência, devendo para esse efeito apreciar a existência, validade ou eficácia da convenção de arbitragem ou do contrato em que ela se insere (art. 27.º).

Sendo o Tribunal Arbitral composto por mais de um árbitro, a decisão arbitral é tomada por maioria dos votos, em deliberação que todos os árbitros devem participar, excepto se tiver sido fixada pelas partes a necessidade de maioria qualificada (art. 29.º).

Os árbitros julgam segundo o direito constituído, salvo se as partes os autorizarem expressamente a julgar segundo a equidade (*vide supra* referido art. 3.º).

A decisão arbitral deve ser exarada por escrito, ser assinada pelos árbitros e fundamentada. Da decisão constam necessariamente os seguintes elementos (art. 30.º): (i) a identificação das partes e dos árbitros, (ii) a referência à convenção de arbitragem, (iii) o objecto do litígio, (iv) o lugar da arbitragem e o local e data em que a decisão foi proferida, (v) a assinatura dos árbitros, votos de vencido e menção da razão da omissão de qualquer assinatura, quando se verifique tal situação (vi) e a fixação e repartição dos encargos da arbitragem.

O art. 31.º da L.A.V. prevê expressamente a possibilidade de rectificação pelo Tribunal Arbitral, a pedido de qualquer das partes ou oficiosamente, de erro material, erro de cálculo ou erro de natureza idêntica que conste da decisão arbitral ou o esclarecimento de alguma obscuridade ou ambiguidade na fundamentação ou na sua parte decisória.

O poder dos árbitros extingue-se com a notificação do depósito da decisão na secretaria do Tribunal de Competência Genérica ou, quando este seja dispensado, uma vez decorridos 30 dias sobre a data da notificação da decisão sem que tenha havido pedido de rectificação desta (art. 33.º).

VI – Impugnação

A sentença arbitral pode ser nula ou anulável.

Considera-se nula a decisão arbitral quando (i) o litígio não é susceptível de resolução por via arbitral; (ii) faltar a citação do demandado; (iii) o tribunal tenha conhecido questões de que não podia tomar conhecimento ou tenha deixado de se pronunciar sobre questões que devia apreciar; (iv) a decisão ofenda princípios de ordem pública (art. 37.º).

A nulidade pode ser arguida a todo o tempo por qualquer interessado ou pelo Ministério Público ou conhecida oficiosamente, cabendo recurso da decisão proferida sobre a nulidade para o Tribunal Superior de Justiça.

No caso de as partes não terem convencionado a possibilidade de impugnação por recurso da decisão arbitral, esta pode ser anulada pelo Tribunal de Competência Genérica no caso de (i) algumas das partes ser incapaz para a celebração da convenção de arbitragem ou esta ter por objecto matérias excluídas do âmbito da arbitragem voluntaria; (ii) ter sido proferida por tribunal incompetente ou irregularmente constituído; (iii) ter havido violação de princípios gerais da instância arbitral com influência decisiva na resolução do litigio; (iv) faltar a assinatura dos árbitros; ou (v) faltar a fundamentação da decisão.

A anulação é requerida por qualquer das partes através de acção judicial a intentar no Tribunal de Competência Genérica no prazo de 30 dia contados da notificação daquela e não impede a instauração imediata da acção executiva, sendo equiparada a um recurso com efeito meramente devolutivo (art. 39.°)

Se as partes tiverem convencionado a impugnação por recurso, estes fundamentos de anulação devem ser apreciados no âmbito do recurso da decisão arbitral (art. 38.°, n.° 3).

VII – Reconhecimento e execução das sentenças

A decisão arbitral tem a mesma força executiva que a sentença do Tribunal de Competência Genérica e corre nesse Tribunal, seguindo as regras da lei processual civil (art. 35.°).

VIII – Arbitragem no Contencioso Administrativo

Em 1999 foram aditadas à L.A.V. de Macau (DL 110/99/M de 13 de Dezembro) disposições especiais sobre a possibilidade de submissão a decisão arbitral de questões que tenham por objecto: (i) contratos administrativos: (ii) responsabilidade da Administração ou dos titulares do seus órgãos, funcionários ou agentes por prejuízos decorrentes de actos de gestão pública, incluindo a efectivação do direito de regresso; (iii) direitos subjectivos ou interesses legalmente protegidos de conteúdo patrimonial (art. 39.°-A).

VIII – Arbitragem Internacional

A arbitragem internacional é regulada por diploma próprio – Decreto-lei 55/98/M de 23 de Novembro – que *"corresponde quase integralmente à Lei Modelo sobre a arbitragem comercial internacional, aprovada pela CNUDCI (Comissão das Nações Unidas para o Direito do Comércio Internacional), em 21 de Junho de 1985, e adoptada pelas Nações Unidas pela resolução da Assembleia Geral n.° 40//72 de 11 de Dezembro do mesmo ano"* (preâmbulo do referido diploma).

IX – Arbitragem Institucionalizada

A Arbitragem institucionalizada encontra-se regulada no Decreto-lei 40/96/M de 22 de Junho, sendo a autorização para a criação de Centros de Arbitragem da competência do Governador.

TÍTULO VI

MOÇAMBIQUE

MOÇAMBIQUE

CAPÍTULO I
Legislação

CONSTITUIÇÃO DA REPÚBLICA DE MOÇAMBIQUE

(...)

CAPÍTULO III
Organização dos Tribunais

SECÇÃO I
Espécies de Tribunais

ARTIGO 223.º
(Espécies)

1. Na República de Moçambique existem os seguintes tribunais:
a) o Tribunal Supremo;
b) o Tribunal Administrativo;
c) os Tribunais Judiciais.
2. Podem existir tribunais administrativos, de trabalho, fiscais, aduaneiros, marítimos, arbitrais e comunitários.
3. A competência, organização e funcionamento dos tribunais referidos nos números anteriores são estabelecidos por lei, que pode prever a existência de um escalão de tribunais entre os tribunais provinciais e o Tribunal Supremo.
4. Os tribunais judiciais são tribunais comuns em matéria civil e criminal e exercem jurisdição em todas as áreas não atribuídas a outras ordens jurisdicionais.
5. Na primeira instância pode haver tribunais com competência específica e tribunais especializados para o julgamento de matérias determinadas.
6. Sem prejuízo do disposto quanto aos tribunais militares, é proibida a existência de tribunais com competência exclusiva para o julgamento de certas categorias de crimes.

(...)

***

LEI DE ARBITRAGEM, CONCILIAÇÃO E MEDIAÇÃO

LEI N.º 11/99
de 8 de Julho

Verificando-se a necessidade de regular, actualizar e melhorar o quadro legal existente em Moçambique referente à Arbitragem, Conciliação e Mediação como meios alternativos ao sistema judicial, de resolução de conflitos, e tendo em vista responder às transformações que se têm vindo a operar no país, decorrentes do desenvolvimento de uma economia de mercado e de relações comerciais internacionais, a Assembleia da República, ao abrigo do n.º 1 do artigo 135.º da Constituição, determina:

TÍTULO I
Disposições Gerais

CAPÍTULO ÚNICO

ARTIGO 1.º
(Objecto geral)

A presente Lei rege a Arbitragem, a Conciliação e a Mediação como meios alternativos de resolução de conflitos, que os sujeitos jurídicos podem adoptar antes ou em alternativa a submeter os seus litígios ao poder judicial.

ARTIGO 2.º
(Princípios)

1. Dada a natureza célere e simplificada da Conciliação e da Mediação, as partes podem privilegiar o uso desses meios para a resolução dos seus conflitos, antes, durante ou depois de processo judicial ou de arbitragem e o tribunal arbitral

constituído deve aconselhar que aquelas façam uso dos referidos meios sempre que as circunstâncias do caso se revelem apropriadas.

2. Os meios alternativos de resolução de conflitos previstos no presente Diploma estão sujeitos aos seguintes princípios:
   a) **Liberdade;** reconhecimento da autonomia das partes na escolha e adopção de meios alternativos ao poder judicial para a resolução de conflitos;
   b) **Flexibilidade;** preferência dada no estabelecimento de procedimentos informais, adaptáveis e simplificados;
   c) **Privacidade;** garantia de privacidade e confidencialidade dos processos e seus intervenientes;
   d) **Idoneidade:** exigência de características de imparcialidade e independência para o desempenho de funções de árbitro ou conciliador;
   e) **Celeridade:** dinâmica e rapidez na resolução de conflitos;
   f) **Igualdade:** garantia de que as partes serão tratadas com estreita igualdade e que a cada uma delas serão dadas às mesmas condições e todas as possibilidades de fazer valer os seus direitos;
   g) **Audiência:** oralidade típica dos mecanismos alternativos;
   h) **Contraditório:** garantia de que ambas as panes serão ouvidas oralmente ou por escrito, antes de ser proferida a decisão final.

ARTIGO 3.º
(Definições e regras de interpretação)

Para efeitos da presente Lei:
   a) os termos "arbitragem", "conciliação" e "mediação" designam toda e qualquer arbitragem, conciliação e mediação quer a sua organização seja ou não confiada a um organismo institucionalizado nos termos do artigo 69.º da presente Lei;
   b) a expressão "tribunal arbitral" designa um árbitro único ou um grupo de árbitros;
   c) a expressão "tribunal judicial" designa um organismo ou órgão do sistema judicial de um país;
   d) quando uma disposição da presente Lei, com excepção do artigo 54.º, deixa às partes a liberdade de decidir livremente uma certa questão, esta liberdade compreende o direito de as partes autorizarem um terceiro, *aí* incluída uma instituição, a decidir essa questão;
   e) quando uma disposição da presente Lei se refere 90 facto de as partes terem convencionado ou poderem vir a chegar a acordo a respeito de certa questão, ou de qualquer outra maneira se refere a um acordo das partes, tal acordo engloba qualquer regulamento de arbitragem aí referido;
   f) quando uma disposição da presente Lei a excepção da alínea a) do n.º 2 do artigo 30.º e da alínea a) do n.º 2 do artigo 40.º, se refere a um pedido, esta disposição aplica-se igualmente a um pedido reconvencional e, quando ela se refere a alegações de defesa, aplica-se igualmente às alegações de defesa relativas a um pedido reconvencional.

TÍTULO II
Arbitragem

CAPÍTULO I
Disposições Gerais

ARTIGO 4.º
(Objecto)

1. As partes interessadas podem submeter à solução de todos ou alguns dos seus litígios ao regime de arbitragem, mediante convenção expressa de arbitragem.

2. A convenção de arbitragem pode ter por objecto qualquer litígio actual, ainda que tenha sido interposta acção em tribunal judicial e em qualquer estado do processo designando-se, nesse caso, por compromisso arbitral, ou qualquer litígio eventualmente emergente de uma determinada relação jurídica contratual ou extra-contratual designando-se, então, por cláusula compromissória.

3. As partes podem acordar em considerar abrangidas no conceito de litígio, para alem das questões de natureza contenciosa em sentido estrito, quaisquer outras, designadamente as relacionadas com a necessidade de precisar, completar, actualizar ou mesmo rever os contratos ou as relações jurídicas que estão na origem da convenção.

ARTIGO 5.º
(Âmbito e exclusões)

1. Podem ser sujeitos ao regime de arbitragem, previsto no presente Diploma, os litígios de qualquer natureza, salvo nos casos mencionados no número seguinte.

2. Consideram-se fora do âmbito do regime de arbitragem os seguintes litígios;
a) os que por lei especial, devam ser submetidos exclusivamente a tribunal judicial ou a regime especial de arbitragem não revogado pela presente Lei;
b) os que respeitem a direitos indisponíveis ou não transaccionáveis.

3. Aos regimes especiais de arbitragem aplica-se subsidiariamente a presente Lei.

ARTIGO 6.º
(Legitimidade)

1. O Estado e outras pessoas colectivas de direito público podem celebrar convenções de arbitragem se estas tiverem por objecto litígios respeitantes a relações de direito privado ou de natureza contratual e ainda se para tanto forem autorizados por lei especial.

2. Não podem ser partes em processo arbitral os considerados menores não emancipados, interditos ou inabilitados, nos termos da lei civil, mesmo que por intermédio dos seus representantes legais.

ARTIGO 7.º
(Renúncia ao direito de oposição)

Presume-se que renunciou ao seu direito de oposição à parte que, tendo conhecimento de que uma disposição derrogável pelas partes ou uma condição enunciada na convenção de arbitragem não foi respeitada, não deduziu oposição de imediato ou no prazo que estiver previsto para esse efeito.

ARTIGO 8.º
(Competência do tribunal arbitral)

Apenas o tribunal constituído nos termos da presente Lei é competente para dirimir os conflitos a ele submetidos.

ARTIGO 9.º
(Intervenção do Tribunal Judicial)

1. Quando as partes tenham convencionado o recurso à arbitragem, conciliação e mediação, a intervenção do Tribunal Judicial só pode ocorrer nas condições fixadas neste artigo.
2. O tribunal judicial competente para os actos mencionados na presente Lei, designadamente nos seus artigos 12.º, 18.º, 23.º, 37.º, 44.º e 45.º, será a designada pelas leis de processo civil e demais legislação, aplicável na ausência de arbitragem.
3. Na impossibilidade de se determinar à lei aplicável pelas regras anteriormente referidas, é competente a lei do lugar onde deveria realizar-se a arbitragem, se esta foi prevista e, na falta dela, sucessivamente, a lei do lugar da celebração da convenção arbitral ou a lei domicílio do demandado ou de qualquer um dos demandados se forem vários.

CAPÍTULO II
Convenção Arbitral

ARTIGO 10.º
(Requisitos da convenção)

1. A convenção de arbitragem deve ser reduzida a escrito.
2. Considera-se reduzida a escrito a convenção de arbitragem constante de documento assinado pelas partes ou de uma troca de cartas, telex, fax ou outro meio de comunicação que prove a sua existência na qual a existência de uma tal convenção foi alegada por uma parte e não contestada pela outra.
3. A referência, num contrato, a um documento que contenha uma cláusula compromissória, equivale a uma convenção de arbitragem, desde que o referido contrato revista forma escrita e a referência seja feita de tal modo que faça da cláusula uma parte integrante do contrato.

4. O compromisso arbitral deve determinar com precisão o objecto do litígio actual; a cláusula compromissória deve especificar a relação jurídica a que os litígios eventualmente emergentes respeitem.

5. Nos contratos de adesão a cláusula compromissória só é eficaz se o aderente tomar a iniciativa de instruir a arbitragem ou concordar, expressamente, com a sua instituição.

ARTIGO 11.°
(Autonomia da cláusula compromissória)

A cláusula compromissória é autónoma em relação às outras cláusulas do contrato em que estiver inserta e a nulidade deste não implica automaticamente a nulidade daquela.

ARTIGO 12.°
(Excepção de arbitragem)

1. A convenção arbitral implica a renuncia das partes a iniciar processo judicial sobre as matérias ou controvérsias submetidas à arbitragem, sem prejuízo do disposto no n.° 4 do presente artigo.

2. O tribunal judicial no qual foi proposta uma acção relativa a uma questão abrangida por uma convenção de arbitragem, se uma das partes o solicitar até ao momento em que apresentar as suas primeiras alegações quanto ao fundo da causa, deve remeter as partes para a arbitragem, a menos que constante que a referida convenção se tornou caduca ou insusceptível de ser executada.

3. Quando tiver sido proposta, num tribunal judicial, uma acção referida no número anterior do presente artigo, o processo arbitral pode, apesar disso, ser iniciado ou prosseguir e ser proferida uma sentença, enquanto a questão estiver pendente no tribunal.

4. Sem prejuízo do disposto no presente artigo, a solicitação de medidas provisórias feita por uma das partes a um tribunal judicial antes ou durante; o processo arbitral, bem como a concessão de tais medidas pelo referido tribunal não é incompatível com uma convenção de arbitragem.

ARTIGO 13.°
(Renúncia à arbitragem)

1. As partes podem renunciar à arbitragem expressa ou tacitamente, recorrendo à via judicial.

2. As partes renunciam expressamente à arbitragem mediante comunicação escrita dirigida ao tribunal, observado o previsto na presente Lei quanto à formalização da convenção arbitral.

3. Em caso de renúncia por alguma das partes, não sendo obtido o acordo das restantes no prazo de quinze dias contados a partir da notificação pelo renunciante, a convenção de arbitragem mantém-se válida e eficaz.

4. Presume-se renúncia tácita quando uma das partes, sendo demandada judicialmente pela outra, não oponha a excepção de arbitragem, conforme estabelecido na presente Lei.

5. O requerimento de uma das partes ao tribunal judicial para a adopção de medidas nos termos do n.º 4 do artigo 12.º da presente Lei ou a concessão, pelo tribunal» das medidas referidas, não se considera renúncia tácita.

ARTIGO 14.º
(Caducidade)

1. A convenção arbitral caduca:
a) se, até à constituição do tribunal arbitral, as partes acordarem a sua revogação;
b) se algum dos árbitros falecer, se escusar, impossibilitar de exercer as funções ou se a nomeação ficar sem efeito, desde que não seja substituído nos termos do artigo 23.º da presente Lei;
c) se os árbitros não proferirem a decisão dentro do prazo fixado na convenção ou em escrito posterior ou, quando não tenha sido fixado, dentro do prazo referido no n.º 2 do artigo 35.º.

ARTIGO 15.º
(Nulidade da convenção)

É nula a convenção de arbitragem celebrada com violação do disposto na presente Lei quanto à legitimidade, âmbito e exclusões da arbitragem.

CAPÍTULO III
Árbitros e do Tribunal Arbitral

ARTIGO 16.º
(Composição do tribunal arbitral)

1. O tribunal arbitral pode ser constituído por um único árbitro ou por vários, em número ímpar.

2. Se o número de membros do tribunal arbitral não for fixado na convenção de arbitragem ou em escrito posterior assinado pelas partes, nem deles resultar, o tribunal será composto por três árbitros.

3. Sendo nomeados vários árbitros, estes, por maioria, elegem entre si o presidente, a menos que as partes tenham acordado noutra solução, por escrito, até à aceitação do primeiro árbitro. Não havendo consenso é designado o mais idoso.

4. O presidente do tribunal designará, se julgar conveniente, um secretário, que poderá ser um dos árbitros.

ARTIGO 17.º
(Constituição do tribunal arbitral)

1. Reportando-se as partes, na cláusula compromissória, às regras de algum órgão arbitral institucional ou entidade especializada, a arbitragem deve ser instituída de acordo com tais regras, podendo, igualmente, as partes estabelecer, na própria clausulassem outro documento, a forma convencionada para a instituição da arbitragem.

2. Não havendo acordo prévio sob a forma de instituir a arbitragem, à parte que pretenda instaurar o litígio no tribunal arbitral deve notificar desse acto a parte contrária, convocando-a para se firmar compromisso arbitral, no caso de ainda não haver convenção arbitral firmada.

3. A notificação prevista no número anterior deve ser efectuada nos termos do artigo 26.º e deve indicar a convenção de arbitragem ou precisar o objecto do litígio, se ele não resultar já determinado de convenção.

4. Se, no prazo de oito, dias, contados a partir da notificação referida nos números anteriores do presente artigo, as partes não chegarem a acordo sobre a determinação do objecto do litígio ou sobre outra matéria considerada pelas parte essencial a firmar-se o compromisso, podem solicitar uma decisão a um organismo institucionalizado de arbitragem ou em quem este delegar.

5. Existindo cláusula compromissória e havendo resistência quando a instituição da arbitragem, após o decurso do prazo referido no número anterior, cabe ao tribunal arbitral institucionalizado a clarificação de eventuais lacunas ou dúvidas que haja por esclarecer.

6. O tribunal encontra-se validamente constituído com a aceitação, pelos árbitros, da sua nomeação.

ARTIGO 18.º
(Designação dos árbitros)

1. Na convenção de arbitragem ou em escrito posterior por elas assinado, devem as partes designar o árbitro ou árbitros que constituirão o tribunal, ou fixar o modo por que serão escolhidos.

2. Não havendo acordo prévio sobre a designação dos árbitros ou sobre a forma da sua designação, são aplicáveis as regras previstas no presente artigo.

3. Se às partes couber designar um ou mais árbitros, a notificação referida no n.º 2 do artigo anterior deve conter a designação do árbitro ou árbitros pela parte que se propõe instaurar a acção, bem como o convite dirigido à outra parte para designar o árbitro ou árbitros que lhe cabe indicar.

4. Se o árbitro único for designado por acordo das partes, a notificação deve conter a indicação do árbitro proposto e o convite à outra parte para que o aceite.

5. Caso pertença a terceiro a designação de um ou mais árbitros tal designação não tenha ainda sido feita, deve o terceiro ser notificado para a efectuar e a comunicar a ambas as partes.

6. Se as partes não tiverem designado o árbitro ou os árbitros nem fixado o modo da sua escolha e não houver acordo entre elas quanto a essa designação, deve cada uma indicar um árbitro, a menos que acordem em que cada uma delas indique mais de um em número igual, cabendo aos árbitros assim designados a escolha do árbitro que deve completar a constituição do tribunal.

7. Em todos os casos em que falte nomeação de árbitro ou árbitros, em conformidade com o disposto no presente artigo cabe essa nomeação ao presidente de um organismo institucionalizado de arbitragem escolhido pelas partes ou em quem este delegar e, na falta de acordo quanto à escolha deste organismo, ao tribunal judicial a pedido de alguma das partes.

8. A nomeação a que se refere o número anterior pode ser requerida passados oito dias sobre a notificação prevista no n.º 3 do presente artigo ou a contar da nomeação do último dos árbitros a quem compete à escolha, no caso referido no n.º 6 do mesmo artigo.

9. A decisão de uma questão confiada a um organismo institucionalizado de arbitragem ou ao tribunal judicial, nos termos do n.º 7 do presente artigo, não é susceptível de recurso.

10. Quando nomear um árbitro, o organismo institucionalizado de arbitragem ou o tribunal deve ter em conta todas as qualificações exigidas a um árbitro pelo acordo das partes e tudo aquilo que for relevante para garantir a nomeação de um árbitro independente e imparcial e, quando nomear um árbitro único ou um terceiro árbitro, deve ter igualmente em consideração o facto de que poderá ser desejável a nomeação de um árbitro de nacionalidade diferente da das partes.

ARTIGO 19.º
(Requisitos dos árbitros)

A designação dos árbitros deve recair sobre pessoa que no momento da aceitação da sua nomeação cumpra os seguintes requisitos:
a) ser pessoa singular, maior e plenamente capaz;
b) preencher os requisitos exigidos pela convenção de arbitragem ou pelo organismo institucionalizado de arbitragem, designado pelas partes, nos termos do n.º 1 do artigo 17.º desta Lei.

ARTIGO 20.º
(Liberdade de aceitação e fundamentos de recusa)

1. Ninguém pode ser obrigado a funcionar como árbitro mas, se o cargo tiver sido aceite, só será legítima a escusa fundada em causa superveniente que impossibilite o designado de exercer a função.

2. Quando uma pessoa for consultada, com vista à sua eventual nomeação como árbitro, deve fazer notar todas as circunstâncias que possam levantar fundadas dúvidas sobre a sua imparcialidade ou independência. A partir da data da sua nomeação e durante todo o processo arbitral, o árbitro deve fazer notar sem demora às partes as referidas circunstâncias, a menos que já o tenha feito.

3. Considera-se aceite o encargo sempre que a pessoa designada revele a intenção de agir como árbitro ou não declare, por escrito dirigido a qualquer das partes, dentro dos cinco dias subsequentes à comunicação da designação, que não quer exercer a função.

ARTIGO 21.º
(Impedimento e escusas)

1. Ninguém pode, em razão da sua nacionalidade, ser impedido de exercer funções de árbitro, salvo convenção em contrário, das partes.

2. Aos árbitros designados é aplicável o regime de impedimentos e escusas estabelecido na lei de processo civil para os juizes, sem prejuízo da eventual responsabilidade dos mesmos por terem aceitado a designação conhecendo o impedimento.

3. Salvo convenção em contrário das partes, não pode ser designado como árbitro quem tenha exercido as funções de mediador em qualquer processo arbitral ou judicial relativo ao litígio objecto de tentativa de arbitragem, excepto se a nomeação partir de árbitros designados e se destinar a provir o lugar de terceiro árbitro ou presidente do tribunal arbitrai.

4. Um árbitro só pode ser recusado se existirem circunstâncias que possam levantar fundadas dúvidas sobre a imparcialidade ou independência ou se ele não possuir as qualificações que as partes convencionaram. Uma parte só pode recusar um árbitro que tiver nomeado ou em cuja nomeação tiver participado por uma causa de que apenas tenha conhecimento após esta nomeação.

5. O árbitro que, tendo aceitado o encargo, se escusar injustificadamente ao exercício da sua função responde pelos danos a que der causa nos termos da lei.

ARTIGO 22.º
(Deontologia dos árbitros)

1. O árbitro não deve:
a) representar os interesses de nenhuma das partes;
b) receber, antes, durante ou depois da arbitragem qualquer remuneração, prémio ou vantagem monetária ou de outra natureza, por parte de qualquer outra pessoa com interesse directo ou indirecto no litígio.

2. O árbitro deve:
a) ser desprovido de qualquer ligação familiar, hierárquica, negocial ou de outro tipo de interesse com alguma das partes ou com o grupo a que esta pertence ou revelar às partes imediatamente após a existência de ligação, conhecimento ou interesse, da sua existência, não obstante considerar que tal não é motivo para abster-se de arbitrar;
b) proceder, com absoluta imparcialidade independência, lealdade e boa fé;
c) assegurar que as partes são tratadas numa base de estrita igualdade nomeadamente, diligenciando para que em todas as circunstâncias, no desenrolar do processo, cada uma das partes beneficie das informações utilizadas pelas outras partes;
d) velar pelo direito de cada uma das partes a um processo justo;

e) tratar as partes, os seus representantes, às testemunhas e os peritos com diligência, atenção e cortesia;
f) manter a confidencialidade da deliberação, mesmo em relação à parte que o designou;
g) decidir segundo o direito constituído ou a equidade, mesmo se uma das partes o designou como árbitro determinar-se exclusivamente em função dos elementos do litígio revelados pêlos debates do contraditório;
h) assumir que a aceitação da função de árbitro implica dispor do tempo necessário à arbitragem do litígio, salvo em caso de força maior em que deverá advertir do seu impedimento legítimo, que poderá levar à sua substituição, se assim for determinado pelas partes;
i) respeitar e fazer respeitar as regras de processo aplicável, ficando adstrito a velar para que mesmo seja conduzido com diligência e impedindo qualquer manobra dilatória.

3. Em caso de falta deontológica nos termos consignados neste artigo, as partes poderão requerer a renúncia às funções de árbitro, nomeando substituto nos termos do artigo seguinte.

4. Os árbitros são responsáveis pelo exercício desleal ou fraudulento da sua função, pelos danos causados e pelas violações da lei cometidas durante a arbitragem.

5. O árbitro que se negue a assinar a decisão arbitral ou que não fundamente por escrito as razões da sua discrepância ou voto particular, poderá ser sancionado com a perda de honorários.

ARTIGO 23.º
(Recusa e substituição dos árbitros)

1. Sem prejuízo do disposto no n.º 3 do presente artigo, as partes podem, por acordo, escolher livremente o processo de recusa do árbitro.

2. Na falta de tal acordo, a parte que tiver intenção de recusar um árbitro deverá expor, por escrito, os motivos da recusa ao tribunal arbitral, no prazo de quinze dias a contar da data em que teve conhecimento da constituição do tribunal arbitral ou da data em que teve conhecimento das circunstâncias referidas no n.º 2 do artigo 20.º ou do n.º 2 do artigo 22.º. Se o árbitro recusado não se demitir das suas funções ou se outra parte não aceitar a recusa, o tribunal arbitral decidirá sobre a recusa.

3. Se a recusa não puder ser obtida segundo o processo convencionado pelas partes ou nos termos do número anterior, a parte que recusa o árbitro pode, no prazo de trinta dias após lhe ter sido comunicada à decisão que rejeita a recusa, pedir ao tribunal que tome uma decisão sobre a recusa, decisão que será insusceptível de recusa; na pendência deste pedido, o tribunal arbitral, aí incluído o árbitro recusado, pode prosseguir o processo arbitral até proferir uma decisão.

4. Quando um árbitro se encontrar impossibilitado, de direito ou de facto, de cumprir a sua missão ou, por outras razões, não se desincumbir das suas funções num prazo razoável, o seu mandato termina se ele se demitir das suas funções ou se as partes concordarem em lhes pôr fim. No caso de subsistir desacordo quanto a algum destes motivos, qualquer das partes pode pedir ao tribunal judicial que tome uma decisão sobre a cessação do mandato, decisão que será insusceptível de recurso.

5. Se, nos termos deste artigo, um árbitro se demitir das suas funções ou se uma das partes aceitar a cessação do mandato de um árbitro, isso não implica o reconhecimento dos motivos mencionados no n.º 2 do artigo 20.º ou no presente artigo.

6. Quando o mandato do árbitro terminar nos termos dos números anteriores, quando este se demitir das suas funções por qualquer razão, quando o seu mandato for revogado por acordo das partes ou em qualquer outro caso em que seja posto fim ao seu mandato, será nomeado um árbitro substituto, de acordo com as regras aplicáveis à nomeação do árbitro substituído.

7. A constatação da necessidade de substituição implica interrupção da instância até à aceitação da nomeação pelo árbitro substituto.

8. Concretizada a substituição, o tribunal arbitral poderá ordenar a repetição da prova oral já realizada, salvo se o árbitro substituto considerar suficiente a leitura dos registos da prova produzida.

ARTIGO 24.º
(Encargos do processo)

1. A remuneração dos árbitros e dos outros intervenientes no processo, bem como os outros encargos do processo e a sua repartição entre as partes, deve ser fixada na convenção de arbitragem ou em documento posterior subscrito pelas partes, ou resultar do regulamento de arbitragem escolhido nos termos do n.º 1 do artigo 17.º, sendo aplicáveis, na falta de previsão especial, as regras constantes do presente artigo.

2. As custas compreendem os honorários e as despesas dos árbitros, os encargos administrativos do processo e as despesas com a produção de prova.

3. Para efeitos de cálculo de custas o presidente do tribunal ou o árbitro único, fixa um valor ao processo, correspondente à utilidade económica imediata do pedido formulado pela parte requerente e em função do qual são fixados os honorários dos árbitros.

4. Os encargos administrativos, as despesas dos árbitros e as de produção de prova devem ser determinadas pelo seu custo efectivo.

5. Para garantia do pagamento de custas deve haver lugar a realização de preparos.

6. Deve ser prestado um preparo inicial, a efectuar por cada uma das partes, de montante a fixar pelo presidente do tribunal arbitral ou pelo árbitro único, que não pode exceder, para cada uma, 35% do montante total mínimo das custas do processo.

7. No decurso do processo, o presidente do tribunal ou o árbitro único pode ordenar o reforço de preparos até perfazer o montante total mínimo das custas do processo.

8. Os preparos devem ser pagos no prazo de cinco dias a contar da notificação de cada uma das partes.

9. Não sendo tempestivamente efectuado qualquer preparo, deve a parte ser notificada do facto e pode realizá-lo, sem juros, nos cinco dias seguintes à notificação que para esse fim lhe será feita.

10. O não pagamento pontual de qualquer preparo adicional dá lugar a pagamento de juros de mora à taxa legal, sem prejuízo de o tribunal poder determinar, no caso de a falta ser imputável ao demandante, a suspensão da instância e, no caso de ser imputável ao demandado, a impossibilidade de este intervir na audiência de discussão ou apresentar alegações.

CAPÍTULO IV
Funcionamento

ARTIGO 25.º
(Início do processo arbitral)

Salvo convenção das partes em contrário, o processo arbitral relativo a um determinado litígio começa na data em que o pedido de sujeição deste litígio à arbitragem é recebido pelo demandado.

ARTIGO 26.º
(Notificações e comunicações escritas)

1. Excepto se as partes estipularem de forma diferente, considera-se validamente recebida toda a notificação e qualquer outra comunicação escrita que seja entregue ao destinatário, quer pessoalmente, quer no seu domicílio profissional, na sua residência habitual, no seu endereço postal ou em outro endereço especial indicado pela parte.

2. Quando não seja possível determinar nenhum dos lugares referidos no número anterior, após razoável tentativa, considera-se recebida a notificação escrita que haja sido remetida para o último domicílio profissional, residência habitual ou endereço postal conhecidos, por carta registada ou qualquer outro meio que prove que se procurou fazer a entrega.

3. Considera-se recebida à notificação na data em que tenha sido efectuada a entrega, nos termos dos números anteriores.

4. As notificações consideram-se válidas se efectuadas por correio, telex, fax ou outro meio de comunicação que deixe prova escrita,

5. As disposições do presente artigo não se aplicam às comunicações feitas no âmbito de processos judiciais.

ARTIGO 27.º
(Regras de processo)

1. Sem prejuízo das disposições da presente Lei, as partes podem escolher livremente as regras de processo a seguir pelo tribunal arbitral, bem como sobre o lugar da arbitragem.

2. O acordo das partes sobre a matéria referida no número anterior pode resultar da escolha de um regulamento de arbitragem emanado de um organismo institucionalizado de arbitragem ou da escolha dessa entidade para a organização da arbitragem.

3. Se as partes não tiverem acordado sobre as regras de processo a observar na arbitragem e sobre o lugar de funcionamento do tribunal, caberá aos árbitros essa escolha. O lugar da arbitragem será fixado tendo em conta as circunstâncias do caso, aí incluída a conveniência das partes.

4. Na faculdade conferida ao tribunal arbitral referida no número anterior inclui-se a determinação de admissibilidade, pertinência e valor das provas.

5. Não obstante o disposto nos n.ºs 1 e 3 do presente artigo, o tribunal arbitral pode, salvo convenção em contrário das partes, reunir-se em qualquer lugar que julgue apropriado para consultas entre os seus membros, para audição de testemunhas, de peritos ou das partes, ou para exame de mercadorias, outros bens ou documentos.

ARTIGO 28.º
(Articulados do demandante e do demandado)

1. No prazo convencionado pelas partes ou fixado pelo tribunal arbitral, o demandante enunciará os factos que fundamentam o seu pedido, os pontos litigiosos e o objecto do pedido e o demandado enunciará a defesa a propósito destas questões, a menos que outra tenha sido a convenção das partes quanto aos elementos a figurar nas alegações. As partes podem fazer acompanhar as suas alegações de quaisquer documentos que julguem pertinentes ou nelas mencionar documentos ou outros meios de prova que virão a apresentar.

2. Salvo convenção em contrário, qualquer das partes pode modificar ou completar o seu pedido ou a sua defesa no decurso do processo arbitral, a menos que o tribunal arbitral considere que não deve autorizar uma tal alteração em razão do atraso com que é formulada.

ARTIGO 29.º
(Procedimento oral e escrito)

1. Salvo convenção das partes em contrário, o tribunal decidirá se o processo deve comportar fases orais para a produção da prova ou para a exposição oral dos argumentos, ou se o processo deverá ser conduzido na base de documentos escritos ou outros materiais. Contudo, a menos que as partes tenham convencionado que não haverá lugar a um tal procedimento, o tribunal arbitral organizará um procedimento oral num estádio apropriado do processo arbitral, se uma das partes assim o requerer.

2. As partes serão notificadas, com antecedência suficiente, de todas as audiências e reuniões do tribunal arbitral realizadas com a finalidade de examinar mercadorias, outros bens ou documentos.

3. Todas as alegações, documentos ou informações que uma das partes forneça ao tribunal arbitrai devem ser comunicadas à outra parte. Deve igualmente ser comunicado às partes qualquer relatório ou documento apresentado como prova que possa servir de base à decisão do tribunal.

ARTIGO 30.º
(Representação e falta de cumprimento de uma das partes)

1. As partes podem designar quem as represente ou assista em tribunal.
2. Salvo convenção das partes em contrário, se, sem invocar impedimento bastante:
   a) o demandante não apresentar o seu pedido em conformidade com o n.º 1 do artigo 28.º, o tribunal arbitrai porá fim ao processo arbitral;
   b) o demandado não apresentar a sua defesa em conformidade com o n.º 1 do artigo 28.º, o tribunal arbitrai prosseguirá o processo arbitral sem considerar esta falta em si mesma como uma aceitação das alegações do demandante;
   c) uma das partes deixar de comparecer a uma audiência ou de fornecer documentos de prova, o tribunal arbitral prosseguirá o processo e decidirá com base nos elementos de prova de que disponha.

ARTIGO 31.º
(Perito nomeado pelo tribunal arbitral)

1. Salvo convenção das partes em contrário, o tribunal arbitral pode:
   a) nomear um ou mais peritos encarregados de elaborar um relatório sobre pontos específicos que o tribunal determinará;
   b) pedir a uma das partes que forneça ao perito todas as informações relevantes ou que lhe faculte ou tome acessíveis, para exame, quaisquer documentos, mercadorias ou outros bens relevantes.
2. Salvo convenção das partes em contrário, se uma das partes o solicitar ou se o tribunal arbitral o julgar necessário, o perito, após apresentação do seu relatório escrito ou oral, participará numa audiência em que as partes o podem interrogar e na qual podem fazer intervir, na qualidade de testemunhas, peritos que deponham sobre questões em análise.

ARTIGO 32.º
(Provas)

1. Pode ser produzida perante o tribunal arbitral, qualquer prova admitida pela Lei de Processo Civil, sem prejuízo do disposto na alínea g) do artigo 2.º e no n.º 1 do artigo 29.º da presente Lei.
2. O tribunal arbitral, ou uma parte com a autorização daquele tribunal pode requerer ao tribunal judicial assistência para obtenção de provas, sendo os seus resultados remetidos ao tribunal arbitral. O tribunal judicial pode corresponder à solicitação nos limites da sua competência e de acordo com as suas próprias regras relativas à obtenção de provas.

ARTIGO 33.º
(Poder do tribunal arbitral para ordenar medidas provisórias)

1. Salvo convenção em contrário das partes, o tribunal pode, a pedido de uma das partes, ordenar a qualquer delas que tome as medidas provisórias que o tribunal arbitral considere necessárias em relação ao objecto do litígio.

2. O Tribunal arbitral pode exigir a qualquer das partes que, em conexão com as medidas mencionadas no número anterior do presente artigo, preste uma garantia adequada.

CAPÍTULO V
Decisão

ARTIGO 34.º
(Determinação do direito aplicável)

1. As partes poderão escolher livremente as regras de Direito que serão aplicadas na arbitragem, desde que não haja violação dos bons costumes e dos princípios de ordem pública da lei moçambicana.

2. Os árbitros julgam segundo o direito constituído, a menos que as partes, na convenção de arbitragem ou em documento subscrito até à aceitação do primeiro árbitro, os autorizem a julgar segundo a equidade.

3. Quando as partes não estipulem o direito aplicável, o tribunal arbitral aplicará as regras de Direito que considere convenientes.

4. As partes poderão convencionar que a arbitragem se realize com base nos princípios gerais de Direito, nos usos e costumes e nas regras internacionais de comércio.

ARTIGO 35.º
(Prazo para a decisão)

1. Na convenção de arbitragem ou em escrito posterior, até à aceitação do primeiro árbitro, podem as partes fixar o prazo para a decisão do tribunal arbitral ou o modo de estabelecimento desse prazo.

2. Será de seis meses o prazo para a decisão, se outra coisa não resultar do acordo das partes, nos termos do número anterior.

3. O prazo a que se referem os números anteriores conta-se a partir da data da constituição do tribunal.

4. Em caso de força maior, por acordo escrito entre as partes ou por iniciativa do próprio tribunal, o prazo poderá ser prorrogado até ao dobro da sua duração inicial, para tomada de decisão.

5. Os árbitros ou as partes que injustificadamente obstarem a que a decisão seja proferida dentro do prazo fixado respondem pelos danos causados nos termos da lei.

ARTIGO 36.º
(Deliberação)

1. Sendo o tribunal composto por mais de um árbitro, qualquer decisão é tomada por maioria dos seus membros, salvo convenção cm contrário das partes. Todavia, as questões de processo podem ser decididas por um árbitro presidente, se este estiver autorizado para o efeito pelas partes ou por todos os membros do tribunal arbitral.
2. Podem ainda as partes convencionar que, não se tendo formado a maioria necessária, a decisão seja tomada unicamente pelo presidente ou que a questão, se considere decidida no sentido do voto do presidente.
3. No caso de não se formar a maioria necessária, apenas por divergências quanto ao montante de condenação em dinheiro, a questão considera-se decidida no sentido do voto do presidente, salvo diferente convenção expressa das partes.

ARTIGO 37.º
(Decisão sobre questão prejudicial)

1. O tribunal arbitral pode decidir sobre a sua própria competência, ai incluída qualquer excepção relativa à existência ou à validade da convenção de arbitragem.
2. A excepção de incompetência do tribunal arbitral só pode ser arguida até à apresentação das alegações de defesa. O facto de uma parte ter designado um árbitro ou ter participado na sua designação não a priva do direito de arguir esta excepção. A excepção baseada no excesso de poderes do tribunal arbitral será arguida logo que surja, no decurso do processo arbitral, a questão que se considera exceder esses poderes. O tribunal pode, em ambos casos, admitir uma excepção arguida após o prazo previsto, se considerar justificada a demora.
3. O tribunal arbitral pode decidir sobre a excepção referida no número anterior, quer enquanto questão prévia, quer na decisão sobre o fundo da causa. Se o tribunal arbitral decidir, a título de questão prévia, que é competente, qualquer das partes pode, num prazo de trinta dias após ter sido avisada desta decisão, pedir ao tribunal judicial que tome uma decisão sobre este ponto, decisão que será insusceptível de recurso; na pendência deste pedido, o tribunal arbitral pode prosseguir o processo arbitral e proferir uma decisão. Se o tribunal decidir na sentença, a decisão pela qual o tribunal arbitral se declare competente só pode ser apreciada pelo tribunal judicial pelo meio especificado no artigo 44.º da presente Lei.
4. Sobrevindo no curso da arbitragem controvérsia sobre direitos indisponíveis e, verificando-se que, da sua existência ou não, dependerá o julgamento, o árbitro ou o tribunal arbitral deve remeter às partes ao poder judicial, suspendendo o procedimento arbitral.
5. Resolvida à questão prejudicial e junta aos autos a sentença ou acórdão transitados em julgado, a arbitragem prosseguirá normalmente.

ARTIGO 38.º
(Decisão por acordo das partes)

1. Se, no decurso do processo arbitral, as partes se puserem de acordo quanto à decisão do litígio, o tribunal porá fim ao processo arbitral e, se as partes lho solicitarem e ele não tiver nada a opor, constatará o facto através de uma sentença arbitral proferida nos termos acordados pelas partes.

2. A decisão proferida nos termos acordados pelas partes será elaborada em conformidade com as disposições do artigo 39.º e mencionará o facto de que se trata de uma sentença arbitral.

ARTIGO 39.º
(Elementos da sentença arbitral)

1. A sentença do tribunal arbitral é reduzida a escrito e dela deve constar:
a) a identificação das partes;
b) a referência à convenção de arbitragem;
c) o objecto do litígio;
d) a identificação dos árbitros;
e) o lugar da arbitragem, o local, a data em que a decisão foi proferida;
f) a assinatura do árbitro ou árbitros,

2. No processo arbitral com mais de um árbitro, serão suficientes as assinaturas da maioria dos árbitros, desde que seja mencionada a razão da omissão das restantes.

3. A decisão deve ser fundamentada salvo se as partes convencionarem que não haverá lugar à fundamentação ou se tratar de uma sentença proferida com base num acordo das partes nos termos do artigo 38.º.

4. Da decisão deve constar à fixação e repartição, pela partes, dos encargos resultantes do processo.

ARTIGO 40.º
(Extinção do procedimento)

1. As actuações arbitrais terminarão quando for proferida a sentença definitiva, sem prejuízo do previsto no artigo 48.º da presente Lei.

2. As actuações arbitrais podem ainda terminar antecipadamente, nos seguintes casos:
a) retirada do pedido pelo demandante, a menos que o demandado a tanto se oponha e o tribunal arbitral reconheça que este tem um interesse legítimo em que o litígio seja definitivamente resolvido;
b) acordo entre as partes quanto ao encerramento do processo;
c) constatação, pelo tribunal arbitral, de que a prossecução do processo se tornou, por qualquer razão, supérflua ou impossível.

3. À decisão de extinção é aplicável o disposto no artigo 39.º com as necessárias adaptações.

4. O mandato do tribunal arbitral finda com a extinção do procedimento, sem prejuízo do disposto nos artigos 45.º e 48.º da presente Lei.

ARTIGO 41.º
(Suspensão)

As partes, de comum acordo e mediante comunicação escrita aos árbitros, podem suspender o procedimento arbitral antes de proferida a decisão, por um prazo máximo de um mês, contado a partir da última notificação efectuada no processo.

ARTIGO 42.º
(Notificação, depósito e divulgação da sentença)

1. O presidente do tribunal mandará notificar alternada de decisão a cada uma das partes, por carta registada ou outro meio de que fique registo escrito.

2. Logo que se acharem integralmente satisfeitos por ambas as partes ou por qualquer delas os encargos resultantes do processo, será um exemplar da decisão remetido a cada uma das partes.

3. O original da sentença é depositado na secretaria do tribunal judicial do lugar da arbitragem, decorrido o prazo estipulado nos n.ºs 1 e 3 do artigo 48.º, a menos que, na convenção de arbitragem ou em escrito posterior, as partes tenham dispensado tal depósito ou que, nas arbitragens institucionalizadas, o respectivo regulamento preveja outra modalidade de depósito.

4. O presidente do tribunal arbitral notificará as partes do depósito da sentença.

5. A sentença só poderá ser divulgada com o acordo de todas as partes.

6. Poderá ser feita referência à sentença para fins de investigação e estudos, atendendo ao interesse jurídico do caso, desde que se respeite o anonimato das partes e a confidencialidade do processo.

ARTIGO 43.º
(Força executiva)

A decisão arbitral, depositada nos termos do artigo 42.º, produz entre as partes e seus sucessores os mesmos efeitos da sentença proferida pelos órgãos do poder judicial e, sendo condenatória, constitui título executivo.

CAPÍTULO VI
Impugnação

ARTIGO 44.º
(Susceptibilidade de recurso para os tribunais judiciais)

1. Da decisão do tribunal arbitral é admitido apenas recurso de anulação.

2. A sentença arbitral só pode ser anulada pelo tribunal judicial se:
a) a parte que solicitou a anulação forneceu prova de que:
   i. uma parte na convenção de arbitragem referida no artigo 4.º estava ferida de uma incapacidade, ou
   ii. que a dita convenção não é válida nos termos da lei a que as partes a tenham subordinado ou, na falta de qualquer indicação a este propósito, nos termos da lei do Estado Moçambicano; ou
   iii. não foi devidamente informada da nomeação de um árbitro ou do processo arbitral ou lhe foi impossível fazer valer os seus direitos por qualquer outra razão; ou
   iv. a sentença tem por objecto um litígio não retendo no compromisso ou não abrangido pela previsão da cláusula compromissória, ou contém decisões que ultrapassam os termos do compromisso ou da cláusula compromissória, entendendo-se contudo que, se as disposições da sentença relativas a questões submetidas à arbitragem puderem ser dissociadas das que não estiverem submetidas à arbitragem, poderá ser anulada unicamente a parte da sentença que contenha decisões sobre as questões não submetidas à arbitragem; ou
   v. a constituição do tribunal arbitral ou o processo arbitral não estão conforme com a convenção das partes, a menos que essa convenção contrarie uma disposição da presente Lei que as partes não possam derrogar, ou que, na falta de uma tal convenção, não estão conforme com a presente Lei; ou
b) o tribunal constatar que:
   i. o objecto do litígio não é susceptível de ser decidido por arbitragem nos termos da Lei do Estado Moçambicano; ou
   ii. a sentença contraria a ordem pública do Estado Moçambicano.

3. O recurso de anulação referido no presente artigo tem efeito suspensivo.

ARTIGO 45.º
(Interposição, fundamentação e prazo)

1. O recurso de anulação é interposto perante o tribunal arbitral que proferiu a decisão, no prazo de trinta dias contados a partir da sua notificação da notificação da decisão que a rectificou, interpretou ou completou.

2. Do recurso é notificada a parte contrária que pode responder no mesmo prazo. Decorrido este prazo e no prazo máximo de quarenta e oito horas, o tribunal arbitral remeterá o processo para o tribunal judicial competente.

3. O tribunal arbitral deverá recusar o recurso interposto fora de prazo ou cujo fundamento não obedeça às regras referidas no artigo anterior.

4. Da decisão que indefira o recurso é admissível recurso com base em incumprimento dos fundamentos de recusa.

ARTIGO 46.º
(Tramitação do recurso)

1. Quando lhe for solicitado que anule uma sentença, o tribunal judicial pode, se for caso disso e a pedido de uma das partes, suspender o processo de anulação durante o período de tempo que determinar, no sentido de dar ao tribunal arbitral a possibilidade de retomar o processo arbitral ou de tomar qualquer outra medida que o tribunal judicial julgue susceptível de eliminar os motivos da anulação.

2. Findo o prazo referido no número anterior deverá o juiz proferir despacho podendo, para tal, recorrer a meios de prova admitidos pela Lei de Processo Civil.

3. Do despacho referido no artigo anterior não é admissível recurso.

ARTIGO 47.º
(Direito de requerer a anulação)

O direito de recurso da decisão dos árbitros é irrenunciável.

ARTIGO 48.º
(Rectificação, interpretação e sentença adicional)

1. Nos trinta dias seguintes à recepção da sentença, a menos que as partes tenham convencionado outro prazo, uma das partes pode, notificando a outra:
  a) pedir ao tribunal arbitral que rectifique, no texto da sentença, qualquer erro de cálculo, qualquer erro material ou tipográfico ou qualquer erro de natureza semelhante;
  b) se as partes assim o convencionarem, pedir ao tribunal arbitral que interprete um ponto ou passagem precisa da sentença.

2. Se o tribunal considerar o pedido justificado, fará a rectificação ou a interpretação nos trinta dias seguintes à recepção do pedido.

3. Salvo convenção das partes em contrário, uma das partes pode, notificando a outra, pedir ao tribunal arbitral, nos trinta dias seguintes à recepção da sentença, que profira uma sentença adicional sobre certos pontos do pedido expostos no decurso do processo arbitral mas omitidos naquela. Se julgar o pedido justificado, o tribunal proferirá a sentença adicional dentro de sessenta dias.

4. O tribunal arbitral pode prolongar se for necessário, o prazo de que dispõe para rectificar, interpretar ou completar a sentença, nos termos dos n.ºs 2 e 3 do presente artigo.

5. O tribunal arbitral pode, por sua iniciativa, rectificar qualquer erro do tipo referido na alínea a) do n.º 1 do presente artigo, nos trinta dias seguintes à data da sentença.

6. Os pedidos referidos nos números anteriores não têm efeito suspensivo.

7. Se o tribunal não puder reunir de novo, o presidente do tribunal arbitral é competente para interpretar, rectificar ou completar a sentença.

8. São aplicáveis à rectificação, interpretação ou decisão adicional, as disposições do artigo 39.º, com as necessárias adaptações.

9. A decisão que interprete, rectifique ou complete a sentença arbitral é incorporada a esta última e deverá ser notificada às partes.

CAPÍTULO VII
Execução

ARTIGO 49.º
(Execução da sentença)

1. As partes comprometem-se a executar a sentença nos exactos termos que lhes forem comunicados pelo tribunal arbitral.
2. Vencido o prazo fixado pelo tribunal arbitral para o cumprimento da decisão ou, na falta dessa definição, decorrido o prazo referido no n.º 1 do artigo 45.º, sem que a mesma tenha sido cumprida, a parte interessada poderá requerer a sua execução forçada, perante o tribunal judicial competente.

ARTIGO 50.º
(Tramitação da execução forçada)

1. O processo de execução forçada segue os termos do processo sumaríssimo de execução, seja qual for o valor da causa, com as especificidade dos artigos seguintes.
2. A parte que solicita a execução forçada de uma decisão, acompanhará o seu pedido com cópias autenticadas dos seguintes documentos:
   a) convenção arbitral;
   b) decisão arbitral, sua rectificação, interpretação e decisão adicional;
   c) comprovativo da notificação às partes e do depósito da decisão.
3. Se a decisão não foi proferida em português, deverá ser apresentada uma tradução oficial para esta língua.

ARTIGO 51.º
(Oposição à execução)

1. É admitida oposição à execução forçada no prazo de oito dias, contados a partir da notificação da decisão sobre a execução, com fundamento no cumprimento da decisão arbitral, em anulação ou em pendência de recurso de anulação da mesma. Neste último caso a autoridade judicial suspenderá a execução forçada até que o recurso seja resolvido.
2. É vedado ao juiz e nulo o despacho que receba oposição fora dos casos referidos no número anterior.
3. O decurso do prazo para intentar a acção de anulação não obsta a que se invoquem os seus fundamentos em via de oposição à execução.
4. Sobre o despacho que decida sobre a oposição não é admitido recurso.

CAPÍTULO VIII
Arbitragem Comercial Internacional

ARTIGO 52.º
(Conceito)

1. Para efeitos da presente Lei, uma arbitragem será de natureza internacional quando ponha em jogo interesses de comércio internacional e, designadamente, quando:
a) as partes numa convenção arbitral tiverem, no momento da conclusão dessa convenção, o seu domicílio comercial em países diferentes; ou
b) um dos lugares a seguir referidos estiver situado fora do país no qual as partes têm o seu estabelecimento:
   i. o lugar da arbitragem, se este estiver fixado na convenção de arbitragem ou for determinável de acordo com esta;
   ii. Qualquer lugar onde deva ser executada uma parte substancial das obrigações resultantes da relação comercial ou o lugar com o qual o objecto do litígio se ache mais estritamente conexo; ou
c) as partes tiverem convencionado expressamente que o objecto da convenção de arbitragem tem conexões com mais de um país..
2. Para efeitos do previsto no número anterior, se uma parte:
a) tiver mais de um domicílio comercial, o domicílio a tomar em consideração e aquele que tem a relação mais estrita com a convenção de arbitragem;
b) não tiver domicílio comercial, releva para este efeito a sua residência habitual.

ARTIGO 53.º
(Regime)

Na falta de estipulação específica das partes, são aplicáveis à arbitragem comercial internacional as disposições desta Lei relativas à arbitragem em geral, com as necessárias adaptações, sem prejuízo da aplicação das disposições especiais previstas na presente Lei.

ARTIGO 54.º
(Determinação do direito aplicável)

1. O tribunal arbitral decide o litígio de acordo com as regras de Direito escolhidas pelas partes para serem aplicadas ao fundo da causa. Qualquer designação da lei ou do sistema jurídico de um determinado país será considerada, salvo indicação expressa em contrário, como designando directamente as regras jurídicas materiais desse país e não as suas regras de conflitos de leis.
2. Na falta de uma tal designação pelas partes, o tribunal arbitral aplicará a lei designada pela regra de conflitos de leis que ele julgue aplicável na espécie.

3. O tribunal decidirá *ex aequo et bono* ou na qualidade de *amiable compositeur* apenas quando as partes a isso expressamente o autorizarem.

4. Em qualquer caso, o tribunal arbitral decidirá de acordo com as estipulações do contrato e terá em conta os usos do comércio aplicáveis à transacção.

ARTIGO 55.º
(Capacidade)

A capacidade das partes para outorgar a convenção arbitral por si mesmas ou em representação de outra pessoa, será a que seja estabelecida pela lei do lugar do seu domicílio, estabelecimento principal ou residência habitual, salvo se a lei moçambicana for mais favorável à validade da convenção arbitral.

ARTIGO 56.º
(Língua)

1. As partes podem, por acordo, escolher livremente a língua ou línguas a utilizar no processo arbitral. Na falta de um tal acordo o tribunal arbitral determinará a língua ou línguas a utilizar no processo.

2. O acordo ou a determinação referidos no número anterior aplicam-se a qualquer declaração escrita de uma das partes, a qualquer procedimento oral e a qualquer sentença, decisão ou comunicação do tribunal arbitral, a menos que tenha sido especificado de modo diverso.

3. O tribunal arbitral pode ordenar que qualquer peça processual seja acompanhada de uma tradução na língua ou línguas convencionadas pelas partes ou escolhidas pelo tribunal arbitral.

ARTIGO 57.º
(Número de árbitros)

1. As partes podem determinar livremente o número de árbitros.
2. Na falta de tal determinação, os árbitros serão em número de três.

ARTIGO 58.º
(Nomeação de árbitros)

1. As partes podem, por acordo, escolher livremente o processo de nomeação do árbitro ou árbitros, sem prejuízo do disposto nos n.ºs 3 e 4 do presente artigo.

2. Na falta de um tal acordo:
a) no caso de uma arbitragem com três árbitros, cada uma das partes nomeia um árbitro e os dois árbitros assim nomeados escolhem o terceiro árbitro; se uma das partes não nomear o árbitro no prazo de trinta dias a contar da recepção de um pedido feito nesse sentido pela outra parte, ou se os dois árbitros não se puserem de acordo quanto à escolha do terceiro árbitro dentro de trinta dias a contar da respectiva designação, a nomeação é feita, a

pedido de uma das partes, por um organismo institucionalizado de arbitragem escolhido pelas partes;
b) no caso de uma arbitragem com um único árbitro, se as partes não puderem pôr-se de acordo sobre a escolha do árbitro, este será nomeado, a pedido de uma das partes, por um organismo institucionalizado de arbitragem escolhido pelas partes.

3. Qualquer das partes pode pedir ao tribunal judicial que tome a medida pretendida, a menos que o acordo relativo ao processo de nomeação estipule outros meios de assegurar esta nomeação se, durante um processo de nomeação convencionado pelas partes:
   a) uma parte não agir em conformidade com o referido processo; ou
   b) as partes, ou dois árbitros, não puderem chegar a um acordo nos termos derretendo processo; ou
   c) um terceiro, aí incluída uma instituição, não cumprir uma função que lhe foi confiada no referido processo,

4. É aplicável à nomeação de árbitros o disposto nos n.ºs 9 e 10 do artigo 16.º da presente Lei.

ARTIGO 59.º
(Notificação da decisão)

Proferida a sentença, será enviada a cada uma das partes uma cópia assinada pelo árbitro ou árbitros, nos termos do artigo 39.º da presente Lei.

TÍTULO III
Conciliação e Mediação

CAPÍTULO I
Disposições Gerais

ARTIGO 60.º
(Objecto)

1. A conciliação e, a mediação podem ser adoptadas pelas partes como meios alternativos de resolução de conflitos para a solução por mútuo acordo de qualquer litígio susceptível de transacção, antes ou durante a tramitação de um processo judicial. ou arbitral.

2. O procedimento da mediação baseia-se na designação de uma terceira pessoa, imparcial e independente, que tem como função encontrar uma solução satisfatória para ambas as partes.

3. A conciliação tem como função facilitar a comunicação e o relacionamento entre as partes por forma a que as mesmas cheguem a acordo.

4. A conciliação judicial rege-se por normas próprias.

ARTIGO 61.º
(Princípios específicos da conciliação e imediação)

1. Os actos, procedimentos, declarações e informações que tenham lugar na conciliação e na mediação têm carácter reservado e confidencial, estão sujeitos às regras do segredo profissional e são destituídos de valor probatório em qualquer processo judicial.

2. As partes podem participar, de forma directa ou por intermédio de representantes, advogados ou não, aquém deverão ser atribuídos poderes especiais para o acto.

3. Salvo o disposto nos regulamentos das instituições de conciliação e mediação, o processo de conciliação e mediação pode efectuar-se pela forma oral, sem qualquer registo escrito, ou efectuado por meios mecânicos, electrónicos, magnéticos e de natureza semelhante, sem prejuízo da assinatura da acta final pelas partes.

4. Ao aceitar submeter-se à tentativa de conciliação ou mediação, as partes comprometem-se a não utilizar, como argumento ou como meio de prova, em processo arbitral ou judicial de qualquer natureza:
   a) os factos revelados, as afirmações feitas e as sugestões apresentadas pela parte contrária, com vista a uma eventual solução ao litígio;
   b) as propostas apresentadas pelo mediador ou por qualquer das partes;
   c) o facto de qualquer das partes ter feito saber, na conciliação ou mediação, estar disposta a aceitar um acordo apresentado.

ARTIGO 62.º
(Subsidiariedade do regime da arbitragem)

Na falta de previsão pelas partes ou de disposição legal em contrário, é aplicável subsidiariamente à conciliação e mediação o disposto na presente Lei para a arbitragem, com as necessárias adaptações.

ARTIGO 63.º
(Competência)

1. Têm competência para proceder à conciliação e mediação instituições especializadas de conciliação e mediação, nos termos do artigo 69.º, e pessoas singulares, se respeitados os requisitos previstos no presente artigo.

2. Pode ser mediador ou conciliador toda a pessoa singular, maior e plenamente capaz.

CAPÍTULO II
Funcionamento

ARTIGO 64.º
(Regras do processo)

1. As partes podem instituir a mediação ou conciliação de forma conjunta ou separada mediante requerimento apresentado a um mediador ou a um organismo institucionalizado, de conciliação ou mediação, da sua escolha. O mediador ou conciliador nomeado deve notificar as partes para que, de forma imediata, seja realizada a primeira audiência.

2. A audiência principia com a recapitulação dos actos e a fixação dos pontos da controvérsia, desenvolvendo-se de forma a aproximar as partes para que cheguem a acordo ou a obter-se uma solução mutuamente satisfatória.

3. O mediador ou o conciliador deve realizar tantas audiências quantas as necessárias para facilitar a comunicação entre as partes. Em caso de necessidade e sem prejuízo do absoluto respeito do dever de imparcialidade e confidencialidade, podem efectuar-se entrevistas privadas ou separadas de cada uma das partes, uniformada previamente a outra parte.

ARTIGO 65.º
(Conclusão)

1. O processo conclui com a assinatura da acta de conciliação ou mediação, a qual deverá incluir o acordo firmado pelas partes e especificar de forma expressa, os direitos e obrigações de cada uma das partes ou a impossibilidade de alcançar tal conciliação.

2. A acta de conciliação ou mediação tem carácter confidencial, salvo se outra for a vontade das partes ou se a publicidade for necessária para a sua aplicação ou execução.

3. É aplicável, com as necessárias adaptações, o disposto para a arbitragem no artigo 42.º da presente Lei.

ARTIGO 66.º
(Força executiva)

A acta de conciliação ou de mediação depositada tem a mesma força de uma sentença arbitral.

TÍTULO IV
Disposições Finais e Transitórias

CAPÍTULO ÚNICO

ARTIGO 67.º
(Prevalência de Convenções)

Os acordos ou convenções multilaterais ou bilaterais celebrados pelo Estado de Moçambique no âmbito da arbitragem, conciliação e mediação prevalecem sobre as disposições da presente Lei.

ARTIGO 68.º
(Âmbito de aplicação no espaço)

A presente Lei, a excepção dos n.ºs 2 e 4 do artigo 12.º, aplica-se apenas às arbitragens que tenham lugar em território nacional.

ARTIGO 69.º
(Arbitragem, conciliação e mediação institucionalizada)

1. As pessoas jurídicas podem constituir e administrar centros institucionalizados de arbitragem, conciliação e mediação estabelecendo, nos seus estatutos:
  a) carácter representativo da instituição responsável pelo centro de arbitragem, conciliação e mediação;
  b) fim constitutivo especializado de arbitragem, conciliação e mediação.

2. O Ministro da Justiça pode ordenar o encerramento do centro de arbitragem, conciliação ou mediação se for constatado algum facto que demonstre que a instituição não possui condições técnicas ou de idoneidade para a realização de arbitragem, conciliação ou mediação.

ARTIGO 70.º
(Derrogação de normas legais)

1. São alterados e substituídos nos termos deste número **os** seguintes preceitos legais do Código de Processo Civil:

"ARTIGO 49.º"
1. As sentenças proferidas por tribunais em países estrangeiros só podem servir de base à execução depois de revistas confirmadas pelo tribunal competente.
2. (....)"

"ARTIGO 71.º"
(....)
d) da revisão de sentenças proferidas por tribunais estrangeiros."

"ARTIGO 90.º"
1. (....)
2. Se a decisão tiver sido proferida por árbitros em arbitragem que tenha tido lugar em território nacional, a sua execução caberá ao tribunal judicial competente do lugar em que o tribunal arbitral tiver funcionado."

2. Nos artigos 1525.º a 1528.º do Código de Processo Civil as remissões para disposições do regime do tribunal arbitral voluntários devem considerar-se feitas para a presente Lei, com as necessárias adaptações.

3. São ainda alterados e substituídos nos termos deste artigo os seguintes preceitos: nos artigos 20.º e 21.º do Diploma Ministerial n.º 6/96, de 24 de Janeiro, que aprova o Regulamento para a importação de mercadorias sujeitas a inspecção pré-embarque, onde se lê "Conselho Técnico de Arbitragem" deve ler-se "Conselho Técnico de Recurso".

4. É ainda alterado e substituído nos termos destes números, o seguintes preceitos da Lei n.º 5/92, de 6 de Maio:

"ARTIGO 3.º

1. (....)

2. Podem constituir-se tribunais arbitrais no âmbito dos contratos administrativos, da responsabilidade civil contratual ou extracontratual e no contencioso dos actos do conteúdo predominantemente económico, desde que sejam presididos por um juiz do Tribunal Administrativo e neste integrado, salvo se lei especial dispuser em sentido contrário."

ARTIGO 71.º
(Direitos revogados)

1. São revogados o n.º 2 do artigo 48.º, o artigo 814.º c o título I do Livro IV, "do Tribunal Arbitral Voluntário", do Código de Processo Civil.

2. São revogados os artigos 36.º e 47.º do Código de Custas Judiciais aprovado pelo Decreto n.º 43 809, de 20 de Julho de 1991 e alterado pelo Decreto n.º 48/89, de 28 de Dezembro.

3. É revogado o artigo 15.º do Código de Processo de Trabalho aprovado pelo Decreto-Lei n.º 45 497, de 30 de Dezembro de 1963 e pela Portaria n.º 87/70, de 2 de Fevereiro.

4. É revogado o artigo 5.º do Código de Custas Judiciais do Tribunal aprovado pelo Decreto-Lei n.º 45 698, de 30 de Abril de 1964, e pela Portaria n.º 88/70, de 3 de Fevereiro.

ARTIGO 72.º
(Entrada em vigor)

A presente Lei entra em vigor 30 dias após a sua publicação.

Aprovada pela Assembleia da República, aos 4 de Maio de 1999.

O Presidente da Assembleia da República, *Eduardo Joaquim Mulémbwè*.

Promulgada, em 8 de Julho de 1999.

Publique-se.

O Presidente da República, JOAQUIM ALBERTO CHISSANO.

***

CAPÍTULO II
Comentários

LEI DE ARBITRAGEM DE MOÇAMBIQUE

I – Breve introdução
O regime jurídico da Arbitragem, Conciliação e Mediação de Moçambique consta da Lei n.º 11/99 de 8 de Julho (LACM).
De acordo com o preâmbulo da Lei n.º 11/99 pretende-se responder às transformações que se operaram em Moçambique, decorrentes do desenvolvimento de uma economia de mercado e de relações comerciais internacionais.
Com este diploma revogou-se a regulamentação constante do Título I do Livro IV "DO TRIBUNAL ARBITRAL VOLUNTARIO" constante do Código de Processo Civil Português de 1961 aplicável a Moçambique pela Portaria 23090 de 26 de Dezembro 1967.
Cabe-nos realçar a previsão constitucional da Constituição da República de Moçambique de 2004.

"Art. 4.º
(Pluralismo Jurídico)
O Estado reconhece os vários sistemas normativos e de resolução de conflitos que coexistem na sociedade de Moçambique, na medida em que não contrariem os valores principais fundamentais da Constituição.

A "Lei – Modelo" da Comissão das Nações Unidas de Direito Comercial Internacional – CNUDCI ou UNCITRAL (em língua inglesa) é considerada a principal fonte de inspiração da LACM de Moçambique. Encontrámos na LACM um grande exemplo de pluralismo jurídico constitucionalmente consagrado.
A definição da convenção arbitral, a consagração da autonomia da cláusula compromissória, a forma da convenção arbitral e a fixação dos fundamentos do recurso de anulação de sentença arbitral foram inspiradas na Lei Modelo da UNCITRAL. A remissão da arbitragem voluntária laboral para leis especiais resultou da apreciação das leis argentina e boliviana. A opção por incluir na Lei requisitos gerais mínimos a exigir aos árbitros, como sejam ser pessoa singular e ter capacidade, decorreram da análise das leis boliviana e portuguesa. A inclusão na lei de artigo exigindo uma clara adesão do aderente nos contratos de adesão, decorre da análise da lei argentina e brasileira. Da lei portuguesa, a inclusão na definição de arbitragem internacional pela LACM do critério *quando ponha em jogo interesses de comércio internacional*, que nesta lei é tratada como critério geral completado pelas especificações que decorrem da lei – Modelo da UNCITRAL, tais como

domicílio das partes, lugar de arbitragem, local de execução do contrato e objecto da convenção arbitral.[5]

Contrariamente às Leis de Arbitragem dos outros países de língua portuguesa que regulam exclusivamente a ARBITRAGEM VOLUNTÁRIA, Moçambique inovou integrando a regulamentação de outros dois meios alternativos ao sistema judicial para resolução de conflitos: a Conciliação e Mediação de Conflitos.

Assim, no Capítulo único do Título I – Disposições Gerais, da LACM foram incluídas definições de vários princípios ditos comuns à Arbitragem, à Conciliação e à Mediação de Conflitos:
- a) Liberdade (de escolha e adopção dos meios alternativos ao poder judicial);
- b) Flexibilidade (procedimentos informais, adaptáveis e simplificados);
- c) Privacidade (confidencialidade dos processos e seus intervenientes);
- d) Idoneidade (imparcialidade e independência para o desempenho de árbitro ou conciliador);
- e) Celeridade (dinâmica e rapidez na resolução de conflitos);
- f) Igualdade (mesmas condições e todas as possibilidades de fazer valer os seus direitos);
- g) Audiência (oralidade típica dos mecanismos alternativos);
- h) Contraditório (as partes serão ouvidas – oralmente ou por escrito antes de proferida a decisão final).

A compreensão do quadro legal de Moçambique sai reforçada com a análise destas definições, assim como as que constam do artigo 3.º da LACM.

II – Convenção de arbitragem

A distinção tradicional existente na Convenção de Arbitragem entre compromisso arbitral (convenção sobre litígio actual) e cláusula compromissória (convenção sobre litígio eventualmente emergente de uma relação jurídica contratual ou extracontratual) segue a tendência dominante nos países de língua portuguesa.

A convenção de arbitragem deve ter a forma escrita e implicar a renúncia das partes a iniciar processo judicial sem prejuízo da solicitação de medidas provisórias (arts. 10.º e 12.º da LACM). Prevê-se expressamente a nulidade da convenção de arbitragem celebrada com violação do disposto na LACM quanto à legitimidade (art. 6.º) âmbito e exclusões da arbitragem (art. 5.º) ficando na dúvida se a falta de forma escrita fere de nulidade a Convenção de Arbitragem (cfr. arts. 10.º e 12.º).

III – Constituição do tribunal arbitral

A Lei não dispõe sobre qualquer requisito de nacionalidade de árbitros (art. 21.º, n.º 1) e admite quer o tribunal de árbitro único, como o tribunal colegial, desde que este número de árbitros seja ímpar. O tribunal arbitral institucional ou "ad

---

[5] *Relatório Especializado sobre Fontes Técnicas da Elaboração do projecto de Lei de Arbitragem, Conciliação e Mediação*, elaborado sob a Coordenação Técnica do Dr. Jorge Graça.

hoc" considera-se validamente constituído com a nomeação dos árbitros. É dado o poder ao tribunal arbitral para decidir a sua competência.

A LACM regulamenta especificadamente o regime de impedimentos, escusas e recusas dos árbitros. Prevê igualmente as normas de deontologia dos árbitros (artigos 21.°, 22.° e 23.°).

IV – Procedimento/ Funcionamento do tribunal

O Processo Arbitral tem início com a recepção do pedido pelo demandado e pode terminar a qualquer momento por acordo das partes, até que a sentença seja proferida.

Depois da fase dos articulados segue-se a produção de prova (oral ou escrita) segundo o convencionado pelas partes por remissão para regulamento de arbitragem institucional ou escolha do tribunal "ah doc".

No processo arbitral não é obrigatório que as partes se façam representar por advogado podendo o tribunal reunir-se em qualquer lugar para a consulta entre os seus membros, para audição de testemunhas, sem prejuízo do lugar convencional da Arbitragem.

V – Decisão arbitral

As partes poderão convencionar que a arbitragem se realize com base nos princípios gerais de Direito, nos usos e costumes e nas regras internacionais do comércio (art. 34.°, n.° 4).

Os árbitros julgarão sobre as regras de Direito que as partes escolherem, podendo estas autorizar a julgar segundo a equidade.

A deliberação sobre o tribunal arbitral deve ser tomada por maioria simples dos árbitros, tendo o Presidente voto determinante à semelhança da lei de arbitragem portuguesa. Prevê-se que a decisão seja – sentença arbitral – proferida nos termos acordados pelas partes (artigo 38.°, n.° 1). Prevê-se finalmente a dispensa do Tribunal fundamentar decisão por acordo das partes (art. 39.°, n.° 3) o que constitui uma clara manifestação no sentido de dar prevalência da vontade por acordo das partes na prolação da sentença por forma a que a mesma tenha a configuração desejada pelas partes, conforme os sistemas de resolução alternativa de litígios mais evoluídos. Nesse sentido, a sentença só poderá ser divulgada com o acordo de todas as partes.

VI – Impugnação

A LACM prevê apenas o recurso de anulação da decisão arbitral, por fundamentos especificados, e efeito suspensivo sendo o respectivo direito de recurso irrenunciável (artigo 47.°).

Existe uma previsão (artigo 48.°) de rectificação e interpretação da sentença arbitral e a possibilidade de ser proferida uma sentença adicional pelo próprio Presidente se os restantes árbitros não puderem reunir de novo. Este mecanismo é suficientemente abrangente para ir além de mera aclaração podendo, em certa medida, constituir uma forma de "reparação" das sentenças arbitrais.

VII – Reconhecimento e execução de sentença

A decisão arbitral depositada sem que seja objecto de recurso de anulação produz efeitos entre as partes e seus sucessores, constituindo título executivo, caso seja condenatória (artigo 43.º), vencido o prazo dado pelo Tribunal para o seu cumprimento. A execução deverá correr no tribunal judicial competente segundo a forma do processo sumaríssimo de execução.

À execução poderá ainda ser deduzida oposição, com o fundamento no cumprimento da decisão arbitral, em anulação (independentemente do próprio recurso) ou na pendência do recurso de anulação. Não há recurso da decisão desta oposição (artigo 51.º, n.º 4).

VIII – Arbitragem Internacional

A arbitragem terá natureza internacional quando ponha em jogo interesses de comércio internacional, podendo as partes escolher o direito internacional (material) (e a língua) a utilizar pelos árbitros.

As partes poderão ainda incumbir o tribunal de promover a composição amigável ou a equidade, sendo que neste último caso não há, obviamente, lugar à escolha das regras jurídicas materiais, mas, realça a Lei Moçambicana, o tribunal decidirá sempre de acordo com as estipulações do contrato e terá em conta os usos de comércio aplicáveis a transacção (ad. 54). Na falta de escolha aplica-se o direito mais apropriado ao litígio.

Moçambique é o único País Africano de expressão portuguesa que ratificou em 11/6/98 a Convenção de Nova Iorque de 10/6/58, sobre reconhecimento e execução de sentenças arbitrais estrangeiras, graças à sua preocupação de assegurar o desenvolvimento económico e o investimento estrangeiro, bem evidenciados no preâmbulo desta LACM.

No título IV Disposições Finais e Transitórias a LACM (art. 67.º e ss) faz questão de realçar o princípio da prevalência das convenções multilaterais ou bilaterais.

A LACM aplica-se às arbitragens que tenham lugar em Moçambique sem prejuízo das convenções internacionais ratificadas.

IX – Mediação de Conflitos

Na definição legal a conciliação aparece como que subalternizada em relação à mediação pois apenas se destina a facilitar a comunicação e o relacionamento entre as partes. A mediação de conflitos visa, segundo a LACM, a busca da solução satisfatória para ambas as partes (art. 60.º).[6]

Impõe-se a renúncia à utilização como meios de prova dos elementos revelados pelas partes em Mediação e Conciliação pelo que se preconiza o registo e elaboração da acta das respectivas sessões (incorrectamente referidas como audiências).

---

[6] O regime previsto do *amiable compositeur* é visto como um sistema de Resolução alternativa de litígios entre a mediação e a arbitragem.

O regime da arbitragem aparece como regime supletivo com as necessárias adaptações que poderão ser muito relevantes.

X – Arbitragem institucional

Ao Ministro da Justiça pertence a tutela, cabendo-lhe nomeadamente ordenar encerramento de centros institucionalizados de Arbitragem, Conciliação ou Mediação que as pessoas jurídicas podem constituir e administrar.

TÍTULO VII
PORTUGAL

PORTUGAL

CAPÍTULO I
Legislação

CONSTITUIÇÃO DA REPÚBLICA PORTUGUESA

(...)

CAPÍTULO I
Princípios Gerais

ARTIGO 202.º
(Função jurisdicional)

(...)
4. A lei poderá institucionalizar instrumentos e formas de composição não jurisdicional de conflitos.

CAPÍTULO II
Organização dos tribunais

ARTIGO 209.º
(Categorias de tribunais)

1. Além do Tribunal Constitucional, existem as seguintes categorias de tribunais:
a) O Supremo Tribunal de Justiça e os tribunais judiciais de primeira e de segunda instância;
b) O Supremo Tribunal Administrativo e os demais tribunais administrativos e fiscais;
c) O Tribunal de Contas.
2. Podem existir tribunais marítimos, tribunais arbitrais e julgados de paz.
3. A lei determina os casos e as formas em que os tribunais previstos nos números anteriores se podem constituir, separada ou conjuntamente, em tribunais de conflitos.
4. Sem prejuízo do disposto quanto aos tribunais militares, é proibida a existência de tribunais com competência exclusiva para o julgamento de certas categorias de crimes.

(...)

***

CÓDIGO DE PROCESSO DOS TRIBUNAIS ADMINISTRATIVOS

LEI N.º 15/2002,
de 22 de Fevereiro

(...)

TÍTULO IX
Tribunal arbitral e centros de arbitragem

ARTIGO 180.º
Tribunal arbitral

1. Sem prejuízo do disposto em lei especial, pode ser constituído tribunal arbitral para o julgamento de:
   a) Questões respeitantes a contratos, incluindo a apreciação de actos administrativos relativos à respectiva execução;
   b) Questões de responsabilidade civil extracontratual, incluindo a efectivação do direito de regresso;
   c) Questões relativas a actos administrativos que possam ser revogados sem fundamento na sua invalidade, nos termos da lei substantiva.

2. Excepcionam-se do disposto no número anterior os casos em que existam contra-interessados, salvo se estes aceitarem o compromisso arbitral.

ARTIGO 181.º
Constituição e funcionamento

1. O tribunal arbitral é constituído e funciona nos termos da lei sobre arbitragem voluntária, com as devidas adaptações.

2. Para os efeitos do número anterior, e sem prejuízo do disposto em lei especial, as referências que na mencionada lei são feitas ao Tribunal de Relação e ao respectivo Presidente consideram-se reportadas ao Tribunal Central Administrativo e ao seu Presidente e as referências ao tribunal de comarca consideram-se feitas ao tribunal administrativo de círculo.

ARTIGO 182.º
Direito à outorga de compromisso arbitral

O interessado que pretenda recorrer à arbitragem no âmbito dos litígios previstos no artigo 180.º pode exigir a celebração de compromisso arbitral, nos termos da lei.

ARTIGO 183.º
Suspensão de prazos

A apresentação de requerimento ao abrigo do disposto no artigo anterior suspende os prazos de que dependa a utilização dos meios processuais próprios da jurisdição administrativa.

ARTIGO 184.º
Competência para outorgar compromisso arbitral

1. A outorga de compromisso arbitral por parte do Estado é objecto de despacho do Ministro da Justiça a proferir no prazo de 30 dias, contado desde a apresentação do requerimento do interessado.
2. Nas demais pessoas colectivas de direito público, a competência prevista no número anterior pertence ao presidente do respectivo órgão dirigente.
3. No caso das Regiões Autónomas e das autarquias locais, a competência referida nos números anteriores pertence, respectivamente, ao Governo Regional e ao órgão autárquico que desempenha funções executivas.

ARTIGO 185.º
Exclusão da arbitragem

Não pode ser objecto de compromisso arbitral a responsabilidade civil por prejuízos decorrentes de actos praticados no exercício da função política e legislativa ou da função jurisdicional.

ARTIGO 186.º
Impugnação da decisão arbitral

1. As decisões proferidas por tribunal arbitral podem ser anuladas pelo Tribunal Central Administrativo com qualquer dos fundamentos que, na lei sobre arbitragem voluntária, podem determinar a anulação da decisão dos árbitros pelo Tribunal de Relação.
2. As decisões proferidas por tribunal arbitral também podem ser objecto de recurso para o Tribunal Central Administrativo, nos moldes em que a lei sobre arbitragem voluntária prevê o recurso para o Tribunal de Relação, quando o tribunal arbitral não tenha decidido segundo a equidade.

ARTIGO 187.º
Centros de arbitragem

1. O Estado pode, nos termos da lei, autorizar a instalação de centros de arbitragem permanente, destinados à composição de litígios no âmbito das seguintes matérias:
  a) Contratos;
  b) Responsabilidade civil da Administração;

c) Funcionalismo público;
d) Sistemas públicos de protecção social;
e) Urbanismo.

2. A vinculação de cada Ministério à jurisdição de centros de arbitragem depende de portaria conjunta do Ministro da Justiça e do Ministro da tutela, que estabelece o tipo e o valor máximo dos litígios abrangidos, conferindo aos interessados o poder de se dirigirem a esses centros para a resolução de tais litígios.

3. Aos centros de arbitragem previstos no n.º 1 podem ser atribuídas funções de conciliação, mediação ou consulta no âmbito de procedimentos de impugnação administrativa.

***

CÓDIGO CIVIL PORTUGUÊS

(redacção dada pela Lei n.º 61/2008, de 31 de Outubro, que altera o regime jurídico do divórcio)

ARTIGO 1774.º
Mediação familiar

Antes do início do processo de divórcio, a conservatória do registo civil ou o tribunal devem informar os cônjuges sobre a existência e os objectivos dos serviços de mediação familiar.

(...)

***

ARBITRAGEM VOLUNTÁRIA

LEI N.º 31/86
de 29 de Agosto

A Assembleia da República decreta, nos termos dos artigos 164.º, alínea d), 168.º, n.º 1, alínea q), e 169.º, n.º 2, da Constituição, o seguinte:

CAPÍTULO I

ARTIGO 1.º
(Convenção de arbitragem)

1. Desde que por lei especial não esteja submetido exclusivamente a tribunal judicial ou a arbitragem necessária, qualquer litígio que não respeite a direitos indisponíveis pode ser cometido pelas partes, mediante convenção de arbitragem, à decisão de árbitros.

2. A convenção de arbitragem pode ter por objecto um litígio actual, ainda que se encontre afecto a tribunal judicial (compromisso arbitral), ou litígios eventuais emergentes de uma determinada relação jurídica contratual ou extracontratual (cláusula compromissória).

3. As partes podem acordar em considerar abrangidas no conceito de litígio, para além das questões de natureza contenciosa em sentido estrito, quaisquer outras, designadamente as relacionadas com a necessidade de precisar, completar, actualizar ou mesmo rever os contratos ou as relações jurídicas que estão na origem da convenção de arbitragem.

4. O Estado e outras pessoas colectivas de direito público podem celebrar convenções de arbitragem, se para tanto forem autorizados por lei especial ou se elas tiverem por objecto litígios respeitantes a relações de direito privado.

ARTIGO 2.º
(Requisitos da convenção; revogação)

1. A convenção de arbitragem deve ser reduzida a escrito.

2. Considera-se reduzida a escrito a convenção de arbitragem constante ou de documento assinado pelas partes, ou de troca de cartas, telex, telegramas ou outros meios de telecomunicação de que fique prova escrita, quer esses instrumentos contenham directamente a convenção, quer deles conste cláusula de remissão para algum documento em que uma convenção esteja contida.

3. O compromisso arbitral deve determinar com precisão o objecto do litígio; a cláusula compromissória deve especificar a relação jurídica a que os litígios respeitem.

4. A convenção de arbitragem pode ser revogada, até à pronúncia da decisão arbitral, por escrito assinado pelas partes.

ARTIGO 3.º
(Nulidade da convenção)

É nula a convenção de arbitragem celebrada com violação do disposto nos artigos 1.º, n.ºs 1 e 4, e 2.º, n.ºs 1 e 2.

ARTIGO 4.º
(Caducidade da convenção)

1. O compromisso arbitral caduca e a cláusula compromissória fica sem efeito, quanto ao litígio considerado:
   a) Se algum dos árbitros designados falecer, se escusar ou se impossibilitar permanentemente para o exercício da função ou se a designação ficar sem efeito, desde que não seja substituído nos termos previstos no artigo 13.º;
   b) Se, tratando-se de tribunal colectivo, não puder formar-se maioria na deliberação dos árbitros;
   c) Se a decisão não for proferida no prazo estabelecido de acordo com o disposto no artigo 19.º
2. Salvo convenção em contrário, a morte ou extinção das partes não faz caducar a convenção de arbitragem nem extinguir a instância no tribunal arbitral.

ARTIGO 5.º
(Encargos do processo)

A remuneração dos árbitros e dos outros intervenientes no processo, bem como a sua repartição entre as partes, deve ser fixada na convenção de arbitragem ou em documento posterior subscrito pelas partes, a menos que resultem dos regulamentos de arbitragem escolhidos nos termos do artigo 15.º

CAPÍTULO II
Dos árbitros e do tribunal arbitral

ARTIGO 6.º
(Composição do tribunal)

1. O tribunal arbitral poderá ser constituído por um único árbitro ou por vários, em número ímpar.
2. Se o número de membros do tribunal arbitral não for fixado na convenção de arbitragem ou em escrito posterior assinado pelas partes, nem deles resultar, o tribunal será composto por três árbitros.

ARTIGO 7.º
(Designação dos árbitros)

1. Na convenção de arbitragem ou em escrito posterior por elas assinado, devem as partes designar o árbitro ou árbitros que constituirão o tribunal, ou fixar o modo por que serão escolhidos.
2. Se as partes não tiverem designado o árbitro ou os árbitros nem fixado o modo da sua escolha, e não houver acordo entre elas quanto a essa designação, cada

uma indicará um árbitro, a menos que acordem em que cada uma delas indique mais de um em número igual, cabendo aos árbitros assim designados a escolha do árbitro que deve completar a constituição do tribunal.

ARTIGO 8.º
(Árbitros: requisitos)

Os árbitros devem ser pessoas singulares e plenamente capazes.

ARTIGO 9.º
(Liberdade de aceitação; escusa)

1. Ninguém pode ser obrigado a funcionar como árbitro; mas, se o encargo tiver sido aceite, só será legítima a escusa fundada em causa superveniente que impossibilite o designado de exercer a função.
2. Considera-se aceite o encargo sempre que a pessoa designada revele a intenção de agir como árbitro ou não declare, por escrito dirigido a qualquer das partes, dentro dos dez dias subsequentes à comunicação da designação, que não quer exercer a função.
3. O árbitro que, tendo aceitado o encargo, se escusar injustificadamente ao exercício da sua função responde pelos danos a que der causa.

ARTIGO 10.º
(Impedimentos e recusas)

1. Aos árbitros não nomeados por acordo das partes é aplicável o regime de impedimentos e escusas estabelecido na lei de processo civil para os juízes.
2. A parte não pode recusar o árbitro por ela designado, salvo ocorrência de causa superveniente de impedimento ou escusa, nos termos do número anterior.

ARTIGO 11.º
(Constituição tribunal)

1. A parte que pretenda instaurar o litígio no tribunal arbitral deve notificar desse facto a parte contrária.
2. A notificação é feita por carta registada com aviso de recepção.
3. A notificação deve indicar a convenção de arbitragem e, se ele não resultar já determinado da convenção, precisar o objecto do litígio, sem prejuízo da sua ampliação pela parte contrária.
4 Se às partes couber designar um ou mais árbitros, a notificação conterá a designação do árbitro ou árbitros pela parte que se propõe instaurar a acção, bem como o convite dirigido à outra parte para designar o árbitro ou árbitros que lhe cabe indicar.
5. Se o árbitro único dever ser designado por acordo das duas partes, a notificação conterá a indicação do árbitro proposto e o convite à outra parte para que o aceite.

6. Caso pertença a terceiro a designação de um ou mais árbitros e tal designação não haja ainda sido feita, será o terceiro notificado para a efectuar e a comunicar a ambas as partes.

(Redacção dada pela Lei n.º 38/2003, de 8 de Março)

ARTIGO 12.º
(Nomeação de árbitros e determinação do objecto do litígio pelo tribunal judicial)

1. Em todos os casos em que falte nomeação de árbitro ou árbitros, em conformidade com o disposto nos artigos anteriores, caberá essa nomeação ao presidente do tribunal da relação do lugar fixado para a arbitragem ou, na falta de tal fixação, do domicílio do requerente.

2. A nomeação pode ser requerida passado um mês sobre a notificação prevista no artigo 11.º, n.º 1, no caso contemplado nos n.ºs 4 e 5 desse artigo, ou no prazo de um mês a contar da nomeação do último dos árbitros a quem compete a escolha, no caso referido no artigo 7.º, n.º 2.

3. As nomeações feitas nos termos dos números anteriores não são susceptíveis de impugnação.

4. Se a convenção de arbitragem for manifestamente nula, deve o tribunal da relação declarar não haver lugar à designação de árbitros; da decisão cabe reclamação para a conferência, precedendo distribuição, e do acórdão que esta proferir cabe recurso, nos termos gerais.

(Redacção dada pela Lei n.º 38/2003, de 8 de Março)

ARTIGO 13.º
(Substituição dos árbitros)

Se algum dos árbitros falecer, se escusar ou se impossibilitar permanentemente para o exercício das funções ou se a designação ficar sem efeito, proceder-se-á à sua substituição segundo as regras aplicáveis à nomeação ou designação, com as necessárias adaptações.

ARTIGO 14.º
(Presidente do tribunal arbitral)

1. Sendo o tribunal constituído por mais de um árbitro, escolherão eles entre si o presidente, a menos que as partes tenham acordado, por escrito, até à aceitação do primeiro árbitro, noutra solução.

2. Não sendo possível a designação do presidente nos termos do número anterior, caberá a escolha ao presidente do tribunal da relação.

3. Compete ao presidente do tribunal arbitral preparar o processo, dirigir a instrução, conduzir os trabalhos das audiências e ordenar os debates, salvo convenção em contrário.

CAPÍTULO III
Do funcionamento da arbitragem

ARTIGO 15.º
(Regras de processo)

1. Na convenção de arbitragem ou em escrito posterior, até à aceitação do primeiro árbitro, podem as partes acordar sobre as regras de processo a observar na arbitragem, bem como sobre o lugar onde funcionará o tribunal.

2. O acordo das partes sobre a matéria referida no número anterior pode resultar da escolha de um regulamento de arbitragem emanado de uma das entidades a que se reporta o artigo 38.º ou ainda da escolha de uma dessas entidades para a organização da arbitragem.

3. Se as partes não tiverem acordado sobre as regras de processo a observar na arbitragem e sobre o lugar de funcionamento do tribunal, caberá aos árbitros essa escolha.

ARTIGO 16.º
(Princípios fundamentais a observar no processo)

Em qualquer caso, os trâmites processuais da arbitragem deverão respeitar os seguintes princípios fundamentais:

a) As partes serão tratadas com absoluta igualdade;
b) O demandado será citado para se defender;
c) Em todas as fases do processo será garantida a estreita observância do princípio do contraditório;
d) Ambas as partes devem ser ouvidas, oralmente ou por escrito, antes de ser proferida a decisão final.

ARTIGO 17.º
(Representação das partes)

As partes podem designar quem as represente ou assista em tribunal.

ARTIGO 18.º
(Provas)

1. Pode ser produzida perante o tribunal arbitral qualquer prova admitida pela lei de processo civil.

2. Quando a prova a produzir dependa da vontade de uma das partes ou de terceiro e estes recusem a necessária colaboração, pode a parte interessada, uma vez obtida autorização do tribunal arbitral, requerer ao tribunal judicial que a prova seja produzida perante ele, sendo os seus resultados àquele primeiro tribunal.

CAPÍTULO IV
Da decisão arbitral

ARTIGO 19.º
(Prazo para a decisão)

1. Na convenção de arbitragem ou em escrito posterior, até à aceitação do primeiro árbitro, podem as partes fixar o prazo para a decisão do tribunal arbitral ou o modo de estabelecimento desse prazo.
2. Será de seis meses o prazo para a decisão, se outra coisa não resultar do acordo das partes, nos termos do número anterior.
3. O prazo a que se referem os n.ºs 1 e 2 conta-se a partir da data da designação do último árbitro, salvo convenção em contrário.
4. Por acordo escrito das partes, poderá o prazo da decisão ser prorrogado até ao dobro da sua duração inicial.
5. Os árbitros que injustificadamente obstarem a que a decisão seja proferida dentro do prazo fixado respondem pelos danos causados.

ARTIGO 20.º
(Deliberação)

1. Sendo o tribunal composto por mais de um membro, a decisão é tomada por maioria de votos, em deliberação em que todos os árbitros devem participar, salvo se as partes, na convenção de arbitragem ou em acordo escrito posterior, celebrado até à aceitação do primeiro árbitro, exigirem uma maioria qualificada.
2. Podem ainda as partes convencionar que, não se tendo formado a maioria necessária, a decisão seja tomada unicamente pelo presidente ou que a questão se considere decidida no sentido do voto do presidente.
3. No caso de não se formar a maioria necessária apenas por divergências quanto ao montante de condenação em dinheiro, a questão considera-se decidida no sentido do voto do presidente, salvo diferente convenção das partes.

ARTIGO 21.º
(Decisão sobre a própria competência)

1. O tribunal arbitral pode pronunciar-se sobre a sua própria competência, mesmo que para esse fim seja necessário apreciar a existência, a validade ou a eficácia da convenção de arbitragem ou do contrato em que ela se insira, ou a aplicabilidade da referida convenção.
2. A nulidade do contrato em que se insira uma convenção de arbitragem não acarreta a nulidade desta, salvo quando se mostre que ele não teria sido concluído sem a referida convenção.
3. A incompetência do tribunal arbitral só pode ser arguida até à apresentação da defesa quanto ao fundo da causa, ou juntamente com esta.

4. A decisão pela qual o tribunal arbitral se declara competente só pode ser apreciada pelo tribunal judicial depois de proferida a decisão sobre o fundo da causa e pelos meios especificados nos artigos 27.º e 21.º

ARTIGO 22.º
(Direito aplicável; recurso à equidade)

Os árbitros julgam segundo o direito constituído, a menos que as partes, na convenção de arbitragem ou em documento subscrito até à aceitação do primeiro árbitro, os autorizem a julgar segundo a equidade.

ARTIGO 23.º
(Elementos de decisão)

1. A decisão final do tribunal arbitral é reduzida a escrito e dela constará:
a) A identificação das partes;
b) A referência à convenção de arbitragem;
c) O objecto do litígio;
d) A identificação dos árbitros;
e) O lugar da arbitragem e o local e a data em que a decisão foi proferida;
f) A assinatura dos árbitros;
g) A indicação dos árbitros que não puderem ou não quiserem assinar.

2. A decisão deve conter um número de assinaturas pelo menos igual ao da maioria dos árbitros e incluirá os votos de vencido, devidamente identificados.

3. A decisão deve ser fundamentada.

4. Da decisão constará a fixação e repartição pelas partes dos encargos resultantes do processo.

ARTIGO 24.º
(Notificação e depósito da decisão)

1. O presidente do tribunal mandará notificar a decisão a cada uma das partes, mediante a remessa de um exemplar dela, por carta registada.

2. O original da decisão é depositado na secretaria do tribunal judicial do lugar da arbitragem, a menos que na convenção de arbitragem ou em escrito posterior as partes tenham dispensado tal depósito ou que, nas arbitragens institucionalizadas, o respectivo regulamento preveja outra modalidade de depósito.

3. O presidente do tribunal arbitral notificará as partes do depósito da decisão.

ARTIGO 25.º
(Extinção do poder dos árbitros)

O poder jurisdicional dos árbitros finda com a notificação do depósito da decisão que pôs termo ao litígio ou, quando tal depósito seja dispensado, com a notificação da decisão às partes.

ARTIGO 26.º
(Caso julgado e força executiva)

1. A decisão arbitral, notificada às partes e, se for caso disso, depositada no tribunal judicial nos termos do artigo 24.º, considera-se transitada em julgado logo que não seja susceptível de recurso ordinário.

2. A decisão arbitral tem a mesma força executiva que a sentença do tribunal judicial de 1.ª instância.

CAPÍTULO V
Impugnação da decisão arbitral

ARTIGO 27.º
(Anulação da decisão)

1. A sentença arbitral só pode ser anulada pelo tribunal judicial por algum dos seguintes fundamentos:
   a) Não ser o litígio susceptível de resolução por via arbitral;
   b) Ter sido proferida por tribunal incompetente ou irregularmente constituído;
   c) Ter havido no processo violação dos princípios referidos no artigo 16.º, com influência decisiva na resolução do litígio;
   d) Ter havido violação do artigo 23.º, n.ºs 1, alínea f), 2 e 3;
   e) Ter o tribunal conhecido de questões de que não podia tomar conhecimento, ou ter deixado de pronunciar-se sobre questões que devia apreciar.

2. O fundamento de anulação previsto na alínea b) do número anterior não pode ser invocado pela parte que dele teve conhecimento no decurso da arbitragem e que, podendo fazê-lo, não o alegou oportunamente.

3. Se da sentença arbitral couber recurso e ele for interposto, a anulabilidade só poderá ser apreciada no âmbito desse recurso.

ARTIGO 28.º
(Direito de requerer a anulação; prazo)

1. O direito de requerer a anulação da decisão dos árbitros é irrenunciável.

2. A acção de anulação pode ser intentada no prazo de um mês a contar da notificação da decisão arbitral.

ARTIGO 29.º
(Recursos)

1. Se as partes não tiverem renunciado aos recursos, da decisão arbitral cabem para o tribunal da relação os mesmos recursos que caberiam da sentença proferida pelo tribunal de comarca.

2. A autorização dada aos árbitros para julgarem segundo a equidade envolve a renúncia aos recursos.

CAPÍTULO VI
Execução da decisão arbitral

ARTIGO 30.º
(Execução da decisão)

A execução da decisão arbitral corre no tribunal de 1.ª instância, nos termos da lei de processo civil.

ARTIGO 31.º
(Oposição à execução)

O decurso do prazo para intentar a acção de anulação não obsta a que se invoquem os seus fundamentos em via de oposição à execução da decisão arbitral.

CAPÍTULO VII
Da arbitragem internacional

ARTIGO 32.º
(Conceito de arbitragem internacional)

Entende-se por arbitragem internacional a que põe em jogo interesses de comércio internacional.

ARTIGO 33.º
(Direito aplicável)

1. As partes podem escolher o direito a aplicar pelos árbitros, se os não tiverem autorizado a julgar segundo a equidade.
2. Na falta de escolha, o tribunal aplica o direito mais apropriado ao litígio.

ARTIGO 34.º
(Recursos)

Tratando-se de arbitragem internacional, a decisão do tribunal não é recorrível, salvo se as partes tiveram acordado a possibilidade de recurso e regulado os seus termos.

ARTIGO 35.º
(Composição amigável)

Se as partes lhe tiverem confiado essa função, o tribunal poderá decidir o litígio por apelo à composição das partes na base do equilíbrio dos interesses em jogo.

CAPÍTULO VIII
Disposições finais

ARTIGO 36.º
(Alterações ao Código de Processo Civil)

São alterados e substituídos nos termos deste artigo os seguintes preceitos do Código de Processo Civil:

ARTIGO 90.º
[...]

1 – ...
2 – Se a decisão tiver sido proferida por árbitros em arbitragem que tenha tido lugar em território português, é competente para a execução o tribunal da comarca do lugar da arbitragem.

ARTIGO 814.º
(Execução baseada em decisão arbitral)

1 – São fundamentos de oposição à execução baseada em sentença arbitral não só os previstos no artigo anterior mas também aqueles em que pode basear-se a anulação judicial da mesma decisão.

2 – O tribunal indeferirá oficiosamente o pedido de execução quando reconhecer que o litígio não podia ser cometido à decisão por árbitros, quer por estar submetido, por lei especial, exclusivamente a tribunal judicial ou a arbitragem necessária, quer por o direito litigioso não ser disponível pelo seu titular.

ARTIGO 37.º
(Âmbito de aplicação no espaço)

O presente diploma aplica-se às arbitragens que tenham lugar em território nacional.

ARTIGO 38.º
(Arbitragem Institucionalizada)

O Governo definirá, mediante decreto-lei, o regime da outorga de competência a determinadas entidades para realizarem arbitragens voluntárias institucionalizadas, com especificação, em cada caso, do carácter especializado ou geral de tais arbitragens, bem como as regras de reapreciação e eventual revogação das autorizações concedidas, quando tal se justifique.

ARTIGO 39.º
(Direito revogado)

1. É revogado o Decreto-Lei n.º 243/84, de 17 de Julho.
2. É revogado o artigo 55.º do Código das Custas Judiciais.
3. É revogado o título I do livro IV, «Do tribunal arbitral voluntário», do Código de Processo Civil.

ARTIGO 40.º
(Entrada em vigor)

O presente sente diploma entra em vigor três meses após sua publicação.

Aprovada em 24 de Julho de 1986.

O Presidente da Assembleia da República, *Fernando Monteiro do Amaral*.

Promulgada em 16 de Agosto de 1986.

Publique-se.

O Presidente da República, MÁRIO SOARES.

Referendada em 19 de Agosto de 1986.

O Primeiro-Ministro, *Aníbal António Cavaco Silva*.

***

DECRETO-LEI N.º 425/86
de 27 de Dezembro

Na difusão dos mecanismos de arbitragem voluntária estará uma das vias para desbloquear a actividade dos tribunais; dá-se, para mais, a circunstância de as experiências comparatísticas revelarem que este meio alternativo da justiça judicial possui virtualidades de realização de uma justiça igualmente certa e dignificada.

Acontece que para a difusão dessas soluções arbitrais contribuirá, de modo muito significativo, a existência de centros a funcionar, institucionalizada e permanentemente, como que profissionalizando a actividade; tais centros de arbitragem tendem, nos países com uma vida económica mais intensa, a absorver muito do que antes estava imputado a arbitragens ad hoc. Isso mesmo foi sublinhado na exposição de motivos da proposta de lei n.º 34/IV, que deu origem à Lei n.º 31/86, de 29 de Agosto.

Cabe, no entanto, dar execução ao estabelecido no artigo 38.º desta lei. É o que agora se faz, tendo em vista o comando dimanado da Assembleia da República.

Procurou-se, ao dar-lhe cumprimento, congregar o objectivo de não cometer ao Governo, através do Ministro da Justiça, uma discricionariedade não controlável, com o de não prefixar critérios legais excessivamente rígidos, que desvirtuariam a natural flexibilidade do sistema.

Assim, em desenvolvimento do artigo 38.º da Lei n.º 31/86, de 29 de Agosto:

O Governo decreta, nos termos da alínea c) do n.º 1 do artigo 201.º da Constituição, o seguinte:

ARTIGO 1.º

1. As entidades que, no âmbito da Lei n.º 31/86, de 29 de Agosto, pretendam promover, com carácter institucionalizado, a realização de arbitragens voluntárias, devem requerer ao Ministro da Justiça autorização para a criação dos respectivos centros.

2. No requerimento referido no número anterior as entidades interessadas devem expor circunstanciadamente as razões que justificam a sua pretensão, delimitando o objecto das arbitragens que pretendem levar a efeito.

ARTIGO 2.º

Ao apreciar os pedidos formulados nos termos do artigo anterior, o Ministro da Justiça deve tomar em conta a representatividade da entidade requerente e a sua idoneidade para a prossecução da actividade que se propõe realizar, com vista a verificar se estão preenchidas as condições que assegurem uma execução adequada de tal actividade.

ARTIGO 3.º

O despacho proferido sobre o requerimento deve ser fundamentado, especificando, em cada caso, o carácter especializado ou geral das arbitragens a realizar pela entidade requerente.

ARTIGO 4.º

1. Constará de portaria do Ministro da Justiça uma lista das entidades autorizadas a realizar arbitragens voluntárias institucionalizadas, com a menção, para cada uma, do carácter especializado ou geral destas.

2. A lista a que se refere o número anterior será anualmente actualizada.

ARTIGO 5.º

1. A autorização concedida nos termos do presente diploma pode ser revogada se ocorrer algum facto que demonstre que a entidade em causa deixou de possuir condições técnicas ou de idoneidade para a realização de arbitragens voluntárias institucionalizadas.

2. O despacho de revogação, devidamente fundamentado, é publicado no Diário da República.

ARTIGO 6.º

1. As entidades que realizem arbitragens voluntárias institucionalizadas sem que para tal tenham obtido prévia autorização são punidas com coima de 300.000$00 a 500.000$00.

2. A aplicação da coima prevista no número anterior compete ao secretário-geral do Ministério da Justiça.

ARTIGO 7.º

O presente diploma entrará em vigor dez dias após a sua publicação

***

LEGISLAÇÃO CONEXA

Açores – Serviço Regional de Conciliação e Arbitragem do Trabalho
   Decreto Legislativo Regional n.º 24/88/A, de 19 de Maio – Cria o Serviço Regional de Conciliação e Arbitragem do Trabalho
   Decreto Legislativo Regional n.º 29/96/A, de 13 de Novembro – Altera o Decreto Legislativo Regional n.º 24/88/A, de 19 de Maio (cria o Serviço Regional de Conciliação e Arbitragem do Trabalho)

Arbitragem voluntária
   Portaria n.º 81/2001, de 8 de Fevereiro
   Portaria n.º 350/2001, de 9 de Abril
   Portaria n.º 1516/2002, de 19 de Dezembro
   Portaria n.º 709/20003, de 4 de Agosto
   Publicação da lista das entidades autorizadas a realizarem arbitragens voluntárias institucionalizadas.
   Decreto-Lei n.º 103/91, de 8 de Março (mantido em vigor pelo Decreto-Lei n.º 224-A/96, de 26 de Novembro) – Estabelece a isenção de custas para o exequente em acções de execução para obter o cumprimento de sentença condenatória proferida pelo tribunal arbitral dos centros de arbitragem de conflitos de consumo.

Comissões arbitrais municipais
   Decreto-Lei n.º 161/2006, de 8 de Agosto – Aprova e regula as comissões arbitrais municipais.

Matéria laboral
   Lei n.º 99/2003, de 27 de Agosto – Código do Trabalho
   Lei n.º 35/2004, de 29 de Julho – Regulamentação do Código do Trabalho
   Portaria n.º 1100/2006, de 13 de Outubro – Fixa os honorários dos árbitros do tribunal arbitral.
   Protocolo de Acordo subscrito pelo Ministério da Justiça, pela Confederação dos Agricultores de Portugal, pela Confederação do Comércio e Serviços de Portugal, pela Confederação Geral dos Trabalhadores-Intersindical Nacional, pela Confederação da Indústria Portuguesa, pela Confederação do Turismo Português e pela União Geral de Trabalhadores que cria o **Sistema de Mediação Laboral**.

Madeira – Centro de Arbitragem de conflitos de consumo
Decreto Legislativo Regional n.º 14/2004/M, de 1 de Julho – Cria o Centro de Arbitragem de conflitos de consumo na Madeira.

Mediação Familiar
Decreto-Lei n.º 314/78, de 27 de Outubro – Organização Tutelar de Menores – Art. 147.º-D, aditado pelo art. 1.º da Lei n.º 133/99, de 28 de Agosto.
Despacho n.º 12368/97 (2.ª Série), de 25 de Novembro – Criação do Gabinete de Mediação Familiar de Lisboa.
Despacho n.º 1091/2002 (2.ª Série), de 4 de Janeiro – Alargamento da competência territorial do Gabinete de Mediação Familiar de Lisboa.
Despacho n.º 5524/2005, de 28 de Fevereiro (DR 52 Série II de 2005-03-15) – Criação do Gabinete de Mediação Familiar de Coimbra.

Mediação Penal
Lei n.º 21/2007, de 12 de Junho – Aprova o regime jurídico da mediação em processo penal (vide infra).
Portaria n.º 68-A/2008, de 22 de Janeiro – Aprova o modelo de notificação de envio do processo para mediação penal, previsto no n.º 3 do artigo 3.º da Lei n.º 21/2007, de 12 de Junho.
Portaria n.º 68-B/2008, de 22 de Janeiro – Aprova o Regulamento do Procedimento de Selecção dos Mediadores Penais a inscrever nas listas previstas no artigo 11.º da Lei n.º 21/2007, de 12 de Junho.
Portaria n.º 68-C/2008, de 22 de Janeiro – Aprova o Regulamento do Sistema de Mediação Penal.
Despacho n.º 2168-A/2008, de 18 de Janeiro, do Secretário de Estado da Justiça (DR n.º 15, Série II, Suplemento de 2008-01-22) – Fixa a remuneração a auferir pelo mediador de conflitos, no âmbito do sistema de mediação penal.

Julgados de Paz
Lei n.º 78/2001, de 13 de Julho – Regula a competência, organização e funcionamento dos julgados de paz e a tramitação dos processos da sua competência.
Decreto-Lei n.º 140/2003, de 2 de Julho – Alargamento da Competência territorial dos Julgados de Paz.
Portaria n.º 1112/2005, de 28 de Outubro – Aprova o regulamento que disciplina a organização e o funcionamento dos serviços de mediação disponíveis nos julgados de paz e estabelece as condições de acesso aos mesmos, bem como as regras por que deve pautar-se a actividade dos mediadores de conflitos. Revoga a Portaria n.º 436/2002, de 22 de Abril.

Resolução Alternativa de Litígios
Decreto-Lei n.º 146/99, de 4 de Maio – Estabelece os princípios e regras a que devem obedecer a criação e o funcionamento de entidades privadas de resolução extrajudicial de conflitos de consumo.

Portaria n.º 328/2000, de 9 de Junho – Aprova o regulamento do registo das entidades que pretendam instituir procedimentos de resolução extrajudicial de conflitos de consumo através de serviços de mediação, de comissões de resolução de conflitos ou de provedores de cliente.
Resolução do Conselho de Ministros n.º 175/2001, de 28 de Dezembro – Promove, determina e recomenda a resolução de litígios por meios alternativos, como a mediação ou a arbitragem (vide infra).

Procedimento extrajudicial de conciliação para a viabilização de empresas
Decreto-Lei n.º 316/98, de 20 de Outubro – Regula o procedimento extrajudicial de conciliação para a viabilização de empresas em situação de insolvência ou em situação económica difícil.
Decreto-Lei n.º 201/2004, de 18 de Agosto – altera os arts. 1.º a 4.º, 10.º e 11.º do DL 316/98, de 20 de Outubro.
Resolução do Conselho de Ministros n.º 175/2001 – Promove, determina e recomenda a resolução de litígios por meios alternativos, como a mediação ou a arbitragem.

***

RESOLUÇÃO DO CONSELHO DE MINISTROS N.º 175/2001

Entre as melhores e mais notáveis transformações acontecidas em Portugal no último quartel do século XX, a decisiva afirmação da cidadania e o aparecimento da democracia económica precipitaram um grande desajustamento entre a nova, muito multiplicada e diversificada procura de tutela judiciária e a capacidade oferecida pelo sistema judicial.

Cumprindo o seu primeiro dever funcional, o Governo vem fazendo um esforço sem precedentes para trazer ao mundo judicial um significativo acréscimo de meios, com mais magistrados, muito mais funcionários, novas instalações e, sobretudo, novos recursos tecnológicos e novos modelos organizativos, com que se começam a conceber e a preparar os tribunais e os processos que o princípio do novo século exige.

Porém, esse empenho na elevação do investimento e na modernização dos tribunais, por maior que seja, já não será certamente suficiente para responder adequadamente aos demais desafios apontados pela antevisão do futuro.

É inadiável começar já e com a ousadia da antecipação a progredir para a construção de um sistema em que a administração da justiça haverá de ser caracterizada por maior acessibilidade, proximidade, celeridade, economia, multiplicidade, diversidade, proporcionalidade, informalidade, oportunidade, visibilidade, comunicabilidade, inteligibilidade, equidade, participação, legitimidade, responsabilidade e reparação efectiva.

Ora, é nesta abertura que novos meios de prevenção e diferentes modalidades de superação de conflitos vão ganhar espaço próprio, ao mesmo tempo que as expressões organizativas da sociedade civil são convocadas para acrescentar à sua maior exigência cívica a responsabilidade de uma nova e verdadeira protagonização na realização quotidiana e concreta da justiça.

Por pouco conhecidas entre nós, mas suficientemente experimentadas noutros lugares, as modalidades de resolução alternativa de litígios podem ainda oferecer o âmbito e a circunstância para uma outra, bem diferente, actuação do Estado.

É que, em contraste com a intervenção exclusivista e de reserva absoluta de poder que invariavelmente se atribuiu neste domínio, o Estado pode aqui e agora apostar numa verdadeira partilha de competências com outros agentes sociais, impulsionando um movimento que promova uma distinta repartição de atribuições, que melhor sirva os cidadãos e a colectividade.

Trazendo outras pessoas e outras instituições a concorrer activamente na realização da justiça, o Estado pode, com vantagem, guardar apenas para si a sua primordial função de regulação e enquadramento imparcial.

Mas o reforço da qualidade da democracia e o aprofundamento da cidadania sugerem também a construção de uma nova relação do Estado com os cidadãos e com as empresas. Exigem que o Estado, ele mesmo, voluntariamente aceite e promova exemplarmente a resolução dos seus litígios fora dos tribunais, quer confiando a decisão a um terceiro neutral que arbitrará quer admitindo o auxílio de um mediador desprovido de poderes de imposição de um juízo vinculativo. Esta é uma opção expressamente acolhida no âmbito da reforma da justiça administrativa.

Assim, nos termos da alínea g) do artigo 199.º da Constituição, o Conselho de Ministros resolve:

1. Reafirmar o firme propósito de promover e incentivar a resolução de litígios por meios alternativos, como a mediação ou a arbitragem, enquanto formas céleres, informais, económicas e justas de administração e realização da justiça.

2. Assumir e afirmar que o Estado, nas suas relações com os cidadãos e com as outras pessoas colectivas, pode e deve activamente propor e aceitar a superação dos diferendos em que ele mesmo seja parte com recurso aos meios alternativos de resolução de litígios.

3. Determinar que, no contexto da negociação de contratos em que o Estado ou outras pessoas colectivas públicas que integram a administração estadual indirecta sejam parte, se proponham e convencionem cláusulas que privilegiem a composição de diferendos com recurso aos meios alternativos de resolução de litígios, nos termos da lei.

4. Recomendar que, no contexto da negociação de contratos em que seja parte uma entidade integrada no sector empresarial do Estado, se proponham e convencionem cláusulas que privilegiem a composição de diferendos com recurso a meios alternativos de resolução de litígios, nos termos da lei.

5. Determinar que, no desenvolvimento das suas atribuições, o Estado e outras pessoas colectivas públicas que integram a administração estadual indirecta proponham e adoptem soluções concretas de mediação e de arbitragem como modalidades, preventivas e alternativas, de composição de litígios com os cidadãos, as empresas e outras pessoas colectivas.

6. Fazer novamente saber que, sem prejuízo da escolha de arbitragem ad hoc, os centros de arbitragem legalmente reconhecidos e institucionalizados constituem hoje uma oferta merecedora de especial confiança e indiscutível aceitação para actuarem nos diferendos acima referidos.

Presidência do Conselho de Ministros, 5 de Dezembro de 2001. – O Primeiro-Ministro, *António Manuel de Oliveira Guterres*.

***

LEI DE MEDIAÇÃO PENAL

Lei n.º 21/2007, de 12 de Junho: cria um regime de mediação penal, em execução do artigo 10.º da Decisão Quadro n.º 2001/220/JAI, do Conselho, de 15 de Março, relativa ao estatuto da vítima em processo penal.

Cria um regime de mediação penal, em execução do artigo 10.º da Decisão Quadro n.º 2001/220/JAI, do Conselho, de 15 de Março, relativa ao estatuto da vítima em processo penal. A Assembleia da República decreta, nos termos da alínea c) do artigo 161.º da Constituição, o seguinte:

ARTIGO 1.º
(Objecto)

A presente lei cria o regime da mediação em processo penal.

ARTIGO 2.º
(Âmbito)

1. A mediação em processo penal pode ter lugar em processo por crime cujo procedimento dependa de queixa ou de acusação particular.
2. A mediação em processo penal só pode ter lugar em processo por crime que dependa apenas de queixa quando se trate de crime contra as pessoas ou de crime contra o património.
3. Independentemente da natureza do crime, a mediação em processo penal não pode ter lugar nos seguintes casos:
   a) O tipo legal de crime preveja pena de prisão superior a 5 anos;
   b) Se trate de processo por crime contra a liberdade ou autodeterminação sexual;

c) Se trate de processo por crime de peculato, corrupção ou tráfico de influência;
d) O ofendido seja menor de 16 anos;
e) Seja aplicável processo sumário ou sumaríssimo.

4. Nos casos em que o ofendido não possua o discernimento para entender o alcance e o significado do exercício do direito de queixa ou tenha morrido sem ter renunciado à queixa, a mediação pode ter lugar com intervenção do queixoso em lugar do ofendido.

5. Nos casos referidos no número anterior, as referências efectuadas na presente lei ao ofendido devem ter-se por efectuadas ao queixoso.

ARTIGO 3.º
(Remessa do processo para mediação)

1. Para os efeitos previstos no artigo anterior, o Ministério Público, em qualquer momento do inquérito, se tiverem sido recolhidos indícios de se ter verificado crime e de que o arguido foi o seu agente, e se entender que desse modo se pode responder adequadamente às exigências de prevenção que no caso se façam sentir, designa um mediador das listas previstas no artigo 11.º e remete-lhe a informação que considere essencial sobre o arguido e o ofendido e uma descrição sumária do objecto do processo.

2. Se o ofendido e o arguido requererem a mediação, nos casos em que esta é admitida ao abrigo da presente lei, o Ministério Público designa um mediador nos termos do número anterior, independentemente da verificação dos requisitos aí previstos.

3. Nos casos previstos nos números anteriores, o arguido e o ofendido são notificados de que o processo foi remetido para mediação, de acordo com modelo aprovado por portaria do Ministro da Justiça.

4. Quando razões excepcionais o justifiquem, nomeadamente em função da inserção comunitária ou ambiente cultural do arguido e ofendido, o mediador pode transferir o processo para outro mediador que repute mais indicado para a condução da mediação, disso dando conhecimento, fundamentadamente, por meios electrónicos, ao Ministério Público e ao organismo referido no artigo 13.º

5. O mediador contacta o arguido e o ofendido para obter os seus consentimentos livres e esclarecidos quanto à participação na mediação, informando-os dos seus direitos e deveres e da natureza, finalidade e regras aplicáveis ao processo de mediação, e verifica se aqueles reúnem condições para participar no processo de mediação.

6. Caso não obtenha consentimento ou verifique que o arguido ou o ofendido não reúne condições para a participação na mediação, o mediador informa disso o Ministério Público, prosseguindo o processo penal.

7. Se o mediador obtiver os consentimentos livres e esclarecidos do arguido e do ofendido para a participação na mediação, estes assinam um termo de consentimento, que contém as regras a que obedece a mediação, e é iniciado o processo de mediação.

ARTIGO 4.º
(Processo de mediação)

1. A mediação é um processo informal e flexível, conduzido por um terceiro imparcial, o mediador, que promove a aproximação entre o arguido e o ofendido e os apoia na tentativa de encontrar activamente um acordo que permita a reparação dos danos causados pelo facto ilícito e contribua para a restauração da paz social.
2. O arguido e o ofendido podem, em qualquer momento, revogar o seu consentimento para a participação na mediação.
3. Quando se revista de utilidade para a boa resolução do conflito podem ser chamados a intervir na mediação outros interessados, nomeadamente eventuais responsáveis civis e lesados.
4. O disposto no n.º 2 é aplicável, com as necessárias adaptações, à participação na mediação de eventuais responsáveis civis e lesados.
5. O teor das sessões de mediação é confidencial, não podendo ser valorado como prova em processo judicial.

ARTIGO 5.º
(Tramitação subsequente)

1. Não resultando da mediação acordo entre arguido e ofendido ou não estando o processo de mediação concluído no prazo de três meses sobre a remessa do processo para mediação, o mediador informa disso o Ministério Público, prosseguindo o processo penal.
2. O mediador pode solicitar ao Ministério Público uma prorrogação, até um máximo de dois meses, do prazo previsto no número anterior, desde que se verifique uma forte probabilidade de se alcançar um acordo.
3. Resultando da mediação acordo, o seu teor é reduzido a escrito, em documento assinado pelo arguido e pelo ofendido, e transmitido pelo mediador ao Ministério Público.
4. No caso previsto no número anterior, a assinatura do acordo equivale a desistência da queixa por parte do ofendido e à não oposição por parte do arguido, podendo o ofendido, caso o acordo não seja cumprido no prazo fixado, renovar a queixa no prazo de um mês, sendo reaberto o inquérito.
5. Para os efeitos previstos no número anterior, o Ministério Público verifica se o acordo respeita o disposto no artigo 6.º e, em caso afirmativo, homologa a desistência de queixa no prazo de cinco dias, devendo a secretaria notificar imediatamente a homologação ao mediador, ao arguido e ao ofendido.
6. Havendo indicação de endereço electrónico ou de número de fax ou telefone, a notificação referida no número anterior é efectuada por uma dessas vias.
7. Os processos em que tenha havido mediação e em que desta tenha resultado acordo são tramitados como urgentes desde a recepção do acordo pelo Ministério Público até ao termo dos trâmites a que se referem os n.ºs 5 e 6.

8. Quando o Ministério Público verifique que o acordo não respeita o disposto no artigo 6.º, devolve o processo ao mediador, para que este, no prazo de 30 dias, juntamente com o ofendido e o arguido, sane a ilegalidade.

ARTIGO 6.º
(Acordo)

1. O conteúdo do acordo é livremente fixado pelos sujeitos processuais participantes, sem prejuízo do disposto no número seguinte.

2. No acordo não podem incluir-se sanções privativas da liberdade ou deveres que ofendam a dignidade do arguido ou cujo cumprimento se deva prolongar por mais de seis meses.

3. Havendo renovação de queixa nos termos do n.º 4 do artigo 5.º, o Ministério Público verifica o incumprimento do acordo, podendo, para esse fim, recorrer aos serviços de reinserção social, a órgãos de polícia criminal e a outras entidades administrativas.

ARTIGO 7.º
(Suspensão de prazos)

1. A remessa do processo para mediação determina a suspensão do prazo previsto no n.º 1 do artigo 283.º do Código de Processo Penal e dos prazos de duração máxima do inquérito previstos no artigo 276.º do Código de Processo Penal.

2. Os prazos de prescrição do procedimento criminal suspendem-se desde a remessa do processo para mediação até à sua devolução pelo mediador ao Ministério Público ou, tendo resultado da mediação acordo, até à data fixada para o seu cumprimento.

ARTIGO 8.º
(Presença de advogado nas sessões de mediação)

Nas sessões de mediação, o arguido e o ofendido devem comparecer pessoalmente, podendo fazer-se acompanhar de advogado ou de advogado estagiário.

ARTIGO 9.º
(Custas)

Pelo processo de mediação não há lugar ao pagamento de custas, aplicando-se no demais o disposto no livro XI do Código de Processo Penal e no Código das Custas Judiciais.

ARTIGO 10.º
(Exercício da actividade do mediador penal)

1. No desempenho das suas funções, o mediador penal deve observar os deveres de imparcialidade, independência, confidencialidade e diligência.

2. O mediador penal que, por razões legais, éticas ou deontológicas, não tenha ou deixe de ter assegurada a sua independência, imparcialidade e isenção deve recusar ou interromper o processo de mediação e informar disso o Ministério Público, que procede à sua substituição de acordo com o previsto no n.º 1 do artigo 3.º

3. O mediador penal tem o dever de guardar segredo profissional em relação ao teor das sessões de mediação.

4. O mediador penal fica vinculado ao segredo de justiça em relação à informação processual de que tiver conhecimento em virtude de participação no processo de mediação.

5. Não é permitido ao mediador penal intervir, por qualquer forma, nomeadamente como testemunha, em quaisquer procedimentos subsequentes à mediação, como o processo judicial ou o acompanhamento psicoterapêutico, quer se tenha aí obtido ou não um acordo e ainda que tais procedimentos estejam apenas indirectamente relacionados com a mediação realizada.

6. A fiscalização da actividade dos mediadores penais cabe à comissão prevista no n.º 6 do artigo 33.º da Lei n.º 78/2001, de 13 de Julho.

ARTIGO 11.º
(Listas de mediadores penais)

1. São organizadas, no quadro dos serviços de mediação dos julgados de paz, listas contendo os nomes das pessoas habilitadas a exercer as funções de mediador penal, o respectivo domicílio profissional, endereço de correio electrónico e contacto telefónico.

2. Cabe ao Ministério da Justiça:
   a) Desenvolver os procedimentos conducentes à inscrição dos mediadores nas listas;
   b) Assegurar a manutenção e actualização das listas, bem como a sua disponibilização aos serviços do Ministério Público;
   c) Criar um sistema que garanta a designação sequencial dos mediadores pelo Ministério Público, sem prejuízo do disposto no n.º 4 do artigo 3.º;
   d) Disponibilizar as listas de mediadores penais na página oficial do Ministério da Justiça.

3. A inscrição nas listas não investe o mediador penal na qualidade de agente nem garante o pagamento de qualquer remuneração fixa por parte do Estado.

ARTIGO 12.º
(Pessoas habilitadas a exercer as funções
de mediador penal)

1. As listas de mediadores penais são preenchidas mediante um procedimento de selecção, podendo candidatar-se quem satisfizer os seguintes requisitos:
   a) Ter mais de 25 anos de idade;
   b) Estar no pleno gozo dos seus direitos civis e políticos;
   c) Ter licenciatura ou experiência profissional adequadas;

d) Estar habilitado com um curso de mediação penal reconhecido pelo Ministério da Justiça;
e) Ser pessoa idónea para o exercício da actividade de mediador penal;
f) Ter o domínio da língua portuguesa.

2. Entre outras circunstâncias, é indiciador de falta de idoneidade para inscrição nas listas oficiais o facto de o requerente ter sido condenado por sentença transitada em julgado pela prática de crime doloso.

3. Os critérios de graduação e os termos do procedimento de selecção são aprovados por portaria do Ministro da Justiça.

ARTIGO 13.º
(Remuneração do mediador penal)

A remuneração pela prestação de serviços de mediador penal consta de tabela fixada por despacho do Ministro da Justiça, sendo suportada por verbas inscritas no orçamento do organismo do Ministério da Justiça ao qual incumbe promover os meios de resolução alternativa de litígios.

ARTIGO 14.º
(Período experimental)

1. A partir da entrada em vigor da presente lei e por um período de dois anos, a mediação penal funciona a título experimental nas circunscrições a designar por portaria do Ministro da Justiça, a qual define igualmente os demais termos da prestação do serviço de mediação penal nessas circunscrições.

2. Durante o período experimental, o Ministério da Justiça adopta as medidas adequadas à monitorização e avaliação da mediação em processo penal.

3. Decorrido o período experimental previsto no n.º 1, a extensão da mediação penal a outras circunscrições depende de portaria do Ministro da Justiça.

ARTIGO 15.º
(Aplicação no tempo)

A presente lei aplica-se aos processos penais iniciados após a sua entrada em vigor.

ARTIGO 16.º
(Entrada em vigor)

A presente lei entra em vigor no 30.º dia após a sua publicação.

***

CAPÍTULO II
Comentários

ARBITRAGEM VOLUNTÁRIA EM PORTUGAL

I – Breve Introdução

A arbitragem voluntária encontra-se regulada em Portugal pela Lei 31/86, de 29 de Agosto (adiante designada abreviadamente por LAV).

Por seu turno, a arbitragem institucionalizada – realizada através de centros de arbitragem de carácter permanente e pré-existentes ao litígio, reconhecidos e "certificados" pelo Ministério da Justiça – encontra-se regulada pela Lei *supra* referida e, bem assim, pelo Decreto-Lei n.º 425/86, de 27 de Dezembro de 1986.

A Lei de Arbitragem Voluntária Portuguesa, da autoria da Senhora Prof. Isabel Magalhães Colaço, revestiu à data um carácter bastante inovador. Não só visava substituir o então muito criticado Decreto-Lei n.º 243/84, como assumia na sua exposição de motivos a ideia fundamental de que *"a constituição e o funcionamento dos tribunais arbitrais devem desvincular-se de toda a desnecessária ou desrazoável intervenção dos tribunais judiciais, reconhecendo-se às partes, dentro dos limites fixados na lei, o poder e o dever de forjar soluções requeridas para a correcta actuação da instituição arbitral"*.

A intervenção mínima ou residual do Tribunal judicial e a consagração do princípio da autonomia do Tribunal Arbitral eram os seus dois princípios basilares, expressamente reconhecidos na sua Exposição de Motivos.

Contudo, é curioso notar que, volvidos praticamente 22 anos desde a entrada em vigor da LAV, umas das críticas mais frequentes que se encontram na doutrina portuguesa está directamente relacionada com a excessiva judicialização dos Tribunais Arbitrais.

Hoje, *"a intervenção judicial assume, em regra, duas vertentes essenciais: uma primeira de apoio ao processo arbitral e uma segunda de fiscalização da legalidade da sua actuação"*[7].

Ora, se pensarmos que, nos termos do enquadramento legislativo actual, os Tribunais Judiciais podem vir a ser chamados a assumir um papel decisivo no funcionamento de um processo arbitral em fases e matérias tão distintas como, por exemplo, na nomeação de árbitros, na nomeação do presidente do Tribunal Arbitral, na obtenção de prova, no depósito da sentença arbitral, na revisão e confirmação de uma sentença arbitral estrangeira, no julgamento de recursos, no julgamento de acção de anulação ou na execução de uma sentença arbitral, rapidamente se chega à conclusão que esta ponderação, em pleno ano de 2008, é oportuna e necessária.

---

[7] *"Contribuição para a Reforma da Lei de Arbitragem Voluntária"*, Manuel Pereira Barrocas, Separata da Revista da Ordem dos Advogados, Ano 67, I – Lisboa, Janeiro, 2007.

Não obstante o que atrás se refere, sempre se dirá que a Lei de Arbitragem Voluntária Portuguesa, de 29 de Agosto de 1986, com alterações de pormenor à redacção original, introduzidas pelo Decreto-Lei n.º 38/2003, de 8 de Março, permanece válida ainda hoje na sua matriz essencial.

Contudo, a experiência da sua aplicação pelos árbitros, os advogados das partes e os tribunais judiciais tem evidenciado, paulatinamente, a necessidade do Governo Português vir a ponderar a introdução de alterações ao diploma legal da arbitragem, não só para adequar o texto à evolução do Direito da Arbitragem nestes últimos vinte e dois anos, com reformas legislativas recentes e relevantes em muitos países e territórios, designadamente, em Espanha, Inglaterra, Alemanha, Finlândia, Itália, Irlanda, Grécia, Suécia ou mesmo Macau, mas também com vista a clarificar alguns enunciados normativos.

Refira-se que este processo se encontra, actualmente, em curso no âmbito dos serviços do Ministério da Justiça de Portugal.

II – Convenção de Arbitragem

O artigo 1.º da Lei 31/86, de 29 de Agosto, define o critério de arbitrabilidade de acordo com o princípio da disponibilidade de direitos. Qualquer litígio que não respeite a direitos indisponíveis pode ser cometido pelas partes à decisão de um Tribunal Arbitral.

A convenção de arbitragem inclui tanto a cláusula compromissória (se tiver por objecto litígios eventuais emergentes de uma determinada relação jurídica contratual ou extracontratual) como o compromisso arbitral (se tiver por objecto um litígio actual, ainda que se encontre afecto a um Tribunal judicial).

A convenção deve ser reduzida a escrito, sob pena de ser considerada nula.

A convenção caduca se (i) algum dos árbitros falecer, se escusar ou se impossibilitar permanentemente para a função e não venha a ser substituído, (ii) tratando-se de tribunal colectivo não puder formar-se maioria na deliberação dos árbitros, (iii) a decisão não for proferida dentro do prazo.

III – Constituição do Tribunal Arbitral

O Tribunal Arbitral poderá ser constituído por um único árbitro ou por vários, em número ímpar, encontrando-se fixada uma regra supletiva de três árbitros na eventualidade das partes não disporem sobre o assunto. Os árbitros devem ser pessoas singulares e plenamente capazes.

Os árbitros são designados na convenção de arbitragem ou em escrito posterior por elas assinado (ou fixar o modo como os mesmos serão escolhidos). Se não existir acordo quanto à designação dos árbitros, cada uma das partes designará um árbitro, cabendo aos árbitros designados pelas partes escolherem o árbitro que deve completar a constituição do Tribunal Arbitral. Se, porventura, não existir acordo nesta matéria, o árbitro será nomeado pelo Presidente do Tribunal da Relação do lugar fixado para a Arbitragem.

Salvo convenção em contrário das partes, o presidente do Tribunal Arbitral tem a competência para preparar o processo, dirigir a instrução, conduzir os trabalhos das audiências e ordenar os debates.

Por último, o artigo 11.º da LAV estabelece as regras procedimentais aplicáveis entre as partes na constituição do Tribunal Arbitral

IV – Procedimento e Funcionamento do Tribunal

As partes podem acordar sobre as regras do processo e sobre o lugar onde funcionará o Tribunal Arbitral, o que pode resultar da escolha de um regulamento de um centro de arbitragem institucionalizado ou mesmo na "entrega" da organização e gestão do processo a uma dessas instâncias arbitrais.

Sobre esta matéria, refira-se que as entidades habilitadas – autorizadas – a realizarem arbitragens voluntárias institucionalizadas estão expressamente previstas na Portaria n.º 81/2001, de 8 de Fevereiro[8].

Os princípios fundamentais a observar na Arbitragem são (i) absoluta igualdade das partes, (ii) oportunidade de defesa do demandado, (iii) observância do princípio do contraditório em todas as fases, (iv) audição oral e escrita de ambas as partes, antes de ser proferida a sentença.

Pese embora se verifique que o princípio da confidencialidade não tem consagração legal expressa na LAV, a verdade é que a prática de arbitragem portuguesa tem demonstrado que esse é um dos aspectos fundamentais na escolha da via da arbitragem, sobretudo, se tivermos em linha de conta que, nos termos do artigo 167.º do Código de Processo Civil Português, o processo civil é público.

Por outro lado, importa referir que perante o Tribunal Arbitral pode ser produzida qualquer prova admitida pela de lei de processo civil. Caso a prova a produzir dependa da vontade de uma das partes ou de terceiros e estes recusem a necessária colaboração, pode a parte interessada, com a autorização do Tribunal Arbitral, requerer ao Tribunal Judicial que a prova seja produzida perante si, sendo os resultados remetidos ao Tribunal Arbitral. Este aspecto tem sido também apontado como um dos principais obstáculos ao normal funcionamento dos Tribunais Arbitrais, dada a excessiva dependência dos Tribunais Judiciais em matéria de produção de prova.

V – Decisão Arbitral

Se outra coisa não resultar do acordo entre as partes, o prazo para a decisão será de seis meses, a contar da data da designação do último árbitro.

Este prazo geral poderá ser prorrogado até ao dobro da sua duração inicial (ou seja, por novo período de seis meses). Alguns Árbitros e Advogados têm apontado para a necessidade de se alargar este prazo, atendendo, sobretudo, à enorme complexidade de determinadas arbitragens (por exemplo, com multi-partes) e a exiguidade do tempo disponível para a prolação da sentença.

A decisão arbitral é tomada por maioria dos votos, em deliberação que todos os árbitros devem participar. Ora, é também certo que a participação de todos os árbitros, embora desejável, nem sempre é uma realidade alcançável.

---

[8] Esta Portaria deveria ser actualizada anualmente pelo Ministério da Justiça, o que, na prática, não se tem verificado. Ao longo dos últimos anos, o Ministério da Justiça tem autorizado algumas entidades a realizarem arbitragens voluntárias institucionalizadas que não constam da Portaria referida.

Acresce, ainda, que o Tribunal Arbitral também pode pronunciar-se sobre a sua própria competência, nos termos do artigo 21.º da LAV.

Os árbitros julgam segundo o direito constituído (o que não dizer que seja sobre o direito processual constituído), a menos que as partes os autorizem a julgar segundo a equidade.

A decisão arbitral deve ser fundamentada, reduzida a escrito e conter obrigatoriamente:

(i) a identificação das partes, (ii) a referência à convenção de arbitragem, (iii) o objecto do litígio, (iv) a identificação dos árbitros, (v) o lugar da arbitragem e o local e data em que a decisão foi proferida, (vi) a assinatura dos árbitros, (vii) a indicação dos árbitros que não puderem ou não quiserem assinar.

A decisão deve conter, pelo menos, um número de assinaturas igual à maioria dos votos e incluirá os votos de vencido, devidamente identificados.

O poder jurisdicional dos árbitros extingue-se com a notificação da decisão ou com a notificação do depósito da decisão na secretaria do tribunal judicial do lugar da arbitragem. A eventual correcção, aclaração ou revisão da decisão arbitral fica, assim, impossibilitada. Nos trabalhos desenvolvidos recentemente pelo Ministério da Justiça a propósito de uma eventual alteração da LAV, a possibilidade do Tribunal Arbitral vir aclarar uma determinada decisão ou rectificar um determinado erro material, num prazo relativamente curto, foi seriamente ponderada e tudo indica que isso possa vir a ser acolhido numa breve revisão da LAV.

A decisão arbitral tem a mesma força executiva que a sentença do tribunal judicial de 1.ª Instância.

VI – Impugnação

Em matéria de impugnação de decisões arbitrais, a proposta apresentada pela Prof. Isabel Magalhães Colaço, *"optava por uma solução dualista: acção de anulação e recursos ordinários, podendo as partes renunciar a estes últimos."*[9]

Assim, nos termos da LAV, a anulação da decisão arbitral deve ser intentada no prazo de um mês a contar da notificação da decisão arbitral, com fundamento numa das alíneas do artigo 27.º.

Se as partes não tiverem renunciado aos recursos, podem ainda recorrer para o Tribunal da Relação nos mesmos termos em que o poderiam fazer das sentenças proferidas pelos tribunais de comarca.

Há, assim, uma solução dualista assente, por um lado, na acção de anulação intentada no tribunal de comarca e, por outro, na interposição de recurso para o tribunal da Relação. Parece-nos que este regime deveria ser harmonizado de uma de duas formas:

(i) com a inversão da regra de recurso – uniformizando também, nesta matéria, o regime da arbitragem nacional com o regime da arbitragem interna-

---

[9] I Congresso do Centro de Arbitragem da Câmara de Comércio e Indústria Portuguesa, Associação Comercial de Lisboa, Armindo Ribeiro Mendes, *"Balanço dos Vinte Anos de Vigência da Lei de Arbitragem Voluntária"*, Edições Almedina, 2008.

cional – prevendo-se, eventualmente, a regra da irrecorribilidade, salvo disposição em contrário das partes;
(ii) com a uniformização de regimes aplicáveis à acção de anulação e ao recuso da decisão arbitral. Não nos parece fazer sentido que a acção de anulação possa ser intentada junto do tribunal de comarca e que o recurso da mesma decisão seja interposto no Tribunal da Relação.

Aliás, refira-se, ainda, que a execução da decisão arbitral corre no tribunal de 1.ª Instância.

VII – Reconhecimento e execução das sentenças
Portugal é parte da Convenção de Nova Iorque sobre o reconhecimento e a execução de sentenças arbitrais estrangeiras.

O artigo 1094.º e seguintes do Código de Processo Civil estabelece, por seu turno, as regras aplicáveis à revisão de sentenças estrangeiras, incluindo, naturalmente, as decisões arbitrais estrangeiras. Embora não seja um assunto totalmente resolvido na jurisprudência portuguesa, o Tribunal competente para a revisão e confirmação é o Tribunal da Relação do distrito judicial em que esteja domiciliada a pessoa contra quem se pretende fazer valer a sentença.

VIII – Arbitragem Internacional
No âmbito da LAV, entende-se por arbitragem internacional a que põe em jogo interesses de comércio internacional

SISTEMAS PÚBLICOS DE MEDIAÇÃO EM PORTUGAL

I – Nota Introdutória aos Sistemas Públicos de Mediação
A Resolução do Conselho de Ministros n.º 175/2001, de 5 de Dezembro de 2001, assume um papel decisivo na evolução dos mecanismos de resolução alternativa de litígios em Portugal, porquanto constituiu um sinal político claro e inequívoco de aposta no princípio da diversificação do sistema de justiça[10]. A aprovação desta Resolução do Conselho de Ministros pelo Governo Português e a aprovação, por unanimidade, da Lei dos Julgados de Paz em sede de Assembleia da República (Lei n.º 78/2001, de 13 de Julho), constituíram duas das principais alavancas na promoção e desenvolvimento dos mecanismos de resolução alternativa em Portugal.

Dito isto, importa referir, de igual forma, que para além dos Serviços de Mediação a funcionar no âmbito dos Julgados de Paz (cfr. Lei n.º 78/2001, de 13 de Julho) existem actualmente três sistemas públicos de mediação a funcionar em Portugal: no âmbito dos conflitos laborais, conflitos familiares e conflitos penais, designados, respectivamente, de Sistema de Mediação Familiar, Sistema de Mediação Laboral e Sistema de Mediação Penal.

---

[10] Os principais responsáveis pelo impulso RAL foram o então Ministro da Justiça, Dr. António Costa e, bem assim, o Secretário de Estado da Justiça, Dr. Diogo Lacerda Machado.

Estes sistemas são geridos centralmente pelo Gabinete para a Resolução Alternativa do Ministério da Justiça (GRAL) de Portugal (www.gral.mj.pt) e a sua utilização é requerida pelas partes interessadas (trabalhadores e empregadores) – individualmente ou conjuntamente – através do *call center* do GRAL (número de telefone 808.26.2000).

Estes sistemas foram concebidos pelo Ministério da Justiça de forma a que o seu funcionamento pudesse ser o mais simples – acesso facilitado através de contacto telefónico, via electrónica ou contacto presencial – prático – assente na gestão de uma lista de mediadores (os quais são duplamente certificados pelo Ministério da Justiça) e fléxivel – a mediação poderá realizar-se em qualquer local que se revele adequado e que tenha sido disponibilizado por entidades públicas ou privadas.

II – A Mediação Familiar

A Mediação Familiar é uma modalidade extrajudicial de resolução de conflitos surgidos no âmbito das relações familiares, em que as partes, com a sua participação pessoal e directa, auxiliadas por um terceiro, visam alcançar um acordo.

O Sistema de Mediação Familiar foi criado com base na experiência pioneira de funcionamento do Gabinete de Mediação Familiar de Lisboa (criado por Despacho do Ministro da Justiça Dr. Vera Jardim do ano de 1997, mas cuja entrada em funcionamento só se verificou no final do ano de 1999). Este Sistema tem competência, desde o dia 16 de Julho de 2007 (Despacho do Secretário de Estado da Justiça Dr. João Tiago da Silveira), para mediar conflitos no âmbito da generalidade das relações familiares (ex. reconciliação de cônjuges separados, atribuição e alteração de alimentos, regulação do poder paternal).

Há lugar ao pagamento de uma taxa de 50 Euros por cada parte, salvo no caso em que seja concedido apoio judiciário ou quando o processo tenha sido remetido por autoridade judiciária (artigo 147.°-D da OTM).

III – A Mediação Laboral

O Sistema de Mediação Laboral foi criado em Portugal na sequência de um acordo inédito entre o Ministério da Justiça e os Parceiros Sociais (Confederações Patronais e Centrais Sindicais), assinado na data de 5 de Maio de 2006. O principal responsável pelo sucesso das negociações foi o Secretário de Estado da Justiça Dr. João Tiago da Silveira.

Este Sistema nasceu *ab initio* com competência para resolver todos os litígios laborais, com excepção dos relativos a acidentes de trabalho e direitos indisponíveis.

O acordo obtido em sede de Sistema de Mediação Laboral permite por termo ao conflito laboral sem necessidade de intervenção de um Tribunal, apresentando custos fixos de 50 Euros por cada parte, independentemente do número de sessões de mediação.

O Sistema de Mediação Laboral entrou em funcionamento, a título experimental, por um ano, nas Áreas Metropolitanas de Lisboa e do Porto, na data de 19 de Dezembro de 2006.

No final do ano de 2007, mais de 80% da população portuguesa já se encontrava abrangida por este mecanismo alternativo de resolução de litígios.

IV – A Mediação Penal

O Sistema de Mediação Penal foi implementado em Portugal com a aprovação e entrada em vigor da Lei n.º 21/2007, de 12 de Julho, que criou o regime da mediação em processo penal.

Este Sistema entrou em funcionamento na data de 23 de Janeiro de 2008, depois de terem sido publicados em Diário da República os diplomas que vieram regulamentar a Lei n.º 21/2007, de 12 de Julho, a título de projecto experimental por dois anos, e em quatro comarcas judiciais (Aveiro, Oliveira do Bairro, Seixal e Porto).

Aplica-se, em regra, sob a iniciativa do Ministério Público (a quem compete remeter os processos para a mediação), a crimes particulares e crimes semi-públicos contra as pessoas ou contra o património.

Encontram-se excluídos do seu âmbito de aplicação os tipos legais de crime com pena de prisão superior a cinco anos, os crimes contra a liberdade ou autodeterminação sexual, peculato, corrupção ou tráfico de influência, quando o ofendido for menor de 16 anos ou quando seja aplicável processo sumário ou sumaríssimo.

V – Análise Estatística dos Sistemas Públicos de Mediação

Os Sistemas Públicos de Mediação conheceram ao longo dos anos de 2006 e 2007 um forte impulso por parte do Ministério da Justiça de Portugal. Contudo, é preciso ter em conta que estes Sistemas foram implementados, a título de projecto experimental e com abrangências territoriais inicialmente muito limitadas.

Assim, importa referir os seguintes dados estatísticos:
- Entre 16 de Julho de 2007 e 15 de Setembro de 2008 registaram-se 687 pedidos de informação sobre o funcionamento do Sistema de Mediação Familiar e 350 pedidos formalizados de mediação.
- O Sistema de Mediação Laboral registou no seu primeiro ano de funcionamento mais de 1070 pedidos de informação e de 400 pedidos de mediação.
- Estimava-se que durante o projecto piloto do Sistema de Mediação Penal fossem mediáveis cerca de 3.500 processos.

TÍTULO VIII
SÃO TOMÉ E PRÍNCIPE

SÃO TOMÉ E PRÍNCIPE

CAPÍTULO I
Legislação

CONSTITUIÇÃO DA REPÚBLICA DEMOCRÁTICA DE SÃO TOMÉ E PRÍNCIPE

(...)

TÍTULO VI
Os Tribunais

(...)

ARTIGO 126.º
(Categorias de tribunais)

1. Além do Tribunal Constitucional, existem as seguintes categorias de Tribunais:
   a) O Supremo Tribunal de Justiça e o Tribunal de Primeira Instância, o Tribunal Regional e os Tribunais Distritais;
   b) O Tribunal de Contas;
2. Podem existir tribunais militares e arbitrais.
3. A lei determina os casos e as formas em que os tribunais previstos nos números anteriores se podem constituir, organizar e funcionar.

(...)

***

LEI DE ARBITRAGEM VOLUNTÁRIA

LEI N.º 9/2006
de 2 de Novembro

PREÂMBULO

Algumas das actuais leis do País não se coadunam com os interesses sociais e económicos dos nossos dias.

As novas tecnologias e a respectiva sucessão de transformações que trouxeram às nossas vidas fazem com que haja necessidade de estarmos sempre em paralelo com a implementação das mesmas.

Sendo São Tomé e Príncipe um país e economia de mercado, não pode conter no seu ordenamento jurídico normas que dificultem os negócios jurídicos na sua totalidade, abrindo caminho à fuga de capitais, ao bloqueio na tomada de decisões, entravando, em suma, o progresso e o desenvolvimento económico do País.

A afluência do comércio moderno, tanto ao nível das regiões continentais como mundiais, exige dos Estados mediadas capazes de permitir que os cidadãos nele envolvidos não tenham de recorrer ao pesado mecanismo processual dos tribunais judiciais, vendo perderem-se assim importantes oportunidades de negócios.

Se tivermos em conta que o actual Código de Processo Civil data de 1961, o Código Civil, de 1966, e o Código Comercial, de 1886, percebemos que é urgente dotarmos o nosso ordenamento jurídico de uma lei de arbitragem voluntária, até porque os nossos tribunais, atendendo a diversos constrangimentos, estão cada vez mais apinhados de processos, o que não abona nada em favor da concretização dos negócios.

Neste sentido, foi elaborado o presente diploma visando pôr em prática algumas disposições que venham a permitir uma maior celeridade na resolução dos conflitos, particularmente no âmbito da agricultura, do comércio, da indústria e dos serviços.

As disposições actuais do Código de Processo Civil já não ajudam a resolver de forma célere, por pequenas que sejam, as questões: O que se pretende com a presente proposta de lei é fazer de São Tomé e Príncipe, nos próximos anos, um entreposto comercial de relevo para a região em que está situado.

Nestes termos, a Assembleia Nacional decreta, nos termos da alínea b) do artigo 97.º da Constituição, o seguinte:

CAPÍTULO I
Dos Princípios Gerais

ARTIGO 1.º
(Convenção de Arbitragem)

1. Desde que por lei especial não esteja submetido exclusivamente a tribunal judicial ou a arbitragem necessária, qualquer litígio que não respeite a direitos indisponíveis, nomeadamente de natureza agrícola, comercial, industrial ou de serviços, pode ser cometido pelas partes, mediante convenção de arbitragem, à decisão de árbitros.

2. A convenção de arbitragem pode ter por objecto um litígio actual, ainda que se encontre afecto a tribunal judicial (compromisso arbitral), ou litígios eventuais emergentes de uma determinada relação jurídica contratual ou extracontratual (cláusula compromissória).

3. As partes podem acordar em considerar abrangidas no conceito de litígio, para além das questões de natureza contenciosa em sentido estrito, quaisquer outras, designadamente as relacionadas com a necessidade de precisar, completar, actualizar ou mesmo rever os contratos ou as relações jurídicas que estão na origem da convenção de arbitragem.

4. O Estado e outras pessoas colectivas de direito público podem celebrar convenções de arbitragem, se para tanto forem autorizados por lei especial ou se elas tiverem por objecto litígios respeitantes a relações de direito privado.

5. A convenção de arbitragem deve adequar-se aos princípios definidos na Constituição e no Código Civil.

ARTIGO 2.º
(Requisitos da Convenção, Revogação)

1. A convenção de arbitragem deve ser reduzida a escrito.

2. Considera-se reduzida a escrito a convenção de arbitragem constante ou de documento assinado pelas partes, de troca de cartas, telex, fax ou de outros meios de telecomunicação de que fique prova escrita, quer esses instrumentos contenham directamente a convenção, quer deles conste cláusula de remissão para algum documento em que uma convenção esteja contida.

3. O compromisso arbitral deve determinar com precisão o objecto do litígio; a cláusula compromissória deve especificar a relação jurídica a que os litígios respeitem.

4. A convenção de arbitragem pode ser revogada, até à pronúncia da decisão arbitral, por documento escrito assinado pelas partes.

5. Ao decidir-se pela convenção de arbitragem, as partes devem renunciar ao direito de recurso aos tribunais judiciais, salvo para efeito do previsto no artigo 26.º do presente diploma.

ARTIGO 3.º
(Nulidade de Convenção)

É nula toda a convenção de arbitragem celebrada com violação do disposto nos artigo 1.º, n.ºs 1 e 4, e artigo 2.º, n.ºs 1 e 2.

ARTIGO 4.º
(Caducidade da Convenção)

1. Quanto a um determinado litígio, o compromisso arbitral caduca e a cláusula compromissória fica sem efeito:
  a) Se algum dos árbitros designados falecer, se escusar ou se impossibilitar permanentemente para o exercício da função ou se a designação ficar sem efeito, desde que não seja substituído nos termos previstos no artigo 13.º;
  b) Se, tratando-se de tribunal colectivo, não poder formar-se maioria na deliberação dos árbitros;
  c) Se a decisão não for proferida no prazo estabelecido de acordo com o disposto no artigo 19.º.

2. Salvo convenção em contrário, a morte ou extinção das partes não faz caducar a convenção de arbitragem nem extinguir a instância no tribunal arbitral.

ARTIGO 5.º
(Encargo do Processo)

A remuneração dos árbitros e dos outros intervenientes no processo, bem como a sua repartição entre as partes, deve ser fixada na convenção de arbitragem ou em documento posterior subscrito pelas partes, a menos que resultem dos regulamentos de arbitragem escolhidos nos termos do artigo 15.º

CAPÍTULO II
Dos Árbitros e do Tribunal Arbitral

ARTIGO 6.º
(Composição do Tribunal)

1. O tribunal arbitral poderá ser constituído por um único árbitro ou por vários, em número ímpar.

2. Se o número de membros do tribunal arbitral não for fixado na convenção de arbitragem ou em documento escrito posterior assinado pelas partes, nem deles resultar, o tribunal será composto por três árbitros.

ARTIGO 7.º
(Designação dos Árbitros)

1. Na convenção de arbitragem ou em documento escrito posterior por elas assinado, devem as partes designar o árbitro ou árbitros que constituirão o tribunal, ou fixar o modo por que serão escolhidos.

2. Se as partes não tiverem designado o árbitro ou os árbitros, nem fixado o modo da sua escolha, e não houver acordo entre elas quanto a essa designação, cada uma indicará um árbitro, a menos que acordem em que cada uma delas indique mais de um em número igual, cabendo aos árbitros assim designados a escolha do árbitro que deve completar a constituição do tribunal.

ARTIGO 8.º
(Árbitros, Requisitos)

Os árbitros devem ser pessoas singulares e plenamente capazes, de preferência advogados ou magistrados que não estejam em função.

ARTIGO 9.º
(Liberdade de Aceitação, Escusa)

1. Ninguém pode ser obrigado a funcionar como árbitro, mas, se o encargo tiver sido aceite, só será legítima a escusa fundada em causa superveniente que impossibilite o designado de exercer a função.

2. Considera-se aceite o encargo sempre que a pessoa designada revele a intenção de agir como árbitro ou não declare, por documento escrito dirigido a qualquer das partes dentro dos dez dias subsequentes à comunicação da designação, que não quer exercer a função.

3. O árbitro que, tendo aceitado o encargo, se escusar injustificadamente ao exercício da sua função responde pelos danos a que der causa.

ARTIGO 10.º
(Impedimentos e Recusas)

1. Aos árbitros não nomeados por acordo das partes é aplicável o regime de impedimentos e escusas estabelecido na lei de processo civil para os juízes.

2. A parte não pode recusar o árbitro por ela designado, salvo ocorrência de causa superveniente de impedimento ou escusa, nos termos do número anterior.

ARTIGO 11.º
(Constituição do Tribunal)

1. A parte que pretenda instaurar o litígio no Tribunal deve notificar desse facto a parte contrária.

2. A notificação é feita por carta registada com aviso de recepção.

3. A notificação deve indicar a convenção de arbitragem e precisar o objecto do litígio, se ele não resultar já determinado da convenção.

4. Se às partes couber designar um ou mais árbitros, a notificação conterá a designação do árbitro ou árbitros pela parte que se propõe instaurar a acção, bem como o convite dirigido à outra parte para designar o árbitro ou árbitros que lhe cabe indicar.

5. Se o árbitro único, dever ser designado por acordo das duas partes e a notificação conterá a indicação do árbitro proposto e o convite à outra parte para que o aceite.

6. Caso pertença a terceiro a designação de um ou mais árbitros e tal designação não haja ainda sido feita, será aquele notificado para a efectuar e a comunicar a ambas as partes.

ARTIGO 12.º
(Nomeação de Árbitros e Determinação do Objecto do Litígio pelo Tribunal Judicial)

1. Em todos os casos em que falte nomeação do árbitro ou árbitros, em conformidade com o disposto nos artigos anteriores, caberá essa nomeação ao Presidente do Tribunal de 1.ª Instância do lugar fixado para a arbitragem ou, na falta de tal fixação, do domicílio do requerente.

2. A nomeação pode ser requerida passado um mês sobre a notificação prevista no artigo 11.º, n.º 1, no caso contemplado nos n.ºs 4 e 5 desse artigo, ou no prazo de um mês a contar da nomeação do último dos árbitros a quem compete a escolha, no caso referido no artigo 7.º, n.º 2.

3. As nomeações feitas nos termos dos números anteriores não são susceptíveis de impugnação.

4. Se no prazo referido no n.º 2 as partes não chegarem a acordo sobre a determinação do objecto do litígio, caberá ao Tribunal decidir. Desta decisão cabe recurso de agravo, a subir imediatamente.

5. Se a convenção de arbitragem for manifestamente nula, deve o tribunal declarar não haver lugar à designação de árbitros ou à determinação do objecto do litígio.

ARTIGO 13.º
(Substituição dos Árbitros)

Se algum dos árbitros falecer, se escusar ou se impossibilitar permanentemente para o exercício das funções ou se a designação ficar sem efeito, proceder-se-á à sua substituição segundo as regras aplicáveis à nomeação ou designação, com as necessárias adaptações.

ARTIGO 14.º
(Presidente do Tribunal Arbitral)

1. Sendo o Tribunal constituído por mais de um árbitro, escolherão eles entre si o Presidente, a menos que as partes tenham acordado, por escrito, noutra solução, até à aceitação do primeiro árbitro.

2. Não sendo possível a designação do presidente nos termos do número anterior, caberá a escolha ao Presidente do Tribunal de 1.ª Instância.

3. Compete ao Presidente do Tribunal arbitral preparar o processo, dirigir a instrução, conduzir os trabalhos das audiências e ordenar os debates, salvo convenção em contrário.

CAPÍTULO III
Do Funcionamento da Arbitragem

ARTIGO 15.º
(Regras de Processo)

1. Na convenção de arbitragem ou em escrito posterior, até à aceitação do primeiro árbitro, podem as partes acordar sobre as regras de processo a observar na arbitragem, bem como sobre o lugar onde funcionará o Tribunal.

2. O acordo das partes sobre a matéria referida no número anterior pode resultar da escolha de um regulamento de arbitragem emanado de uma das entidades a que se reporta o artigo 37.º, ou ainda da escolha de uma dessas entidades para a organização da arbitragem.

3. Se as partes não tiverem acordado sobre as regras de processo a observar na arbitragem e sobre o lugar de funcionamento do Tribunal, caberá aos árbitros essa escolha.

ARTIGO 16.º
(Princípios Fundamentais a Observar no Processo)

Em qualquer caso, os trâmites processuais da arbitragem deverão respeitar os seguintes princípios fundamentais:
   a) As partes serão tratadas com absoluta igualdade;
   b) O demandado será citado para se defender;
   c) Em todas as fases do processo será garantida a estreita observância do princípio do contraditório;
   d) Ambas as partes devem ser ouvidas, oralmente ou por escrito, antes de ser proferida a decisão final.

ARTIGO 17.º
(Representação das Partes)

As partes podem designar quem as represente ou assista no Tribunal Arbitral.

ARTIGO 18.º
(Provas)

1. Pode ser produzida perante o tribunal arbitral qualquer prova admitida pela lei de processo civil.

2. Quando a prova a produzir dependa da vontade de uma das partes ou de terceiro e estes recusem a necessária colaboração, pode a parte interessada, uma vez obtida autorização do Tribunal Arbitral, requerer ao Tribunal Judicial que a prova seja produzida perante ele, sendo os seus resultados àquele primeiro Tribunal.

CAPÍTULO IV
Da Decisão Arbitral

ARTIGO 19.º
(Prazo para a Decisão)

1. Na convenção de arbitragem ou em documento escrito, até à aceitação do primeiro árbitro, podem as partes fixar o prazo para a decisão do tribunal arbitral ou o modo de estabelecimento desse prazo.

2. Será de um mês o prazo para a decisão, se outra coisa não resultar do acordo das partes, nos termos do número anterior.

3. O prazo a que se referem os n.os 1 e 2 conta-se a partir da data da designação do último árbitro, salvo convenção em contrário.

4. Por acordo escrito das partes, poderá o prazo da decisão ser prorrogado até ao dobro da sua duração inicial.

5. Os árbitros que injustificadamente obstarem a que a decisão seja proferida dentro do prazo fixado respondem pelos danos causados.

ARTIGO 20.º
(Deliberação)

1. Sendo o Tribunal composto por mais de um membro, a decisão é tomada por maioria de votos, em deliberação em que todos os árbitros devem participar, salvo se as partes, na convenção de arbitragem ou em acordo escrito posterior, celebrado até à aceitação do primeiro árbitro, exigirem uma maioria qualificada.

2. Podem ainda as partes convencionar que, não se tendo formado a maioria necessária, a decisão seja tomada unicamente pelo presidente ou que a questão se considere decidida no sentido do voto do presidente.

3. No caso de não se formar a maioria necessária apenas por divergências quanto ao montante de condenação em dinheiro, a questão considera-se decidida no sentido do voto do presidente, salvo diferente convenção das partes.

ARTIGO 21.º
(Decisão Sobre a Própria Competência)

1. O Tribunal Arbitral pode pronunciar-se sobre a sua própria competência, mesmo que para esse fim seja necessário apreciar a existência, a validade ou a eficácia da convenção de arbitragem ou do contrato em que ela se insira, ou a aplicabilidade da referida convenção.

2. A nulidade do contrato em que se insira uma convenção de arbitragem não acarreta a nulidade desta, salvo quando se mostre que ele não teria sido concluído sem a referida convenção.

3. A incompetência do Tribunal Arbitral só pode ser arguida até à apresentação da defesa quanto ao fundo da causa, ou juntamente com esta.

4. A decisão pela qual o Tribunal se declara competente só pode ser apreciada pelo Tribunal Judicial depois de proferida a decisão sobre o fundo da causa e pelos meios especificados nos artigos 27.º e 31.º

ARTIGO 22.º
(Direito Aplicável; Recurso à Equidade)

Os árbitros julgam segundo o direito constituído, a menos que as partes, na convenção de arbitragem ou em documento subscrito até à aceitação do primeiro árbitro, os autorizem a julgar segundo a equidade.

ARTIGO 23.º
(Elementos da Decisão)

1. A decisão final do Tribunal Arbitral é reduzida a escrito e dela constará:
a) A identificação das partes;
b) A referência à convenção de arbitragem;
c) O objecto do litígio;
d) A identificação dos árbitros;
e) O lugar da arbitragem e o local e a data em que a decisão foi proferida;
f) A assinatura dos árbitros;
g) A indicação dos árbitros que não puderem ou não quiserem assinar.
2. A decisão deve conter um número de assinaturas pelo menos igual ao da maioria dos árbitros e incluirá os votos de vencido, devidamente identificados.
3. A decisão deve ser fundamentada.
4. Da decisão constará a fixação e repartição pelas partes dos encargos resultantes do processo.

ARTIGO 24.º
(Notificação e Depósito da Decisão)

1. O Presidente do Tribunal mandará notificar a decisão a cada uma das partes, mediante a remessa de um exemplar dela, por carta registada.
2. O original da decisão é depositado na secretaria do Tribunal Judicial do lugar da arbitragem, a menos que na convenção de arbitragem ou em escrito posterior as partes tenham dispensado tal depósito ou que, nas arbitragens institucionalizadas, o respectivo regulamento preveja outra modalidade de depósito.
3. O Presidente do Tribunal Arbitral notificará as partes do depósito da decisão.

ARTIGO 25.º
(Extinção do Poder dos Árbitros)

O poder judicial dos árbitros finda com a notificação do depósito da decisão que pôs termo ao litígio ou, quando tal depósito seja dispensado, com a notificação da decisão às partes.

CAPÍTULO V
Da Impugnação da Decisão Arbitral

ARTIGO 26.º
(Anulação e Decisão)

1. A sentença arbitral só pode ser anulada pelo tribunal judicial por algum dos seguintes fundamentos:
   a) Não ser o litígio susceptível de resolução por via arbitral;
   b) Ter sido proferida por tribunal incompetente ou irregularmente constituído;
   c) Ter havido violação do artigo 16.º, com influência decisiva na resolução do litígio;
   d) Ter havido violação do artigo 23.º, n.º 1, alínea f), n.ºs 2 e 3;
   e) Ter o tribunal passado a conhecer questões de que não tinha conhecimento, ou não se ter pronunciado sobre questões que devia apreciar.

2. O fundamento de anulação previsto na alínea b) do número anterior não pode ser invocado pela parte que dele teve conhecimento no decurso da arbitragem e que, podendo fazê-lo, não alegou oportunamente.

ARTIGO 27.º
(Direito de Requerer a Anulação, Prazo)

1. É irrenunciável o direito de requerer a anulação da decisão dos árbitros no âmbito da convenção de arbitragem.

2. A acção de anulação pode ser intentada no prazo de um mês a contar da notificação da decisão arbitral.

CAPÍTULO VI
Da Execução da Decisão Arbitral

ARTIGO 28.º
(Execução da Decisão)

A execução da decisão arbitral corre no Tribunal de 1.ª Instância, nos termos da lei de processo civil.

ARTIGO 29.º
(Oposição à Execução)

O decurso do prazo para intentar a acção de anulação não obsta a que se invoquem os seus fundamentos em via de oposição à execução da decisão arbitral.

CAPÍTULO VII
Da Arbitragem Internacional

ARTIGO 30.º
(Conceito de Arbitragem Internacional)

Entende-se por Arbitragem Internacional a que põe em jogo interesses de comércio internacional.

ARTIGO 31.º
(Direito Aplicável)

1. As partes podem escolher o direito a aplicar pelos árbitros, se os não tiverem autorizado a julgar segundo a equidade.
2. Na falta de escolha, o Tribunal aplica o direito mais apropriado ao litígio.

ARTIGO 32.º
(Recursos)

Tratando-se de Arbitragem Internacional, a decisão do tribunal arbitral é passível de recurso, desde que as partes tenham acordado e regulado os seus termos na convenção de arbitragem.

ARTIGO 33.º
(Composição Amigável)

Se as partes lhe tiverem confiado essa função, o tribunal poderá decidir o litígio por apelo à composição das partes na base do equilíbrio dos interesses em jogo.

CAPÍTULO VIII
Das Disposições Finais

ARTIGO 34.º
(Competência dos Tribunais São-tomenses)

Se a decisão tiver sido proferida por arbitragem que tenha tido lugar em território São-tomense, é competente para a execução o Tribunal da 1.ª Instância do lugar da arbitragem.

ARTIGO 35.º
(Âmbito de Aplicação no Espaço)

O presente diploma aplica-se às arbitragens que tenham lugar em Território Nacional.

ARTIGO 36.º
(Criação do Centro de Arbitragem)

1. É criado, a partir da entrada em vigor da presente lei, o Centro de Arbitragem de S.Tomé e Príncipe.

2. Diploma especial regulará as condições de instalação e funcionamento do referido Centro.

ARTIGO 37.º
(Arbitragem Institucionalizada)

O Governo definirá, mediante decreto-lei, o regime da outorga de competência a determinadas entidades para realizarem arbitragens voluntárias institucionalizadas, com especificação, em cada caso, do carácter especializado ou geral de tais arbitragens, bem como as regras de reapreciação e eventual revogação das autorizações concedidas, quando tal se justifique.

ARTIGO 38.º
(Direito Revogado)

São revogadas todas as disposições que contrariem o presente diploma.

ARTIGO 39.º
(Entrada em Vigor)

O presente diploma entra em vigor nos termos legais.

O Presidente da Assembleia Nacional, *Francisco Silva*.

Promulgado em 26 de Outubro de 2006

Publique-se.

O Presidente da República, *Fradique Bandeira Melo de Menezes*.

***

CAPÍTULO II
Comentários

LEI DE ARBITRAGEM DE SÃO TOMÉ E PRINCÍPE

I – Breve introdução

Trata-se da Lei de Arbitragem mais recente dos países de língua portuguesa, podendo beneficiar das experiências legislativas de todos os outros Países e das preocupações em imprimir uma maior celeridade na resolução dos conflitos, particularmente no âmbito da agricultura, do comércio, da indústria e dos serviços. Esta preocupação consta não só do preâmbulo, mas também do texto da própria LAVST que é fruto do desejo para que se contribua decisivamente para fazer de São Tomé e Príncipe, nos próximos anos, um entreposto comercial de relevo para a região em que está situado.

II – Convenção de Arbitragem

Segue-se a LAV de Portugal, com adaptações, nomeadamente ao referir que a convenção de arbitragem tem que adequar-se aos princípios definitidos na Constituição e no Código Civil (de 1966) artigo 1.º, n.º 5 da LAVST.

A LAVST faz questão de realçar que a convenção em Arbitragem importa a renuncia de litigar nos tribunais judiciais, sem prejuízo do direito irrenunciável de requerer o recurso de anulação nos Tribunais (art. 2.º, n.º 5 e 26). Relativamente aos requisitos de nulidade e caducidade da convenção de arbitragem remetemos para os comentários da LAVPT (anterior à redacção dada pelo Dp. 138/2003 de 8 de Março.

III – Constituição do Tribunal Arbitral

A composição singular ou plural do tribunal arbitral e a forma de designação não oferece dúvidas, devendo ser três o número de árbitros caso não haja fixação do número na convenção de arbitragem. Relativamente aos requisitos dos arbitros, a LAVST clarificou que se daria preferência aos "Advogados e aos Magistrados que não estejam em função", por razões conhecidas ligadas à experiência profissional exigível.

Manteve-se o mecanismo judicial de determinação do <u>objecto</u> de litigio no n.º 4 do artigo 12.º de LAVST no caso de impasse no acordo das partes, <u>por decisão judicial recorrível mediante agravo com subida imediata</u>. Esta solução foi substituída em Portugal pelo Artigo 17.º do DL <u>38/2003</u>, de 8 de Março que deu a possibilidade à parte contrária de ampliar o objecto de litígio, que seja indicado pela parte que teve a iniciativa – evitando-se este recurso intercalar para fixação do objecto, expediente necessariamente moroso.

IV – Funcionamento/ procedimento de arbitragem

Remete-se inteiramente para as observações feitas a propósito da LAVPT, nomeadamente os princípios fundamentais a observar em Arbitragem (igualdade, oportunidade, contraditório e audição das partes) e a dependência que a produção de prova pode manter dos meios judiciais. Nos princípios fundamentais faltou referir a confidencialidade prática fundamental da arbitragem na oposição à publicidade característica do processo civil e que outros países aproveitaram para relevar.

V – Decisão arbitral

Contrariamente à tendência de outros países a LAVST ousou reduzir para 30 dias (um mês) o prazo para prolação da sentença arbitral, se outra coisa não resultar do acordo das partes. É um esforço notável mas que poderá contaminar a produção de prova mais complexa.

VI – Impugnação

A mais assinalável diferença de regimes português e santomense reside na supressão do recurso ordinário da sentença arbitral, sendo, em ambos os sistemas irrenunciável o direito de recurso de anulação (cfr. art. 26.º da LAV com o art. 27.º da LAVST). A solução dualista (com recurso ordinário para o Tribunal de Relação e recurso de anulação para o Tribunal de primeira instância) tem sido criticada em Portugal e consideramos que, a médio prazo, estará posta em crise.

VII – Reconhecimento e execução das sentenças

A República de São Tomé e Príncipe não é parte da Convenção de Nova Iorque, embora a essa ratificação nada seja oponível do ponto de vista técnico. A execução da decisão arbitral interna corre no tribunal de 1.ª instância. A execução do tribunal arbitral internacional tem que ser revista e confirmada nos termos do Código de Processo Civil de 1961, artigos 1094.º e 55.º.

VIII – Arbitragem Internacional

A legislação Santomense assume o conceito de arbitragem internacional e de direito aplicável "favor arbitrando" que é comum aos Países aderentes da Convenção de Nova Iorque.

A LAVST aplica-se às arbitragens realizadas em território de São Tomé e Príncipe.

IX – Arbitragem Institucional

No artigo 36.º a LAVST criou o Centro de Arbitragem de São Tomé e Príncipe cujos regulamentos sobre as condições de instalação e funcionamento remetem para Diploma especial. O regime de tutela da arbitragem (autorias, competência, especialização e reapreciação) será do Governo que mediante decreto-lei regulará esta matéria.

TÍTULO IX

TIMOR

TIMOR

CAPÍTULO I
Legislação

CONSTITUIÇÃO DA REPÚBLICA DEMOCRÁTICA DE TIMOR

CONSTITUIÇÃO DE TIMOR-LESTE

ARTIGO 123.º
(Categorias de tribunais)

   1. Na República Democrática de Timor-Leste existem as seguintes categorias de tribunais:
    a) Supremo Tribunal de Justiça e outros tribunais judiciais;
    b) Tribunal Superior Administrativo, Fiscal e de Contas e tribunais administrativos de primeira instância;
    c) Tribunais militares.
   2. São proibidos tribunais de excepção e não haverá tribunais especiais para o julgamento de determinadas categorias de crime.
   3. Podem existir tribunais marítimos e arbitrais.
   4. A lei determina a constituição, a organização e o funcionamento dos tribunais previstos nos números anteriores.
   5. A lei pode institucionalizar instrumentos e formas de composição não jurisdicional de conflitos.

(…)

***

CÓDIGO PROCESSO CIVIL DE TIMOR

DECRETO-LEI 2006/01

SECÇÃO VII
Da Revisão de Sentenças Estrangeiras

ARTIGO 838.°
Necessidade da Revisão

1. Sem prejuízo do que se ache estabelecido em tratados, convenções e leis especiais, nenhuma decisão sobre direitos privados, proferida por tribunal estrangeiro ou por árbitros no estrangeiro, tem eficácia em Timor-Leste, seja qual a nacionalidade das partes, sem estar revista e confirmada.

2. Não é necessária a revisão quando a decisão seja invocada em processo pendente nos tribunais timorenses, como simples meio de prova sujeito à apreciação de quem haja de julgar a causa.

ARTIGO 839.°
Tribunal competente

Para a revisão e confirmação é competente o Supremo Tribunal de Justiça.

ARTIGO 840.°
Requisitos necessários
para a confirmação

Para que a sentença seja confirmada é necessário:
a) Que não haja dúvidas sobre a autenticidade do documento de que conste a sentença nem sobre a inteligência da decisão;
b) Que tenha transitado em julgado segundo a lei do país em que foi proferida;
c) Que provenha de tribunal estrangeiro cuja competência não tenha sido provocada em fraude à lei e não verse sobre matéria da exclusiva competência dos tribunais timorenses;
d) Que não possa invocar-se a excepção de litispendência ou de caso julgado com fundamento em causa afecta a tribunal timorense, excepto se foi o tribunal estrangeiro que preveniu a jurisdição;
e) Que o réu tenha sido regularmente citado para a acção, nos termos da lei do país do tribunal de origem, e que no processo hajam sido observados os princípios do contraditório e da igualdade das partes;

f) Que não contenha decisão cujo reconhecimento conduza a um resultado manifestamente incompatível com os princípios da ordem pública internacional do Estado Timorense.

ARTIGO 841.°
Confirmação da decisão arbitral

O disposto no artigo anterior é aplicável à decisão arbitral, na parte em que o puder ser.

CAPÍTULO II
Comentários

Segundo informações colhidas não foi possível confirmar a existência de um projecto de legislação sobre arbitragem ou mediação de conflitos. O Código de Processo Civil aprovado pelo Decreto-Lei n.° 2006/01 não contempla esta matéria, apenas se referindo ao reconhecimento (revisão e confirmação) de sentenças arbitrais estrangeiras que reproduzimos no capítulo anterior.

TÍTULO X

QUADRO COMPARATIVO
Leis de Arbitragem e a sua Interdependência com os Sistemas Judiciais

	ANGOLA	BRASIL	CABO VERDE	GUINÉ-BISSAU	MACAU	MOÇAMBIQUE	PORTUGAL	SÃO TOMÉ	TIMOR
Lei de Arbitragem e outros meios	Lei n.º 16/03 de 25 de Julho	Lei n.º 9.307 de 23 de Setembro de 1996	Lei n.º 76/VI/2005 de 16 de Agosto Centros de Mediação: Decreto-lei n.º 30/2005, de 9 de Maio	Decreto-Lei n.º 9/2000 de 2 de Outubro	Decreto-Lei n.º 29/96/M de 11 de Junho Arbitragem externa no âmbito comercial Decreto lei 55/98/M de 23 de Novembro	Lei n.º 11/99 de 8 de Julho (Lei de Arbitragem, Conciliação e Mediação)	Lei n.º 31/86 de 29 de Agosto Mediação Penal: Lei n.º 21/2007, de 12 de Junho	Lei n.º 9/2006 de 2 de Novembro	Não existe
ARBITRABILIDADE (Objecto/árbitros)		Tribunal judicial de 1ª instância	Tribunal judicial de 1ª instância					Tribunal judicial de 1ª instância	
MEDIDAS CAUTELARES	Tribunal arbitral / Tribunal judicial de 1ª instância	Tribunal judicial de 1ª instância	Tribunal judicial de 1ª instância		Tribunal arbitral / Tribunal judicial de 1ª instância				
PRODUÇÃO DE PROVA	Tribunal judicial de 1ª instância	Autoridade judiciária	Tribunal judicial de 1ª instância		Tribunal judicial de 1ª instância	Tribunal judicial de 1ª instância	Tribunal judicial de 1ª instância	Tribunal judicial de 1ª instância	
ACLARAÇÃO E RECTIFICAÇÃO	Possível	Possível		Possível	Possível	Possível			
EXECUÇÃO	Tribunal judicial de 1ª instância	Tribunal judicial de 1ª instância	Tribunal judicial de 1ª instância	Tribunal judicial de 1ª instância	Tribunal judicial de 1ª instância	Tribunal judicial de 1ª instância	Tribunal judicial de 1ª instância	Tribunal judicial de 1ª instância	
ANULAÇÃO / NULIDADE	Tribunal Supremo Irrenunciável	Nulidade Tribunal judicial de 1ª instância	Supremo Tribunal de Justiça Irrenunciável	Tribunal judicial de 1ª instância	Tribunal judicial de 1ª instância com recurso para o Tribunal Superior de Justiça	Tribunal judicial de 1ª instância	Tribunal judicial de 1ª instância Irrenunciável	Tribunal judicial de 1ª instância Irrenunciável	
RECURSO	Se as partes não tiverem renunciado e não for decisão por equidade Tribunal Supremo						Se as partes não tiverem renunciado e não for decisão por equidade Tribunal da Relação		
SENTENÇAS ESTRANGEIRAS	Código de Processo Civil	Homologação do Supremo Tribunal Federal	Código de Processo Civil	Código de Processo civil	Tribunal judicial	Código de Processo Civil	Código de Processo Civil Tribunal da Relação	Código de Processo Civil	
RECURSO DE SENT. ESTRANGEIRA	Não é recorrível		É recorrível se as partes o tiverem convencionado e regulado os seus termos				Não é recorrível	É recorrível se as partes o tiverem convencionado e regulado os seus termos	

II PARTE
CONVENÇÕES INTERNACIONAIS

TÍTULO I
CONVENÇÃO DE GENEBRA DE 1927

Convenção sobre a execução de sentenças arbitrais estrangeiras, assinada em Genebra, aos vinte e seis dias do mês de Setembro de mil novecentos e vinte e sete.

ARTIGO 1

Nos territórios de qualquer das Altas Partes Contratantes em que se aplicar a presente Convenção, uma sentença arbitral dada em virtude de um compromisso ou cláusula compromissória prevista pelo Protocolo relativo às cláusulas de arbitragem, feito em Genebra em 24 de Setembro de 1923, será reconhecida e executada de harmonia com as regras de processo seguidas no território onde a sentença for invocada, contanto que essa sentença tenha sido dada no território de uma das Altas Partes contratantes em que for aplicável a presente Convenção entre pessoas sujeitas à jurisdição de uma das Altas Partes contratantes.

Para obter esse reconhecimento ou de execução será ainda necessário:
a) que a sentença tenha sido dada em virtude de um compromisso ou cláusula compromissória válidos perante a legislação que lhes é aplicável;
b) que, nos termos da lei do país onde for invocada, o objecto da sentença seja susceptível de ser resolvido por arbitragem;
c) que a sentença tenha sido pronunciada pelo tribunal arbitral previsto no compromisso ou cláusula compromissória ou constituído por acordo das partes e segundo as regras de direito aplicáveis ao processo de arbitragem;
d) que a sentença seja tida como definitiva no país onde ela tenha sido pronunciada, entendendo-se que não será considerada como tal se for susceptível de oposição, apelação ou revista (nos países onde esses processos existem) ou se se provar que qualquer processo de contestação de validade da sentença está correndo os seus trâmites;
e) que o reconhecimento ou a execução da sentença não seja contrário à ordem pública ou aos princípios da lei do país onde for invocada.

ARTIGO 2

Mesmo se as condições previstas no artigo 1.º forem satisfeitas, o reconhecimento e a execução da sentença deverão ser negados se o juiz verificar:
a) que a sentença fora anulada no país onde havia sido pronunciada;

b) que a parte contra a qual a sentença é invocada não teve conhecimento do processo arbitral a tempo de poder fazer valer a sua defesa ou que, sofrendo de incapacidade legal, não fora regularmente representada;
c) que a sentença não tem relação com o desacordo visado no compromisso ou nas previsões da cláusula compromissória ou contém decisões que ultrapassam os termos do compromisso ou da cláusula compromissória.

Se a sentença não resolver todos os pontos submetidos ao Tribunal Arbitral, a autoridade competente do país onde for requerido o reconhecimento ou a execução dessa sentença poderá, se o julgar conveniente, adiar tal reconhecimento ou execução ou subordiná-los a uma garantia que a mesma autoridade determinar.

ARTIGO 3

Se a parte contra a qual a sentença foi pronunciada provar que existe, de harmonia com as regras de direito aplicáveis ao processo de arbitragem, um fundamento que não seja qualquer dos visados no artigo 1.°, letras a) e c) e no artigo 2.° letras b) e c), que lhe permite contestar em juízo a validade da sentença, o juiz poderá, se o julgar conveniente, negar o reconhecimento ou a execução, ou suspendê-los, concedendo à parte um prazo razoável para fazer pronunciar a sua nulidade pelo tribunal competente.

ARTIGO 4

A parte que invocar a sentença ou requerer a sua execução deverá especialmente fornecer:

    1.° O original da sentença ou uma cópia que, nos termos da lei do país onde foi pronunciada, reúna os requisitos necessários à sua autenticidade;

    2.° Os documentos e informações comprovativos de ser a sentença definitiva no sentido determinado pelo artigo 1.°, letra d), no país onde foi pronunciada;

    3.° Se for necessário, os documentos e informações comprovativos do cumprimento das condições previstas no artigo 1.°, Parte I e Parte II, letras *(a)* e *(c)*.

Poderá exigir-se uma tradução da sentença e dos outros documentos mencionados neste artigo, feita na língua oficial do país onde for invocada a sentença. Essa tradução deverá ser certificada conforme por um agente diplomático ou consular do país a que pertencer a parte que invocou a sentença ou por um tradutor ajuramentado do país onde a sentença foi invocada.

ARTIGO 5

As disposições dos artigos anteriores não privam qualquer das partes interessadas do direito de se aproveitar de uma sentença arbitral, na forma e extensão permitidas pela lei ou pelos tratados do país onde essa sentença for invocada.

ARTIGO 6

A presente Convenção aplicar-se-á somente às sentenças arbitrais pronunciadas depois da entrada em vigor do Protocolo relativo às cláusulas de arbitragem, feito em Genebra a 24 de Setembro de 1923.

ARTIGO 7

A presente Convenção, que ficará aberta à assinatura de todos os signatários do Protocolo de 1923 relativo às cláusulas de arbitragem, será ratificada.

Só poderá ser ratificada pelos membros da Sociedade das Nações e Estados não membros que tenham ratificado o Protocolo de 1923.

As ratificações serão depositadas o mais brevemente possível nas mãos do secretário-geral da Sociedade das Nações, que notificará esse depósito a todos os signatários.

ARTIGO 8

A presente Convenção entrará em vigor três meses após ter sido ratificada em nome das Altas Partes Contratantes.

Posteriormente, ela terá efeitos no caso de cada Alta Parte Contratante, três meses após o depósito das ratificações em seu nome junto do secretário-geral da Sociedade das Nações.

ARTIGO 9

A presente Convenção poderá ser denunciada em nome de qualquer membro da Sociedade das Nações ou Estado não membro.

A denúncia deve ser comunicada por escrito ao secretário-geral da Sociedade das Nações, que enviará imediatamente uma cópia, autenticada de estar em conformidade com a notificação, para todas as outras partes contratantes, ao mesmo tempo informando-os da data em que ele recebeu.

A denúncia deverá entrar em vigor apenas em relação à Alta Parte Contratante que tenha notificado, e um ano após ter sido feita a notificação ao secretário-geral da Sociedade das Nações.

A denúncia do Protocolo sobre a arbitragem implica, ipso facto, a denúncia da presente Convenção.

ARTIGO 10

A presente Convenção não se aplica às colónias, protectorados ou territórios sob a soberania ou mandato de qualquer Alta Parte Contratante, excepto se forem especificamente mencionados.

A aplicação da presente Convenção para uma ou mais dessas colónias, protectorados ou territórios aos quais se aplicar o Protocolo sobre a arbitragem, feito em Genebra, em 24 de Setembro de 1923, poderá ser feita em qualquer momento por meio de uma declaração dirigida ao Secretário-Geral da Sociedade das Nações por uma das Altas Partes Contratantes.

Essa declaração produzirá efeitos três meses após o seu depósito.

As Altas Partes Contratantes podem, a qualquer momento, denunciar a Convenção para todas ou algumas das colónias, protectorados ou territórios acima referidos.

O artigo 9.º aplica-se a tal denúncia.

ARTIGO 11

Uma cópia autenticada da presente Convenção será enviada pelo secretário--geral da Sociedade das Nações para cada membro da Sociedade das Nações e para cada Estado membro que não assina a mesma.

TÍTULO II
CONVENÇÃO DE NEW YORK
de 10/6/1958

Sobre reconhecimento e execução de sentenças arbitrais estrangeiras

ARTIGO I

1. A presente Convenção aplica-se ao reconhecimento e à execução das sentenças arbitrais proferidas no território de um Estado que não aquele em que são pedidos o reconhecimento e a execução das sentenças e resultantes de litígios entre pessoas singulares ou colectivas. Aplica-se também às sentenças arbitrais que não forem consideradas sentenças nacionais no Estado em que são pedidos o seu reconhecimento e execução.

2. Entende-se por «sentenças arbitrais» não apenas as sentenças proferidas por árbitros nomeados para determinados casos, mas também as que forem proferidas por órgãos de arbitragem permanentes aos quais as Partes se submeteram.

3. No momento da assinatura ou da ratificação da presente Convenção, da adesão a esta ou da notificação da extensão prevista no artigo X, qualquer Estado poderá, com base na reciprocidade, declarar que aplicará a Convenção ao reconhecimento e à execução apenas das sentenças proferidas no território de um outro Estado Contratante. Poderá também declarar que aplicará apenas a Convenção aos litígios resultantes de relações de direito, contratuais ou não contratuais, que forem consideradas comerciais pela respectiva lei nacional.

(Nota *) Nos termos do seu artigo XII, a Convenção entrou em vigor em 7 de Junho de 1959, no 90.º dia a seguir à data de depósito do terceiro instrumento de ratificação ou de adesão junto do Secretário-Geral da Organização das Nações Unidas. Os Estados a seguir indicados depositaram os respectivos instrumentos de ratificação ou de adesão (a) nas seguintes datas:

    Israel – 5 de Janeiro de 1959;
    Marrocos – 12 de Fevereiro de 1959 (a);
    República Árabe Unida – 9 de Março de 1959 (a).

ARTIGO II

1. Cada Estado Contratante reconhece a convenção escrita pela qual as Partes se comprometem a submeter a uma arbitragem todos os litígios ou alguns deles que surjam ou possam surgir entre elas relativamente a uma determinada relação de direito, contratual ou não contratual, respeitante a uma questão susceptível de ser resolvida por via arbitral.

2. Entende-se por «convenção escrita» uma cláusula compromissória inserida num contrato, ou num compromisso, assinado pelas Partes ou inserido numa troca de cartas ou telegramas.

3. O tribunal de um Estado Contratante solicitado a resolver um litígio sobre uma questão relativamente à qual as Partes celebraram uma convenção ao abrigo do presente artigo remeterá as Partes para a arbitragem, a pedido de uma delas, salvo se constatar a caducidade da referida convenção, a sua inexequibilidade ou insusceptibilidade de aplicação.

ARTIGO III

Cada um dos Estados Contratantes reconhecerá a autoridade de uma sentença arbitral e concederá a execução da mesma nos termos das regras de processo adoptadas no território em que a sentença for invocada, nas condições estabelecidas nos artigos seguintes. Para o reconhecimento ou execução das sentenças arbitrais às quais se aplica a presente Convenção não serão aplicadas quaisquer condições sensivelmente mais rigorosas, nem custas sensivelmente mais elevadas do que aquelas que são aplicadas para o reconhecimento ou a execução das sentenças arbitrais nacionais.

ARTIGO IV

1. Para obter o reconhecimento e a execução referidos no artigo anterior, a Parte que requerer o reconhecimento e a execução deverá juntar ao seu pedido:
 a) O original devidamente autenticado da sentença, ou uma cópia do mesmo, verificadas as condições exigidas para a sua autenticidade;
 b) O original da convenção referida no artigo II, ou uma cópia da mesma, .verificadas as condições exigidas para a sua autenticidade.

2. No caso de a referida sentença ou convenção não estar redigida numa língua oficial do país em que for invocada a sentença, a Parte que requerer o reconhecimento e a execução da mesma terá de apresentar uma tradução dos referidos documentos nesta língua. A tradução deverá estar autenticada por um tradutor oficial ou por um agente diplomático ou consular.

ARTIGO V

1. O reconhecimento e a execução da sentença só serão recusados, a pedido da Parte contra a qual for invocada, se esta Parte fornecer à autoridade competente do país em que o reconhecimento e a execução forem pedidos a prova:
 a) Da incapacidade das Partes outorgantes da convenção referida no artigo II, nos termos da lei que lhes é aplicável, ou da invalidade da referida convenção ao abrigo da lei a que as Partes a sujeitaram ou, no caso de omissão

quanto à lei aplicável, ao abrigo da lei do país em que for proferida a sentença; ou

b) De que a Parte contra a qual a sentença é invocada não foi devidamente informada quer da designação do árbitro quer do processo de arbitragem, ou de que lhe foi impossível, por outro motivo, deduzir a sua contestação; ou

c) De que a sentença diz respeito a um litígio que não foi objecto nem da convenção escrita nem da cláusula compromissória, ou que contém decisões que extravasam os termos da convenção escrita ou da cláusula compromissória; no entanto, se o conteúdo da sentença referente a questões submetidas à arbitragem puder ser destacado do referente a questões não submetidas à arbitragem, o primeiro poderá ser reconhecido e executado; ou

d) De que a constituição do tribunal arbitral ou o processo de arbitragem não estava em conformidade com a convenção das Partes ou, na falta de tal convenção, de que não estava em conformidade com a lei do país onde teve lugar a arbitragem; ou

e) De que a sentença ainda não se tornou obrigatória para as Partes, foi anulada ou suspensa por uma autoridade competente do país em que, ou segundo a lei do qual a sentença foi proferida.

2. Poderão igualmente ser recusados o reconhecimento e a execução de uma sentença arbitral se a autoridade competente do país em que o reconhecimento e a execução foram pedidos constatar:

a) Que, de acordo com a lei desse país, o objecto de litígio não é susceptível de ser resolvido por via arbitral; ou

b) Que o reconhecimento ou a execução da sentença são contrários à ordem pública desse país.

ARTIGO VI

Se a anulação ou a suspensão da sentença for requerida à autoridade competente prevista no artigo V, n.º 1, alínea e), a autoridade perante a qual a sentença for invocada poderá, se o considerar adequado, diferir o momento da sua decisão relativa à execução da sentença; poderá igualmente, a requerimento da parte que solicitar a execução da sentença, exigir da outra Parte a prestação das garantias adequadas.

ARTIGO VII

1. As disposições da presente Convenção não prejudicam a validade dos acordos multilaterais ou bilaterais celebrados pelos Estados Contratantes em matéria de reconhecimento e de execução de sentenças arbitrais, nem prejudicam o direito de invocar a sentença arbitral que qualquer das Partes interessadas possa ter nos termos da lei ou dos tratados do país em que for invocada.

2. O Protocolo de Genebra de 1923 Relativo às Cláusulas de Arbitragem e a Convenção de Genebra de 1927 Relativa à Execução das Sentenças Arbitrais

Estrangeiras deixarão de produzir efeitos entre os Estados Contratantes a partir do momento, e na medida, em que aqueles se encontrem obrigados pela presente Convenção.

ARTIGO VIII

1. A presente Convenção pode ser assinada até 31 de Dezembro de 1958 por qualquer Estado membro das Nações Unidas, ou por qualquer outro Estado que seja, ou venha a ser posteriormente, membro de uma ou várias agências especializadas das Nações Unidas ou parte do Estatuto do Tribunal Internacional de Justiça, ou que seja convidado pela Assembleia Geral das Nações Unidas.
2. A presente Convenção deve ser ratificada e os instrumentos de ratificação depositados junto do Secretário-Geral da Organização das Nações Unidas.

ARTIGO IX

1. Todos os Estados referidos no artigo VIII podem aderir à presente Convenção.
2. A adesão efectuar-se-á através do depósito de um instrumento de adesão junto do Secretário-Geral da Organização das Nações Unidas.

ARTIGO X

1. Qualquer Estado poderá, no acto da assinatura, da ratificação ou da adesão, declarar que a presente Convenção será extensível ao conjunto, ou apenas a um ou vários, dos territórios que representa a nível internacional. Esta declaração produzirá os seus efeitos a partir do momento da entrada em vigor da presente Convenção naquele Estado.
2. Posteriormente, qualquer extensão desta natureza far-se-á através de notificação dirigida ao Secretário-Geral da Organização das Nações Unidas e produzirá os seus efeitos a partir do 90.º dia seguinte à data do recebimento da notificação pelo Secretário-Geral da Organização das Nações Unidas, ou na data de entrada em vigor da Convenção naquele Estado, se esta for posterior.
3. No que respeita aos territórios aos quais não se aplica a presente Convenção na data da assinatura, da ratificação ou da adesão, cada Estado interessado examinará a possibilidade de tomar as medidas que desejar para estender a Convenção a esses territórios, sob reserva, se for caso disso, do acordo dos governos desses territórios quando exigido por razões constitucionais.

ARTIGO XI

As disposições seguintes aplicar-se-ão aos Estados federativos ou não unitários:
  a) No que respeita aos artigos da presente Convenção que relevem da competência legislativa do poder federal, as obrigações do governo federal

serão as mesmas que as dos Estados Contratantes que não sejam Estados federativos;
b) No que respeita aos artigos da presente Convenção que relevem da competência legislativa de cada um dos Estados ou províncias constituintes, que não sejam, em virtude do sistema constitucional da federação, obrigados a tomar medidas legislativas, o governo federal levará, o mais cedo possível, e com parecer favorável, os referidos artigos ao conhecimento das autoridades competentes dos Estados ou províncias constituintes;
c) Um Estado federativo Parte na presente Convenção comunicará, a pedido de qualquer outro Estado contratante, transmitido por intermédio do Secretário-Geral da Organização das Nações Unidas, uma exposição da legislação e das práticas em vigor na federação e nas suas unidades constituintes, no que respeita a qualquer disposição da Convenção, indicando qual o efeito dado a essa disposição através de uma acção legislativa ou outra.

ARTIGO XII

1. A presente Convenção entrará em vigor no 90.º dia seguinte à data do depósito do terceiro instrumento de ratificação ou de adesão.

2. Para cada Estado que ratificar a Convenção ou a ela aderir após o depósito do terceiro instrumento de ratificação ou de adesão, a Convenção entrará em vigor a partir do 90.º dia seguinte à data do depósito por esse Estado do seu instrumento de ratificação ou de adesão.

ARTIGO XIII

1. Qualquer Estado contratante poderá denunciar a presente Convenção através de notificação escrita dirigida ao Secretário-Geral da Organização das Nações Unidas. A denúncia produzirá efeitos um ano após a data do recebimento da notificação pelo Secretário-Geral da Organização das Nações Unidas.

2. Qualquer Estado que tenha feito uma declaração ou uma notificação, nos termos do artigo X, poderá notificar posteriormente o Secretário-Geral da Organização das Nações Unidas de que a Convenção cessará a sua aplicação no território em questão um ano após a data do recebimento desta notificação pelo Secretário--Geral.

3. A presente Convenção continuará a ser aplicável às sentenças arbitrais relativamente às quais tiver sido iniciado um processo de reconhecimento ou de execução antes da entrada em vigor da denúncia.

ARTIGO XIV

Um Estado Contratante só se poderá prevalecer das disposições da presente Convenção contra outros Estados Contratantes na medida em que ele próprio esteja obrigado a aplicá-la.

ARTIGO XV

O Secretário-Geral da Organização das Nações Unidas notificará a todos os Estados referidos no artigo VIII:
a) As assinaturas e ratificações referidas no artigo VIII;
b) As adesões referidas no artigo IX;
c) As declarações e notificações referidas nos artigos I, X e XI;
d) A data de entrada em vigor da presente Convenção, nos termos do artigo XII;
e) As denúncias e notificações referidas no artigo XIII.

ARTIGO XVI

1. A presente Convenção, cujas versões em inglês, chinês, espanhol, francês e russo são igualmente autênticas, será depositada nos arquivos da Organização das Nações Unidas.
2. O Secretário-Geral da Organização das Nações Unidas enviará uma cópia autenticada da presente Convenção aos Estados referidos no artigo VIII.

Ratificações (ou adesões) e reservas (138 Países)

País	Data de Ratificação	Data de Denúncia	Tipo(s) de Reserva
Afeganistão	30-11-2004		
Albania	27-06-2001		
Argélia	07-02-1989		A, B
Antígua e Barbuda	02-02-1989		A, B
Argentina	14-03-1989		A, B, F
Arménia	29-12-1997		A, B
Austrália	26-03-1975		C
Áustria	02-05-1961		D
Arzebeijão	29-02-2000		
Bahrain	06-04-1988		A, B, F
Bangladesh	06-05-1992		
Barbados	16-03-1993		A, B
Bielorussia	15-11-1960		A
Bélgica	18-08-1975		A
Benin	16-05-1974		
Bolívia	28-04-1995		
Bosnia Herzegovina	01-09-1993		A, B, F
Botswana	20-12-1971		A, B
Brasil	07-06-2002		
Brunei	25-07-1996		A
Bulgária	10-10-1961		A, F
Burkina Faso	23-03-1987		
Cambodja	05-01-1960		

País	Data de Ratificação	Data de Denúncia	Tipo(s) de Reserva
Camarões	19-02-1988		
Canadá	12-05-1986		B, D, F
Rep. Centro Africana	15-10-1962		A, B
Chile	04-09-1975		
China	22-01-1979		A, B, F
Costa do Marfim	01-02-1991		
Colômbia	25-09-1979		
Costa Rica	26-10-1987		
Croácia	26-07-1993		A, B
Cuba	30-12-1974		A, B, F
Chipre	29-12-1980		A, B
República Checa	30-09-1993		E
Dinamarca	22-12-1972		A, B, C, F
Djibouti	14-06-1983		
Dominica	28-10-1998		
República Dominicana	11-04-2002		
Equador	03-01-1962		A, B
Egipto	09-03-1959		
El Salvador	26-02-1998		
Estónia	30-08-1993		
Finlândia	19-01-1962		A, C, D, F
França	26-06-1959		
Geórgia	02-01-1994		
Alemanha	30-06-1961		A, D, F
Gana	09-04-1968		
Grécia	16-07-1962		A, B
Guatemala	21-03-1984		A, B
Guiné	23-01-1991		
Haiti	05-12-1983		
Santa Sé	14-05-1975		A, B
Honduras	03-10-2000		
Hungria	05-03-1962		A, B
Islândia	24-01-2002		
Índia	13-07-1960		A, B
Indonésia	07-10-1981		A, B
Irão	15-10-2001		A, B
Irlanda	12-05-1981		A
Israel	05-01-1959		F
Itália	31-01-1969		
Jamaica	10-07-2002		A, B
Japão	20-06-1961		A
Jordânia	15-11-1979		F

País	Data de Ratificação	Data de Denúncia	Tipo(s) de Reserva
Cazaquistão	20-11-1995		
Quénia	10-02-1989		A
Coreia do Sul	08-02-1973		A, B
Koweit	28-04-1978		A, F
Quirziguistão	18-12-1996		
Laos	17-06-1998		
Letónia	14-04-1992		
Líbano	11-08-1998		A
Lesoto	13-06-1989		
Libéria	16-09-2005		
Lituânia	14-03-1995		A
Luxemburgo	09-09-1983		A
Macedônia	10-03-1994		E
Madagascar	16-07-1962		A, B
Malásia	05-11-1985		A, B
Mali	08-09-1994		
Malta	22-06-2000		A, F
Mauritânia	30-01-1997		
Maurícias	19-06-1996		A, C
México	14-04-1971		
Moldávia	18-09-1998		A, F
Mónaco	02-06-1982		A, B
Mongólia	24-10-1994		A, B
Marrocos	12-02-1959		A
Moçambique	11-06-1998		A
Nepal	04-03-1998		A, B
Holanda	24-04-1964		A, C
Nova Zelândia	06-01-1983		A, F
Nicaragua	24-09-2003		
Niger	14-10-1964		
Nigéria	17-03-1970		A, B
Noruega	14-03-1961		A, F
Oman	25-02-1999		
Paquistão	14-07-2005		
Panamá	10-10-1984		
Paraguai	07-10-1997		
Perú	07-07-1988		
Filipinas	06-07-1967		A, B
Polónia	03-10-1961		A, B, F
Portugal	18-10-1994		A, F
Quatar	30-12-2002		
Roménia	13-09-1961		A, B, F

País	Data de Ratificação	Data de Denúncia	Tipo(s) de Reserva
Rússia	24-08-1960		A, F
São Vicente e Grenadine	12-09-2000		A, B
São Marino	17-05-1979		
Arábia Saudita	19-04-1994		A
Senegal	17-10-1994		
Sérvia e Montenegro	12-03-2001		E
Singapura	21-08-1986		A
Eslováquia	28-05-1993		E
Eslovénia	06-07-1992		A, B
África do Sul	03-05-1976		
Espanha	12-05-1977		
Sri Lanka	09-04-1962		
Suécia	28-01-1972		
Suíça	01-06-1965		D
Síria	09-03-1959		
Tanzânia	13-10-1964		A
Tailândia	21-12-1959		
Trinidade e Tobago	14-02-1966		A, B
Tunísia	17-07-1967		A, B
Turquia	02-07-1992		A, B
Uganda	12-02-1992		A
Ucrânia	10-10-1960		A, F
Emiratos Árabes Unidos	21-08-2006		
Reino Unido	24-09-1975		A, C, F
Estados Unidos	30-09-1970		A, B, C, F
Uruguai	30-03-1983		
Uzbequistão	07-02-1996		
Venezuela	08-02-1995		A, B
Vietnam	12-09-1995		A, B, F
Zimbabwe	29-09-1994		

Reservas

Código	Descrição
A	Reserva ou declaração feita em conformidade com o artigo I(3) da Convenção (reserva de reciprocidade)
B	Reserva ou declaração feita em conformidade com o artigo I(3) da Convenção (reserva comercial)
C	Reserva ou declaração feita em conformidade com o artigo X(1) e (2) da Convenção
D	Uma ou várias outras reservas ou declarações foram retiradas ou alteradas
E	Sucessão. O Estado precedente fez uma ou várias reservas ou declarações
F	Outro tipo de reserva ou declaração

TÍTULO III

LEI-MODELO DA CNUDCI

Sobre a arbitragem comercial internacional, de 21 de Julho de 1985

CAPÍTULO I
Disposições Gerais

ARTIGO 1
(Campo de Aplicação)

1. A presente Lei aplica-se à arbitragem comercial internacional; ela não contende com qualquer acordo multilateral ou bilateral a que o presente Estado se encontra vinculado.

2. As disposições da presente Lei, à excepção dos arts. 8, 9, 35 e 36, só se aplicam se o lugar da arbitragem estiver situado no território do presente Estado.

3. Uma arbitragem é internacional se:
a) as partes numa convenção de arbitragem tiverem, no momento da conclusão desta Convenção, o seu estabelecimento em Estados diferentes; ou
b) um dos lugares a seguir referidos estiver situado fora do Estado no qual as partes têm o seu estabelecimento:
  I) o lugar da arbitragem, se estiver fixado na convenção de arbitragem ou for determinável de acordo com esta;
  II) qualquer lugar onde deva ser executada uma parte substancial das obrigações resultantes da relação comercial ou o lugar com o qual o objecto do litígio se ache mais estreitamente conexo; ou
c) as partes tiverem convencionado expressamente que o objecto da convenção da arbitragem tem conexões com mais de um país.

4. Para fins do § 3 do presente artigo:
a) se uma parte tiver mais de um estabelecimento, o estabelecimento a tomar em consideração é aquele que tem a relação mais estreita com a convenção de arbitragem;
b) se uma parte não tiver estabelecimento, revela para este efeito a sua residência habitual.

5. A presente Lei não contende com qualquer outra Lei do presente Estado em virtude da qual certos litígios não possam ser submetidos à arbitragem ou apenas o possam ser por aplicação diferentes das da presente Lei.

ARTIGO 2
(Definições e Regras de Interpretação)

Para os fins da presente Lei:
a) O termo "arbitragem" designa toda e qualquer arbitragem, quer a sua organização seja ou não confiada a uma instituição permanente de arbitragem;
b) A expressão "tribunal arbitral" designa um árbitro único ou um grupo de árbitros;
c) O termo "tribunal" designa um organismo ou órgão do sistema judiciário de um Estado;
d) Quando uma disposição da presente Lei, com excepção do art. 28, deixa às partes a liberdade de decidir uma certa questão, esta liberdade compreende o direito de as partes autorizarem um terceiro, aí incluída uma instituição, a decidir essa questão;
e) Quando uma disposição da presente Lei se refere ao facto de as partes terem convencionado ou poderem vir a chegar a acordo a respeito de certa questão, ou de qualquer outra maneira se refere a uma acordo das partes, tal acordo engloba qualquer regulamento de arbitragem aí referido;
f) Quando uma disposição da presente Lei, com excepção do art. 25, alínea a, e do art. 32, § 2, alínea a, se refere a um pedido, esta disposição aplica-se igualmente a um pedido reconvencional, e quando ela se refere a alegações de defesa, aplica-se igualmente às alegações de defesa relativas a um pedido reconvencional.

ARTIGO 3
(Recepção de Comunicações Escritas)

1. Salvo convenção das partes em contrário,
a) considera-se recebida qualquer comunicação escrita se ela foi entregue quer à pessoa do destinatário, quer no seu estabelecimento, na sua residência habitual ou no seu endereço postal; se em nenhum destes locais puder ser encontrada após uma indagação razoável, considera-se recebida uma comunicação escrita se ela foi enviada para o estabelecimento, residência habitual ou endereço postal do destinatário por último conhecido, através de carta registada ou de qualquer outro meio que prove que se procurou fazer a entrega;
b) a comunicação considera-se recebida no dia em que assim for entregue.
2. As disposições do presente artigo não se aplicam às comunicações feitas no âmbito de processos judiciais.

ARTIGO 4
(Renúncia ao Direito de Oposição)

Considera-se que renunciou ao seu direito de oposição qualquer parte que, embora sabendo que uma das disposições da presente Lei que as partes podem derrogar ou qualquer condição enunciada na convenção de arbitragem não foi respeitada, prossegue apesar disso a arbitragem sem deduzir oposição de imediato, ou, se estiver previsto um prazo para este efeito, no referido prazo.

ARTIGO 5
(Âmbito de Intervenção dos Tribunais)

Em todas as questões regidas pela presente Lei, os tribunais só podem intervir nos casos que esta o prevê.

ARTIGO 6
(Tribunal ou Outra Autoridade Encarregada
de Certas Funções de Assistência
e de Controle no Quadro da Arbitragem)

As funções mencionadas nos arts. 11, §§ 3 e 4, 13, § 3, 14, 16, § 3, e 34, § 2, são confiadas ... (cada Estado, ao adoptar a Lei-Modelo, indica o tribunal, os tribunais ou, para os casos em que esta lei o admitir, uma outra autoridade competente para desempenhar essas funções.)

CAPÍTULO II
Convenção de Arbitragem

ARTIGO 7
(Definição e Forma da Convenção de Arbitragem)

1. "Convenção de arbitragem" é uma convenção pela qual as partes decidem submeter à arbitragem todos ou alguns dos litígios surgidos ou a surgir entre elas com respeito a uma determinada relação jurídica, contratual ou extracontratual. Uma convenção de arbitragem pode revestir a forma de uma cláusula compromissória num contrato ou a de uma convenção autónoma.

2. A convenção de arbitragem deve ser reduzida a escrito. Considera-se que uma convenção tem forma escrita quando constar de um documento assinado pelas partes ou de uma troca de cartas, telex, telegramas ou qualquer outro meio de telecomunicação que prove a sua existência, ou ainda da troca de alegações referentes à petição e à contestação na qual a existência de uma tal convenção for alegada por uma parte e não seja contestada pela outra. A referência num contrato a um documento que contenha uma cláusula compromissória equivale a uma convenção de arbitragem, desde que o referido contrato revista a forma escrita e a referência seja feita de tal modo que faça da cláusula uma parte integrante do contrato.

ARTIGO 8
(Convenção de Arbitragem e Acções Propostas Quanto ao Fundo do Litígio num Tribunal)

1. O tribunal no qual foi proposta uma acção relativa a uma questão abrangida por uma convenção de arbitragem, se uma das partes o solicitar até ao momento em que apresentar as suas primeiras alegações quanto ao fundo do litígio, remeterá as partes para a arbitragem, a menos que constate que a referida convenção se tornou caduca ou insuscetível de ser executada.

2. Quando tiver sido proposta num tribunal uma acção referida no § 1 do presente artigo, o processo arbitral pode, apesar disso, ser iniciado ou prosseguir, e ser proferida uma sentença, enquanto a questão estiver pendente no tribunal.

ARTIGO 9
(Convenção de Arbitragem e Medidas Provisórias Tomadas por um Tribunal)

Não é incompatível com uma convenção de arbitragem a solicitação de medidas provisórias ou conservatórias feita por uma das partes a um tribunal, antes ou durante o processo arbitral, bem como a concessão de tais medidas pelo tribunal.

CAPÍTULO III
Composição do Tribunal Arbitral

ARTIGO 10
(Número de Árbitros)

1. As partes podem determinar livremente o número de árbitros.
2. Na falta de tal determinação, os árbitros serão em número de três.

ARTIGO 11
(Nomeação de Árbitros)

1. Ninguém poderá, em razão da sua nacionalidade, ser impedido de exercer funções de árbitro, salvo convenção em contrário das partes.
2. As partes podem, por acordo, escolher livremente o processo de nomeação do árbitro ou dos árbitros, sem prejuízo das disposições dos §§ 4 e 5 do presente artigo.
3. Na falta de um tal acordo,
a) no caso de uma arbitragem com três árbitros, cada uma das partes nomeia um árbitro e os dois árbitros assim nomeados escolhem o terceiro árbitro; se uma das partes não nomear no prazo de trinta dias a contar da recepção de um pedido feito nesse sentido pela outra parte, ou se os dois árbitros não se puserem de acordo quanto à escolha do terceiro árbitro dento de trinta

dias a contar da respectiva designação, a nomeação é feita a pedido de uma das partes, pelo tribunal ou outra autoridade referidos no art. 6;
b) no caso de uma arbitragem com um único árbitro, se as partes não puderem pôr-se de acordo sobre a escolha do árbitro, este será nomeado, a pedido de uma das partes, pelo tribunal ou outra autoridade referidos no art. 6.

4. Quando, durante um processo de nomeação convencionado pelas partes,
a) uma parte não agir em conformidade com o referido processo, ou
b) as partes, ou dois árbitros, não puderem chegar a um acordo nos termos do referido processo, ou
c) um terceiro, aí incluída uma instituição, não cumprir uma função que lhe foi confiada, qualquer das partes pode pedir ao tribunal ou a outra autoridade referidos no art. 6 que tome medida pretendida, a menos que o acordo relativo ao processo de nomeação estipule outros meios de assegurar esta nomeação.

5. A decisão de uma questão confiada ao tribunal ou outra autoridade referidos no art. 6, nos termos dos §§ 3 e 4, do presente artigo, é insusceptível de recurso. Quando nomear um árbitro, o tribunal terá em conta as qualificações exigidas a um árbitro pelo acordo das partes e tudo aquilo que for relevante para garantir a nomeação de um árbitro independente e imparcial e, quando nomear um árbitro único ou um terceiro árbitro, ele terá igualmente em consideração o facto de que poderá ser desejável a nomeação de um árbitro de nacionalidade diferente da das partes.

ARTIGO 12
(Fundamentos de Recusa)

1. Quando uma pessoa for sondada com vista à sua eventual nomeação como árbitro, ela fará notar todas as circunstâncias que possam levantar fundadas dúvidas sobre a sua imparcialidade ou independência. A partir da data da sua nomeação e durante todo o processo arbitral, o árbitro fará notar sem demora às partes as referidas circunstâncias, a menos que já o tenha feito.

2. Um árbitro só pode ser recusado se existirem circunstâncias que possam levantar fundadas dúvidas sobre a imparcialidade ou independência, ou se ele não possuir as qualificações que as partes convencionaram. Uma parte só pode recusar um árbitro que tiver nomeado ou em cuja nomeação tiver participado por uma causa de que apenas tenha tido conhecimento após esta nomeação.

ARTIGO 13
(Processo de Recusa)

1. Sem prejuízo das disposições do § 3 do presente artigo, as partes podem, por acordo, escolher livremente o processo de recusa do árbitro.

2. Na falta de tal acordo, a parte que tiver intenção de recusar um árbitro deverá expor por escrito os motivos da recusa ao tribunal arbitral, no prazo de quinze dias a contar da data em que teve conhecimento da constituição do tribunal arbitral ou da data em que teve conhecimento das circunstâncias referidas no art. 12,

§ 2. Se o árbitro recusado não se demitir das suas funções ou se a outra parte não aceitar a recusa, o tribunal arbitral decidirá sobre a recusa.

3. Se a recusa não puder ser obtida segundo o processo convencionado pelas partes ou nos termos do § 2 do presente artigo, a parte que recusa o árbitro pode, no prazo de trinta dias após lhe ter sido comunicada a decisão que rejeita a recusa, pedir ao tribunal ou outra autoridade referidos no art. 6 que tome uma decisão sobre a recusa, decisão que será insusceptível de recurso; na pendência deste pedido, o tribunal, aí incluído o árbitro recusado, pode prosseguir o processo arbitral e proferir uma sentença.

ARTIGO 14
(Inacção de um Árbitro)

1. Quando um árbitro se encontrar impossibilitado, de direito ou de facto, de cumprir a sua missão ou, por outras razões, não se desincumbir das suas num prazo razoável, o seu mandato termina se ele se demitir das suas funções ou se as partes convencionarem em lhes pôr fim. No caso de subsistir desacordo quanto a algum destes motivos, qualquer das partes pode pedir ao tribunal ou a outra autoridade referida no art. 6 que tome uma decisão sobre a cessação do mandato, decisão que será insusceptível de recurso.

2. Se, nos termos deste artigo ou do art. 13, § 2, um árbitro se demitir das suas funções ou se uma das partes aceitar a cessação do mandato de um árbitro, isso não implica o reconhecimento dos motivos mencionados no art. 12 § 2, ou no presente artigo.

ARTIGO 15
(Nomeação de um árbitro substituto)

Quando o mandato de um árbitro terminar, nos termos dos arts. 13 e 14, ou quando este se demitir das suas funções por qualquer outra razão, ou quando o seu mandato for revogado por acordo das partes, ou em qualquer outro caso em que seja posto fim ao seu mandato, será nomeado um árbitro substituto, de acordo com as regras aplicadas à nomeação do árbitro substituto.

CAPÍTULO IV
Competência do Tribunal Arbitral

ARTIGO 16
(Competência do Tribunal Arbitral para Decidir sobre a sua Própria Competência)

1. O tribunal arbitral pode decidir sobre a sua própria competência, aí incluída qualquer excepção relativa à existência ou à validade da convenção de arbitragem. Para este efeito, uma cláusula compromissória que faça parte de um contrato é considerada como uma convenção distinta das outras cláusulas do contrato. A decisão do tribunal arbitral que considere nulo o contrato não implica automaticamente a nulidade da cláusula compromissória.

2. A excepção de incompetência do tribunal arbitral pode ser arguida o mais tardar até à apresentação das alegações de defesa. O facto de uma parte ter designado um árbitro ou ter participado na sua designação, não a priva do direito de arguir esta excepção. A excepção baseada no excesso de poderes do tribunal será arguida logo que surja no decurso do processo arbitral a questão que se considera exceder esses poderes. O tribunal arbitral pode, em ambos os casos, admitir uma excepção arguida após o prazo previsto, se considerar justificada a demora.

3. O tribunal arbitral pode decidir sobre a excepção referida no § 2 do presente artigo, quer enquanto questão prévia, quer na sentença sobre o fundo. Se o tribunal arbitral decidir, a título de questão prévia, que é competente, qualquer das partes pode, num prazo de trinta dias após ter sido avisada desta decisão, pedir ao tribunal referido no art. 6 que tome uma decisão sobre este ponto, decisão que será insusceptível de recurso; na pendência deste pedido, o tribunal arbitral pode prosseguir o processo arbitral e proferir a sentença.

ARTIGO 17
(Poder do Tribunal Arbitral Ordenar Medidas Provisórias)

Salvo convenção em contrário das partes, o tribunal arbitral pode, a pedido de uma parte, ordenar a qualquer delas que tome as medidas provisórias ou conservatórias que o tribunal arbitral considere necessário tomar em relação ao objecto do litígio. O tribunal arbitral pode exigir a qualquer das partes que, em conexão com essas medidas, preste uma garantia adequada.

CAPÍTULO V
Condução do Processo Arbitral

ARTIGO 18
(Igualdade de Tratamento das Partes)

As partes devem ser tratadas em pé de igualdade e devem ser dadas a cada uma delas as possibilidades de fazerem valer os seus direitos.

ARTIGO 19
(Determinação das Regras de Processo)

1. Sem prejuízo das disposições da presente Lei, as partes podem, por acordo, escolher livremente o processo a seguir pelo tribunal arbitral.

2. Na falta de tal acordo, o tribunal arbitral pode, sem prejuízo das disposições da presente Lei, conduzir a arbitragem do modo que julgar apropriado. Os poderes conferidos ao tribunal arbitral compreendem o de determinar a admissibilidade, pertinência e importância de qualquer prova produzida.

ARTIGO 20
(Lugar da Arbitragem)

1. As partes podem decidir livremente sobre o lugar da arbitragem. Na falta de tal decisão, este lugar será fixado pelo tribunal arbitral, tendo em conta as circunstâncias do caso, aí incluída a conveniência das partes.

2. Não obstante as disposições do § 1 do presente artigo, o tribunal arbitral pode, salvo convenção das partes em contrário, reunir-se em qualquer lugar que julgue apropriado para consultas entre os seus membros, para audição de testemunhas, de peritos ou das partes, ou para o exame de mercadorias, outros bens ou documentos.

ARTIGO 21
(Início do Processo Arbitral)

Salvo convenção das partes em contrário, o processo arbitral relativo a um determinado litígio começa na data em que o pedido de sujeição deste litígio à arbitragem é recebido pelo demandado.

ARTIGO 22
(Língua)

1. As partes podem, por acordo, escolher livremente a língua ou línguas a utilizar no processo arbitral. Na falta de um tal acordo, o tribunal arbitral determinará a língua ou línguas a utilizar no processo. Este acordo, ou esta determinação, a menos que tenha sido especificado de modo diverso, aplicam-se a qualquer declaração escrita de uma das partes, a qualquer procedimento oral e a qualquer sentença, decisão ou outra comunicação do tribunal arbitral.

2. O tribunal arbitral pode ordenar que qualquer peça processual seja acompanhada de uma tradução na língua ou línguas convencionadas pelas partes ou escolhidas pelo tribunal arbitral.

ARTIGO 23
(Articulados do Demandante e do Demandado)

1. No prazo convencionado pelas partes ou fixado pelo tribunal arbitral, o demandante enunciará os factos que baseiam o seu pedido, os pontos litigiosos e o objecto do pedido e o demandado enunciará a sua defesa a propósito destas questões, a menos que outra tenha sido a convenção das partes quanto aos elementos a figurar nas alegações. As partes podem fazer acompanhar as suas alegações de quaisquer documentos que julguem pertinentes ou nelas mencionar documentos ou outros meios de prova que virão apresentar.

2. Salvo convenção das partes em contrário, qualquer das partes pode modificar ou completar o seu pedido ou a sua defesa no decurso do processo arbitral, a menos que o tribunal arbitral considere que não deve autorizar uma tal alteração em razão do atraso com que é formulada.

ARTIGO 24
(Procedimento Oral e Escrito)

1. Salvo convenção das partes em contrário, o tribunal decidirá se o processo deve comportar fases orais para a produção da prova ou para a exposição oral dos argumentos, ou se o processo deverá ser conduzido na base de documentos ou outros materiais. Contudo, a menos que as partes tenham convencionado que não haverá lugar a um tal procedimento, o tribunal arbitral organizará um procedimento oral num estádio apropriado do processo arbitral, se uma das partes assim o requerer.

2. As partes serão notificadas com uma antecedência suficiente de todas as audiências e reuniões do tribunal arbitral realizadas com finalidade de examinar mercadorias, outros bens ou documentos.

3. Todas as alegações, documentos ou informações que uma das partes forneça ao tribunal devem ser comunicados à outra parte. Deve igualmente ser comunicado às partes qualquer relatório ou documento apresentado como prova que possa servir de base à decisão do tribunal.

ARTIGO 25
(Falta de Cumprimento de uma das Partes)

Salvo convenção das partes em contrário, se, sem invocar impedimento bastante,
a) o demandante não apresenta o seu pedido em conformidade com o art. 23, § 1, o tribunal arbitral porá fim ao processo arbitral;
b) o demandado não apresenta a sua defesa em conformidade com o art. 23, § 1, o tribunal arbitral prosseguirá o processo arbitral sem considerar esta falta em si mesma como uma aceitação das alegações do demandante;
c) uma das partes deixa de comparecer a uma audiência ou de fornecer documentos de prova, o tribunal arbitral pode prosseguir o processo e decidir com base nos elementos de prova de que disponha.

ARTIGO 26
(Perito Nomeado pelo Tribunal)

1. Salvo convenção das partes em contrário, o tribunal arbitral:
a) pode nomear um ou mais peritos encarregados de elaborar um relatório sobre pontos específicos que o tribunal arbitral determinará;
b) pode pedir a uma das partes que forneça ao perito todas as informações relevantes ou que lhe faculte ou torne acessíveis, para exame, quaisquer documentos, mercadorias ou outros bens relevantes.

2. Salvo convenção das partes em contrário, se uma das partes o solicitar ou se o tribunal arbitral o julgar necessário, o perito, após apresentação do seu relatório escrito ou oral, participará numa audiência em que as partes o podem interrogar e na qual podem fazer intervir, na qualidade de testemunhas, peritos que deponham sobre as questões em análise.

ARTIGO 27
(Assistência dos Tribunais na Obtenção de Provas)

O tribunal arbitral, ou uma parte com aprovação do tribunal arbitral, pode solicitar assistência para obtenção de provas a um tribunal competente do presente Estado. O tribunal pode corresponder à solicitação nos limites da sua competência e de acordo com as suas próprias regras relativas à obtenção de provas.

CAPÍTULO VI
Sentença Arbitral e Encerramento do Processo

ARTIGO 28
(Regras Aplicáveis ao Fundo da Causa)

1. O tribunal arbitral decide o litígio de acordo com as regras de direito escolhidas pelas partes para serem aplicadas ao fundo da causa. Qualquer designação da lei ou do sistema jurídico de um determinado Estado será considerada, salvo indicação expressa em contrário, como designando directamente as regras jurídicas materiais deste Estado e não as suas regras de conflito de leis.
2. Na falta de uma tal designação pelas partes, o tribunal arbitral aplicará a lei designada pela regra de conflitos de lei que ele julgue aplicável na espécie.
3. O tribunal arbitral decidirá *ex aequo et bono* ou na qualidade de *amiable compositeur* apenas quando as partes a isso expressamente o autorizarem.
4. Em qualquer caso, o tribunal arbitral decidirá de acordo com as estipulações do contrato e terá em conta os usos do comércio aplicáveis à transação.

ARTIGO 29
(Decisão Tomada por Vários Árbitros)

Num processo arbitral com mais de um árbitro, qualquer decisão do tribunal arbitral será tomada pela maioria dos seus membros, salvo convenção das partes em contrário. Todavia, as questões do processo podem ser decididas por um árbitro presidente, se estiver autorizado para o efeito pelas partes ou por todos os membros do tribunal arbitral.

ARTIGO 30
(Decisão por Acordo das Partes)

1. Se, no decurso do processo arbitral, as partes se puserem de acordo quanto à decisão do litígio, o tribunal arbitral porá fim ao processo arbitral e, se as partes lho solicitarem e ele não tiver nada a opor, constatará o facto através de uma sentença arbitral proferida nos termos acordados pelas partes.

2. A sentença proferida nos termos acordados pelas partes será elaborada em conformidade com as disposições do art. 31 e mencionará o facto de que se trata de uma sentença. Uma tal sentença tem o mesmo estatuto e o mesmo efeito que qualquer outra sentença proferida sobre o fundo da causa.

ARTIGO 31
(Forma e Conteúdo da Sentença)

1. A sentença será conduzida e assinada pelo árbitro ou árbitros. No processo arbitral com mais de um árbitro, serão suficientes as assinaturas da maioria dos membros do tribunal arbitral, desde que seja mencionada a razão da omissão das restantes.

2. A sentença será fundamentada, salve se as partes convencionarem que não haverá lugar à fundamentação ou se se tratar de uma sentença proferida com base num acordo das partes nos termos do art. 30.

3. Proferida a sentença, será enviada a cada uma das partes uma cópia assinada pelo árbitro ou árbitros, nos termos do § 1 do presente artigo.

ARTIGO 32
(Encerramento do Processo)

1. O processo arbitral termina quando for proferida a sentença definitiva ou quando for ordenado o encerramento do processo pelo tribunal arbitral nos termos do § 2 do presente artigo.

2. O tribunal arbitral ordenará o encerramento do processo arbitral quando:
a) o demandante retire o seu pedido, a menos que o demandado a tanto se oponha e o tribunal arbitral reconheça que este tem um interesse legítimo em que o litígio seja definitivamente resolvido;
b) as partes concordem em encerrar o processo;
c) o tribunal arbitral constate que a prossecução do processo se tornou por qualquer razão, supérflua ou impossível.

3. O mandato do tribunal arbitral finda com o encerramento do processo arbitral, sem prejuízo das disposições do art. 33 e do § 4 do art. 34.

ARTIGO 33
(Ratificação e Interpretação da Sentença e Sentença Adicional)

1. Nos trinta dias seguintes à recepção da sentença, a menos que as partes tenham convencionado outro prazo,

a) uma das partes pode, notificando a outra, pedir ao tribunal arbitral que rectifique no texto da sentença qualquer erro de cálculo ou tipográfico ou qualquer erro de natureza idêntica;
b) se as partes assim convencionarem, uma pode, notificando a outra, pedir ao tribunal arbitral que interprete um ponto ou passagem precisa da sentença.

Se o tribunal arbitral considerar o pedido justificado, fará a rectificação ou interpretação nos trinta dias subsequentes à recepção do pedido. A interpretação fará parte integrante da sentença.

2. O tribunal arbitral pode, por sua iniciativa, rectificar qualquer erro do tipo referido na alínea a) do § 1 do presente artigo, nos trinta dias seguintes à data da sentença.

3. Salvo convenção das partes em contrário, uma das partes pode, notificando a outra, pedir ao tribunal arbitral, nos trinta dias seguintes à recepção da sentença, que profira uma sentença adicional sobre certos pontos do pedido expostos no decurso do processo arbitral, mas omitidos na sentença. Se julgar o pedido justificado, o tribunal proferirá a sentença adicional dentro de sessenta dias.

4. O tribunal arbitral pode prolongar, se for necessário, o prazo de que dispõe para rectificar, interpretar ou completar a sentença, nos termos dos §§ 1 ao 3 do presente artigo.

5. As disposições do art. 31 aplicam-se à rectificação ou à interpretação da sentença, ou à sentença adicional.

CAPÍTULO VII
Recurso da Sentença

ARTIGO 34
(O Pedido de Anulação como Recurso Exclusivo da Sentença Arbitral)

1. O recurso de uma sentença arbitral interposto num tribunal só pode revestir a forma de um pedido de anulação, nos termos dos §§ 2 e 3 do presente artigo.

2. A sentença arbitral só pode ser anulada pelo tribunal referido no art. 6 se,
a) a parte que faz o pedido fornecer a prova de:
  I) que uma parte na convenção de arbitragem referida no art. 7 estava ferida de uma incapacidade; ou que a dita convenção não é válida nos termos da lei a que as partes a tenham subordinado ou, na falta de qualquer indicação a este propósito, nos termos da lei do presente Estado; ou
  II) que ela não foi devidamente informada da nomeação de um árbitro ou do processo arbitral, ou lhe foi impossível fazer valer os seus direitos por qualquer outra razão; ou
  III) que a sentença tem por objecto um litígio não referido no compromisso ou não abrangido pela previsão da cláusula compromissória, ou que contém decisões que ultrapassam os termos do compromisso ou cláusula compromissória, entendendo-se contudo que, se as disposições da

sentença relativas a questões submetidas à arbitragem puderem separar-se das que não o estão, unicamente poderá ser anulada a parte da sentença que contenha decisões a estas últimas; ou

IV) que a constituição do tribunal arbitral ou o processo arbitral não estão conformes à convenção das partes, a menos que esta convenção contrarie disposição da presente Lei que as partes não possam derrogar, ou que, na falta de uma tal convenção, não estão conformes à presente Lei; ou

b) o tribunal constatar:

I) que o objecto do litígio não é susceptível de ser decidido por arbitragem nos termos da lei do presente Estado; ou

II) que a sentença contraria a ordem pública do presente Estado.

3. Um pedido de anulação não pode ser apresentado após o decurso de um prazo de três meses a contar da data em que a parte que faz este pedido recebeu comunicação da sentença ou, se tiver sido feito um pedido nos termos do art.33, a partir da data em que o tribunal tomou a decisão sobre este pedido.

4. Quando lhe for solicitado que anule uma sentença, o tribunal pode, se for caso disso e a pedido de uma das partes, suspender o processo de anulação durante o período de tempo que ele determinar, a fim de dar ao tribunal arbitral a possibilidade de retomar o processo arbitral ou de tomar qualquer outra medida que o tribunal arbitral julgue susceptível da anulação.

CAPÍTULO VIII
Reconhecimento e Execução das Sentenças

ARTIGO 35
(Reconhecimento e Execução)

1. A sentença arbitral, independentemente do país em que tenha sido proferida, será reconhecida como tendo força obrigatória e, mediante solicitação dirigida por escrito ao tribunal competente, será executada, sem prejuízo das disposições do presente artigo e do art. 36.

2. A parte que invocar a sentença ou que pedir a respectiva execução deve fornecer o original da sentença devidamente autenticado ou uma cópia certificada conforme, bem como o original da convenção de arbitragem referida no art. 7 ou uma cópia certificada conforme. Se a dita sentença ou convenção não estiver redigida numa língua oficial do presente Estado, a parte fornecerá uma tradução devidamente certificada nesta língua.

ARTIGO 36
(Fundamentos de Recusa do Reconhecimento ou da Execução)

1. O reconhecimento ou a execução de uma sentença arbitral, independentemente do país em tenha sido proferida, só pode ser recusado:

a) a pedido da parte contra a qual for invocado, se essa parte fornecer ao tribunal competente a que é pedido o reconhecimento ou a execução a prova de:
   I) que uma das partes na convenção de arbitragem referida no art. 7 estava ferida de uma incapacidade; ou que a dita convenção não é válida nos termos da lei a que as partes a tenham subordinado ou, na falta de indicação a este propósito, nos termos da lei do país onde a sentença foi proferida; ou
   II) que a parte contra a qual a sentença é invocada não foi devidamente informada da nomeação de um árbitro ou do processo arbitral, ou que lhe foi impossível fazer valer os seus direitos por qualquer outra razão; ou
   III) que a sentença tem por objecto um litígio não referido no compromisso ou não abrangido pela previsão da cláusula compromissória, ou que contém decisões que ultrapassam os termos do compromisso ou da cláusula compromissória, entendendo-se contudo que, se as disposições da sentença relativas a questões submetidas à arbitragem puderem ser dissociadas das que não estiverem submetidas à arbitragem, unicamente poderá ser anulada a parte da sentença que contenha decisões sobre as questões não submetidas à arbitragem;
   IV) que a constituição do tribunal arbitral ou o processo arbitral não estão conformes à convenção das partes ou, na falta de tal convenção, à lei do país onde a arbitragem teve lugar; ou
   V) que a sentença se não tenha tornado ainda obrigatória para as partes ou tenha sido anulada ou suspensa por um tribunal do país no qual, ou em virtude da lei do qual, a sentença tenha sido proferida; ou
b) se o tribunal constatar:
   I) que o objecto do litígio não é susceptível de ser decidido por arbitragem nos termos da lei do presente Estado; ou
   II) que o reconhecimento ou a execução da sentença contraria a ordem pública do presente Estado.

2. Se um pedido de anulação ou de suspensão de uma sentença tiver sido apresentado a um tribunal referido no § 1, alínea a, sub-alínea v deste artigo, o tribunal ao qual foi pedido o reconhecimento ou a execução pode, se o julgar apropriado, adiar a sua decisão e pode também, a requerimento da parte que pede o reconhecimento ou a execução da sentença, ordenar à outra parte que preste garantias adequadas.

***

TÍTULO IV

CONVENÇÃO MERCOSUL

Acordo sobre Arbitragem Comercial Entre o Mercosul, a República da Bolívia e a República do Chile

TENDO EM VISTA: O Tratado de Assunção, o Protocolo de Ouro Preto, as Decisões N.º 5/91, 8/91, 14/96 e 12/97 do Conselho do Mercado Comum, a Resolução N.º 32/98 do Grupo Mercado Comum e o Acordo N.º 2/98 da Reunião de Ministros da Justiça do MERCOSUL.

CONSIDERANDO:

Que é vontade dos países do MERCOSUL, assim como da Bolívia e do Chile, procurar soluções jurídicas que ajudem a fortalecer os esquemas de integração que os vinculam.

Que consideram conveniente facilitar ao sector privado de seus países a utilização de métodos alternativos de resolução daquelas controvérsias que possam surgir nos contratos comerciais internacionais.

Que na Reunião de Ministros da Justiça do MERCOSUL, juntamente com os Ministros da Justiça da Bolívia e do Chile, alcançou-se um projecto de Acordo sobre arbitragem comercial internacional.

O CONSELHO DO MERCADO COMUM

DECIDE:

Art. 1. Aprovar a assinatura por parte do MERCOSUL, da República da Bolívia e da República do Chile, do "Acordo sobre Arbitragem Comercial Internacional entre o MERCOSUL, a República da Bolívia e a República do Chile", cujo texto consta em anexo nos idiomas espanhol e português, e faz parte da presente Decisão.

ACORDO SOBRE ARBITRAGEM COMERCIAL INTERNACIONAL ENTRE O MERCOSUL, A REPÚBLICA DA BOLÍVIA E A REPÚBLICA DO CHILE

A República Argentina, a República Federativa do Brasil, a República do Paraguai e a República Oriental do Uruguai, Estados-Partes do Mercado Comum do

Sul (MERCOSUL), a República da Bolívia e a República do Chile serão denominados Partes Signatárias.

As Partes Contratantes do presente Acordo são o MERCOSUL, a República da Bolívia e a República do Chile.

CONSIDERANDO o Tratado de Assunção, subscrito em 26 de Março de 1991, entre a República Argentina, a República Federativa do Brasil, a República do Paraguai e a República Oriental do Uruguai, e o Protocolo de Ouro Preto, subscrito em 17 de Dezembro de 1994, entre os mesmos Estados;

CONSIDERANDO o Acordo de Complementação Económica N.º 36, subscrito entre o MERCOSUL e a República da Bolívia; o Acordo de Complementação Económica N.º 35, subscrito entre o MERCOSUL e a República do Chile e as Decisões do Conselho do Mercado Comum do MERCOSUL N.º 14/96 "Participação de Terceiros Países Associados em Reuniões do MERCOSUL" e N.º 12/97 "Participação do Chile em Reuniões do MERCOSUL";

REAFIRMANDO a vontade das Partes Contratantes de pactuar soluções jurídicas comuns para o fortalecimento do processo de integração regional;

DESTACANDO a necessidade de proporcionar ao sector privado métodos alternativos para a solução de controvérsias surgidas de contratos comerciais internacionais concluídos entre pessoas físicas ou jurídicas de direito privado;

CONVENCIDOS da necessidade de uniformizar a organização e o funcionamento da arbitragem internacional para contribuir para a expansão do comércio regional e internacional;

DESEJOSOS de promover e incentivar a solução extrajudicial de controvérsias privadas por meio da arbitragem, prática conforme com as peculiaridades das transações internacionais;

TENDO em conta a Convenção Interamericana sobre Arbitragem Comercial Internacional, de 30 de Janeiro de 1975, concluída na cidade de Panamá, a Convenção Interamericana sobre Eficácia Extraterritorial das Sentenças e Laudos Arbitrais Estrangeiros, de 08 de Maio de 1979, concluída em Montevidéu e a Lei Modelo sobre Arbitragem Comercial Internacional da Comissão das Nações Unidas para o Direito Mercantil Internacional, de 21 de Junho de 1985;

ACORDAM:

ARTIGO 1
(Objectivo)

O presente Acordo tem por objectivo regular a arbitragem como meio alternativo privado de solução de controvérsias surgidas de contratos comerciais internacionais entre pessoas físicas ou jurídicas de direito privado.

ARTIGO 2
(Definições)

Para fins de aplicação do presente Acordo, entender-se-á por:
a) "arbitragem": meio privado – institucional ou 'ad hoc' – para a solução de controvérsias;

b) "arbitragem internacional": meio privado para a solução de controvérsias relativas a contratos comerciais internacionais entre particulares, pessoas físicas ou jurídicas;
c) "autoridade judicial": órgão do sistema judiciário estatal;
d) "contrato-base": acordo que dá origem às controvérsias submetidas a arbitragem;
e) "convenção arbitral": acordo pelo qual as partes decidem submeter à arbitragem todas ou algumas controvérsias que tenham surgido ou possam surgir entre elas com respeito a relações contratuais. Poderá adoptar a forma de uma cláusula compromissória incluída em um contrato ou a de um acordo independente;
f) "domicílio das pessoas físicas": sua residência habitual e, subsidiariamente, o centro principal de seus negócios;
g) "domicílio das pessoas jurídicas ou sede social": o lugar principal da administração ou a sede de sucursais, estabelecimentos ou agências;
h) "laudo ou sentença arbitral estrangeira": resolução definitiva da controvérsia pelo tribunal arbitral com sede no estrangeiro;
i) "sede do Tribunal Arbitral": Parte Signatária eleita pelos contratantes ou, na sua falta, pelos árbitros, para os fins dos artigos 3, 7, 13, 15, 19 e 22 deste Acordo, sem prejuízo do lugar da actuação do Tribunal;
j) "tribunal arbitral": órgão constituído por um ou vários árbitros;

ARTIGO 3
(Âmbito material e espacial de aplicação)

O presente Acordo se aplicará à arbitragem, sua organização e procedimentos e às sentenças ou laudos arbitrais, se ocorrer alguma das seguintes circunstâncias:
a) a convenção arbitral for celebrada entre pessoas físicas ou jurídicas que, no momento de sua celebração, tenham sua residência habitual ou o centro principal dos negócios, ou a sede, ou sucursais, ou estabelecimentos ou agências, em mais de uma Parte Signatária;
b) o contrato-base tiver algum contacto objectivo – jurídico ou económico – com mais de uma Parte Signatária;
c) se as partes não expressarem sua vontade em contrário e o contrato-base tiver algum contacto objectivo – jurídico ou económico – com uma Parte Signatária, sempre que o tribunal tenha a sua sede em uma das Partes Signatárias;
d) o contrato-base tiver algum contacto objectivo – jurídico ou económico – com uma Parte Signatária e o tribunal arbitral não tiver sua sede em nenhuma Parte Signatária, sempre que as partes declararem expressamente sua intenção de submeter-se ao presente Acordo;
e) o contrato-base não tiver nenhum contacto objectivo – jurídico ou económico – com uma Parte Signatária e as partes tenham elegido um tribunal arbitral com sede em uma Parte Signatária, sempre que as partes declararem expressamente sua intenção de submeter-se ao presente Acordo.

ARTIGO 4
(Tratamento equitativo e de boa fé)

1. A convenção arbitral dará um tratamento equitativo e não-abusivo aos contratantes, em especial nos contratos de adesão, e será pactuada de boa fé.

2. A convenção arbitral inserida em um contrato deverá ser claramente legível e estar localizada em lugar razoavelmente destacado.

ARTIGO 5
(Autonomia da convenção arbitral)

A convenção arbitral é autónoma com relação ao contrato-base. Sua inexistência ou invalidade não implica a nulidade da convenção arbitral.

ARTIGO 6
(Forma e direito aplicável à validade formal da convenção arbitral)

1. A convenção arbitral deverá ser escrita.

2. A validade formal da convenção arbitral se regerá pelo direito do lugar de celebração.

3. A convenção arbitral celebrada entre ausentes poderá concretizar-se pela troca de cartas ou telegramas com recebimento comprovado. As comunicações feitas por fax, correio electrónico ou meio equivalente deverão ser confirmadas por documento original, sem prejuízo do estabelecido no número 5.

4. A convenção arbitral celebrada entre ausentes se aperfeiçoa no momento e na Parte Signatária em que se recebe a aceitação pelo meio escolhido e confirmado pelo documento original.

5. Se não se houverem cumprido os requisitos de validade formal exigidos pelo direito do lugar de celebração, a convenção será considerada válida se cumprir com os requisitos formais do direito de alguma das Partes Signatárias com a qual o contrato-base tem contatos objectivos, de acordo com o estabelecido no art. 3, alínea b).

ARTIGO 7
(Direito aplicável à validade intrínseca da convenção arbitral)

1. A capacidade das partes da convenção arbitral será regida pelo direito de seus respectivos domicílios.

2. A validade da convenção arbitral, com respeito ao consentimento, objecto e causa, será regida pelo direito da Parte Signatária, sede do tribunal arbitral.

ARTIGO 8
(Competência para conhecer da existência e validade da convenção arbitral)

As questões relativas à existência e validade da convenção arbitral serão resolvidas pelo tribunal arbitral, de ofício ou por solicitação das partes.

ARTIGO 9
(Arbitragem de direito ou de equidade)

Por disposição das partes, a arbitragem poderá ser de direito ou de equidade. Na ausência de disposição, será de direito.

ARTIGO 10
(Direito aplicável à controvérsia pelo tribunal arbitral)

As partes poderão eleger o direito que se aplicará para solucionar a controvérsia com base no direito internacional privado e seus princípios, assim como no direito de comércio internacional. Se as partes nada dispuserem sobre esta matéria, os árbitros decidirão conforme as mesmas fontes.

ARTIGO 11
(Tipos de arbitragem)

As partes poderão livremente submeter-se à arbitragem institucional ou 'ad hoc'.

No procedimento arbitral, serão sempre respeitados os princípios do contraditório, da igualdade das partes, da imparcialidade do árbitro e de seu livre convencimento.

ARTIGO 12
(Normas gerais de procedimento)

1. Na arbitragem institucional:
a) o procedimento perante as instituições arbitrais será regido por seu próprio regimento;
b) sem prejuízo do disposto na alínea anterior, as Partes Signatárias incentivarão as entidades arbitrais sediadas em seus territórios para que adoptem um regulamento comum;
c) as instituições poderão publicar para seu conhecimento e difusão, as listas públicas de árbitros, denominação e composição dos tribunais e regimentos internos;
2. Na arbitragem 'ad hoc':
a) as partes poderão estabelecer o procedimento arbitral. No momento de celebrar a convenção arbitral as Partes, preferentemente, poderão acordar sobre a designação dos árbitros e, quando for o caso, os árbitros substitutos, ou estabelecer a modalidade pela qual serão designados;
b) se as Partes do presente Acordo nada tiverem previsto, aplicar-se-ão as normas de procedimento da Comissão Interamericana de Arbitragem Comercial (CIAC) – conforme o estabelecido no artigo 3 da Convenção Interamericana sobre Arbitragem Comercial Internacional do Panamá, de 1975 – vigentes no momento da celebração da convenção arbitral;

c) tudo o que não foi previsto pelas Partes, pelo Acordo e pelas normas de procedimento da CIAC, será resolvido pelo tribunal arbitral atendendo aos princípios estabelecidos no artigo 11.

ARTIGO 13
(Sede e idioma)

1. As partes poderão designar uma Parte Signatária como sede do tribunal arbitral. Caso não o façam, o tribunal arbitral determinará o lugar da arbitragem em alguma dessas Partes Signatárias, levadas em conta as circunstâncias do caso e a conveniência das partes.

2. Na falta de estipulação expressa das partes, o idioma será o da sede do tribunal arbitral.

ARTIGO 14
(Comunicações e notificações)

1. As comunicações e notificações que se efectuarem para dar cumprimento às normas do presente Acordo, serão consideradas devidamente realizadas, salvo disposição em contrário das partes:
   a) quando tenham sido entregues pessoalmente ao destinatário, ou tenham sido recebidas por carta certificada, telegrama registrado ou meio equivalente dirigidos ao seu domicílio declarado;
   b) se as partes não houverem estabelecido um domicílio especial e se não se conhecer o domicílio após pesquisa razoável, considerar-se-á recebida toda comunicação e notificação escrita que tenha sido remetida à última residência habitual ou ao último domicílio conhecido de seus negócios.

2. A comunicação e notificação serão consideradas recebidas no dia em que se tenha realizado a entrega segundo o estabelecido na alínea a), do número anterior.

3. Na convenção arbitral poderá ser estabelecido um domicílio especial diferente do domicílio das pessoas físicas ou jurídicas, para o fim de recebimento das comunicações e notificações. Também poderá ser designada uma pessoa para esse fim.

ARTIGO 15
(Início do procedimento arbitral)

1. Na arbitragem institucional o procedimento será iniciado conforme o que disponha o regulamento ao qual as partes se tenham submetido. Na arbitragem 'ad hoc' a parte que pretenda iniciar o procedimento arbitral intimará a outra na forma estabelecida na convenção arbitral.

2. Na intimação constarão necessariamente:
   a) o nome e o domicílio das partes;
   b) a referência ao contrato-base e à convenção arbitral;
   c) a decisão de submeter o assunto à arbitragem e de designar os árbitros;

d) o objecto da controvérsia e a indicação do montante, valor ou quantia comprometida.

3. À falta de estipulação expressa quanto à forma da intimação, será ela efetuada conforme o estabelecido no artigo 14.

4. A intimação para iniciar uma arbitragem 'ad hoc' ou o acto processual equivalente na arbitragem institucional será válido, inclusive para fins de reconhecimento ou execução dos laudos ou sentenças arbitrais estrangeiras, quando tenham sido realizados de acordo com o estabelecido na convenção arbitral, nas disposições deste Acordo ou, quando for o caso, no direito da Parte Signatária sede do tribunal arbitral. Em qualquer caso, se assegurará à parte intimada um prazo razoável para exercer o direito de defesa.

5. Realizada a intimação na arbitragem 'ad hoc', ou o acto processual equivalente na arbitragem institucional, segundo o disposto no presente artigo, não poderá ser invocada uma violação à ordem pública para questionar sua validade, seja na arbitragem institucional ou na 'ad hoc'.

ARTIGO 16
(Árbitros)

1. Poderá ser árbitro qualquer pessoa legalmente capaz e que goze da confiança das partes.

2. A capacidade para ser árbitro rege-se pelo direito de seu domicílio.

3. No desempenho de sua função, o árbitro deverá proceder com probidade, imparcialidade, independência, competência, diligência e discrição.

4. A nacionalidade de uma pessoa não será impedimento para que actue como árbitro, salvo acordo em contrário das partes. Ter-se-á em conta a conveniência de designar pessoas de nacionalidade distinta das partes no conflito. Na arbitragem 'ad hoc' com mais de um árbitro, o Tribunal não poderá estar composto unicamente por árbitros da nacionalidade de uma das partes, salvo acordo expresso destas, no qual se manifestem as razões desta selecção, que poderá constar na convenção arbitral ou em outro documento.

ARTIGO 17
(Nomeação, recusa e substituição dos árbitros)

Na arbitragem 'ad hoc', na falta de previsão das partes, as normas de procedimentos da Comissão Interamericana de Arbitragem Comercial – CIAC vigentes no momento da designação dos árbitros, regerão sua nomeação, recusa e substituição.

ARTIGO 18
(Competência do tribunal arbitral)

1. O tribunal arbitral terá a faculdade de decidir acerca da sua própria competência e, conforme estabelece o art. 8, das excepções relativas à existência, validade e eficácia da convenção arbitral.

2. A excepção de incompetência do Tribunal fundada na inexistência de matéria arbitrável ou na inexistência, nulidade ou caducidade da convenção arbitral nas instituições arbitrais, rege-se por seu próprio regulamento.

3. Na arbitragem 'ad hoc', a excepção de incompetência pelas causas anteriores deverá ser interposta até o momento da apresentação da contestação à demanda ou, em caso de reconvenção, até à réplica à mesma. As partes não estão impedidas de opor essa excepção pelo facto de que hajam designado um árbitro ou participado da sua designação.

4. O tribunal arbitral poderá decidir as excepções relativas a sua competência como questão prévia; porém, poderá também continuar com suas actividades e reservar a decisão sobre as excepções para o laudo ou sentença final.

ARTIGO 19
(Medidas cautelares)

As medidas cautelares poderão ser ditadas pelo tribunal arbitral ou pela autoridade judicial competente. A solicitação dirigida por qualquer das partes a uma autoridade judicial não se considerará incompatível com a convenção arbitral, nem implicará renúncia à arbitragem.

1. A qualquer momento do processo, por petição da parte o tribunal arbitral poderá dispor, por conta própria, as medidas cautelares que estime pertinentes, resolvendo, se for o caso, sobre a contracautela.

2. Estas medidas, quando forem ditadas pelo tribunal arbitral, serão instrumentalizadas por meio de um laudo provisional ou interlocutório.

3. O tribunal arbitral poderá solicitar, de ofício ou por petição da parte, à autoridade judicial competente a adopção de uma medida cautelar.

4. As solicitações de cooperação cautelar internacional editadas pelo tribunal arbitral de uma Parte Signatária serão remetidas ao juiz da Parte Signatária sede do tribunal arbitral para que este juiz a transmita para seu diligenciamento ao juiz competente do Estado requerido. Neste caso, os Estados poderão declarar no momento de ratificar este Acordo, ou posteriormente, que, quando seja necessária a execução dessas medidas em outra Parte Signatária, o tribunal arbitral poderá solicitar o auxílio da autoridade judicial competente da Parte Signatária em que se deva executar a medida, por intermédio das respectivas autoridades centrais ou, se for o caso, das autoridades encarregadas do diligenciamento da cooperação jurisdicional internacional.

As solicitações de cooperação cautelar internacional serão regidas para as Partes Signatárias que são Estados Partes do MERCOSUL pelo disposto no Protocolo de Medidas Cautelares aprovado por Decisão do Conselho do Mercado Comum do MERCOSUL N.º 27/94. Para as Partes Signatárias não vinculadas pelo referido Protocolo vigorará a Convenção Interamericana sobre Cumprimento de Medidas Cautelares de 1979. Na sua falta, aplicar-se-á o direito da Parte Signatária onde se deva fazer efectiva a medida.

ARTIGO 20
(Laudo ou sentença arbitral)

1. O laudo ou sentença arbitral será escrito, fundamentado e decidirá completamente o litígio. O laudo ou a sentença será definitivo e obrigatório para as partes e não admitirá recursos, excepto os estabelecido nos artigos 21 e 22.

2. Quando houver diversos árbitros, a decisão será tomada por maioria. Caso não se obtenha maioria, a questão será decidida pelo voto do presidente.

3. O árbitro que discorde da maioria poderá declarar e fundamentar seu voto em separado.

4. O laudo ou sentença será assinado pelos árbitros e conterá:
a) a data e lugar em que foi proferido;
b) os fundamentos em que se baseia, ainda que seja por equidade;
c) a decisão acerca da totalidade das questões submetidas à arbitragem;
d) as despesas da arbitragem.

5. Caso um dos árbitros não assine o laudo ou sentença, será informado o motivo pelo qual não tenha sido assinado, devendo o presidente do tribunal arbitral certificar tal facto.

6. O laudo ou sentença será devidamente notificado às partes pelo tribunal arbitral.

6. Se, no curso da arbitragem, as partes chegarem a um acordo quanto ao litígio, o tribunal arbitral, a pedido das partes, homologará tal facto mediante um laudo ou sentença arbitral que contenha os requisitos do número 4 do presente artigo.

ARTIGO 21
(Solicitação de rectificação e ampliação)

1. Dentro dos trinta (30) dias seguintes à notificação do laudo ou sentença arbitral, e a não ser que as partes tenham acordado outro prazo, qualquer delas poderá solicitar ao tribunal que:
a) rectifique qualquer erro material;
b) precise a abrangência de um ou vários pontos específicos;
c) se pronuncie sobre alguma das questões objecto da controvérsia que não tenha sido resolvida;

2. A solicitação de rectificação será devidamente notificada à outra parte pelo tribunal arbitral.

3. Salvo acordo entre as partes, o tribunal arbitral decidirá sobre a solicitação num prazo de vinte (20) dias e as notificará de sua resolução.

ARTIGO 22
(Petição de nulidade do laudo ou sentença arbitral)

1. O laudo ou sentença arbitral só poderá ser impugnado perante a autoridade judicial da Parte Signatária sede do tribunal arbitral mediante uma petição de nulidade.

2. O laudo poderá ser impugnado por nulidade quando:
a) a convenção arbitral seja nula;
b) o tribunal tenha sido constituído de modo irregular;
c) o procedimento arbitral não esteja em conformidade com as normas deste Acordo, com o regulamento da instituição arbitral ou com a convenção arbitral, conforme o caso;
d) não tenham sido respeitados os princípios do devido processo legal;
e) tenha sido ditado por pessoa incapaz para ser árbitro;
f) refira-se a uma controvérsia não prevista na convenção arbitral;
g) contenha decisões que excedam os termos da convenção arbitral.

3. Nos casos previstos nas alíneas a), b), d), e e) do número 2, a sentença judicial declarará a nulidade absoluta do laudo ou sentença arbitral. Nos casos previstos nas alíneas c), f), e g), a sentença judicial determinará a nulidade relativa do laudo ou sentença arbitral. No caso previsto na alínea c), a sentença judicial poderá declarar a validade e determinar a continuação do procedimento na parte não viciada e estabelecerá que o tribunal arbitral dite laudo ou sentença complementar. Nos casos das alíneas f) e g) novo laudo ou sentença arbitral deverá ser ditado.

4. A petição, devidamente fundamentada, deverá ser formulada no prazo de 90 dias corridos a partir da notificação do laudo ou sentença arbitral ou, se for o caso, a partir da notificação da decisão a que se refere o artigo 21.

5. A parte que invoque a nulidade deverá comprovar os factos em que se baseia a petição.

ARTIGO 23
(Execução do laudo ou sentença arbitral estrangeiros)

1. Para a execução do laudo ou sentença arbitral estrangeiros será aplicado, para as Partes Signatárias que sejam Estados-Partes do MERCOSUL, o disposto, no que couber, no Protocolo de Cooperação e Assistência Jurisdicional em Matéria Civil, Comercial, Trabalhista e Administrativa do MERCOSUL, aprovado por decisão do Conselho do Mercado Comum N.º 5/92, a Convenção Interamericana sobre Arbitragem Comercial Internacional do Panamá de 1975 e a Convenção Interamericana sobre a Eficácia Extraterritorial das Sentenças e Laudos Arbitrais Estrangeiros de Montevidéu de 1979.

2. Para as Partes Signatárias não vinculadas pelo referido Protocolo, aplicar-se-ão as convenções interamericanas citadas no número anterior, ou, na sua falta, o direito do Estado onde se deva executar o laudo ou sentença arbitral estrangeiro.

ARTIGO 24
(Encerramento da Arbitragem)

A arbitragem terminará quando for ditada a sentença ou laudo definitivo, ou quando seja determinado o encerramento da arbitragem pelo tribunal arbitral caso:
a) as partes estejam de acordo em terminar a arbitragem;

b) o tribunal arbitral constate que o procedimento arbitral se tornou, por qualquer razão, desnecessário ou impossível.

ARTIGO 25
(Disposições gerais)

1. A aplicação das normas de procedimento da Comissão Interamericana de Arbitragem Comercial (CIAC) para a arbitragem 'ad hoc', conforme o previsto no artigo 12, número 2, alínea b), não implicará que a arbitragem seja considerada institucional.

2. Salvo disposição em contrário, das partes ou do tribunal arbitral, as despesas resultantes da arbitragem serão divididas igualmente entre as partes.

3. Para as situações não previstas pelas partes, pelo presente Acordo, pelas regras de procedimento da Comissão Interamericana de Arbitragem Comercial Internacional, nem pelas convenções e normas a que este acordo se refere, aplicar-se-ão os princípios e regras da Lei Modelo sobre Arbitragem Comercial Internacional da Comissão das Nações Unidas para o Direito Mercantil Internacional, de 21 de Junho de 1985.

ARTIGO 26
(Disposições finais)

1. O presente Acordo entrará em vigor quando tenham sido depositados os instrumentos de ratificação por pelo menos dois Estados Partes do MERCOSUL e pela República da Bolívia ou pela República do Chile.

Para os demais Estados ratificantes, entrará em vigor no trigésimo dia posterior ao depósito de seu respectivo instrumento de ratificação.

2. O presente Acordo não restringirá as disposições das convenções vigentes sobre a mesma matéria entre as Partes Signatárias, desde que não o contradigam.

3. A República do Paraguai será depositária do presente Acordo e dos instrumentos de ratificação e enviará cópias devidamente autenticadas dos mesmos às Partes Signatárias.

4. Na condição de depositária do presente Acordo, a República do Paraguai notificará as Partes Signatárias da data da sua entrada em vigor e da data de depósito dos instrumentos de ratificação.

Feito em Buenos Aires, República Argentina, aos vinte e três dias do mês de Julho de 1998, em um original nos idiomas português e espanhol, sendo ambos textos igualmente autênticos.

TÍTULO V
CONVENÇÃO DE WASHINGTON

Convenção para a Resolução de Diferendos relativos a Investimentos
entre Estados e Nacionais de outros Estados,
aprovada em Washington em 18 de Março de 1965

PREÂMBULO

Os Estados Contratantes:
Considerando a necessidade de cooperação internacional para o desenvolvimento económico e o papel desempenhado pelos investimentos privados internacionais;

Tendo presente a possibilidade de surgirem em qualquer altura diferendos relacionados com esses investimentos entre os Estados Contratantes e os nacionais de outros Estados Contratantes;

Reconhecendo que, ainda que tais diferendos possam normalmente ser levados perante as instâncias nacionais, métodos internacionais de resolução poderão ser apropriados em certos casos;

Concedendo especial importância à criação de mecanismos que permitam a conciliação e a arbitragem internacionais às quais os Estados Contratantes e os nacionais de outros Estados Contratantes possam submeter os seus diferendos, se assim o desejarem;

Desejando criar tais mecanismos sob os auspícios do Banco Internacional para a Reconstrução e Desenvolvimento;

Reconhecendo que o consentimento mútuo das partes em submeter tais diferendos à conciliação ou à arbitragem, através desses mecanismos, as obriga, exigindo em especial que seja tomada em devida conta qualquer recomendação dos conciliadores e que toda a sentença arbitral seja executada; e

Declarando que nenhum Estado Contratante, pelo simples facto de ter ratificado, aceitado ou aprovado a presente Convenção e sem o seu consentimento, ficará vinculado a recorrer à conciliação ou arbitragem em qualquer caso concreto, acordaram o que se segue:

CAPÍTULO I
Centro Internacional para a Resolução de Diferendos Relativos a Investimentos

SECÇÃO 1
Criação e organização

ARTIGO 1.º

1. Pela presente Convenção é instituído um Centro Internacional para a Resolução de Diferendos Relativos a Investimentos (daqui para a frente denominado Centro).

2. O objectivo do Centro será proporcionar os meios de conciliação e arbitragem dos diferendos relativos a investimentos entre Estados Contratantes e nacionais de outros Estados Contratantes em conformidade com as disposições desta Convenção.

ARTIGO 2.º

A sede do Centro será a do Banco Internacional para a Reconstrução e Desenvolvimento (daqui para a frente denominado Banco). A sede poderá ser transferida para outro local por decisão do conselho de administração aprovada por uma maioria de dois terços dos seus membros.

ARTIGO 3.º

O Centro será constituído por um conselho de administração e por um secretariado e terá uma lista de conciliadores e uma lista de árbitros.

SECÇÃO 2
Conselho de administração

ARTIGO 4.º

1. O conselho de administração será constituído por 1 representante de cada Estado Contratante. Um substituto poderá agir em lugar do representante no caso de o titular estar ausente de uma reunião ou impedido.

2. Salvo indicação contrária, o governador e o governador substituto do Banco, nomeados por um Estado Contratante exercerão de pleno direito as funções respectivas de representante e de substituto.

ARTIGO 5.º

O presidente do Banco exercerá de pleno direito o lugar de presidente do conselho de administração (daqui para a frente denominado presidente), mas não terá direito a voto. Durante a sua ausência ou impedimento, bem como em caso de vacatura da presidência do Banco, aquele que durante esse período desempenhar as funções de presidente do Banco actuará como presidente do conselho de administração.

ARTIGO 6.º

1. Sem prejuízo das atribuições que lhe são cometidas pelas outras disposições da presente Convenção, ao conselho de administração caberá:
   a) Adoptar o regulamento administrativo e financeiro do Centro;
   b) Adoptar as regras processuais para a instauração dos processos de conciliação e de arbitragem;
   c) Adoptar as regras processuais relativas aos processos de conciliação e arbitragem (daqui para a frente denominadas Regulamento de Conciliação e Regulamento de Arbitragem);
   d) Estabelecer todas as providências necessárias com o Banco com vista a permitir a utilização das instalações e serviços administrativos do mesmo;
   e) Determinar as condições de emprego do secretário-geral e dos secretários-gerais-adjuntos;
   f) Adoptar o orçamento anual das receitas e despesas do Centro;
   g) Aprovar o relatório anual da actividade do Centro.

As decisões acima referidas nas alíneas a), b), c) e f) serão adoptadas por uma maioria de dois terços dos membros do conselho de administração.

2. O conselho de administração poderá constituir tantas comissões quantas considerar necessárias.

3. O conselho de administração exercerá igualmente todas as outras atribuições consideradas necessárias à execução das disposições da presente Convenção.

ARTIGO 7.º

1. O conselho de administração terá uma sessão anual e tantas outras sessões quantas as determinadas pelo conselho ou convocadas quer pelo presidente quer pelo secretário-geral, a pedido de um mínimo de 5 membros do conselho.

2. Cada membro do conselho de administração disporá de 1 voto e, salvo excepção prevista pela presente Convenção, todos os assuntos submetidos ao conselho serão resolvidos pela maioria dos votos expressos.

3. Para todas as reuniões do conselho de administração o quórum será de metade mais 1 dos seus membros.

4. O conselho de administração poderá estabelecer, por uma maioria de dois terços dos seus membros, um processo autorizando o presidente a pedir ao conselho uma votação por correspondência. A votação será considerada válida apenas se a

maioria dos membros do conselho expressar os seus votos dentro do prazo estabelecido pelo referido processo.

ARTIGO 8.º

Os membros do conselho de administração e o presidente exercerão as suas funções sem remuneração do Centro.

SECÇÃO 3
Secretariado

ARTIGO 9.º

O secretariado será constituído por 1 secretário-geral, 1 ou mais secretários-gerais-adjuntos e pelo pessoal respectivo.

ARTIGO 10.º

1. O secretário-geral e os secretários-gerais-adjuntos serão eleitos, sob indicação do presidente, por uma maioria de dois terços dos membros do conselho de administração, por um período que não poderá exceder 6 anos, e poderão ser reeleitos.

Depois de consultados os membros do conselho de administração, o presidente proporá 1 ou mais candidatos para cada posto.

2. As funções de secretário-geral e secretário-geral-adjunto serão incompatíveis com o exercício de qualquer função política. Nem o secretário-geral nem os secretários-gerais-adjuntos poderão ocupar outro emprego nem exercer outra actividade profissional, salvo se para tal obtiverem a autorização do conselho de administração.

3. Em caso de ausência ou impedimento do secretário-geral, bem como em caso de vacatura no cargo, o secretário-geral-adjunto exercerá as funções de secretário-geral. No caso de existirem vários secretários-gerais-adjuntos, o conselho de administração determinará previamente a ordem pela qual eles serão chamados a exercer as funções de secretário-geral.

ARTIGO 11.º

O secretário-geral será o representante legal do Centro e dirigi-lo-á e será responsável pela sua administração, onde se incluirá o recrutamento de pessoal, em conformidade com as disposições da presente Convenção e os Regulamentos adoptados pelo conselho de administração. Exercerá a função de escrivão e terá poderes para autenticar sentenças arbitrais consequentes da presente Convenção, bem como para certificar cópias das mesmas.

SECÇÃO 4
Listas

ARTIGO 12.º

A lista de conciliadores e a lista de árbitros consistirão de pessoas qualificadas designadas de acordo com as disposições que seguem e que aceitem figurar nessas listas.

ARTIGO 13.º

1. Cada Estado Contratante poderá designar para cada lista pessoas que não terão de ser necessariamente seus nacionais.

2. O presidente poderá designar 10 pessoas para cada lista. As pessoas por esta forma designadas em cada lista deverão ser todas de nacionalidade diferente.

ARTIGO 14.º

1. As pessoas assim designadas para figurar nas listas deverão gozar de elevada consideração e de reconhecida competência no domínio jurídico comercial, industrial ou financeiro e oferecer todas as garantias de independência no exercício das suas funções. A competência no domínio jurídico será de particular importância no caso das pessoas incluídas na lista de árbitros.

2. O presidente, ao designar as pessoas que integrarão as listas, deverá entre outros aspectos, prestar a devida atenção à importância de assegurar a representação nas listas dos principais sistemas jurídicos do mundo e das principais formas de actividade económica.

ARTIGO 15.º

1. As nomeações serão feitas por períodos de 6 anos renováveis.

2. Em caso de falecimento ou demissão de um membro de uma lista, a autoridade que tenha designado esse membro poderá designar um substituto que, até ao fim do mandato em questão, exercerá as funções que àquele competiam.

3. Os membros das listas continuarão a figurar nas mesmas até à designação dos seus sucessores.

ARTIGO 16.º

1. Uma mesma pessoa poderá figurar em ambas as listas.

2. Se uma pessoa tiver sido designada para a mesma lista por vários Estados Contratantes, ou por um ou mais de entre eles e pelo presidente, entender-se-á que foi designada pela entidade que primeiro a nomeou; todavia, no caso de uma das entidades que participou na designação ser o Estado do qual ela é nacional, considerar-se-á designada por esse Estado.

3. Todas as designações serão notificadas ao secretário-geral e terão efeitos a partir da data em que a notificação for recebida.

SECÇÃO 5
Financiamento do Centro

ARTIGO 17.º

Se as despesas do Centro não puderem ser cobertas pelas receitas cobradas pela utilização dos seus serviços, ou por outros rendimentos, o excedente deverá ser suportado pelos Estados Contratantes membros do Banco, em proporção à sua participação no capital social deste Banco, e pelos Estados Contratantes não membros do Banco, em conformidade com os Regulamentos adoptados pelo conselho de administração.

SECÇÃO 6
Estatuto, imunidades e privilégios

ARTIGO 18.º

O Centro terá plena personalidade jurídica internacional.
Terá, entre outras, capacidade para:
a) Contratar;
b) Adquirir bens móveis e imóveis e deles dispor;
c) Estar em juízo.

ARTIGO 19.º

Por forma a poder exercer plenamente as suas funções, o Centro gozará das imunidades e privilégios estabelecidos nesta secção no território de todos os Estados Contratantes.

ARTIGO 20.º

O Centro não poderá ser objecto de acções judiciais relativas ao seu património ou outras, excepto se renunciar a essa imunidade.

ARTIGO 21.º

O presidente, os membros do conselho de administração, as pessoas exercendo funções como conciliadores ou árbitros ou membros de um comité constituído em conformidade com o n.º 3 do artigo 52.º e os funcionários e empregados do secretariado:

a) Não poderão ser demandados por actos praticados no exercício das suas funções, excepto quando o Centro lhes retirar essa imunidade;
b) No caso de não serem nacionais do Estado em que exercem as suas funções, beneficiarão das mesmas imunidades em matéria de imigração, registo de estrangeiros e de serviço militar ou prestações análogas, bem como das mesmas facilidades em matéria de trocas e de deslocações, que as concedidas pelos Estados Contratantes para os representantes, funcionários e empregados de outros Estados Contratantes de escalão comparável.

ARTIGO 22.º

As disposições do artigo 21.º serão aplicadas às pessoas que intervenham em processos regulados pela presente Convenção, na qualidade de partes, agentes, conselheiros, advogados, testemunhas ou peritos, aplicando-se, contudo, a alínea b) do mesmo artigo apenas às suas deslocações e estada no país em que o processo tiver lugar.

ARTIGO 23.º

1. Os arquivos do Centro serão invioláveis onde quer que se encontrem.
2. No tocante às comunicações oficiais, cada Estado Contratante deverá conceder ao Centro um tratamento tão favorável como o concedido às outras instituições internacionais.

ARTIGO 24.º

1. O Centro, o seu património, bens e rendimentos, bem como as suas operações autorizadas pela presente Convenção, estarão isentos de todos os impostos e direitos de alfândega. O Centro estará também isento de qualquer obrigação relativa à colecta ou pagamento de quaisquer impostos ou direitos de alfândega.
2. Não será tributado qualquer imposto quer sobre os subsídios pagos pelo Centro ao presidente ou a membros do conselho de administração quer sobre os salários, emolumentos ou outros subsídios pagos pelo Centro aos seus funcionários ou empregados do secretariado, excepto se os beneficiários forem nacionais do país em que exerçam as suas funções.
3. Não será tributado qualquer imposto sobre os honorários ou subsídios atribuídos às pessoas que exerçam funções como conciliadores, árbitros, ou membros do comité constituído em conformidade com o n.º 3 do artigo 52.º, nos processos objecto da presente Convenção, no caso de a única base jurídica para tal imposto ser a localização do Centro ou o local em que tais processos se desenrolem, ou ainda o local em que tais honorários ou subsídios são pagos.

CAPÍTULO II
Competência do Centro

ARTIGO 25.º

1. A competência do Centro abrangerá os diferendos de natureza jurídica directamente decorrentes de um investimento entre um Estado Contratante (ou qualquer pessoa colectiva de direito público ou organismo dele dependente designado pelo mesmo ao Centro) e um nacional de outro Estado Contratante, diferendo esse cuja submissão ao Centro foi consentida por escrito por ambas as partes. Uma vez dado o consentimento por ambas as partes, nenhuma delas poderá retirá-lo unilateralmente.

2. «Nacional de outro Estado Contratante» significa:
a) Qualquer pessoa singular que tenha a nacionalidade de um Estado Contratante, outro que não o Estado parte no diferendo, à data em que as partes hajam consentido em submeter tal diferendo a conciliação ou arbitragem em conformidade com o n.º 3 do artigo 28.º ou o n.º 3 do artigo 36.º, à exclusão de qualquer pessoa que, em qualquer das datas referidas, tivesse igualmente a nacionalidade do Estado Contratante parte no diferendo; e
b) Qualquer pessoa colectiva que tenha nacionalidade de um Estado Contratante, outro que não o Estado parte no diferendo, à data em que as partes hajam consentido em submeter tal diferendo a conciliação ou a arbitragem, bem como qualquer pessoa colectiva que tenha a nacionalidade do Estado Contratante parte no diferendo àquela data e que, em virtude do controle sobre ela exercido por interesses estrangeiros, as partes tenham concordado em tratar como um nacional de outro Estado Contratante, para os efeitos da presente Convenção.

3. O consentimento de uma pessoa colectiva de direito público ou de um organismo de um Estado Contratante requererá a aprovação do referido Estado, excepto se o mesmo notificar o Centro no sentido de que tal aprovação não é necessária.

4. Todos os Estados Contratantes poderão, na altura da sua ratificação, aceitação ou aprovação da Convenção, ou em qualquer outra data posterior, notificar o Centro sobre a categoria ou categorias de diferendos que consideram poderem ser sujeitos à competência do Centro. O secretário-geral deverá transmitir imediatamente a notificação recebida a todos os Estados Contratantes. Tal notificação não dispensará o consentimento exigido pelo n.º 1.

ARTIGO 26.º

O consentimento dado pelas partes para a arbitragem dentro do âmbito da presente Convenção será, excepto no caso de estipulação contrária, considerado como implicando a renúncia a qualquer outro meio de resolução. Um Estado Contratante poderá exigir a exaustão dos meios administrativos e judiciais internos como condição para dar o seu consentimento à arbitragem no âmbito da presente Convenção.

ARTIGO 27.º

1. Nenhum Estado Contratante concederá protecção diplomática nem apresentará internacionalmente uma reclamação respeitante a um diferendo que um dos seus nacionais e outro Estado Contratante tenham consentido submeter ou hajam submetido a arbitragem no quadro da presente Convenção, excepto no caso de o outro Estado Contratante não acatar a sentença proferida no dito diferendo.

2. A protecção diplomática, para efeitos do n.º 1, não incluirá diligências diplomáticas informais, visando unicamente facilitar a resolução do diferendo.

CAPÍTULO III
Conciliação

SECÇÃO 1
Pedido de conciliação

ARTIGO 28.º

1. Qualquer Estado Contratante ou qualquer nacional de um Estado Contratante que deseje abrir um processo de conciliação deverá remeter um requerimento por escrito, nesse sentido, ao secretário-geral, que enviará uma cópia à outra parte.

2. O requerimento deverá indicar o objecto do diferendo, a identidade das partes e o seu consentimento na conciliação, em conformidade com as regras processuais relativas ao início das instâncias de conciliação e arbitragem.

3. O secretário-geral procederá ao registo do requerimento, excepto se considerar, com base nos dados do mesmo, que o diferendo está manifestamente fora da competência do Centro. Notificará de imediato as partes envolvidas do registo ou da recusa de registo.

SECÇÃO 2
Constituição da Comissão de Conciliação

ARTIGO 29.º

1. A Comissão de Conciliação (daqui para a frente denominada Comissão) deverá ser constituída o mais rapidamente possível após o registo do requerimento, em conformidade com o artigo 28.º

2:
   a) A Comissão consistirá de um único conciliador ou de um número ímpar de conciliadores nomeados segundo acordo entre as partes;
   b) Na falta de acordo entre as partes sobre o número de conciliadores e o método da sua nomeação, a Comissão integrará 3 conciliadores; cada parte

nomeará um conciliador, devendo o terceiro, que será o presidente da Comissão, ser nomeado com o acordo de ambas as partes.

ARTIGO 30.º

Se a Comissão não tiver sido constituída num prazo de 90 dias após a notificação de que o registo do requerimento foi feito pelo secretário-geral, em conformidade com o n.º 3 do artigo 28.º, ou dentro de qualquer outro prazo acordado entre as partes, o presidente deverá, a pedido de qualquer das partes e, dentro do possível, depois de consultar ambas as partes, nomear o conciliador ou conciliadores que ainda não tiverem sido nomeados.

ARTIGO 31.º

1. Poderão ser nomeados conciliadores que não constem da lista de conciliadores, excepto no caso das nomeações feitas pelo presidente em conformidade com o artigo 30.º

2. Os conciliadores nomeados que não constem da lista de conciliadores deverão reunir as qualidades referidas no n.º 1 do artigo 14.º

SECÇÃO 3
Processo perante a Comissão

ARTIGO 32.º

1. A Comissão é juiz da sua própria competência.

2. Qualquer excepção de incompetência relativa ao Centro ou, por quaisquer razões, à Comissão, apresentada por uma das partes, será considerada pela Comissão, que determinará se deverá ser tratada como uma questão preliminar ou ser examinada juntamente com as questões de fundo.

ARTIGO 33.º

Qualquer processo de conciliação deverá ser conduzido em conformidade com o disposto na presente secção e, excepto se as partes chegarem a acordo diferente, em conformidade com o Regulamento de Conciliação em vigor na data em que as partes consentirem na conciliação. Se surgir uma questão de índole processual não prevista pela presente secção, pelo Regulamento de Conciliação ou por quaisquer regras acordadas entre as partes, será a mesma decidida pela Comissão.

ARTIGO 34.º

1. A Comissão terá por função esclarecer os pontos em litígio entre as partes e desenvolver esforços no sentido de as fazer chegar a acordo em temos mutuamente aceitáveis.

Nesse sentido, poderá a Comissão, em qualquer fase do processo e repetidamente, recomendar formas de resolução às partes. As partes deverão cooperar com a Comissão, de boa fé, por forma a permitir que a Comissão desempenhe as suas funções, e deverão considerar seriamente as suas recomendações.

2. Se as partes chegarem a acordo, a Comissão elaborará um relatório anotando os pontos em litígio e registando o acordo das partes. Se, em qualquer fase do processo, parecer à Comissão que não existem quaisquer possibilidades de acordo entre as partes, deverá esta encerrar o processo e elaborar um relatório anotando que o diferendo foi sujeito a conciliação e que as partes não chegaram a acordo. Se uma parte não comparecer ou não participar no processo, a Comissão encerrará o processo e elaborará um relatório anotando a falta de comparência ou não participação.

ARTIGO 35.º

Excepto se as partes envolvidas no diferendo acordarem diferentemente, nenhuma delas poderá, em qualquer outro processo, quer perante árbitros quer num tribunal ou de qualquer outra maneira, invocar ou usar as opiniões emitidas, as declarações ou as ofertas de resolução feitas pela outra parte no processo de conciliação, nem tão-pouco o relatório ou quaisquer recomendações da Comissão.

CAPÍTULO IV
Arbitragem

SECÇÃO 1
Pedido de arbitragem

ARTIGO 36.º

1. Qualquer Estado Contratante ou qualquer nacional de um Estado Contratante que deseje abrir um processo de arbitragem deverá remeter um requerimento, por escrito, nesse sentido ao secretário-geral, que enviará uma cópia do mesmo à outra parte.

2. O requerimento deverá indicar o objecto do diferendo, a identidade das partes e o seu consentimento na arbitragem, em conformidade com as regras processuais relativas ao início da instância de conciliação e arbitragem.

3. O secretário-geral procederá ao registo do requerimento, excepto se considerar, com base nos dados do mesmo, que o diferendo está manifestamente fora da competência do Centro. Notificará de imediato as partes do registo ou da recusa de registo.

SECÇÃO 2
Constituição do tribunal

ARTIGO 37.º

1. O tribunal arbitral (daqui para a frente denominado tribunal) deverá ser constituído o mais rapidamente possível após o registo do requerimento, em conformidade com o artigo 36.º
2:
a) O tribunal terá um único árbitro ou um número ímpar de árbitros nomeados segundo acordo entre as partes;
b) Na falta de acordo entre as partes sobre o número de árbitros e o método da sua nomeação, o tribunal integrará 3 árbitros, nomeando cada parte um árbitro, e devendo o terceiro, que será o presidente do tribunal, ser nomeado com o acordo de ambas as partes.

ARTIGO 38.º

Se o tribunal não tiver sido constituído num prazo de 90 dias após a notificação de que o registo do requerimento foi feito pelo secretário-geral, em conformidade com o n.º 3 do artigo 36.º, ou dentro de qualquer outro prazo acordado entre as partes, o presidente deverá, a pedido de qualquer das partes e, dentro do possível, depois de consultadas ambas as partes, nomear o árbitro ou árbitros que ainda não tiverem sido nomeados. Os árbitros nomeados pelo presidente, em conformidade com o presente artigo, não deverão ser nacionais do Estado Contratante parte no diferendo nem no diferendo nem do Estado Contratante de que é nacional a outra parte.

ARTIGO 39.º

A maioria dos árbitros deverá ser nacional de Estados que não o Estado Contratante parte no diferendo e o Estado Contratante cujo nacional é parte no diferendo; contudo, as precedentes disposições deste artigo não se aplicam no caso de o único árbitro ou cada um dos membros do tribunal ter sido nomeado por acordo entre as partes.

ARTIGO 40.º

1. Poderão ser nomeados árbitros que não constem da lista dos árbitros, excepto no caso de nomeações feitas pelo presidente em conformidade com o artigo 38.º
2. Os árbitros nomeados que não constem da lista dos árbitros deverão reunir as qualidades previstas no n.º 1 do artigo 14.º

SECÇÃO 3
Poderes e funções do tribunal

ARTIGO 41.º

1. Só o tribunal conhecerá da sua própria competência.

2. Qualquer excepção de incompetência relativa ao Centro ou, por quaisquer razões, ao tribunal deverá ser considerada pelo tribunal, que determinará se a mesma deverá ser tratada como questão preliminar ou examinada juntamente com as questões de fundo.

ARTIGO 42.º

1. O tribunal julgará o diferendo em conformidade com as regras de direito acordadas entre as partes. Na ausência de tal acordo, o tribunal deverá aplicar a lei do Estado Contratante parte no diferendo (incluindo as regras referentes aos conflitos de leis), bem como os princípios de direito internacional aplicáveis.

2. O tribunal não pode recusar-se a julgar sob pretexto do silêncio ou da obscuridade da lei.

3. As disposições dos n.ºs 1 e 2 não prejudicarão a faculdade de o tribunal julgar um diferendo ex aequo et bono se houver acordo entre as partes.

ARTIGO 43.º

Excepto se as partes acordarem diferentemente, o tribunal pode, se considerar necessário em qualquer fase do processo:
a) Pedir às partes que apresentem documentos ou outros meios de prova; e
b) Visitar os lugares relacionados com o diferendo e aí proceder a tantos inquéritos quantos considerar necessários.

ARTIGO 44.º

Qualquer processo de arbitragem deverá ser conduzido em conformidade com as disposições da presente secção e, excepto se as partes acordarem diferentemente, em conformidade com o Regulamento de Arbitragem em vigor na data em que as partes consentirem na arbitragem. Se surgir qualquer questão de índole processual não prevista pela presente secção ou pelo Regulamento de Arbitragem ou quaisquer outras regras acordadas entre as partes, será a mesma devolvida pelo tribunal.

ARTIGO 45.º

1. Não se presumirão confessados os factos apresentados por uma das partes quando a outra não compareça ou se abstenha de fazer uso dos meios ao seu dispor.

2. Se em qualquer momento do processo uma das partes não comparecer ou não fizer uso dos meios ao seu dispor, a outra parte poderá requerer ao tribunal que aprecie as conclusões por si apresentadas e pronuncie a sentença. O tribunal deverá notificar a parte em falta do requerimento que lhe foi apresentado e conceder-lhe um prazo antes de proferir a sentença, excepto se estiver convencido de que aquela parte não tem intenção de comparecer ou fazer valer os seus meios.

ARTIGO 46.º

Excepto se as partes acordarem diferentemente, o tribunal deverá conhecer, a pedido de uma delas, todas as questões incidentais adicionais ou reconvencionais que se liguem directamente com o objecto do diferendo, desde que estejam compreendidas no consentimento das partes, bem como no âmbito da competência do Centro.

ARTIGO 47.º

Excepto se as partes acordarem diferentemente, o tribunal pode, se considerar que as circunstâncias o exigem, recomendar quaisquer medidas cautelares adequadas a garantir os direitos das partes.

SECÇÃO 4
Sentença

ARTIGO 48.º

1. O tribunal decidirá todas as questões por maioria de votos de todos os seus membros.
2. A sentença do tribunal deverá ser dada por escrito; será assinada pelos membros do tribunal que hajam votado a seu favor.
3. A sentença deverá responder fundamentalmente a todos os pontos das conclusões apresentadas ao tribunal pelas partes.
4. Todos os membros do tribunal poderão fazer juntar à sentença a sua opinião individual, discordem ou não da maioria, ou a menção da sua discordância.
5. O Centro não poderá publicar a sentença sem o consentimento das partes.

ARTIGO 49.º

1. O secretário-geral deverá enviar prontamente cópias autenticadas da sentença às partes. Presumir-se-á que a sentença foi proferida na data em que as cópias autenticadas foram enviadas.
2. O tribunal, a pedido de uma parte, dentro de um prazo de 45 dias após a data em que a sentença foi decretada, pode, depois de notificada a outra parte, julgar qualquer questão sobre que, por omissão, não se haja pronunciado na sentença, e rectificará qualquer erro material da sentença. A sua decisão será parte integrante da sentença e será notificada às partes da mesma forma que a sentença. Os períodos de

tempo previstos no n.º 2 do artigo 51.º e n.º 2 do artigo 52.º deverão decorrer a partir da data em que a decisão correspondente for tomada.

SECÇÃO 5
Interpretação, revisão e anulação da sentença

ARTIGO 50.º

1. Se surgir qualquer diferendo entre as partes sobre o significado ou o âmbito de uma sentença, qualquer das partes poderá pedir a sua interpretação através de requerimento, por escrito, dirigido ao secretário-geral.

2. O pedido deverá, se possível, ser submetido ao tribunal que deu a sentença. Se tal não for possível, será constituído um novo tribunal em conformidade com a secção 2 do presente Capítulo. O tribunal pode, se considerar que as circunstâncias assim o exigem, decidir suspender a execução da sentença até se pronunciar sobre o pedido de interpretação.

ARTIGO 51.º

1. Qualquer das partes poderá pedir a revisão da sentença através de requerimento por escrito dirigido ao secretário-geral com fundamento na descoberta de algum facto susceptível de exercer uma influência decisiva sobre a sentença, desde que, à data da sentença, tal facto fosse desconhecido do tribunal e do requerente sem culpa deste.

2. O requerimento deverá ser apresentado dentro de um período de 90 dias após a descoberta de tal facto e em qualquer caso dentro de 3 anos após a data em que a sentença foi dada.

3. O requerimento deverá, se possível, ser submetido ao tribunal que deu a sentença. Se tal não for possível, será constituído um novo tribunal em conformidade com a secção 2 do presente Capítulo.

4. O tribunal poderá, se considerar que as circunstâncias assim o exigem, decidir suspender a execução da sentença até ter decidido sobre o pedido de revisão. Se o requerente pedir a suspensão da execução da sentença no seu requerimento, a execução será suspensa provisoriamente até que o tribunal decida sobre esse pedido.

ARTIGO 52.º

1. Qualquer das partes poderá pedir por escrito ao secretário-geral a anulação da sentença com base em um ou mais dos seguintes fundamentos:
   a) Vício na constituição do tribunal;
   b) Manifesto excesso de poder do tribunal;
   c) Corrupção de um membro do tribunal;
   d) Inobservância grave de uma regra de processo fundamental; ou
   e) Vício de fundamentação.

2. O requerimento deverá ser apresentado dentro de um prazo de 120 dias após a data em que a sentença tiver sido proferida, excepto quando a anulação for pedida com base em corrupção, caso em que o requerimento deverá ser feito dentro de um prazo de 120 dias após a descoberta da corrupção e, em qualquer caso, dentro de 3 anos após a data em que a sentença foi decretada.

3. Ao receber o pedido, o presidente deverá de imediato designar entre as pessoas que figuram na lista dos árbitros um comité ad hoc de 3 pessoas. Nenhum dos membros deste comité poderá ter sido membro do tribunal que deu a sentença, ser da mesma nacionalidade de qualquer dos membros do dito tribunal, ser um nacional do Estado parte no diferendo ou do Estado cujo nacional é parte no diferendo nem ter sido designado para a lista dos árbitros, por um desses Estados, ou ter actuado como conciliador nesse mesmo diferendo. O comité terá autoridade para anular a sentença na sua totalidade ou em parte, em razão de um dos fundamentos estabelecidos no n.º 1.

4. As disposições dos artigos 41.º a 45.º, 48.º, 49.º, 53.º e 54.º e dos Capítulos VI e VII serão aplicáveis mutatis mutandis ao processo no comité.

5. O comité pode, se considerar que as circunstâncias assim o exigem, decidir suspender a execução da sentença até se pronunciar sobre o pedido de anulação. Se o requerente pedir a suspensão da execução da sentença no seu requerimento, a execução será suspensa provisoriamente até que o comité decida sobre o pedido apresentado.

6. Se a sentença for anulada, o diferendo deverá, a pedido de qualquer das partes, ser submetido a novo tribunal constituído em conformidade com a secção 2 do presente Capítulo.

SECÇÃO 6
Reconhecimento e execução da sentença

ARTIGO 53.º

1. A sentença será obrigatória para as partes e não poderá ser objecto de apelação ou qualquer outro recurso, excepto os previstos na presente Convenção. Cada parte deverá acatar os termos da sentença, excepto se a execução for suspensa em conformidade com as disposições da presente Convenção.

2. No âmbito dos objectivos desta secção, «sentença» incluirá qualquer decisão referente à interpretação, revisão ou anulação da sentença em conformidade com os artigos 50.º, 51.º e 52.º

ARTIGO 54.º

1. Cada Estado Contratante reconhecerá a obrigatoriedade da sentença dada em conformidade com a presente Convenção e assegurará a execução no seu território das obrigações pecuniárias impostas por essa sentença como se fosse uma decisão final de um tribunal desse Estado. O Estado Contratante que tenha uma constituição federal poderá dar execução à sentença por intermédio dos seus tribunais federais e providenciar para que estes considerem tal sentença como decisão final dos tribunais de um dos Estados federados.

2. A parte que deseje obter o reconhecimento e a execução de uma sentença no território de um Estado Contratante deverá fornecer ao tribunal competente ou a qualquer outra autoridade que tal Estado tenha designado para este efeito uma cópia da sentença autenticada pelo secretário-geral. Cada Estado Contratante deverá notificar o secretário-geral da designação do tribunal ou autoridade competente para este efeito e informá-lo de eventuais modificações subsequentes a tal designação.

3. A execução da sentença será regida pelas leis referentes à execução de sentença vigentes no Estado em cujo território deverá ter lugar.

ARTIGO 55.º

Nenhuma das disposições do artigo 54.º poderá ser interpretada como constituindo excepção ao direito vigente num Estado Contratante relativo ao privilégio de execução do referido Estado ou de qualquer Estado estrangeiro.

CAPÍTULO V
Substituição e inibição dos conciliadores e dos árbitros

ARTIGO 56.º

1. Após a constituição de uma comissão ou de um tribunal e o início do processo, a sua composição permanecerá inalterável; contudo, em caso de falecimento, incapacidade ou demissão de um conciliador ou de um árbitro, a vaga resultante deverá ser preenchida em conformidade com as disposições da secção 2 do Capítulo III ou secção 2 do Capítulo IV.

2. Um membro de uma comissão ou de um tribunal continuará a exercer as suas funções nessa qualidade, não obstante ter deixado de figurar na lista respectiva.

3. Se um conciliador ou um árbitro nomeado por uma parte se demitir sem o consentimento da comissão ou do tribunal de que é membro, o presidente nomeará uma pessoa da lista respectiva para preencher a vaga resultante.

ARTIGO 57.º

Qualquer das partes pode pedir à comissão ou ao tribunal a inibição de qualquer dos seus membros com base num facto que indique uma manifesta falta das qualidades exigidas pelo n.º 1 do artigo 14.º A parte no processo de arbitragem pode, em acréscimo, pedir a inibição de um árbitro com fundamento no facto de ele não preencher as condições de nomeação para o tribunal arbitral, estabelecidas na secção 2 do Capítulo IV.

ARTIGO 58.º

A decisão sobre qualquer pedido de inibição de um conciliador ou de um árbitro deverá ser tomada pelos outros membros da comissão ou do tribunal, conforme o caso; contudo, no caso de empate na votação ou de o pedido de inibição visar um único conciliador ou árbitro ou uma maioria da comissão ou do tribunal, a decisão será tomada pelo presidente. Se for decidido que o pedido é justamente fundamentado, o conciliador ou o árbitro a quem a decisão se refere deverá ser substituído em conformidade com as disposições da secção 2 do Capítulo III ou da secção 2 do Capítulo IV.

CAPÍTULO VI
Custas do processo

ARTIGO 59.º

Os encargos a suportar pelas partes pela utilização dos serviços do Centro serão determinados pelo secretário-geral em conformidade com a regulamentação adoptada pelo conselho de administração.

ARTIGO 60.º

1. Cada comissão e cada tribunal determinarão os honorários e as despesas com os seus membros dentro de limites estabelecidos pelo conselho de administração, depois de consultado o secretário-geral.

2. Nenhuma das disposições do n.º 1 do presente artigo obstará a que as partes acordem previamente com a comissão ou com o tribunal os honorários e as despesas com os seus membros.

ARTIGO 61.º

1. No caso dos processos de conciliação, os honorários e as despesas com os membros da comissão, bem como os encargos pela utilização dos serviços do Centro, serão suportados igualmente pelas partes. Cada parte deverá suportar quaisquer outras despesas a que dê origem por exigência do processo.

2. No caso dos processos de arbitragem, o tribunal deverá, excepto quando acordado diferentemente entre as partes, fixar o montante das despesas a que as partes deram lugar por exigências do processo e decidirá sobre as modalidades de repartição e pagamento das ditas despesas, dos honorários e dos encargos com os membros do tribunal, bem como dos resultantes da utilização dos serviços do Centro. Tal decisão será parte integrante da sentença.

CAPÍTULO VII
Local do processo

ARTIGO 62.º

Os processos de conciliação e arbitragem terão lugar na sede do Centro, excepto no caso das disposições que se seguem.

ARTIGO 63.º

Os processos de conciliação e arbitragem poderão ter lugar, se assim for acordado entre as partes:
   a) Na sede do Tribunal Permanente de Arbitragem ou de qualquer outra instituição apropriada, quer privada, quer pública, com a qual o Centro tenha acordado as providências necessárias para o efeito; ou
   b) Em qualquer outro local aprovado pela comissão ou pelo tribunal depois de consultado o secretário-geral.

CAPÍTULO VIII
Diferendos entre Estados Contratantes

ARTIGO 64.º

Qualquer diferendo que surja entre Estados Contratantes referente à interpretação ou aplicação da presente Convenção e que não seja resolvido por negociação deverá ser levado perante o Tribunal Internacional de Justiça a requerimento de qualquer das partes envolvidas no diferendo, excepto se os Estados interessados acordarem noutro método de resolução.

CAPÍTULO IX
Alterações

ARTIGO 65.º

Qualquer Estado Contratante pode propor alterações à presente Convenção. O texto de uma alteração proposta deverá ser comunicado ao secretário-geral pelo menos 90 dias antes da reunião do conselho de administração em que a mesma deva ser examinada e deverá ser imediatamente transmitido por ele a todos os membros do conselho de administração.

ARTIGO 66.º

1. Se o conselho de administração o aprovar por uma maioria de dois terços dos seus membros, a alteração proposta deverá ser levada ao conhecimento de todos os Estados Contratantes para ratificação, aceitação ou aprovação. Todas as alterações deverão entrar em vigor 30 dias depois do envio pelo depositário da presente Convenção de uma notificação aos Estados Contratantes indicando que todos os Estados Contratantes ratificaram, aceitaram ou aprovaram a alteração.

2. Nenhuma alteração afectará os direitos e obrigações de qualquer Estado Contratante ou de qualquer pessoa colectiva de direito público ou organismos, dependentes desse Estado ou de um seu nacional previstos pela presente Convenção, que decorram de uma aceitação da competência do Centro, dada antes da data de entrada em vigor da alteração.

CAPÍTULO X
Disposições finais

ARTIGO 67.º

A presente Convenção está aberta para assinatura dos Estados membros do Banco. Estará também aberta para assinatura de qualquer outro Estado signatário do Estatuto do Tribunal Internacional de Justiça que o conselho de administração, por decisão de dois terços dos seus membros, tenha convidado a assinar a Convenção.

ARTIGO 68.º

1. A presente Convenção será submetida a ratificação, aceitação ou aprovação dos Estados signatários em conformidade com os seus processos constitucionais.

2. A presente Convenção entrará em vigor 30 dias após a data do depósito do vigésimo instrumento de ratificação, aceitação ou aprovação. Entrará em vigor para cada Estado que subsequentemente depositar os seus instrumentos de ratificação, aceitação ou aprovação 30 dias após a data de tal depósito.

ARTIGO 69.º

Todos os Estados Contratantes tomarão as medidas legislativas ou outras que considerem necessárias para permitir a efectivação da presente Convenção no seu território.

ARTIGO 70.º

A presente Convenção aplicar-se-á a todos os territórios por cujas relações internacionais foi responsável um Estado Contratante, excepto aqueles que são excluídos pelo referido Estado através de notificação por escrito ao depositário da presente Convenção ou na altura da ratificação, aceitação ou aprovação, ou subsequentemente.

ARTIGO 71.º

Todos os Estados Contratantes podem denunciar a presente Convenção através de notificação por escrito ao depositário da presente Convenção. A denúncia terá efeito 6 meses após a recepção de tal notificação.

ARTIGO 72.º

A notificação feita por um Estado Contratante em conformidade com os artigos 70.º ou 71.º não afectará os direitos e obrigações desse Estado ou de qualquer pessoa colectiva pública ou organismo dependente ou ainda de qualquer nacional de tal Estado, previsto pela presente Convenção, que decorram de um consentimento à jurisdição do Centro, dado por um deles antes de a referida notificação ter sido recebida pelo depositário.

ARTIGO 73.º

Os instrumentos de ratificação, aceitação ou aprovação da presente Convenção e das emendas decorrentes deverão ser depositados junto do Banco, que actuará como depositário da presente Convenção. O depositário deverá transmitir cópias autenticadas da presente Convenção aos Estados membros do Banco e a qualquer outro Estado convidado a assinar a Convenção.

ARTIGO 74.º

O depositário registará a presente Convenção junto do Secretariado das Nações Unidas, em conformidade com o artigo 102 da Carta das Nações Unidas e com os regulamentos dela decorrentes adoptados pela assembleia geral.

ARTIGO 75.º

O depositário notificará todos os Estados signatários do seguinte:
a) Assinaturas em conformidade com o artigo 67.º;
b) Depósito de instrumentos de ratificação, aceitação e aprovação em conformidade com o artigo 73.º;
c) Data em que a presente Convenção entra em vigor em conformidade com o artigo 68.º;
d) Exclusões da aplicação territorial em conformidade com o artigo 70.º;
e) Data em que qualquer alteração a esta Convenção entre em vigor em conformidade com o artigo 66.º; e
f) Denúncias em conformidade com o artigo 71.º

Feito em Washington, em inglês, francês e espanhol, tendo os 3 textos sido igualmente autenticados num único exemplar, que ficará depositado nos arquivos do Banco Internacional para a Reconstrução e Desenvolvimento, que indicou pela sua assinatura abaixo aceita exercer as funções que lhe são confiadas pela presente Convenção.

TÍTULO VI

CONVENÇÃO INTERAMERICANA SOBRE ARBITRAGEM COMERCIAL INTERNACIONAL (PANAMÁ)

Resolução da Assembleia da República n.º 23/2002
Aprova, para adesão, a Convenção Interamericana sobre Arbitragem Comercial Internacional, aberta à assinatura no Panamá em 30 de Janeiro de 1975.

A Assembleia da República resolve, nos termos da alínea i) do artigo 161.º e do n.º 5 do artigo 166.º da Constituição, aprovar, para adesão, a Convenção Interamericana sobre Arbitragem Comercial Internacional, aberta à assinatura no Panamá em 30 de Janeiro de 1975, cujas cópias autenticadas das versões originais nas línguas portuguesa, espanhola, francesa e inglesa seguem em anexo.

Aprovada em 20 de Dezembro de 2001.
O Presidente da Assembleia da República, António de Almeida Santos.

CONVENÇÃO INTERAMERICANA SOBRE ARBITRAGEM COMERCIAL INTERNACIONAL

Os Governos dos Estados-Membros da Organização dos Estados Americanos desejosos de concluir uma convenção sobre arbitragem comercial internacional, convieram no seguinte:

ARTIGO 1.º

É válido o acordo das partes em virtude do qual se obrigam a submeter a decisão arbitral às divergências que possam surgir ou que hajam surgido entre elas com relação a um negócio de natureza mercantil. O respectivo acordo constará do documento assinado pelas partes, ou de troca de cartas, telegramas ou comunicações por telex.

ARTIGO 2.º

A nomeação dos árbitros será feita na forma em que convierem as partes. A sua designação poderá ser delegada a um terceiro, seja este pessoa física ou jurídica.
Os árbitros poderão ser nacionais ou estrangeiros.

ARTIGO 3.°

Na falta de acordo expresso entre as partes, a arbitragem será efectuada de acordo com as normas de procedimento da Comissão Interamericana de Arbitragem Comercial.

ARTIGO 4.°

As sentenças ou laudos arbitrais não impugnáveis segundo a lei ou as normas processuais aplicáveis terão força de sentença judicial definitiva. A sua execução ou reconhecimento poderá ser exigido da mesma maneira que a das sentenças proferidas por tribunais ordinários nacionais ou estrangeiros, segundo as leis processuais do país onde forem executadas e o que for estabelecido a tal respeito por tratados internacionais.

ARTIGO 5.°

1. Somente poderão ser denegados o reconhecimento e a execução da sentença por solicitação da parte contra a qual for invocada, se esta provar perante a autoridade competente do Estado em que forem pedidos o reconhecimento e a execução:
   a) Que as partes no acordo estavam sujeitas a alguma incapacidade em virtude da lei que lhes é aplicável, ou que tal acordo não é válido perante a lei a que as partes o tenham submetido, ou se nada tiver sido indicado a esse respeito, em virtude da lei do país em que tenha sido proferida a sentença; ou
   b) Que a parte contra a qual se invocar a sentença arbitral não foi devidamente notificada da designação do árbitro ou do processo de arbitragem ou não pode, por qualquer outra razão, fazer valer seus meios de defesa; ou
   c) Que a sentença se refere a uma divergência não prevista, no acordo das partes de submissão ao processo arbitral; não obstante, se as disposições da sentença que se referem às questões submetidas a arbitragem puderem ser isoladas das que não foram submetidas a arbitragem, poder-se-á dar reconhecimento e execução às primeiras; ou
   d) Que, a constituição do tribunal arbitral ou o processo arbitral não se ajustaram ao acordo celebrado entre as partes ou, na falta de tal acordo, que a constituição do tribunal arbitral ou o processo arbitral não se ajustaram à lei do Estado onde se efectuou a arbitragem; ou
   e) Que a sentença não é ainda obrigatória para as partes ou foi anulada ou suspensa por uma autoridade competente do Estado em que, ou de conformidade com cuja lei, foi proferida, essa sentença.

2. Poder-se-á também denegar o reconhecimento e a execução de uma sentença arbitral, se a autoridade competente do Estado em que se pedir o reconhecimento e a execução comprovar:
   a) Que segundo a lei desse Estado, o objecto da divergência não é susceptível de solução por meio de arbitragem; ou

b) Que o reconhecimento ou a execução da sentença seriam contrários à ordem pública do mesmo Estado.

ARTIGO 6.°

Se se houver pedido à autoridade competente mencionada no artigo 5.°, n.° 1, alínea e), a anulação ou a suspensão da sentença, a autoridade perante a qual se invocara a referida sentença poderá, se o considerar procedente, adiar a decisão sobre a execução da sentença e, a instância da parte que pedir a execução, poderá também ordenar à outra parte que dê garantias apropriadas.

ARTIGO 7.°

Esta Convenção ficará aberta à assinatura dos Estados-Membros da Organização dos Estados Americanos.

ARTIGO 8.°

Esta Convenção está sujeita a ratificação. Os instrumentos de ratificação serão depositados na Secretaria-Geral da Organização dos Estados Americanos.

ARTIGO 9.°

Esta Convenção ficará aberta à adesão de qualquer outro Estado. Os instrumentos de adesão serão depositados na Secretaria-Geral da Organização dos Estados Americanos.

ARTIGO 10.°

Esta Convenção entrará em vigor no 30.° dia a partir da data em que haja sido depositado o segundo instrumento de ratificação.

Para cada Estado que ratificar a Convenção, ou a ela aderir depois de haver sido depositado o segundo instrumento de ratificação, a Convenção entrará em vigor no 30.° dia a partir da data em que tal Estado haja depositado o seu instrumento de ratificação ou de adesão.

ARTIGO 11.°

Os Estados Partes que tenham duas ou mais unidades territoriais em que vigorem sistemas jurídicos diferentes com relação a questões de que trata esta Convenção poderão declarar, no momento da assinatura, ratificação ou adesão, que a Convenção se aplicará a todas as suas unidades territoriais ou somente a uma ou mais delas.

Tais declarações poderão ser modificadas mediante declarações ulteriores, que especificarão expressamente a ou as unidades territoriais a que se aplicará esta Convenção. Tais declarações ulteriores serão transmitidas à Secretaria-Geral da Organização dos Estados Americanos e surtirão efeito 30 dias depois de recebidas.

ARTIGO 12.º

Esta Convenção vigorará por prazo indefinido, mas qualquer dos Estados Partes poderá denunciá-la. O instrumento de denúncia será depositado na Secretaria-Geral da Organização dos Estados Americanos. Transcorrido um ano contado a partir da data do depósito do instrumento de denúncia, cessarão os efeitos da Convenção para o Estado denunciante, continuando ela subsistente para os demais Estados Partes.

ARTIGO 13.º

O instrumento original desta Convenção cujos textos em português, espanhol francês e inglês são igualmente autênticos, será depositado na Secretaria-Geral da Organização dos Estados Americanos. A referida Secretaria notificará aos Estados-Membros da Organização dos Estados Americanos, e aos Estados que houverem aderido à Convenção, as assinaturas e os depósitos de instrumentos de ratificação de adesão e de denúncia, bem como as reservas que houver. Outrossim, transmitirá aos mesmos as declarações previstas no artigo 11.º desta Convenção.

Em fé do que os plenipotenciários infra-assinados, devidamente autorizados por seus respectivos Governos, firmam esta Convenção.

Feita na cidade do Panamá, República do Panamá, no dia 30 de Janeiro de 1975.

***

TÍTULO VII

DIRECTIVA 2008/52/CE DO PARLAMENTO EUROPEU E DO CONSELHO
de 21 de Maio de 2008 relativa a certos aspectos da mediação
em matéria civil e comercial[11]

O PARLAMENTO EUROPEU E O CONSELHO DA UNIÃO EUROPEIA,
Tendo em conta o Tratado que institui a Comunidade Europeia, nomeadamente a alínea c) do artigo 61.° e o segundo travessão do n.° 5 do artigo 67.°, Tendo em conta a proposta da Comissão,
 Tendo em conta o parecer do Comité Económico e Social Europeu,
 Deliberando nos termos do artigo 251.° do Tratado,
 Considerando o seguinte:
 (1) A Comunidade estabeleceu como objectivo manter e desenvolver um espaço de liberdade, de segurança e de justiça no qual seja assegurada a livre circulação de pessoas. Para este efeito, a Comunidade deverá aprovar, nomeadamente, medidas no domínio da cooperação judiciária em matéria civil necessárias para o correcto funcionamento do mercado interno.
 (2) O princípio do acesso à justiça é fundamental e, no intuito de facilitar um melhor acesso à justiça, o Conselho Europeu, na sua reunião de Tampere de 15 e 16 de Outubro de 1999, solicitou aos Estados-Membros que criassem procedimentos extrajudiciais alternativos.
 (3) Em Maio de 2000, o Conselho aprovou conclusões sobre modos alternativos de resolução de litígios, declarando que o estabelecimento de princípios fundamentais neste domínio constitui uma etapa essencial para o desenvolvimento e funcionamento adequado dos procedimentos extrajudiciais para a resolução dos litígios em matéria civil e comercial, de forma a simplificar e melhorar o acesso à justiça.
 (4) Em Abril de 2002, a Comissão apresentou um livro verde sobre os modos alternativos de resolução dos litígios em matéria civil e comercial na União Europeia no qual fez o ponto da situação nesse domínio e através do qual lançou consultas alargadas com os Estados-Membros e os interessados sobre medidas possíveis para promover o recurso à mediação.

---

[11] Embora a Directiva só tenha aplicação a Portugal, a mesma é inserida na Colectânea por poder servir de referência quanto aos modos alternativos de resolução dos litígios em matéria civil e comercial.

(5) O objectivo de assegurar um melhor acesso à justiça, como parte da política da União Europeia para estabelecer um espaço de liberdade, de segurança e de justiça, deverá incluir o acesso a modos de resolução de litígios tanto judiciais como extrajudiciais. A presente directiva deverá contribuir para o correcto funcionamento do mercado interno, em especial no que diz respeito à disponibilidade de serviços de mediação.

(6) A mediação pode proporcionar uma solução extrajudicial rápida e pouco onerosa para litígios em matéria civil e comercial através de procedimentos adaptados às necessidades das partes. É mais provável que os acordos obtidos por via de mediação sejam cumpridos voluntariamente e preservem uma relação amigável e estável entre as partes. Estas vantagens tornam-se ainda mais evidentes em situações que apresentam aspectos transfronteiriços.

(7) Para promover o recurso à mediação e garantir que as partes que a ela recorrem possam confiar num quadro jurídico previsível, é necessário prever um enquadramento normativo que aborde, em especial, aspectos fundamentais do processo civil.

(8) O disposto na presente directiva deverá aplicar-se apenas à mediação em litígios transfronteiriços, mas nada deverá impedir os Estados-Membros de aplicar igualmente estas disposições a processos de mediação internos.

(9) A presente directiva não deverá obstar de modo algum à utilização das modernas tecnologias da comunicação no processo de mediação.

(10) A presente directiva deverá aplicar-se aos processos em que duas ou mais partes num litígio transfronteiriço procurem voluntariamente chegar a um acordo amigável sobre a resolução do seu litígio, com a assistência de um mediador. A presente directiva deverá ser aplicável em matéria civil e comercial. Todavia, não se deverá aplicar aos direitos e obrigações sobre os quais as partes, nos termos do direito aplicável, não sejam livres de decidir por si só. Esses direitos e obrigações são particularmente frequentes em questões de direito da família e de direito do trabalho.

(11) A presente directiva não se deverá aplicar às negociações pré-contratuais nem aos processos de natureza quase-judicial, como determinados regimes de conciliação judicial, regimes relativos a queixas de consumidores, arbitragem e avaliações de peritos, ou a processos em que certas pessoas ou instâncias emitem uma recomendação formal, juridicamente vinculativa ou não, para resolver o litígio.

(12) A presente directiva deverá aplicar-se aos casos em que um tribunal remete as partes para a mediação ou em que o direito nacional impõe a mediação. Além disso, na medida em que um juiz possa actuar como mediador nos termos do direito nacional, a presente directiva deverá igualmente aplicar-se à mediação conduzida por um juiz que não seja responsável por qualquer processo judicial relacionado com o litígio ou litígios em causa. No entanto, a presente directiva não deverá estender-se às tentativas realizadas pelo tribunal ou pelo juiz do processo para dirimir um litígio no contexto do processo judicial relativo ao litígio em causa, nem aos casos em que o tribunal ou o juiz do processo solicitem a ajuda ou o parecer de uma pessoa competente.

(13) A mediação prevista na presente directiva deverá ser um processo voluntário, na medida em que as próprias partes são as responsáveis pelo processo, podendo organizá-lo como quiserem e terminá-lo a qualquer momento. Todavia, os tribunais deverão ter a possibilidade, nos termos do direito nacional, de estabelecer prazos máximos para os processos de mediação. Os tribunais deverão também poder chamar a atenção das partes para a possibilidade de mediação, sempre que tal for oportuno.

(14) Nada na presente directiva deverá afectar a legislação nacional que preveja o recurso obrigatório à mediação ou a sujeite a incentivos ou sanções, desde que tal legislação não impeça as partes de exercerem o seu direito de acesso ao sistema judicial. Nada na presente directiva deverá afectar os sistemas de mediação auto-reguladores já existentes, na medida em que estes se apliquem a aspectos não abrangidos pela presente directiva.

(15) No interesse da segurança jurídica, a presente directiva deverá indicar qual a data relevante para determinar se tem ou não carácter transfronteiriço um litígio que as partes procuram resolver com recurso à mediação. Na ausência de um acordo escrito, deverá considerar-se que as partes acordam em recorrer à mediação no momento em que tomam medidas específicas para dar início ao processo de mediação.

(16) Para assegurar a necessária confiança mútua no que diz respeito à confidencialidade, aos efeitos nos prazos de prescrição e caducidade e ao reconhecimento e execução dos acordos obtidos por via de mediação, os Estados-Membros deverão incentivar, por todos os meios que considerem adequados, a formação de mediadores e a criação de mecanismos eficazes de controlo da qualidade relativamente à prestação de serviços de mediação.

(17) Os Estados-Membros deverão definir esses mecanismos, que podem incluir o recurso a soluções com base no mercado, e não lhes deverá ser exigido qualquer financiamento para este efeito. Tais mecanismos deverão ter por finalidade preservar a flexibilidade do processo de mediação e a autonomia das partes e garantir que a mediação seja conduzida de modo eficaz, imparcial e competente.

Dever-se-á chamar a atenção dos mediadores para a existência do Código de Conduta Europeu para Mediadores, que deverá estar também acessível ao público em geral na internet.

(18) No domínio da defesa do consumidor, a Comissão aprovou uma recomendação (1) que estabelece os critérios mínimos de qualidade que os organismos extrajudiciais envolvidos na resolução consensual de litígios de consumo deverão oferecer aos seus utilizadores. Qualquer mediador ou organismo abrangido pelo âmbito de aplicação da recomendação deverá ser incentivado a respeitar os seus princípios. Para facilitar a divulgação das informações relativas a tais organismos, a Comissão deverá criar uma base de dados dos sistemas extrajudiciais que os Estados-Membros consideram respeitar os princípios consagrados nessa recomendação.

(19) A mediação não deverá ser considerada uma alternativa inferior ao processo judicial pelo facto de o cumprimento dos acordos resultantes da mediação depender da boa vontade das partes. Por conseguinte, os Estados-Membros deverão

assegurar que as partes de um acordo escrito, obtido por via de mediação, possam solicitar que o conteúdo do seu acordo seja declarado executório. Os Estados-Membros só deverão poder recusar declarar esse acordo executório se o seu conteúdo for contrário ao direito interno, incluindo o direito internacional privado, ou se o seu direito não previr o carácter executório do conteúdo do acordo específico. Tal poderá acontecer se a obrigação especificada no acordo não tiver, pela sua natureza, carácter executório.

(20) O conteúdo de um acordo obtido por via de mediação e declarado executório num Estado-Membro deverá ser reconhecido e declarado executório nos outros Estados-Membros, nos termos do direito comunitário ou interno aplicável. Tal seria possível, por exemplo, com base no Regulamento (CE) n.º 44/2001 do Conselho, de 22 de Dezembro de 2000, relativo à competência judiciária, ao reconhecimento e à execução de decisões em matéria civil e comercial, ou no Regulamento (CE) n.º 2201/2003 do Conselho, de 27 de Novembro de 2003, relativo à competência, ao reconhecimento e à execução de decisões em matéria matrimonial e em matéria de responsabilidade parental.

(21) O Regulamento (CE) n.º 2201/2003 prevê especificamente que os acordos entre as partes têm imperativamente que gozar de força executória no Estado-Membro em que foram celebrados para poderem ter força executória noutro Estado-Membro. Por conseguinte, se o conteúdo de um acordo em matéria de direito da família, obtido por via de mediação, não tiver força executória no Estado-Membro onde foi celebrado e se for solicitada a sua executoriedade, a presente directiva não deverá incentivar as partes a contornar o direito desse Estado-Membro, conseguindo que esse acordo seja dotado de força executória noutro Estado-Membro.

(22) A presente directiva não deverá afectar as regras em vigor nos Estados-Membros relativas à execução de acordos resultantes da mediação.

(23) A confidencialidade no processo de mediação é importante e a presente directiva deverá, por conseguinte, prever um nível mínimo de compatibilidade das normas processuais civis no que diz respeito à forma de proteger a confidencialidade da mediação em subsequentes processos judiciais ou de arbitragem em matéria civil e comercial.

(24) A fim de incentivar as partes a recorrerem à mediação, os Estados-Membros deverão assegurar que as suas regras relativas aos prazos de prescrição e caducidade não impeçam as partes de recorrer ao tribunal ou à arbitragem se a sua tentativa de mediação falhar. Os Estados-Membros deverão assegurar que este resultado seja alcançado, apesar de a presente directiva não harmonizar as regras nacionais relativas aos prazos de prescrição e caducidade.

Não deverão ser afectadas pela presente directiva as disposições relativas aos prazos de prescrição e caducidade em acordos internacionais, tal como aplicadas nos Estados-Membros, por exemplo no domínio do direito dos transportes.

(25) Os Estados-Membros deverão incentivar a comunicação de informações ao público em geral sobre a forma de contactar mediadores e organizações que prestam serviços de mediação. Deverão também incentivar os profissionais do direito a informar os seus clientes acerca da possibilidade de recurso à mediação.

(26) Nos termos do ponto 34 do Acordo interinstitucional «Legislar melhor», os Estados-Membros são encorajados a elaborar, para si próprios e no interesse da Comunidade, os seus próprios quadros, que ilustrem, na medida do possível, a concordância entre a presente directiva e as respectivas medidas de transposição, e a publicá-los.

(27) A presente directiva pretende promover os direitos fundamentais e tem em conta os princípios consagrados, em especial, na Carta dos Direitos Fundamentais da União Europeia.

(28) Atendendo a que o objectivo da presente directiva não pode ser suficientemente realizado pelos Estados-Membros e pode, pois, devido à dimensão ou aos efeitos da acção prevista, ser mais bem alcançado a nível comunitário, a Comunidade pode tomar medidas em conformidade com o princípio da subsidiariedade, consagrado no artigo 5.º do Tratado. Em conformidade com o princípio da proporcionalidade consagrado no mesmo artigo, a presente directiva não excede o necessário para atingir aquele objectivo.

(29) Nos termos do artigo 3.º do Protocolo relativo à posição do Reino Unido e da Irlanda, anexo ao Tratado da União Europeia e ao Tratado que institui a Comunidade Europeia, o Reino Unido e a Irlanda notificaram a sua intenção de participar na aprovação e na aplicação da presente directiva.

(30) Nos termos dos artigos 1.º e 2.º do Protocolo relativo à posição da Dinamarca, anexo ao Tratado da União Europeia e ao Tratado que institui a Comunidade Europeia, a Dinamarca não participa na aprovação da presente directiva e não fica a ela vinculada nem sujeita à sua aplicação,

APROVARAM A PRESENTE DIRECTIVA:

ARTIGO 1.º
(Objectivo e âmbito de aplicação)

1. O objectivo da presente directiva consiste em facilitar o acesso à resolução alternativa de litígios e em promover a resolução amigável de litígios, incentivando o recurso à mediação e assegurando uma relação equilibrada entre a mediação e o processo judicial.

2. A presente directiva é aplicável aos litígios transfronteiriços em matéria civil e comercial, excepto no que se refere aos direitos e obrigações de que as partes não possam dispor ao abrigo do direito aplicável. Não abrange, nomeadamente, as matérias fiscais, aduaneiras ou administrativas, nem a responsabilidade do Estado por actos ou omissões no exercício da autoridade do Estado (*acta jure imperii*).

3. Na presente directiva, o termo «Estado-Membro» designa qualquer Estado--Membro, com excepção da Dinamarca.

ARTIGO 2.º
(Litígios transfronteiriços)

1. Para efeitos da presente directiva, entende-se por litígio transfronteiriço um

litígio em que pelo menos uma das partes tenha domicílio ou residência habitual num Estado-Membro distinto do de qualquer das outras partes, à data em que:
   a) As partes decidam, por acordo, recorrer à mediação após a ocorrência de um litígio,
   b) A mediação seja ordenada por um tribunal,
   c) A obrigação de recorrer à mediação se constitua ao abrigo do direito interno, ou
   d) Para efeitos do artigo 5.º, seja dirigido um convite às partes.
   2. Não obstante o disposto no n.º 1, para efeitos dos artigos 7.º e 8.º, entende-se igualmente por litígio transfronteiriço um litígio em que o processo judicial ou a arbitragem sejam iniciados, na sequência de uma mediação entre as partes, num Estado-Membro distinto daquele onde as partes tenham o seu domicílio ou a sua residência habitual à data referida na alínea a), b) ou c) do n.º 1.
   3. Para efeitos dos n.ºs 1 e 2, domicílio é determinado nos termos dos artigos 59.º e 60.º do Regulamento (CE) n.º 44/2001.

ARTIGO 3.º
(Definições)

Para efeitos da presente directiva, entende-se por:
   a) «Mediação», um processo estruturado, independentemente da sua designação ou do modo como lhe é feita referência, através do qual duas ou mais partes em litígio procuram voluntariamente alcançar um acordo sobre a resolução do seu litígio com a assistência de um mediador. Este processo pode ser iniciado pelas partes, sugerido ou ordenado por um tribunal, ou imposto pelo direito de um Estado-Membro.
   Abrange a mediação conduzida por um juiz que não seja responsável por qualquer processo judicial relativo ao litígio em questão. Não abrange as tentativas do tribunal ou do juiz no processo para solucionar um litígio durante a tramitação do processo judicial relativo ao litígio em questão;
   b) «Mediador», uma terceira pessoa a quem tenha sido solicitado que conduza uma mediação de modo eficaz, imparcial e competente, independentemente da denominação ou da profissão dessa pessoa no Estado-Membro em causa e da forma como ela tenha sido designada ou de como tenha sido solicitada a conduzir a mediação.

ARTIGO 4.º
(Garantir a qualidade da mediação)

   1. Os Estados-Membros devem incentivar, por todos os meios que considerem adequados, o desenvolvimento e a adesão a códigos voluntários de conduta pelos mediadores e organismos que prestem serviços de mediação, bem como outros mecanismos eficazes de controlo da qualidade da prestação de serviços de mediação.

2. Os Estados-Membros devem incentivar a formação inicial e contínua dos mediadores, a fim de garantir que a mediação seja conduzida de modo eficaz, imparcial e competente relativamente às partes.

ARTIGO 5.º
(Recurso à mediação)

1. O tribunal perante o qual é proposta uma acção pode, quando tal se revelar adequado e tendo em conta todas as circunstâncias do caso, convidar as partes a recorrerem à mediação para resolverem o litígio. O tribunal pode também convidar as partes a assistir a uma sessão de informação sobre a utilização da mediação, se tais sessões se realizarem e forem facilmente acessíveis.

2. A presente directiva não afecta a legislação nacional que preveja o recurso obrigatório à mediação ou o sujeite a incentivos ou sanções, quer antes, quer depois do início do processo judicial, desde que tal legislação não impeça as partes de exercerem o seu direito de acesso ao sistema judicial.

ARTIGO 6.º
(Executoriedade dos acordos obtidos por via de mediação)

1. Os Estados-Membros devem assegurar que as partes, ou uma das partes com o consentimento expresso das outras, tenham a possibilidade de requerer que o conteúdo de um acordo escrito, obtido por via de mediação, seja declarado executório.

O conteúdo de tal acordo deve ser declarado executório salvo se, no caso em questão, o conteúdo desse acordo for contrário ao direito do Estado-Membro onde é feito o pedido ou se o direito desse Estado-Membro não prever a sua executoriedade.

2. O conteúdo de um acordo pode ser dotado de força executória mediante sentença, decisão ou acto autêntico de um tribunal ou de outra autoridade competente, de acordo com o direito do Estado-Membro em que o pedido é apresentado.

3. Os Estados-Membros informam a Comissão dos tribunais ou das outras autoridades competentes para receber os pedidos nos termos dos n.ºs 1 e 2.

4. O presente artigo em nada prejudica as regras aplicáveis ao reconhecimento e à execução noutro Estado-Membro de um acordo que tenha sido declarado executório, nos termos do n.º 1.

ARTIGO 7.º
(Confidencialidade da mediação)

1. Dado que se pretende que a mediação decorra de uma forma que respeite a confidencialidade, os Estados-Membros devem assegurar que, salvo se as partes decidirem em contrário, nem os mediadores, nem as pessoas envolvidas na administração do processo de mediação sejam obrigadas fornecer provas em processos judiciais ou arbitragens civis ou comerciais, no que se refere a informações decorrentes ou relacionadas com um processo de mediação, excepto:

a) Caso tal seja necessário por razões imperiosas de ordem pública do Estado-
-Membro em causa, em especial para assegurar a protecção do superior
interesse das crianças ou para evitar que seja lesada a integridade física ou
psíquica de uma pessoa, ou
b) Caso a divulgação do conteúdo do acordo obtido por via de mediação seja
necessária para efeitos da aplicação ou execução desse acordo.

2. Nada no n.º 1 obsta a que os Estados-Membros apliquem medidas mais rigorosas para proteger a confidencialidade da mediação.

ARTIGO 8.º
(Efeitos da mediação nos prazos de prescrição e caducidade)

1. Os Estados-Membros devem assegurar que as partes que optarem pela mediação numa tentativa de resolver um litígio não fiquem impedidas de, posteriormente, instaurarem um processo judicial ou iniciarem um processo de arbitragem relativo a esse litígio por terem expirado os prazos de prescrição ou de caducidade durante o processo de mediação.

2. O n.º 1 não prejudica as disposições relativas aos prazos de prescrição e caducidade em acordos internacionais em que os Estados-Membros sejam partes.

ARTIGO 9.º
(Informação do público em geral)

Os Estados-Membros incentivam, pelos meios que considerem adequados, a disponibilização ao público em geral, em particular em sítios internet, de informações sobre a forma de contactar os mediadores ou as organizações que prestam serviços de mediação.

ARTIGO 10.º
(Informações sobre os tribunais e as autoridades competentes)

A Comissão disponibiliza ao público, pelos meios adequados, as informações sobre os tribunais e as autoridades competentes, comunicadas pelos Estados-Membros nos termos do n.º 3 do artigo 6.º.

ARTIGO 11.º
(Revisão)

Até 21 de Maio de 2016, a Comissão apresenta ao Parlamento Europeu, ao Conselho e ao Comité Económico e Social Europeu um relatório sobre a aplicação da presente directiva. Este relatório deve estudar o desenvolvimento da mediação em toda a União Europeia e o impacto da presente directiva nos Estados-Membros. Se necessário, o relatório deve ser acompanhado de propostas destinadas a adaptar a presente directiva.

ARTIGO 12.º
(Transposição)

1. Os Estados-Membros devem pôr em vigor as disposições legislativas, regulamentares e administrativas necessárias para dar cumprimento à presente directiva, antes de 21 de Maio de 2011, com excepção do artigo 10.º, ao qual deve ser dado cumprimento até 21 de Novembro de 2010, e informar imediatamente a Comissão desse facto.

Quando os Estados-Membros aprovarem essas disposições, estas devem incluir uma referência à presente directiva ou ser acompanhadas dessa referência aquando da sua publicação oficial. As modalidades de efectuar essa referência são aprovadas pelos Estados-Membros.

2. Os Estados-Membros devem comunicar à Comissão o texto das principais disposições de direito interno que aprovarem nas matérias reguladas pela presente directiva.

ARTIGO 13.º
(Entrada em vigor)

A presente directiva entra em vigor vinte dias após a sua publicação no *Jornal Oficial da União Europeia*.[12]

ARTIGO 14.º
(Destinatários)

Os Estados-Membros são os destinatários da presente directiva.

Feito em Estrasburgo, em 21 de Maio de 2008.

Pelo Parlamento Europeu *Pelo Conselho*
O Presidente *O Presidente*
H.-G. PÖTTERING J. LENARČIČ

---

[12] Publicada no JOUE L 136 de 24 de Maio de 2008.

Directiva 2008/52/CE do Parlamento Europeu e do Conselho.

CAPÍTULO II
Comentários

O texto sobre o qual foi possível obter o acordo político assenta no pressuposto de que a mediação pode proporcionar uma solução extrajudicial célere e pouco onerosa para os conflitos de natureza civil e comercial.

A directiva tem o seu âmbito de aplicação limitado aos conflitos transfronteiriços por força da base jurídica em que assenta a proposta da Comissão (i. e. a cooperação judiciária civil, com as regras próprias do primeiro pilar (como é o caso, por exemplo, de se tratar de um processo de co-decisão) e, em especial, do artigo 61.º, alínea c), do artigo 65.º e do artigo 67.º, todos do Tratado da União Europeia).

A directiva aplicar-se-á aos processos em que duas ou mais partes recorram à mediação para a resolução de um conflito, com incidência transfronteiriça em matéria civil e comercial, entendendo-se como tal aqueles em que pelo menos uma das partes tem residência, ou domicílio habitual, num Estado Membro diferente da parte contrária.

As matérias mais relevantes previstas na directiva dizem respeito às regras sobre a confidencialidade da mediação e a suspensão dos prazos de prescrição, as quais têm influência nas respectivas regulamentações processuais europeias, e que implicam uma extensão do âmbito transfronteiriço de aplicação da directiva. Ou seja, para estes aspectos, a directiva também se aplicará em conflitos em que o processo judicial (ou arbitragem) subsequente à mediação decorra num Estado Membro diferente daquele(s) em que as partes residem ou têm a sua residência habitual.

A obtenção do acordo político, em Lisboa, de todos os Estados Membros, sem excepção (sendo bastante uma maioria qualificada), representa, do ponto de vista de política interna portuguesa o reconhecimento europeu das virtudes dos mecanismos extrajudiciais que têm vindo a ser implementados nos últimos anos (nomeadamente, no caso português, o desenvolvimento da rede dos julgados de paz, a promoção da criação de novos centros de arbitragem especializados e a criação de sistemas de mediação).

TÍTULO VIII
CAPÍTULO I

ACTO UNIFORME DA OHADA (ORGANIZAÇÃO PARA A HARMONIZAÇÃO DO DIREITO DOS NEGÓCIOS EM ÁFRICA) RELATIVO AO DIREITO DA ARBITRAGEM[13]

CAPÍTULO I
Âmbito de aplicação

ARTIGO 1

O presente Acto Uniforme é aplicável às arbitragens em que a sede do tribunal arbitral se situe num dos Estados-partes.

ARTIGO 2

Qualquer pessoa singular ou colectiva pode recorrer à arbitragem sobre direitos disponíveis.

Os Estados e outras pessoas colectivas públicas territoriais, bem como os institutos públicos, podem igualmente ser partes em arbitragens, sem que possam invocar o seu próprio Direito a fim de contestar a arbitrabilidade do litígio, a sua capacidade para se comprometerem em árbitros ou a validade da convenção de arbitragem.

ARTIGO 3

A convenção de arbitragem deve ser celebrada por escrito ou por qualquer outro meio que permita prová-la, nomeadamente por remissão para um documento que a estipule.

---

[13] O Acto Uniforme Relativo ao Direito da Arbitragem é aplicável na Guiné-Bissau por força da inserção deste país na OHADA – Tratado Relativo à Harmonização em África do Direito dos Negócios, do qual é Estado-Membro conjuntamente com outros países francófonos da região.

ARTIGO 4

A convenção de arbitragem é autónoma relativamente ao contrato principal.

A sua validade não é afectada pela nulidade desse contrato e é apreciada à luz da vontade comum das partes, sem referência necessária a um Direito estadual.

As partes têm sempre a faculdade de, por mútuo acordo, celebrar uma convenção de arbitragem, ainda que já se tenha iniciado a instância perante outra jurisdição.

CAPÍTULO II
Composição do Tribunal Arbitral

ARTIGO 5

Os árbitros são nomeados, destituídos ou substituídos em conformidade com o estipulado pelas partes.

Faltando tal estipulação ou sendo ela insuficiente:
a) No caso de uma arbitragem por três árbitros, cada uma das partes nomeia um árbitro e os dois árbitros assim nomeados escolhem o terceiro; se uma das partes não nomear um árbitro no prazo de trinta dias a contar da recepção de um pedido que para o efeito lhe haja sido endereçado pela outra parte, ou se os dois árbitros não chegarem a acordo quanto à escolha do terceiro árbitro no prazo de trinta dias a contar da sua designação, a nomeação será efectuada, a pedido de qualquer das partes, pelo juiz competente no Estado-parte;
b) No caso de uma arbitragem por um árbitro único, se as partes não chegarem a acordo quanto à escolha do árbitro, será este nomeado, a pedido de qualquer das partes, pelo juiz competente no Estado-parte.

ARTIGO 6

A função arbitral apenas pode ser confiada a pessoas singulares.

O árbitro deve ser plenamente capaz e permanecer independente e imparcial relativamente às partes.

ARTIGO 7

O árbitro que aceite a incumbência deve levar a sua aceitação ao conhecimento das partes por qualquer meio de que fique prova escrita.

Se o árbitro supuser a ocorrência na sua pessoa de uma causa de impedimento, deve informar disso as partes e apenas pode aceitar o encargo com o acordo unânime destas, formulado por escrito.

Em caso de litígio, e se as partes não tiverem regulado o processo de declaração de impedimento, decidirá sobre este o juiz competente no Estado-parte. A sua decisão é insusceptível de recurso.

Qualquer causa de impedimento deve ser alegada sem demora pela parte que dela se queira prevalecer.

Só é admissível a declaração de impedimento de um árbitro por causa revelada após a sua nomeação.

ARTIGO 8

O tribunal arbitral é constituído por um árbitro único ou por três árbitros.

Se as partes designarem um número par de árbitros, será o tribunal arbitral completado por um árbitro escolhido em conformidade com o estipulado pelas partes ou, na falta de tal estipulação, pelos árbitros designados ou ainda, caso estes não cheguem a acordo, pelo juiz competente no Estado-parte.

O mesmo valerá nos casos de declaração de impedimento, de incapacidade, de demissão ou de destituição de um árbitro.

CAPÍTULO III
Instância Arbitral

ARTIGO 9

As partes devem ser tratadas com igualdade e cada uma deve ter a possibilidade de fazer valer os seus direitos.

ARTIGO 10

Caso se submetam a um organismo de arbitragem, ficam as partes obrigadas a aplicar o regulamento de arbitragem desse organismo, salvo se houverem excluído expressamente certas disposições dele.

A instância arbitral considera-se iniciada no momento em que uma das partes se dirija ao árbitro ou aos árbitros em conformidade com a convenção de arbitragem ou, na falta de designação destes, no momento em que uma das partes instaure o processo de constituição do tribunal arbitral.

ARTIGO 11

O tribunal arbitral decide sobre a sua própria competência, incluindo quaisquer questões relativas à existência ou validade da convenção de arbitragem.

A excepção de incompetência deve ser deduzida antes da defesa quanto ao mérito da causa, salvo se os factos em que se fundamentar tiverem sido revelados posteriormente.

O tribunal arbitral pode decidir sobre a sua própria competência na sentença sobre o mérito a causa ou numa sentença parcial sujeita a recurso de anulação.

ARTIGO 12

Se a convenção de arbitragem não fixar qualquer prazo, não pode a missão dos árbitros exceder seis meses a contar do dia em que o último deles o haja aceitado.

O prazo legal ou convencional pode ser prorrogado por acordo das partes ou a pedido de uma delas ou do tribunal arbitral, pelo juiz competente no Estado-parte.

ARTIGO 13

Sendo instaurada perante uma jurisdição estadual acção referente a um litígio que haja sido submetido a tribunal arbitral em virtude de uma convenção de arbitragem, deve aquela jurisdição, a pedido de uma das partes, declarar-se incompetente.

Se o litígio ainda não tiver sido submetido a tribunal arbitral, deve igualmente a jurisdição estadual declarar-se incompetente, excepto se a convenção de arbitragem for manifestamente nula.

Em caso algum pode a jurisdição estadual conhecer oficiosamente da sua incompetência.

Todavia, a existência de uma convenção de arbitragem não obsta a que, a pedido de uma das partes, uma jurisdição, em caso de urgência reconhecida e fundamentada ou quando a medida haja de ser executada num Estado não parte da OHADA, decrete medidas provisórias ou conservatórias, contanto que tais medidas não pressuponham uma apreciação do mérito da causa, para a qual apenas é competente o tribunal arbitral.

ARTIGO 14

As partes podem disciplinar o processo arbitral, directamente ou por referência a um regulamento de arbitragem; e podem também submetê-lo a uma lei processual por si escolhida.

Na falta de tal convenção, pode o tribunal arbitral conduzir o processo arbitral como entender apropriado.

As partes têm o ónus de alegar e provar os factos em que se fundem as suas pretensões.

Os árbitros podem convidar as partes a prestar-lhes esclarecimentos sobre a matéria de facto e a apresentar-lhes, por qualquer meio legalmente admissível, as provas que considerem necessárias a fim de decidirem a causa.

Os árbitros apenas podem atender na sua decisão aos factos e razões de Direito, aos esclarecimentos ou aos documentos invocados ou juntos pelas partes, que estas hajam podido debater com observância do princípio do contraditório.

Os árbitros não podem fundar a sua decisão em factos ou razões de Direito de que hajam tomado conhecimento oficiosamente sem terem previamente convidado as partes a apresentarem as suas observações.

Sendo necessário o auxílio das autoridades judiciárias a fim de se produzir a prova, pode o tribunal arbitral, oficiosamente ou a pedido de qualquer das partes, requerer a colaboração do juiz competente no Estado-parte.

Presume-se que renuncia a prevalecer-se de uma irregularidade a parte que, tendo conhecimento dela, se abstiver de invocá-la sem demora e prosseguir a arbitragem.

Salvo estipulação em contrário, têm também os árbitros o poder de decidir qualquer incidente de impugnação da veracidade de assinatura ou de falsidade de documento.

ARTIGO 15

Os árbitros decidem o mérito da causa em conformidade com as regras de Direito designadas pelas partes ou, na falta de tal designação, por eles escolhidas como as mais apropriadas e tendo em conta, sendo caso disso, os usos do comércio internacional.

Podem igualmente os árbitros, quando as partes lhes hajam conferido esse poder, decidir o litígio por apelo à composição amigável.

ARTIGO 16

A instância arbitral extingue-se com o decurso do prazo da arbitragem, salvo se for convencionada ou ordenada a prorrogação deste.

A instância pode igualmente extinguir-se em caso de aquiescência ao pedido, de desistência, de transacção ou de sentença definitiva.

ARTIGO 17

O tribunal arbitral fixa a data em que a causa será submetida a julgamento.

Após essa data, não pode ser deduzida qualquer pretensão nem alegado qualquer fundamento de facto ou de Direito.

Não pode ser presente qualquer observação nem junta qualquer peça, salvo a pedido expresso e por escrito do tribunal arbitral.

ARTIGO 18

As conferências do tribunal são secretas.

CAPÍTULO IV
Sentença Arbitral

ARTIGO 19

A sentença arbitral é proferida de acordo com o procedimento e segundo as formas convencionados pelas partes.

Na falta de tal convenção, e sendo o tribunal composto por três árbitros, será a sentença proferida por maioria de votos.

ARTIGO 20

A sentença arbitral deve conter a indicação:
- do apelido e nomes próprios do ou dos árbitros que a proferiram;
- da sua data;
- da sede do tribunal arbitral;
- do apelido e nomes próprios das partes, bem como do seu domicílio ou sede social;
- sendo caso disso, do apelido e nomes próprios dos advogados ou de qualquer outra pessoa que haja representado ou assistido as partes;
- do relato das pretensões de cada uma das partes, dos respectivos fundamentos e das fases do processo.

A sentença deve ser fundamentada.

ARTIGO 21

A sentença arbitral é assinada pelo ou pelos árbitros.

Se, porém, uma minoria dos árbitros se recusar a assiná-la, deverá consignar-se esse facto, produzindo a sentença os mesmos efeitos que teria se houvesse sido assinada por todos os árbitros.

ARTIGO 22

A sentença exonera o árbitro do litígio.

O árbitro conserva, todavia, o poder de interpretar a sentença ou de corrigir os erros e omissões materiais que a afectem.

Quando tenha deixado de pronunciar-se sobre um pedido, pode o árbitro fazê-lo através de uma sentença adicional.

Em qualquer dos casos referidos, deve o requerimento ser formulado no prazo de 30 dias a contar da notificação da sentença. O tribunal dispõe de um prazo de 45 dias para se pronunciar.

Se o tribunal arbitral não puder reunir-se de novo, pertencerá esse poder ao juiz competente no Estado-parte.

ARTIGO 23

A sentença arbitral produz, desde o momento em que é proferida, efeito de caso julgado relativamente ao litígio que decide.

ARTIGO 24

Os árbitros podem conceder a execução provisória da sentença arbitral, se essa execução tiver sido solicitada, ou recusá-la, por uma decisão fundamentada.

CAPÍTULO V
Recursos da Sentença Arbitral

ARTIGO 25

A sentença arbitral é insusceptível de oposição, recurso de apelação ou de cassação.

Ela pode ser objecto de recurso de anulação, o qual deve ser interposto para o juiz competente do Estado-parte.

A decisão do juiz competente do Estado-parte apenas é susceptível de recurso de cassação para o Tribunal Comum de Justiça e de Arbitragem.

A sentença arbitral pode ser objecto de oposição de terceiro, deduzida perante o tribunal arbitral por qualquer pessoa singular ou colectiva que não tenha sido chamada e desde que a sentença prejudique os seus direitos.

Ela pode igualmente ser objecto de recurso de revisão para o tribunal arbitral, com fundamento na descoberta de um facto que seja susceptível de exercer uma influência decisiva e que, antes da prolação da sentença, fosse desconhecido do tribunal arbitral e da parte que pede a revisão.

ARTIGO 26

O recurso de anulação só é admissível nos casos seguintes:
– se o tribunal arbitral tiver decidido sem convenção de arbitragem ou com base em convenção nula ou caduca;
– se o tribunal arbitral tiver sido irregularmente constituído ou o árbitro único tiver sido irregularmente designado;
– se o tribunal arbitral tiver decidido sem se conformar com a missão que lhe foi confiada;
– se o princípio do contraditório não tiver sido respeitado;
– se o tribunal arbitral tiver violado uma regra de ordem pública internacional dos Estados signatários do Tratado;
– se a sentença arbitral não estiver fundamentada.

ARTIGO 27

O recurso de anulação é admissível desde a prolação da sentença; deixa de sê-lo se não for interposto no mês seguinte à notificação da sentença dotada de exequatur.

ARTIGO 28

Excepto quando a execução provisória da sentença haja sido ordenada pelo tribunal arbitral, a interposição do recurso de anulação suspende a execução da sentença arbitral até que o juiz competente no Estado-parte se haja pronunciado sobre ele.

Esse juiz é igualmente competente para decidir o contencioso da execução provisória.

ARTIGO 29

Sendo anulada a sentença arbitral, cabe à parte interessada, caso o deseje, instaurar novo processo arbitral, em conformidade com o disposto no presente Acto Uniforme.

CAPÍTULO VI
Execução da Sentença Arbitral

ARTIGO 30

A sentença arbitral apenas é susceptível de execução coactiva em virtude de uma decisão de exequatur proferida pelo juiz competente no Estado-parte.

ARTIGO 31

O reconhecimento e o exequatur da sentença arbitral pressupõem que a parte que dela se queira prevalecer prove a sua existência.

A existência da sentença arbitral é provada mediante a junção do respectivo original, acompanhado da convenção de arbitragem, ou de cópias destes documentos que obedeçam às condições exigíveis para a sua autenticidade.

Se esses documentos não se acharem redigidos em língua francesa, deverá a parte juntar uma tradução certificada por um tradutor inscrito na lista de peritos elaborada pelas jurisdições competentes.

O reconhecimento e o exequatur serão recusados se a sentença for manifestamente contrária a uma regra de ordem pública internacional dos Estados-partes.

ARTIGO 32

A decisão que recusar o exequatur apenas é susceptível de recurso de cassação para o Tribunal Comum de Justiça e de Arbitragem.

A decisão que conceder o exequatur é insusceptível de qualquer recurso.

No entanto, o recurso de anulação da sentença implica automaticamente, nos limites dos poderes de cognição do juiz competente do Estado-parte, recurso contra a decisão que haja concedido o exequatur.

ARTIGO 33

A rejeição do recurso de anulação implica automaticamente a validade da sentença arbitral, bem como da decisão que houver concedido o exequatur.

ARTIGO 34

As sentenças arbitrais proferidas com base em regras diferentes das contidas no presente Acto Uniforme serão reconhecidas nos Estados-partes, nas condições previstas pelas convenções internacionais eventualmente aplicáveis e, na falta destas, nas condições previstas nas disposições do presente Acto Uniforme.

CAPÍTULO VII
Disposições Finais

ARTIGO 35

O presente Acto Uniforme serve de lei relativa à arbitragem nos Estados-partes.
Ele apenas se aplica às instâncias arbitrais iniciadas após a sua entrada em vigor.

ARTIGO 36

O presente Acto Uniforme será publicado no Jornal Oficial da OHADA e dos Estados-partes.
Ele entrará em vigor em conformidade com o disposto no artigo 9 do Tratado Relativo à Harmonização do Direito dos Negócios em África.

***

REGULAMENTO DE ARBITRAGEM DO TRIBUNAL COMUM DE JUSTIÇA E ARBITRAGEM DA OHADA

CAPÍTULO I
Atribuições do Tribunal Comum de Justiça e Arbitragem em Matéria de Arbitragem

ARTIGO 1

1.1. O Tribunal de Comum de Justiça e Arbitragem (daqui em diante "o Tribunal), exerce as suas competências de administração de arbitragens no domínio definido no artigo 21 do Tratado, nas condições estatuídas no presente regulamento.

As decisões do Tribunal no exercício dessas competências, com o objectivo de assegurar o funcionamento e conclusão dos processos arbitrais, e de apreciação das sentenças arbitrais, são de natureza administrativa.

As decisões do Tribunal são desprovidas de força de caso julgado, não são objecto de recurso e a sua fundamentação não é notificada.

As decisões do Tribunal são adoptadas pelo Tribunal, com o conteúdo fixado em reunião plenária sob proposta do Presidente.

Um funcionário assegura as funções de Secretário Geral deste departamento do Tribunal.

1.2. O Tribunal exerce as competências jurisdicionais que lhe são atribuídas pelo artigo 25 do Tratado em matéria de atribuição de força de caso julgado e de concessão de *exequatur* às sentenças emitidas, na sua composição contenciosa comum e de acordo com o processo aqui previsto.

1.3. As competências administrativas traçadas pelo artigo 1/1 são exercidas nas condições previstas no capítulo II do presente Regulamento.

As competências jurisdicionais do Tribunal previstas no artigo 1.2 são disciplinadas pelo Capítulo III do presente Regulamento e pelo Regulamento Processual do Tribunal.

CAPÍTULO II
O Processo Perante o Tribunal Comum de Justiça e Arbitragem

ARTIGO 2

2.1. A função do Tribunal é procurar, de acordo com o presente Regulamento, obter uma decisão arbitral sempre que cumulativamente:
- um litígio emirja de um contrato que contenha uma convenção arbitral – o litígio lhe seja submetido por uma das partes
- uma das partes tenha o seu domicílio ou residência habitual num dos Estados Partes ou o contrato deva ser executado total ou parcialmente em território de um dos Estados Partes.

2.2. O Tribunal não decide os litígios.

O Tribunal nomeia ou confirma árbitros e é informado do decurso do processo arbitral e examina os projectos de sentença.

O Tribunal pronuncia-se sobre o *exequatur* das sentenças se tal lhe for solicitado e sobre impugnações relativas à força de caso julgado da sentença arbitral.

2.3. O Tribunal exerce competências relativas a processos arbitrais por si administrados no quadro do Título IV do Tratado e do artigo 1.º do presente Regulamento.

2.4. O Tribunal adopta um regulamento interno caso o considere desejável. O Tribunal pode, de acordo com as modalidades previstas nesse Regulamento Interno, delegar poderes num conjunto restrito dos seus membros, desde que seja informado das decisões na audiência subsequente. O regulamento interno é adoptado em reunião plenária. O regulamento interno torna-se eficaz depois da sua aprovação pelo Conselho de Ministros, estatuindo nos termos do artigo 4 do Tratado.

2.5. O Presidente do tribunal pode tomar, em caso de urgência, as decisões necessárias à constituição do Tribunal Arbitral e ao bom desenrolar do processo arbitral, desde que informe o Tribunal na sua reunião subsequente. O Presidente não pode tomar decisões em matérias que requeiram um acórdão do tribunal. O Presidente pode delegar os seus poderes num membro do Tribunal, nas mesmas condições.

ARTIGO 3

3.1. O litígio pode ser decidido por um árbitro único ou por três árbitros. No presente regulamento o tribunal arbitral pode ser igualmente designado pela expressão "o árbitro".

Acordando as partes em que o tribunal arbitral seja composto por um árbitro único, estas podem nomeá-lo por consenso sujeito a confirmação pelo Tribunal. Na falta de acordo das partes quanto à identidade do árbitro, num prazo de trintas dias a contar da notificação da acção arbitral ao demandado, o árbitro será nomeado pelo Tribunal.

No caso de se terem previsto três árbitros, cada uma das partes – no requerimento de arbitragem ou na contestação – designa um árbitro independente para confirmação pelo tribunal. No caso de abstenção de uma das partes a nomeação cabe ao tribunal. O terceiro árbitro, que assume a presidência do tribunal arbitral, é designado pelo Tribunal, salvo se as partes tiverem atribuído aos árbitros por si designados o poder de, num prazo determinado, cooptarem um outro. Neste último caso cabe ao tribunal confirmar o terceiro árbitro. Caso no prazo determinado, pelas partes ou pelo Tribunal, os árbitros não chegarem a acordo, o direito de nomeação do terceiro árbitro devolve-se ao Tribunal.

Se as partes não tiverem acordado quanto ao número de árbitros, o Tribunal nomeia um árbitro único, salvo se lhe parecer que a complexidade do conflito justifica a designação de três árbitros. Neste caso, será atribuído às partes o direito de, num prazo de quinze dias, procederem à nomeação dos árbitros.

Caso uma pluralidade de partes activas ou passivas devam apresentar conjuntamente propostas de nomeação de um árbitro, e não acordem no prazo estabelecido, o Tribunal pode nomear a totalidade do tribunal arbitral.

3.2. Os árbitros podem ser escolhidos de uma lista de árbitros disponibilizada pelo Tribunal e actualizada anualmente. Os membros do Tribunal não podem constar dessa lista.

3.3. Ao nomear os árbitros o Tribunal deverá ter em conta a nacionalidade das partes, a sua residência, a residência dos advogados e dos árbitros, a língua das partes, a natureza do litígio e, eventualmente, as leis escolhidas pelas partes para a disciplina das suas relações.

Para proceder às nomeações e para estabelecer a lista de árbitros prevista no artigo 3.°/2 o Tribunal, quando considerar conveniente, pode obter previamente o parecer de profissionais com competência reconhecida em matéria de arbitragem comercial internacional.

ARTIGO 4

4.1. Todos os árbitros nomeados ou confirmados pelo Tribunal são independentes das partes na causa.

Os árbitros devem prosseguir a sua missão até ao termo desta.

Antes da sua nomeação ou confirmação pelo Tribunal, o árbitro sondado deve, em face das informações sobre o litígio que lhe tenham sido dadas, dar conhecimento por escrito ao Secretário-Geral do tribunal de factos ou circunstâncias que possam colocar em causa a sua independência na perspectiva das partes.

Depois de recebidas estas informações, o Secretário Geral do Tribunal comunica-as por escrito às partes e fixa-lhes um prazo para formularem eventuais observações.

O árbitro deve em qualquer momento do processo arbitral comunicar por escrito às partes e ao tribunal, factos e circunstâncias da mesma natureza que sobrevenham entre a sua nomeação e confirmação pelo Tribunal e a notificação da sentença arbitral.

4.2. O pedido de recusa de árbitro, baseado na sua falta de independência ou qualquer outro motivo, é formulado mediante o envio ao Secretário Geral do Tribunal de uma declaração precisando os factos e circunstâncias que o fundam.

Este pedido deve ser apresentado pela parte, sob pena de preclusão, no prazo de 30 dias a seguir à recepção da notificação da nomeação ou confirmação do árbitro pelo Tribunal ou no prazo de trinta dias a seguir à data em que a parte requerente foi informada dos factos ou circunstâncias em que funda a recusa, se esta data for posterior à recepção da notificação *supra* referida.

O Tribunal pronuncia-se sobre a admissibilidade do pedido de recusa, bem como sobre o seu mérito, depois de o Secretário Geral proporcionar ao árbitro, aos outros membros do tribunal arbitral e às partes, a possibilidade de formularem as suas observações.

4.3. Ocorrerá substituição de um árbitro sempre que este faleça, o Tribunal admita a sua recusa ou a sua demissão seja aceite pelo Tribunal.

Sempre que a demissão de um árbitro não tenha sido aceite pelo Tribunal e este se recuse a prosseguir o desempenho de funções, ocorrerá substituição se se tratar de um árbitro único ou do presidente do tribunal arbitral.

Nos outros casos, o Tribunal aprecia se há lugar a substituição tendo em conta o estado do processo e o parecer dos outros árbitros. Se decidir que não cabe substituição, o processo pode prosseguir e a sentença pode ser proferida mesmo sem colaboração do árbitro cuja demissão foi recusada.

O Tribunal decidirá tendo em conta, designadamente, o estatuído pelo artigo 28.º, 2.º parágrafo.

4.4. Ocorre igualmente substituição sempre que o Tribunal verifique que o árbitro se encontra *de jure e de facto* impedido de desempenhar a sua função, ou que não desempenha a sua função de acordo com o título IV do Tratado, com o presente Regulamento ou dentro dos prazos estabelecidos.

Quando, com fundamento em factos de que tenha tomado conhecimento, o Tribunal pretenda aplicar o parágrafo precedente, deve informar por escrito o árbitro visado, as partes e os restantes membros do tribunal arbitral desses factos através do Secretário Geral e proporcionar-lhe a possibilidade alegarem dentro dum prazo razoável.

No caso de substituição de um árbitro que não tenha desempenhado as suas funções de acordo com o título IV do Tratado, do presente Regulamento ou dentro dos prazos estabelecidos, a designação de um novo árbitro é efectuada pelo tribunal sob parecer da parte que tenha nomeado a árbitro a substituir, sem que este parecer seja vinculativo.

Quando o Tribunal for informado de que, num tribunal arbitral composto por três pessoas, um árbitro que não seja o Presidente, não participa na arbitragem, sem ter pedido a demissão, o Tribunal pode, de acordo com o disposto no artigo 4/3, parágrafos 3 e 4 *supra*, não proceder à substituição do árbitro desde que os outros dois árbitros aceitem prosseguir a arbitragem apesar da falta de participação de um dos árbitros.

4.5. Logo que reconstituído, o tribunal arbitral estabelecerá, depois de solicitar às partes que formulem observações, em que medida o processo anterior será retomado.

4.6. De acordo com o estabelecido no artigo 1/1 o Tribunal decide em matéria de nomeação, confirmação, recusa ou substituição de árbitros, sem possibilidade de recursos.

ARTIGO 5

Qualquer parte que pretenda recorrer a uma arbitragem instaurada de acordo com o artigo 2/1 supra (artigo 21 do Tratado) e cujos termos são estatuídos pelo presente Regulamento, deve apresentar o seu requerimento de arbitragem ao Secretário Geral do Tribunal.

O requerimento deve conter:
a) os apelidos, nomes próprios, qualidades, razão social e moradas das partes, bem como a indicação de um domicílio para efeitos do processo arbitral e o valor das pretensões.
b) a convenção arbitral e todos os documentos, contratuais ou não contratuais, que permitam conhecer as circunstâncias do litígio.
c) uma exposição sumária das pretensões e dos fundamentos aduzidos em apoio delas.
d) todas as indicações úteis e propostas sobre a composição do tribunal arbitral de acordo com estatuído no artigo 2/3 *supra*.
e) Caso existam os acordos celebrados entre as partes:
   – sobre a sede da arbitragem
   – sobre a língua da arbitragem.
   – sobre a lei aplicável:
     à convenção de arbitragem.
     ao processo arbitral.
     ao mérito da causa.

Na falta destes acordos os pontos de vista do demandante sobre estes temas.

A apresentação do requerimento deve ser acompanhada do pagamento das custas devidas de acordo com o regulamento em vigor.

O demandante deve, no requerimento, fazer prova do envio aos demandados de um exemplar deste e documentos anexos.

O Secretário Geral notifica o demandado ou demandados da data de recepção do requerimento de arbitragem, junta a esta notificação um exemplar do presente Regulamento e acusa a recepção do requerimento ao demandante.

A data de recepção pelo Secretário Geral do requerimento de arbitragem, de acordo com o presente artigo, constituí a data de início da acção arbitral.

ARTIGO 6

O demandado ou os demandados devem, dentro de um prazo de quarenta cinco dias a contar da data de notificação do Secretário Geral, apresentar a sua contestação, juntando prova do envio de uma cópia ao demandante.

No caso previsto no artigo 3.1, parágrafo 2 *supra*, o acordo das partes deve ser celebrado no prazo de trinta dias previsto naquele artigo.

A contestação deve conter:
a) A confirmação ou não dos seus apelidos, nomes próprios, razão social e moradas tal como enunciadas pelo demandante e a escolha de um domicílio para efeitos da arbitragem.

b) Confirmação, ou não, da existência de uma convenção arbitral entre as partes, prevendo um processo a instaurar de acordo com o título IV do Tratado relativo à harmonização do direito de negócios em África.
c) Uma breve exposição do litígio e da posição do demandado sobre os pedidos contra si formulados, com indicação dos fundamentos em que entende basear a sua defesa.
d) A resposta do demandado a respeito das questões versadas no requerimento de arbitragem em conformidade com as alíneas (d) e (e) do artigo 5.º.

ARTIGO 7

Se o demandado formular na contestação um pedido reconvencional, o demandante pode, no prazo de trinta dias a contar da recepção da contestação, apresentar uma nota complementar a respeito desta.

ARTIGO 8

Depois da recepção do requerimento de arbitragem, da contestação e, eventualmente, da nota complementar, de acordo com o previsto nos artigos 5, 6 e 7 *supra*, ou transcorridos os prazos para a sua apresentação, o Secretário Geral requer ao Tribunal que fixe uma provisão por conta das custas do processo, a fim de que se dê início ao processo e, caso necessário, que estabeleça o local de arbitragem.

O processo é enviado ao tribunal arbitral quando este esteja constituído e desde que as decisões adoptadas em aplicação do artigo 11/2, sobre o pagamento de provisões, estejam cumpridas.

ARTIGO 9

Logo que se conclua, *prima facie*, que não existe entre as partes uma convenção de arbitragem e que a demandada recusa a arbitragem ou não a contesta no prazo de quarenta e cinco dias estatuído pelo artigo 6, a demandante é informada pelo Secretário Geral de que este vai solicitar ao Tribunal uma decisão no sentido de que a arbitragem não pode ter lugar, caso este entenda apresentá-las.

O Tribunal decide, tendo em conta as alegações do demandante, produzidas no prazo de trinta dias.

ARTIGO 10

10.1. Existindo consenso quanto ao recurso a arbitragem, este implica a sujeição às disposições do título IV do Tratado OHADA, ao presente regulamento, ao regulamento interno do Tribunal, aos seus anexos, e à tabela de custas de arbitragem, na redacção em vigor à data do início do processo arbitral, nos termos do artigo 5.

10.2. Se uma das partes recusa ou se abstém de participar na arbitragem, esta desenrolar-se-á não obstante esta recusa ou abstenção.

10.3. Assim que uma das partes suscite uma ou mais questões relativas à existência, validade ou âmbito da convenção de arbitragem, o Tribunal, tendo constatado, *prima facie*, a existência dessa convenção, pode decidir, sem prejuízo da admissibilidade ou mérito dessas questões, o prosseguimento do processo arbitral.

Nesse caso, caberá ao tribunal arbitral decidir da sua própria competência.

10.4. Salvo estipulação em contrário, se o tribunal arbitral considerar que a convenção de arbitragem é válida e o contrato entre as partes nulo ou inexistente, o tribunal arbitral é competente para determinar os direitos das partes e estatuir sobre os seus pedidos.

10.5. Salvo estipulação em contrário, a convenção de arbitragem confere ao tribunal arbitral competência para se pronunciar sobre qualquer pedido cautelar durante o decurso do processo arbitral.

As sentenças pronunciadas em conformidade com o parágrafo precedente são susceptíveis de pedidos de concessão de *exequatur* imediatos, caso este seja necessário para a sua execução.

Antes do envio do processo ao tribunal arbitral, e, excepcionalmente, depois deste, no caso de a urgência das medidas cautelares requeridas não permitir ao tribunal arbitral pronunciar-se em tempo útil, as medidas cautelares podem ser requeridas pelas partes à autoridade judiciária competente.

Estes pedidos cautelares, bem como as medidas adoptadas pela autoridade judiciária, são levados sem demora ao conhecimento do Tribunal que, por seu turno, deve informar delas o tribunal arbitral.

ARTIGO 11

11.1. O tribunal fixa o montante da provisão de modo a cobrir as despesas da arbitragem, de acordo com o disposto no artigo 24/2/a do presente regulamento.

Esta provisão pode ser ajustada se o montante em litígio se alterar pelo menos em um quarto ou se novos elementos tornarem necessário esse ajustamento.

Podem ser fixadas provisões distintas para o pedido principal e para o pedido reconvencional, desde que uma parte o requeira.

11.2. As provisões são devidas em partes iguais pelos demandantes e pelos demandados. O pagamento da totalidade pode ser feito por qualquer das partes, quer no que respeita ao pedido principal, quer no que concerne ao pedido reconvencional, no caso de a outra se abster de cumprir.

As provisões devem ser pagas ao Secretário Geral na totalidade antes do envio do processo ao tribunal arbitral. Pode ser apresentada, no que respeita a montantes até três quartos da provisão, uma garantia bancária.

11.3. O tribunal arbitral apenas se pronuncia sobre os pedidos em relação aos quais forem cumpridas as exigências do artigo 11/2.

Logo que se verifique ser necessário um reforço das provisões, o árbitro suspende o processo até que ocorra o respectivo pagamento junto do Secretário Geral.

ARTIGO 12

12.1. Todas as peças processuais trocadas pelas partes, bem como os respectivos anexos, devem ser fornecidos com as cópias suficientes para serem entregues às outras partes, a cada um dos árbitros e ao Secretário Geral, com excepção, no que respeita a este ultimo, dos anexos, salvo pedido específico deste em contrário.

12.2. Todas as peças processuais emanadas do Secretariado, do árbitro ou das partes são validamente comunicadas desde que:
– sejam enviadas contra recibo ou
– sejam expedidas por carta registada para o endereço ou o último endereço conhecido do seu destinatário, tal como comunicado por este ou pela outra parte, consoante o caso, ou
– quando seja utilizado um meio de comunicação que deixe registo escrito, o documento original faz prova em caso de impugnação.

12.3. A notificação ou a comunicação validamente efectuada é eficaz quando seja recebida pela parte interessada ou devesse ser recebida por esta ou seu representante.

12.4. Os prazos estabelecidos no presente regulamento ou pelo Tribunal em aplicação do presente regulamento ou do seu regulamento interno começam a correr no dia seguinte àquele em que a notificação ou comunicação se torne eficaz, nas condições do parágrafo precedente.

Sempre que no país em cujo território a notificação ou comunicação se considerou efectuada o dia seguinte não é útil, o prazo começa a correr no primeiro dia útil seguinte.

Os feriados e os dias não úteis são contados no cálculo dos prazos. Se o último dia do prazo é um dia feriado ou não útil no país onde a notificação ou comunicação se considerou efectuada, o prazo expira no fim do primeiro dia útil seguinte.

ARTIGO 13

A sede do tribunal arbitral é fixada na convenção de arbitragem ou em acordo das partes posterior.

Na ausência de estipulação das partes, a sede é definida por decisão do tribunal adoptada antes do envio do processo aos árbitros.

Após consulta às partes, o árbitro pode decidir realizar audiências noutro local. Em caso de desacordo, prevalece a decisão do Tribunal.

No caso de as circunstâncias tornarem impossível ou difícil o decurso do processo no local fixado, o Tribunal pode, a pedido de qualquer das partes ou do tribunal arbitral, escolher outra sede.

ARTIGO 14

O processo arbitral é confidencial. Os actos do tribunal relativos ao decurso de processos arbitrais estão submetidos a esta confidencialidade, tal como as reuniões do Tribunal para a administração de arbitragem. A confidencialidade abrange os documentos apresentados ao Tribunal ou por ele produzidos no decurso dos procedimentos que perante ele pendam.

Salvo acordo em contrário das partes, estas, os seus advogados, os árbitros, os peritos, bem como todas as pessoas intervenientes no processo arbitral estão vinculadas ao dever de segredo sobre os factos e documentos que são produzidos no decurso do processo. A confidencialidade estende-se, nas mesmas condições, às sentenças arbitrais.

ARTIGO 15

15.1. Após a recepção do processo pelo árbitro, este convoca as partes ou os seus representantes devidamente habilitados e os seus advogados, para uma reunião que se deve realizar assim que possível e o mais tardar dentro de sessenta dias após a recepção do processo.

Esta reunião tem por objecto:
a) verificar a sujeição do litígio ao árbitro e os pedidos sobre os quais este se deve pronunciar. Proceder-se-á a uma enumeração dos pedidos tal como resultam das alegações produzidas pelas partes, com uma indicação sumária dos motivos desses pedidos e dos fundamentos invocados a fim de que sejam julgados procedentes;
b) verificar se existe ou não um acordo das partes sobre os pontos enumerados nos artigo 5/e) e 6/b) e d).

Na falta de tal acordo o árbitro verifica que a sentença se deverá pronunciar a tal respeito.

Deve ser proferida no decurso da reunião uma decisão sobre a língua da arbitragem, tendo em conta o parecer das partes e as circunstâncias do litígio.

Caso tal seja necessário o árbitro interroga as partes de modo a apurar se estas se lhe conferem poderes de *amiable compositeur,* devendo fazer menção no processo da resposta das partes.

c) Adoptar as medidas que lhe parecem apropriadas para o decurso do processo arbitral.
d) Fixar um calendário previsional do processo arbitral, precisando as datas de envio das peças julgadas necessárias, assim como a data da audiência no fim da qual os debates se considerarão concluídos.

Esta última não deve ser estabelecida para data posterior aos seis meses subsequentes à reunião preliminar, salvo estipulação contrária das partes.

15.2. Deve ser lavrada acta da reunião prevista no artigo 15.1. Essa acta é assinada pelo árbitro.

As partes, ou os seus representantes, são convidados a assinar, igualmente, a acta.

Caso uma das partes recuse assinar ou formule reservas a seu respeito deve a referida acta ser submetida a aprovação do Tribunal.

Deve ser enviada uma cópia da acta às partes e aos seus advogados, bem como ao Secretário Geral do Tribunal.

15.3. O calendário previsional da arbitragem constante da acta prevista no artigo 15/2 pode, em caso de necessidade, ser modificado pelo árbitro, por sua iniciativa ou a pedido destas.

O calendário modificado é enviado ao Secretário Geral do Tribunal para efeitos de informação do Tribunal.

15.4. O árbitro deve redigir e assinar a sentença dentro dos noventa dias que se seguem à conclusão dos debates. Este prazo pode ser prorrogado pelo Tribunal a requerimento do árbitro, caso este não esteja em condições de o respeitar.

15.5. Caso a sentença emitida não extinga o processo arbitral, deve ser organizada uma reunião para fixar, nas mesmas condições, um novo calendário, para a produção de uma sentença que decida completamente o litígio.

ARTIGO 16

As regras aplicáveis ao processo arbitral são as constantes do presente regulamento e, no silêncio deste, aquelas que as partes, ou, na falta de estipulação destas, o tribunal arbitral, determinarem, remetendo ou não para um direito estadual.

ARTIGO 17

As partes podem escolher o direito aplicável ao mérito da causa. Na falta de estipulação das partes sobre o direito aplicável, o árbitro aplica a lei competente de acordo com a norma de conflitos que julgue apropriada.

Em todo o caso, o árbitro tomará em conta as estipulações contratuais e os usos comerciais.

O árbitro actua como *amiable compositeur* quando as partes lhe atribuam tais poderes na convenção de arbitragem ou em acordo posterior.

ARTIGO 18.º

No decurso do processo as partes são livres de invocar novos fundamentos em abono das pretensões por elas formuladas.

As partes podem, igualmente, formular novos pedidos, reconvencionais ou não, desde que esses pedidos caibam no âmbito da convenção de arbitragem. A liberdade de formulação de tais pedidos cessa se o tribunal arbitral considerar que não deve autorizar uma tal extensão da sua missão em razão, nomeadamente, do atraso com que é solicitada.

ARTIGO 19

19.1. O árbitro procede à instrução da causa nos mais breve prazos e por todos os meios de prova apropriados.

Após o exame das peças processuais apresentadas pelas partes o árbitro ouve contraditoriamente as partes caso assim o entenda ou qualquer uma delas o requeira.

As partes comparecem pessoalmente ou mediante representante devidamente habilitado. Podem ser assistidas pelos seus advogados.

O tribunal arbitral pode, se o estimar necessário, ouvir separadamente as partes.
Nesse caso, a audição de cada parte tem lugar na presença dos advogados de ambas.
A audição tem lugar em data fixada pelo tribunal arbitral.
Caso uma das partes, regularmente convocada, não compareça, o tribunal arbitral, depois de se assegurar da validade da convocatória, pode realizar, excepto se for apresentada justificação atendível, a audiência, sendo esta considerada contraditória.
Uma cópia da acta da audiência das partes, devidamente assinada, deve ser enviada ao Secretário Geral.

19.2. O árbitro pode decidir apenas com fundamento em documentos se as partes assim o solicitarem ou o aceitarem.

19.3. O árbitro pode nomear um ou mais peritos, definir o objecto da perícia, receber os seus relatórios e ouvi-los na presença das partes ou os seus advogados.

19.4. O árbitro disciplina o decurso das audiências que deverão obedecer ao princípio do contraditório.

Salvo acordo dos árbitros e das partes as audiências não são abertas a pessoas estranhas ao processo.

ARTIGO 20

Se as partes chegarem a acordo no decurso do processo arbitral, podem pedir ao tribunal arbitral que esse consenso seja verificado numa sentença emitida por acordo das partes.

ARTIGO 21

21.1. Se uma das partes impugnar a competência dos árbitros para conhecer do litígio, parcial ou totalmente, qualquer que seja o motivo, deve formular essa excepção nas peças previstas nos artigos 6 e 7 e, no limite no decurso da reunião prevista no artigo 15.1.

21.2. A qualquer momento da instância pode o árbitro examinar oficiosamente a sua competência por motivos de ordem pública, sobre os quais as partes são convidadas a apresentar as suas observações.

21.3. O árbitro pode pronunciar-se sobre a sua própria competência seja por uma sentença preliminar, seja numa sentença final ou parcial, depois do debate sobre o mérito da causa.

Quando se recorrer para o Tribunal, em conformidade com as disposições do capítulo III, de uma decisão de competência ou incompetência, os árbitros podem prosseguir o processo sem esperar que o Tribunal se pronuncie.

ARTIGO 22

22.1. Salvo estipulação contrária das partes, desde que tal acordo seja admitido pela lei aplicável, todas as sentença devem ser fundamentadas.

22.2. As sentenças consideram-se emitidas na sede da arbitragem e no dia da sua assinatura, depois do seu exame pelo Tribunal.

22.3. Devem ser assinadas pelos árbitros, tendo em conta o disposto nos artigos 4.3. e 4.4.

Caso tenham sido designados três árbitros, as decisões são tomadas por maioria.

Não se formando maioria, decide o Presidente.

A sentença é assinada pelos três árbitros ou apenas pelo Presidente do tribunal arbitral, consoante os casos.

No caso de a sentença ser proferida por maioria, a recusa de assinatura pelo árbitro maioritário não afecta a sua validade.

22.4. Qualquer membro do tribunal arbitral pode remeter ao Presidente a sua opinião pessoal, para ser junta à sentença.

ARTIGO 23

23.1. Os projectos de sentença sobre competência, as sentenças parciais que conhecem do mérito de certas pretensões das partes e as sentenças finais são submetidas ao exame do Tribunal antes da assinatura.

As outras sentenças não são submetidas a um exame preliminar, mas apenas transmitidas ao Tribunal a título informativo.

23.2. O Tribunal apenas pode sugerir modificações formais.

O Tribunal dá ao árbitro as indicações necessárias à liquidação das custas da arbitragem e define o montante dos honorários do árbitro.

ARTIGO 24

24.1. A sentença final do tribunal arbitral, além da decisão sobre o mérito da causa, liquida as custas da arbitragem e decide a qual das partes compete o seu pagamento ou em que proporção são repartidas entre elas.

24.2. As custas da arbitragem compreendem:
a) os honorários dos árbitros, as despesas administrativas fixadas pelo Tribunal, as despesas eventuais efectuadas pelo árbitro, as despesas de funcionamento do tribunal arbitral, os honorários e despesas dos peritos.
   Os honorários dos árbitros e as despesas administrativas do tribunal são fixados de acordo com uma tabela elaborada em reunião plenária do Tribunal e aprovada pelo Conselho de Ministros da OHADA, decidindo nas condições previstas pelo artigo 4 do Tratado
b) as despesas normais efectuadas pelas partes na sua defesa, de acordo com a apreciação feita pelos árbitros dos pedidos formulados pelos árbitros acerca desta questão.

24.3. Se as circunstâncias o tornarem excepcionalmente necessário, o Tribunal pode fixar os honorários dos árbitros em valores diversos dos que resultariam da aplicação da tabela *supra* referida.

ARTIGO 25

25.1. Proferida a sentença, o Secretário Geral notifica as partes do texto proferido pelo árbitro, depois de as custas referidas no artigo 24/2/a terem sido pagas.

25.2. Serão entregues às partes que o requeiram cópias suplementares certificadas pelo Secretário Geral, e apenas a estas.

25.3. Efectuada nestas condições a notificação, as partes renunciam a qualquer outra notificação a cargo do tribunal arbitral.

ARTIGO 26

Todo o pedido de rectificação de erros materiais de uma sentença, da sua interpretação ou da sua complementação no caso desta não se ter pronunciado sobre um qualquer pedido submetido ao árbitro, deve ser apresentado ao Secretário Geral do dentro de um prazo quarenta e cinco dias após a notificação da sentença.

O Secretário Geral comunica, após a recepção, o requerimento aos árbitros e à parte contrária, concedendo-lhe um prazo de trinta dias para dirigir as suas observações ao requerente e ao árbitro.

No caso de o Secretário Geral, por qualquer motivo, não poder transmitir o requerimento aos árbitros, o Tribunal designa, após alegações das partes, um novo árbitro.

Depois do exame contraditório das alegações das partes e das peças processuais que estas entretanto hajam apresentado, o projecto de sentença deve ser enviado para o exame prévio previsto no artigo 23, nos sessenta dias subsequentes à sujeição do pedido ao árbitro.

Este procedimento não implica o pagamento de honorários, excepto no caso previsto no terceiro parágrafo. No que respeita às despesas, se existirem, são suportadas pela parte que formulou o pedido se este for inteiramente rejeitado. Caso contrário, estas são repartidas na proporção fixada para as despesas da arbitragem na sentença objecto do requerimento.

ARTIGO 27

As sentenças arbitrais proferidas em conformidade com as disposições do presente regulamento têm força de caso julgado no território de cada um dos Estados Partes, de um modo equivalente às decisões dos tribunais desses Estados. Podem, além disso, ser executados coactivamente no território de qualquer Estado-parte.

ARTIGO 28

O original de toda a sentença proferida em conformidade com o presente regulamento é depositada junto do Secretário Geral do Tribunal.

Em todos os casos não previstos pelo presente regulamento o Tribunal e o tribunal arbitral deverão actuar tendo em conta o seu espírito e de modo a garantir a exequibilidade da sentença.

CAPÍTULO III
Reconhecimento e Execução
das Sentenças Arbitrais

ARTIGO 29

29.1. Se uma parte pretender impugnar o reconhecimento da sentença arbitral e a força de caso julgado que decorre da aplicação do artigo 27, deve dirigir-se ao Tribunal através de um requerimento de que notificará a parte contrária.

29.2. A impugnação de validade da sentença só é admissível caso as partes na convenção arbitral a ela não tenham renunciado.

A impugnação só pode ser fundada num dos motivos enumerados no artigo 30.6, que permitem a oposição ao *exequatur*.

29.3. O requerimento pode ser apresentado desde a prolação da sentença, mas apenas dentro dos dois meses seguintes à notificação da sentença, disciplinada no artigo 25.

29.4. O Tribunal procede à instrução e decide nas condições previstas no seu regulamento de processo.

29.5. Caso o Tribunal recuse o reconhecimento e atribuição da força de caso julgado a sentença arbitral deve ser anulada. O Tribunal decide sobre o mérito caso as partes lho requeiram.

Se as partes não o pedirem ao Tribunal, o processo deve ser retomado a requerimento de uma das partes a partir do último acto reconhecido como válido pelo Tribunal.

ARTIGO 30

30.1. O *exequatur* é pedido em requerimento dirigido ao Tribunal.

30.2. O *exequatur* é conferido por uma decisão do Presidente do Tribunal ou do juiz a quem este tenha delegado poderes para o efeito. O *exequatur* atribui à sentença força executiva em todos os Estados partes. Este procedimento não é contraditório.

30.3. O *exequatur* não é conferido caso já tenha sido apresentado ao Tribunal o requerimento previsto no artigo 29. Nessa circunstância os requerimentos são juntos.

30.4. Se o *exequatur* for recusado por outro motivo, a parte requerente pode recorrer para o Tribunal no prazo de quinze dias após o indeferimento do seu requerimento.

A parte contrária deve ser notificada deste recurso pela requerente.

30.5. Quando o *exequatur* seja conferido por acto do Presidente do Tribunal ou por juiz com delegação de poderes, deve a requerente notificar a parte contrária dessa decisão.

A parte contrária pode, nos quinze dias seguintes à referida *supra* notificação, deduzir oposição, que é julgada contraditoriamente numa das audiências jurisdicionais ordinárias do Tribunal, de acordo com o seu regulamento de processo.

30.6. O *exequatur* não pode ser recusado e a oposição não é admissível senão nos seguintes casos:
1. Se o árbitro decidiu sem fundamento numa convenção de arbitragem ou com fundamento numa convenção nula ou extinta.
2. Se o árbitro decidiu sem se conformar com a missão que lhe tenha sido entregue.
3. Se o princípio do contraditório não foi respeitado.
4. Se a sentença for contrária à ordem pública internacional.

ARTIGO 31

31.1. O Secretário Geral do Tribunal entrega à parte requerente uma cópia da sentença certificada, em conformidade com o original depositado nos termos do artigo 28, sobre o qual se encontra aposto um atestado de *exequatur*.

Esse atestado menciona que o *exequatur* foi conferido por uma decisão do Presidente do Tribunal devidamente notificada e tornada definitiva, na falta de oposição deduzida no prazo de quinze dias, ou por um acórdão do Tribunal indeferindo uma oposição ou, ainda, por um acórdão do Tribunal revogando uma recusa de *exequatur*.

Contra a apresentação da cópia certificada a autoridade nacional designada pelo Estado para o qual o *exequatur* foi requerido apõe a fórmula executória que nele vigorar.

ARTIGO 32

Os recursos de revisão das sentenças arbitrais e das decisões do Tribunal quando este estatua quanto ao fundo em conformidade com o artigo 29/1, 1.º parágrafo, são admitidos nas condições previstas no artigo 49 do regulamento de processo do Tribunal.

ARTIGO 33

A oposição de terceiro contra sentenças arbitrais e contra decisões do Tribunal, quando este tenha conhecido do mérito de acordo com o artigo 29/5/1.º parágrafo, é admitida, nos casos e nas condições previstas pelo artigo 47 do regulamento do processo do Tribunal.

ARTIGO 34

O presente regulamento de arbitragem entra em vigor trinta (30) dias após a sua assinatura. Será publicado no Jornal Oficial da OHADA. Será igualmente publicado no Jornal Oficial dos Estados partes ou através de outro meio apropriado.

***

CAPÍTULO II
Comentários

I. Apresentação sucinta da OHADA (Organização para a Harmonização do Direito de Negócios em África)

Aspectos protocolares da sua institucionalização

Na sequência dos trabalhos preparatórios sob a coordenação do Directório presidido pelo conceituado jurista e Magistrado senegalês, *President* KEBA MBAYE, antigo presidente do Tribunal Internacional de Justiça com sede em Haia e presidente da UNIDA (Associação para a Unificação do Direito em África), o Tratado relativo à Harmonização em África do Direito dos Negócios foi assinado em Port-Louis (Ilhas Maurícias) em 17 de Outubro de 1993.

O domínio geográfico da organização ultrapassa as fronteiras da chamada "*zone franc*" na medida em que o Tratado é aberto à adesão de todo o Estado membro da Organização para a Unidade Africana (OUA, que entretanto passaria a União Africana) e não signatário do Tratado. Ele é igualmente aberto à adesão de todos os Estados não membros da OUA os quais venham a ser convidados a aderir por comum acordo de todos os Estados membros.

Ratificado, à data de 31 de Dezembro de 2000, por 16 Estados signatários, conforme os respectivos procedimentos constitucionais, tal como resulta do disposto na alínea 1 do artigo 52.º do próprio Tratado, o mesmo entrou em vigor em 18 de Setembro de 1995, ou seja, 60 dias contados da data do depósito do sétimo instrumento de ratificação, junto do governo senegalês que é, como dispõe o Tratado, o depositário não só dos instrumentos de ratificação, como também dos instrumentos de adesão.

Objectivos da OHADA

O Tratado tem por objectivo principal remediar a insegurança jurídica e judiciária existente no ordenamento jurídico dos Estados partes, modernizando e harmonizando o Direito dos Negócios nos diferentes Estados membros.

A originalidade do Tratado reside não só nesse seu objectivo fundamental de estabelecer uma unificação progressiva das legislações dos seus Estados membros capaz de sustentar um desenvolvimento económico harmonioso, como também na dimensão da integração comunitária a que se propõe.

Por conseguinte, para a restauração da segurança judiciária das actividades económicas, que permita a consecução da confiança dos investidores e facilitar as trocas comerciais entre os Estados partes, o Tratado prossegue as finalidades seguintes:
– colocar à disposição de cada Estado parte regras comuns simples, modernas, adaptadas à situação económica, estimulando o investimento público e privado;

- promover a arbitragem como instrumento rápido e discreto de litígios comerciais;
- melhorar a formação dos magistrados e de auxiliares de justiça; e, enfim,
- favorecer a instituição de uma Comunidade Económica Africana.

Estados partes do Tratado

Em Janeiro de 1998, 16 Estados eram já membros da organização do Direito dos Negócios em Africa, referindo-se, a título de exemplo, o Benim, o Burkina--Faso, os Camarões, a Costa do Marfim, a Guiné-Bissau (ratificação em 15 de Janeiro de 1994, entrada em vigor em 20 de Fevereiro de 1996), a Guiné-Equatorial, o Mali, a Nigéria, o Senegal, entre outros.

Campo de aplicação

Nos termos do seu artigo 2.°, o Tratado dispõe que entra no domínio do Direito dos Negócios (sem que proceda à sua definição dogmática) o conjunto de regras relativas ao direito das sociedades e ao estatuto jurídico dos comerciantes, as garantias, a cobrança de dívidas e vias de execução, o regime de recuperação de empresas e liquidação judicial, o direito de arbitragem, o das vendas e dos transportes e, bem assim, outras matérias que o Conselho de Ministros venha a decidir incluir nesse domínio de negócios, em conformidade com o objecto, por deliberação tomada com um quórum de pelo menos 2/3 dos Estados partes, e unanimidade dos seus representantes presentes e votantes.

II. Instituições da OHADA

A OHADA é composta por quatro instituições, as quais se encarregaram da elaboração e aplicação do novo direito comum:

(1) *O Conselho de Ministros da Justiça e das Finanças*

Este órgão adopta por unanimidade os Actos Uniformes, que são directamente aplicáveis em cada um dos Estados partes. Reúne pelo menos uma vez por ano, sob convocação do seu presidente, por iniciativa deste ou de 1/3 dos Estados partes. A presidência é exercida rotativamente por cada Estado parte pelo período de um ano.

(2) *O Secretariado Permanente*

Com sede em Yaoundé (Camarões) e dirigido por um secretário permanente nomeado por Conselho de Ministros para um mandato de quatro anos, o Secretariado Permanente é o órgão que funciona na dependência do Conselho de Ministros, encarregue da preparação dos Actos Uniformes em concertação com os governos dos Estados partes, da coordenação às actividades e acompanhamento dos trabalhos da organização.

É da sua responsabilidade, nomeadamente, o programa de harmonização do Direito dos Negócios e da publicação do Jornal Oficial da OHADA.

(3) Escola Regional Superior de Magistratura (ERSUMA)

Ligada ao Secretariado permanente e com sede em Porto-Novo (Benim), a ERSUMA assegura a formação e o aperfeiçoamento dos magistrados e dos auxiliares de justiça de Estados partes na matéria do Direito Harmonizado dos Negócios.

(4) O Tribunal comum de Justiça e de Arbitragem (CCJA)

Com sede em Abidjan (Costa do Marfim) sob a presidência do Venerando Magistrado Senegalês Seydou BA, o CCJA é composto de 7 juízes eleitos, para sete anos renováveis uma vez, entre os cidadãos dos Estados partes.

O Tribunal elege no seu seio para um período de três anos e seis meses não renováveis o seu presidente e dois vice-presidentes.

O Tribunal exerce as seguintes atribuições:
- emitir parecer tanto sobre os projectos do Acto Uniforme antes da sua apresentação e a sua eventual adopção pelo Conselho de Ministros, como também sobre a interpretação e elaboração dos Actos Uniformes;
- exercer a jurisdição de cassação, no lugar e por conta das supremas jurisdições nacionais na matéria de cassação, e por todo o contencioso relativo ao Direito Uniforme; o recurso junto do CCJA pode ser interposto quer directamente pelas partes do processo instaurado junto de uma jurisdição nacional, quer por reenvio de uma jurisdição;
- organizar e controlar o bom desenrolar dos procedimentos de arbitragem: nomeia ou confirma os peritos, é informado do desenrolar da instância e examina os projectos de sentença, embora sobre os mesmos esteja limitado a propor apenas modificações de carácter meramente formais.

III. Legislação interna da OHADA – os Actos Uniformes

Os Actos editados para adopção de regras comuns são qualificados de "Actos Uniformes".

Os projectos de Actos Uniformes são comunicados pelo Secretariado Permanente aos governos dos Estados partes, que dispõem de um prazo de noventa dias a contar da data de recepção desta comunicação para fazer chegar ao Secretariado Permanente as suas observações escritas.

O projecto de Acto Uniforme acompanhado de observações dos Estados partes e de um relatório do Secretariado permanente é transmitido de seguida à CCJA que dispõe de um prazo de trinta dias para dar o seu parecer.

O texto definitivo deve ser adoptado pelo Conselho de Ministros por unanimidade dos representantes dos Estados partes presentes e votantes.

Os Actos Uniformes entram em vigor, salvo disposição particular, nos noventa dias subsequentes à sua adopção pelo Conselho de Ministros de Justiça e das Finanças. São publicados no jornal Oficial da OHADA, bem como no jornal oficial de cada um dos Estados membros.

Em suma, os Actos Uniformes são directamente aplicáveis e obrigatórios em todos os Estados partes, não obstante toda a disposição contrária do direito interno, anterior ou posterior.

Entretanto, encontram-se já aprovados os seguintes Actos Uniformes:
- Acto Uniforme de 11/3/1999 relativo ao Direito de Arbitragem (J.O. OHADA, de 15/5/1999);
- Acto Uniforme relativo ao Direito Comercial geral (J.O. OHADA n.º 1 de 01/10/1997);
- Acto Uniforme relativo ao Direito das Sociedades Comerciais e dos agrupamentos de interesse económico (J.O. OHADA n.º 2 de 01/10/1997);
- Acto Uniforme relativo à organização de garantias (J.O. OHADA n.º 3 de 01/10/1997;
- Acto Uniforme relativo à organização dos procedimentos colectivos de apuramento do passivo (J.O. OHADA n.º 7 de 01/07/1998);
- Acto Uniforme relativo aos contratos de transporte de mercadorias por terra.

IV. Acto Uniforme de 11/3/1999 relativo ao Direito de Arbitragem no tratado institutivo da OHADA (J. O. OHADA, 15/5/1999).

Generalidades

As fontes jurídicas produzidas pela OHADA sobre a arbitragem traduzem-se essencialmente em algumas disposições do Tratado OHADA (artigo 2.º e 21.º e ss.), no Acto Uniforme de 11 de Março de 1999 relativo ao Direito de Arbitragem, no Regulamento de Arbitragem do CCJA de 11/3/1999 e, subsidiariamente, nas decisões do CCJA sobre a matéria, nomeadamente sobre os custos da arbitragem no Tribunal Comum de Justiça da OHADA.

Todavia, as fontes identificadas não limitam o universo dos instrumentos normativos aplicáveis ao Direito de Arbitragem no espaço OHADA. A elas acrescem as convenções internacionais ratificadas por certos Estados membros da OHADA, a maioria das quais se referem ao reconhecimento e execução de sentenças arbitrais estrangeiras, seja de modo específico, seja ainda num quadro genérico de acordos em matéria de cooperação judiciária.

A convenção internacional mais importante neste domínio é, sem dúvida, a convenção de Nova Iorque de 10/6/1958 para o reconhecimento e execução de sentenças arbitrais estrangeiras da qual fazem parte nove Estados da OHADA.

A primeira menção da arbitragem é contida no artigo 2.º do Tratado, que faz um elenco de matérias de direito substantivo constitutivos de Direito dos Negócios, e que devem, por conseguinte, fazer parte do objecto de Actos Uniformes.

É nesta base, que se alicerça a elaboração do Acto Uniforme de 11/3/1999 relativo ao Direito de Arbitragem. O artigo 2.º do Tratado constitui assim o fundamento de harmonização do conjunto de Direito de Arbitragem nos Estados membros da OHADA.

A segunda menção do Tratado sobre a arbitragem é contida nos artigos 21.º a 26.º, disposições que têm um alcance muito mais limitado que aquele do artigo 2.º. Aqui já não se trata propriamente de harmonizar o Direito de Arbitragem dos Estados membros da OHADA, mas sim fixar os fundamentos de uma arbitragem institucional específica organizada no quadro do CCJA. É nesta base, que se adoptou também o Regulamento de Arbitragem de 11/31999 para completar e precisar as regras aplicáveis a esta arbitragem institucional.

O Acto Uniforme relativo ao Direito de Arbitragem constitui, no entanto, a legislação comum sobre a arbitragem no conjunto dos Estados membros da OHADA.

Por conseguinte, aplica-se a toda arbitragem "ad hoc" ou institucional que tenha por sede um Estado membro da OHADA, comportando um efeito revogatório que afecta as legislações nacionais anteriores ou posteriores, na medida em que as suas disposições sejam contrárias àquelas do Acto Uniforme.

A arbitragem no CCJA é obviamente facultativa, ou seja, a instituição não detém nenhum monopólio na matéria de arbitragem. Com efeito, no espaço OHADA, as partes em litígio podem recorrer a uma arbitragem "ad hoc", a qualquer instituição permanente de arbitragem existente ou que se venha a criar num Estado membro da OHADA ou à instituição permanente que constitui o CCJA. Sendo certo porém, que sempre que a arbitragem tenha por lugar ou sede um Estado membro da OHADA, ela é sujeita às disposições do Acto Uniforme de 11/3/1999.

V. A convenção de arbitragem

A independência da convenção de arbitragem

O Acto Uniforme consagra o princípio da autonomia da cláusula de arbitragem, quer com respeito ao contrato principal quer relativamente ao direito a esse aplicável. Mas, inovando em matéria do Direito de Arbitragem internacional, o artigo 4.º do Acto Uniforme relativo ao Direito de Arbitragem, estabelece uma regra material de validade da convenção de arbitragem, segundo a qual a validade desta não é afectada pela nulidade do contrato, sendo apreciada por comum acordo das partes sem referência a nenhum direito estadual.

Todavia, o Acto Uniforme não comporta nenhuma reserva à validade da convenção arbitral, nem à que seria eventualmente determinada pelas exigências de ordem pública internacional. Este aspecto suscitará sem dúvida dificuldades, pois será preciso que a jurisprudência nacional e comunitária determinem os critérios segundo as quais a validade do consentimento e a capacidade das partes recorrerem a uma convenção de arbitragem deverá ser apreciada. Não nos parece, com efeito, conveniente deixar exclusivamente aos árbitros o poder de fixar tais critérios sem controlo de um juiz.

A forma da convenção de arbitragem

O Acto Uniforme não faz nenhuma distinção entre a cláusula compromissória e o compromisso arbitral, e nem tão pouco fornece uma definição de arbitragem. O artigo 3.º exige basicamente que a convenção seja feita por escrito ou por qualquer outro meio que permita a sua prova. A forma escrita portanto não é requerida para mais do que fins *ad probationem*; nenhuma forma particular nem nenhum conteúdo mínimo é exigido, o que é, de resto, conforme a tendência dominante no direito comparado.

A arbitralidade

Toda a pessoa singular ou colectiva pode recorrer à arbitragem sobre os direitos de que possa livremente dispor, tal como resulta da alínea 1 do artigo 2.º do Acto Uniforme.

Ainda sobre a capacidade jurídica, a alínea 2 do referido artigo enuncia o princípio geral de aptidão do Estado e de outras colectividades públicas territoriais e de estabelecimentos públicos serem partes em arbitragens sem, contudo, poderem *«invocar o seu próprio direito para contestar a arbitralidade de um litígio, a sua capacidade para se comprometerem em árbitros ou a validade da convenção de arbitragem»*, regra que corresponde à evolução contemporânea das normas da arbitragem internacional.

Os efeitos da convenção de arbitragem

Os efeitos desdobram-se em dois planos essenciais: a incompetência das jurisdições nacionais por um lado, e, por outro, a competência do árbitro para se pronunciar sobre a sua própria competência.

A incompetência das jurisdições nacionais

Inspirado no Código de Processo Civil francês, o artigo 13 alíneas 1, 2 e 3 do Acto Uniforme estabelece que, quando um litígio em composição no tribunal arbitral, for submetido à apreciação de uma jurisdição estadual, esta deve a pedido das partes declarar-se incompetente.

O juiz estadual não tem com efeito nenhum poder de apreciação sobre a validade da convenção de arbitragem. Outrossim, havendo convenção, mesmo que a demanda não tenha ainda sido feita no tribunal arbitral, a jurisdição estadual deve na mesma declarar-se incompetente, a menos que a convenção da arbitragem seja manifestamente nula.

Em todo o caso, o juiz estadual não pode conhecer da sua incompetência oficiosamente.

A existência de uma convenção arbitral não afasta a possibilidade da jurisdição estadual, a pedido da parte interessada, em caso de urgência evidente e fundamentada ou quando uma medida deva ser executada num Estado não parte da OHADA, instaurar medidas de natureza cautelar, conquanto não impliquem a apreciação do mérito da causa por que é competente o tribunal arbitral.

Em suma, se a colaboração do juiz estadual se revelar necessária na administração de prova, o tribunal arbitral pode oficiosamente requerer o concurso do juiz competente do Estado parte (que no caso seria o presidente da jurisdição comercial). O árbitro, desprovido de *ius imperium*, não pode ordenar às partes e nem tão pouco a terceiros, a produção de provas documentais ou testemunhais, necessárias ao apuramento da verdade. *En revanche*, não existe nenhuma disposição permitindo aos árbitros ordenar uma prova pericial, embora o silêncio do Acto uniforme não deva ser tido como algo que os prive de uma tal faculdade desde que comummente admitido, nomeadamente nos regulamentos de arbitragem.

O regulamento do CCJA (vide artigo 105) prevê, por seu turno, que salvo disposição contrária, o árbitro é competente para instaurar medidas de natureza cautelar ao longo do processo de arbitragem, o que é geralmente admitido também em direito de arbitragem. E acresce que a sentença que dispõe sobre medidas cautelares é susceptível de execução imediata.

Todavia, o expendido não coloca obstáculo à faculdade de as partes requererem junto das jurisdições nacionais a instauração de tais medidas cautelares, por elas deterem o monopólio de competência sempre que as medidas careçam de *ius imperium* do juiz.

VI. A constituição do tribunal arbitral

A designação dos árbitros

No Acto Uniforme

O Acto Uniforme reconhece a primazia da vontade das partes na constituição do tribunal arbitral: o artigo 5, alínea 1, dispõe também que os árbitros são nomeados, afastados ou substituídos conforme a vontade das partes. A alínea 2 contém disposições supletivas em caso de dificuldade na constituição do tribunal arbitral. O texto distingue consoante o tribunal arbitral é composto de três árbitros ou de um árbitro único. No primeiro caso, se uma das partes não nomeia árbitro num prazo de trinta dias a contar da recepção de um pedido nesse sentido de outra parte, ou se os dois árbitros não se põem de acordo sobre a escolha do terceiro árbitro dentro de um prazo de trinta dias a contar da data da sua designação, a designação é feita, a pedido de uma das partes, pelo juiz estadual competente da sede do tribunal arbitral.

Um tribunal arbitral pode compreender apenas um ou dois árbitros.

O artigo 8, alínea 2, contém uma disposição interessante: se as partes designam os árbitros em número ímpar, o tribunal é completado por um árbitro escolhido, conforme as previsões das partes, ou quer ainda, se elas nada preverem, pelo juiz estadual competente da sede da arbitragem.

No Regulamento da CCJA

Os árbitros são designados pelas partes e confirmadas pelo Tribunal comum de Justiça e da Arbitragem. Na falta de acordo das partes, quer sobre o árbitro único, quer sobre o presidente do tribunal arbitral, o CCJA procede à sua designação. Os árbitros podem ser escolhidos com base numa lista de árbitros estabelecida pelo próprio Tribunal ou fora dela. Os membros do CCJA não podem fazer parte desta lista. Para nomear os árbitros o Tribunal tem em conta a nacionalidade das partes, o lugar da sua residência, a natureza das questões em litígio e, eventualmente, as leis escolhidas pelas partes para se aplicar às suas relações. A tomada em conta destes diferentes critérios para a selecção dos árbitros permite ao Tribunal designar pessoas mais habilitadas às especificidades do litígio e do direito aplicável (se se tratar de uma arbitragem internacional). Tanto para proceder às tais nomeações como para definir a lista dos árbitros, o Tribunal pode recolher o parecer de peritos de reconhecida competência no domínio da arbitragem comercial internacional.

O artigo 3-1, alínea 5, dispõe que quando se trata de litisconsortes, eles devem apresentar ao Tribunal propostas conjuntas para a designação de um árbitro e que se os mesmos não se puserem de acordo no prazo estabelecido, o CCJA pode nomear a totalidade do tribunal arbitral.

VII. A escusa e substituição dos árbitros

No Acto Uniforme

O árbitro que tiver o pressentimento da existência de uma causa de impedimento na sua pessoa, deve informar as partes das causas da escusa. E só pode aceitar a sua missão com o seu acordo unânime e escrito (vide artigo 7, al. 2). A exigência de redução do acordo por escrito constitui sem dúvida uma prudente precaução, que evitará tentativas de escusa como manobras puramente dilatórias, mas que poderá, ao invés, traduzir-se num factor de bloqueio, se uma das partes recusa dar o seu acordo. Pela mesma razão, a parte que entende recusar um árbitro deve fazê-lo sem prazo, sendo certo porém que só uma causa de escusa revelada após a designação do árbitro seria admitida.

É recomendável às partes preverem o incidente de recusa, quer na convenção de arbitragem ou na adopção de um regulamento de arbitragem. Caso contrário, o incidente de escusa deve ser suscitado junto da jurisdição competente de um Estado parte, cuja decisão não é susceptível de nenhum recurso (vide artigo 7 al. 3). Se as partes não tiverem previsto na sua convenção de arbitragem as modalidades de substituição do árbitro em caso de incapacidade ou de falecimento, de demissão ou de afastamento, e não for feita referência a nenhum regulamento de arbitragem, as disposições do artigo 8, alínea 2, são aplicáveis: o árbitro faltoso ou ausente poderá ser substituído por outros árbitros ou, na falta de acordo destes últimos, pelo juiz estadual competente da sede da arbitragem.

No Regulamento do CCJA

O princípio fundamental da independência dos árbitros está consagrado nos termos do artigo 4. O Regulamento do CCJA é, no entanto, menos formalista porque não impõe ao árbitro que este assine a declaração de independência, embora deva reconhecer por escrito junto do secretariado do Tribunal Comum de Justiça os factos ou circunstâncias que possam ser de natureza a pôr em causa a sua independência no pressentir das partes. Estas informações são comunicadas às partes que são chamadas a fazer conhecer as suas observações. O mesmo sucede apenas com respeito aos factos e circunstâncias posteriores à sua designação.

O CCJA pronuncia-se sobre a receptibilidade e o bem fundado do pedido de escusa logo que o secretário-geral receba as observações escritas do árbitro em causa, eventualmente tanto de outros membros do tribunal arbitral como das partes. O Tribunal procede à substituição de um árbitro em caso de demissão ou impedimento de um árbitro. Em caso de demissão, ele aprecia a possibilidade da substituição tendo em conta o estado da evolução do processo e o parecer de dois outros membros do tribunal arbitral. Ele pode proceder à substituição de um co-árbitro que não participa na arbitragem e que não se tenha demitido. O Tribunal tem ainda o poder de recusar uma demissão. Se o árbitro persiste em não prosseguir a sua missão, o Tribunal aprecia se há ou não lugar a substituição. Se não houver, pode nos termos do artigo 4-3, al. 3, decidir que o processo da arbitragem prosseguirá com os dois restantes árbitros e que a sentença será editada apesar da recusa de concurso do árbitro cuja demissão não fora aceite. Esta disposição visa combater as manobras dilatórias em que se pode traduzir a demissão de um árbitro na fase final do processo, a fim de comprometer a arbitragem, quando nenhuma maioria contrária aos interesses da parte que o designa pareça estar reunida ou adquirida.

VIII. O procedimento de arbitragem

A primazia de vontade das partes para organizar um processo de arbitragem é afirmada nos termos do artigo 14, al. 1, que dispõe que as partes podem directamente, ou por referência a um regulamento de arbitragem, definir o processo de arbitragem. A força obrigatória do regulamento de arbitragem é reconhecida pelo artigo 10, al. 1), que autoriza, no entanto, as partes a descartarem certas disposições. Em matéria internacional, elas podem também submeter o processo à lei da sua escolha; uma grande latitude é assim deixada às partes. Na falta de uma convenção, o tribunal arbitral pode proceder à arbitragem como julgar mais apropriado, o que significa que não é obrigado a aplicar uma lei em particular, nomeadamente a da sede da arbitragem.

As únicas regras imperativas do processo que os árbitros devem observar, são aquelas que se referem à igualdade das partes e ao princípio do contraditório, que enuncia o artigo 9 do Acto Uniforme (assim como o artigo 14, al. 5 e 6). Trata-se de uma disposição processual imperativa cuja violação é sancionada com a nulidade da própria sentença arbitral.

Nos termos do artigo 10 al. 2, a instância é iniciada desde o momento em que uma das partes apresenta ao ou aos árbitros o seu requerimento nesse sentido, em conformidade com a convenção arbitral, ou na falta de uma tal disposição, logo que uma das partes se envolve no processo de constituição do tribunal arbitral.

O mesmo liberalismo existe quanto ao prazo de arbitragem. Nos termos do artigo 12, se a convenção de arbitragem não fixa o prazo, a missão dos árbitros não pode exceder os seis meses a contar da data em que o último de entre eles aceitou a convenção. O prazo legal ou convencional pode ser alargado, quer com o acordo das partes, quer a pedido de uma das partes ou do tribunal arbitral, pelo juiz competente do Estado da sede da arbitragem.

O artigo 16 do Acto Uniforme contém importantes disposições que se referem à cessação da instância arbitral, limitando estritamente as causas.

Desde logo, o artigo prevê que a instância arbitral pode ser prorrogada por acordo das partes, mas acresce que esta prorrogação pode igualmente ser ordenada, sem dizer, no entanto, por quem. Tratar-se-á dos árbitros, o que parece pouco provável e que seria portanto contrária a vontade das partes se elas não estiverem de acordo? Tratar-se-á sobretudo do juiz de apoio, que poderá ser demandado quer por uma das partes, ou quer ainda solicitado pelo tribunal arbitral?

Em suma, os incidentes que poderão afectar o árbitro pessoalmente de modo voluntário (abstenção ou demissão por exemplo) ou involuntariamente (morte ou afastamento) não põem termo a instância arbitral. A solução não poderia ser melhor, porquanto permite evitar que um procedimento arbitral seja posto em causa. Bastará que se proceda à substituição do árbitro faltoso ou impedido, nos termos do artigo 8 al. 2. Enfim, ficou especificado que a instância arbitral se extingue com a confissão do pedido, com a desistência, com a transacção ou a sentença definitiva.

Tratando-se de confissão dos factos articulados no pedido, ela pode ser feita a todo tempo, mesmo antes da constituição do tribunal arbitral. Quanto à transacção, ela pode ser submetida a homologação do tribunal arbitral e revestir a forma de uma sentença por acordo mútuo, se bem que este tipo de sentença não esteja previsto no Acto Uniforme.

O artigo 14 al. 8 contém uma interessante disposição sobre a renúncia do direito de colocar objecção. Dispõe que *«a parte que, em conhecimento de causa, se abstém de invocar sem prazo uma irregularidade e prossegue a arbitragem reputa-se ter renunciado dela prevalecer»*. Esta disposição permite declarar improcedente a excepção de nulidade suscitada intempestivamente por fins puramente dilatórios.

IX. A sentença arbitral

À luz do artigo 19 do Acto Uniforme, a sentença deve ser proferida por maioria dos votos no caso de colégio arbitral composto de três membros, mas não está previsto que o presidente detenha voto de qualidade em caso de empate. De acordo com o artigo 20, a sentença deve conter um certo número de menções obrigatórias, sem contudo precisar se o desvalor do acto seria sancionado com a nulidade. Em contrapartida, a nulidade é a consequência que se associa à falta de fundamentação da decisão arbitral (vide artigo 26). A questão que se impõe é a de saber se esta obrigação de fundamentação vale exclusivamente para arbitragens regidas pelo Acto Uniforme, ou aplicar-se-ia igualmente às sentenças proferidas no estrangeiro ao abrigo de uma lei de procedimento estrangeiro que não impõe aos árbitros o dever de fundamentarem a sua decisão, o que, na verdade, é muito raro em matéria de arbitragem internacional.

A sentença arbitral é assinada pelo ou pelos árbitros. Se uma minoria dentre eles se recusa a assinar, o facto será mencionado e a sentença terá o mesmo efeito que teria se tivesse sido assinada por todos os árbitros (vide artigo 21).

A relação material do árbitro com o litígio termina com a sentença final (vide artigo 22 do Acto Uniforme). Mas ele terá todavia o poder de interpretar a sentença ou de reparar erros ou omissões materiais. O requerimento para interpretação ou rectificação deve ser apresentado num prazo de trinta dias a contar da notificação da sentença e o tribunal arbitral dispõe de um prazo de quarenta e cinco dias para decidir. Está previsto que se o tribunal arbitral não puder reunir de novo, o poder de interpretação e de rectificação caberá ao juiz competente do estado membro (o da sede da arbitragem, naturalmente).

Mais liberal do que o Acto Uniforme, o Regulamento de Arbitragem do CCJA não exige que, sob pena de nulidade, a sentença seja fundamentada, salvo acordo contrário das partes e com a condição que a falta de fundamentação seja admitida conforme a lei aplicável ao procedimento de arbitragem (o que se exclui se o Acto Uniforme é aplicável). Liberalismo curioso face aos objectivos que se assinala à arbitragem – e particularmente à arbitragem do CCJA – dentro do espírito de harmonização do direito dos negócios no espaço OHADA.

Todavia, a fundamentação constitui actualmente a regra na prática de arbitragem comercial internacional, e a não fundamentação a excepção.

A sentença reveste-se da força de caso julgado à escala do território nacional de cada Estado membro, qual as decisões proferidas pelas jurisdições estaduais. Ela pode ser objecto de uma execução forçada em todos os estados membros de OHADA (artigo 27 do Regulamento).

X. O reconhecimento e execução de sentença arbitral

O Acto Uniforme

A existência de uma sentença arbitral é estabelecida pela produção do original acompanhado da convenção arbitral ou de cópias destes documentos devidamente autenticados (vide artigo 31, al. 2). Uma tradução certificada deve ser feita se a sentença e a convenção de arbitragem não forem redigidas em francês.

O *exequatur* é acordado (ou recusado) pelo juiz competente de cada Estado membro, mas o Acto Uniforme não precisa o procedimento a seguir, deixando por isso a cada ordenamento jurídico interno seguir o caminho que tiver por mais adequado.

O juiz de *exequatur* não exerce sobre a sentença mais que um controlo *prima facie*; limita-se apenas a verificar a existência da sentença e que não é «manifestamente contrária à ordem pública internacional dos Estados partes» (vide artigo 31 al. 4).

Deve-se entender por ordem pública internacional do Estado no qual a exequatur é requerida desde que se trata apenas de inserir a sentença na sua ordem jurídica, ou a ordem pública internacional do Estado comunitário da OHADA? Nos termos do artigo 32 do Acto Uniforme, a decisão que recusa o *exequatur* não é susceptível de recurso extraordinário de cassação para Tribunal Comum de Justiça. É portanto face às exigências de ordem pública internacional, cujo conteúdo o CCJA se encarregará de definir ao longo da sua jurisprudência, que a sentença será apreciada. Os redactores do Acto Uniforme o quiseram assim, por um lado limitar os recursos, por outro lado, confiar à uma única jurisdição o poder de cassação sobre as decisões judiciárias nacionais que recusam o *exequatur*.

A decisão que acorda o *exquatur* não é, quanto a ela, susceptível de nenhum recurso, tal como resulta do artigo 32, al. 2. Os recursos com fundamento na anulação da sentença implica *ipso iure*, dentro dos limites da competência do juiz do Estado parte, o recurso contra a decisão que tenha acordado o *exequatur*.

O campo de aplicação do artigo 25, que visa o recurso de anulação, que se limitada às sentenças proferidas num dos Estados membros da OHADA, sentenças proferidas fora do espaço OHADA não podem ser objecto de um recurso de anulação junto de jurisdições competentes da sede da arbitragem.

No entanto, em compensação, de uma disposição relevante do Acto Uniforme (vide artigo 34) resulta que «as sentenças arbitrais proferidas com fundamento em regras diferentes daquelas que se encontram previstos no Acto Uniforme, são reconhecidas nos ordenamentos jurídicos dos Estados membros (da OHADA), nas condições previstas pelas convenções internacionais eventualmente aplicáveis».

Grosso modo, para sintetizar o alcance do artigo 34 do Acto Uniforme, as sentenças arbitrais proferidas num Estado membro da OHADA e cujo reconhecimento ou execução são requeridas num Estado membro, serão submetidas às disposições do Acto Uniforme, mesmo se o Estado requerente adira à convenção de *New York*; as sentenças proferidas num Estado não membro da OHADA serão reconhecidas e executadas no Estado membro da OHADA parte da convenção de *Nova York* conforme as disposições próprias desta convenção. Enfim, as sentenças editadas no estrangeiro (fora portanto do espaço OHADA) poderão ser inseridas na ordem jurídica dos Estados membros que não tenham aderido à convenção de *New York* nas condições estabelecidas na parte final do referido artigo.

O regulamento do CCJA

O *exequatur* é acordado por despacho do presidente do CCJA ou do juiz em quem delega tal competência, a requerimento da parte que solicita o *exequatur*. O processo não é contraditório. A originalidade do Regulamento da CCJA reside no facto do *exequatur* conferir à sentença um carácter executório em todos os Estados membros da OHADA.

O *exequatur* reveste a fórmula de um atestado emitido pelo secretariado-geral do Tribunal Comum de Justiça, em face do qual o juiz do Estado em que a execução é pretendida apõe a fórmula executória tal como se ela vigorasse nesse Estado (vide artigo 31-1 al. 3 do Regulamento da CCJA). Dito de outro modo, o atestado emitido pelo Tribunal Comum impõe-se ao juiz nacional para quem resulta a obrigação de apor a fórmula executória.

Se a sentença é susceptível de execução no território de vários Estados membros da OHADA, é importante referir que será preciso requerer tantas fórmulas executórias quantas forem necessárias. O despacho que acorda *exequatur* é susceptível de oposição num prazo de quinze dias a contar do seu pronunciamento. E será julgado pelo Tribunal Comum numa das suas audiências ordinárias, conforme o seu regulamento de processo (vide artigo 30-5 al. 3).

III PARTE

REDE DE CENTROS DE MEDIAÇÃO, CONCILIAÇÃO E ARBITRAGEM NOS PAÍSES E COMUNIDADES DE LÍNGUA PORTUGUESA

Em 3 de Junho de 2005, reunidos em Óbidos, na I.ª. Convenção RAL – Resolução Alternativa de Litígios, o Ex-Presidente de Moçambique Joaquim Chissano – Presidente da Fundação Joaquim Chissano, a Concórdia – Centro de Conciliação e Mediação de Conflitos, o ISRI – Instituto Superior de Relações Internacionais de Moçambique, a Studium – Associação Santomense Promotora de Investimento e Desenvolvimento e os mais altos representantes da Ordem dos Advogados de Angola, Brasil, Cabo Verde, Guiné Bissau, Macau, Moçambique e Portugal assinaram um PROTOCOLO DE COLABORAÇÃO em que afirmaram o propósito e empenho na criação de uma Rede de Centros de Mediação, Conciliação e Arbitragem, para funcionar no espaço de Língua Portuguesa para o que, para além de um esforço no sentido da aproximação da Legislação, procurarão estabelecer um conjunto de regras comuns sobre regulamentos de procedimentos e custas, qualificação de mediadores, conciliadores e árbitros (Clausula 3 do Protocolo).

Por outro lado, proclamou-se que as partes signatárias incentivarão a participação dos advogados nas diversas instâncias da resolução de conflitos como agentes essenciais para a verdadeira concretização da cidadania (Clausula 5).

Na IX Assembleia Geral da UALP (União dos Advogados de Língua Portuguesa) reunida em 26 de Novembro de 2006, em Macau, a Concórdia foi incumbida de elaborar um relatório preparatório que analisasse as várias legislações dos espaços de língua portuguesa e sua compatibilização com as convenções internacionais conexas que regulam a actividade de Mediação, Conciliação e Arbitragem.

Este livro corresponde ao cumprimento dessa incumbência que a Concórdia considera ter interesse suficiente para a presente publicação.

Da análise efectuada conclui-se existir ainda uma verdadeira harmonia de pensamento jurídico, mau grado terem já passado quase 25 anos sobre a discussão da proposta de Lei de Arbitragem em Portugal, da autoria da saudosa Professora Isabel Magalhães Colaço. É impressionante a durabilidade desta Lei e a influência que ela continua a ter no ordenamento e na jurisprudência sobre arbitragem dos países de língua portuguesa.

Impressionou-nos igualmente a preocupação da Lei de Arbitragem, Conciliação e Mediação de Moçambique (LACM) ao regular os meios de resolução alternativa de litígios num só diploma, cuidando ainda e especialmente da regulação da arbitragem comercial internacional.

A previsão da autorização das partes para o tribunal decidir "ex aequo et bono" ou na qualidade de "amiable compositeur" (art. 54 n.º 3 da LACM) corresponde igualmente uma preocupação de promover um meio misto de regulação de litígios entre a mediação e a arbitragem (do tipo "medarb" americano). Em qualquer caso, segundo a lei moçambicana, o tribunal arbitral, quer interno quer internacional, deverá decidir de acordo com as estipulações do contrato e terá em conta os usos, os costumes e as regras internacionais do comercio aplicáveis à transacção (artigos 34 n.º 4 e 54 n.º 43 da LACM).

Quer isto dizer que, mesmo antes da aprovação da Constituição de Moçambique de 2004, a LACM já tinha acolhido internamente a ideia de **pluralismo jurídico** (e judiciário) que aquela lei fundamental assumiu no artigo 4 sob a epígrafe, precisamente (pluralismo jurídico):

ARTIGO 4.º

"O Estado reconhece os vários sistemas normativos e de resolução de conflitos que coexistem na sociedade moçambicana, na medida em que não contrariam os valores e os princípios fundamentais da constituição".

Moçambique constitui assim um bom exemplo a reter, quer por acolher muitos aspectos e soluções da Lei Modelo de CNUDCI, quer por já ter aderido à Convenção de Nova Iorque sobre o reconhecimento de sentenças arbitrais estrangeiras (entrada em vigor em 9 de Setembro de 1998).

Comungamos da conclusão do Prof. Doutor Dário Moura Vicente que reconhece que a ordem jurídica moçambicana encontra-se hoje dotada de um regime moderno e bastante minucioso de resolução extrajudicial de litígios cujo regime é **convergente** com aqueles que encontramos noutros países e territórios de língua oficial portuguesa, do Brasil até Macau.

Fala-se de uma comunhão de institutos, de valores e de soluções que convergem numa concepção comum do Direito descendente da família jurídica romano-germanica. Mesmo que não se considere haver nos nossos países de língua portuguesa, uma família jurídica única, o Prof. Dário Moura Vicente defende que fazemos parte de uma mesma *"COMUNIDADE JURÍDICA, entendida como uma realidade simultaneamente mais restrita e mais profunda do que uma família jurídica: mais restrita, porque há entre os sistemas que a integram uma comunhão de institutos, valores e soluções para determinados problemas jurídicos, e que não corresponde a uma particular concepção de Direito; mais profunda porque essa comunidade reflecte laços culturais mais intensos do que aqueles que normalmente existem entre os membros de uma família jurídica"...*[14]

Os Países desta Comunidade Jurídica em que o pluralismo jurídico e judiciário predomina, têm celebrado vários acordos bilaterais de cooperação jurídica e judiciária em que se contempla o reconhecimento de sentenças arbitrais (Portugal – Angola ratificado em 1997; Portugal – Cabo Verde ratificado em 1976; Portugal – Guiné Bissau, ratificado em 1989; Portugal – Moçambique ratificado em 1991 e

---

[14] Dário Moura Vicente – Professor da Faculdade de Direito de Lisboa: "Arbitragem e outros meios de resolução extrajudicial de litígios no Direito Moçambicano" texto que serviu de base à palestra proferida na Beira, a convite da Faculdade de Direito da Universidade Eduardo Mondlane, em 6 de Novembro de 2006.

Portugal – São Tomé e Príncipe ratificado em 1976 – facilitando o reconhecimento e confirmação das sentenças arbitrais dos Estados contratantes, mas nunca a dispensando.

Por outro lado, coexistem outros regimes que abrangem pelo menos o Brasil e Portugal, sendo neste último caso o Tribunal da Relação[15] a instância competente para proceder à revisão e confirmação da sentença arbitral, nos termos dos artigos 1094 e ss. do Código Processo Civil, sem prejuízo das seguintes Convenções:

a) Convenção para a Execução das Sentenças Arbitrais Estrangeiras, assinada em Genebra em 1927.
b) Convenção sobre o Reconhecimento e a Execução de Sentenças Arbitrais Estrangeiras, concluída em Nova Iorque em 1958 (em vigor em Portugal desde 1995).
c) A Convenção Interamericana sobre Arbitragem Comercial, assinada no Panamá (ratificada por Portugal em 2002).
d) Convenção para a Resolução de Diferendos Relativos a Investimentos entre os Outros Estados, concluída em Washington em 1965 (ratificada em Portugal em 1984).

Nesta Comunidade Jurídica Lusófona coexistem em matéria de reconhecimento de sentenças arbitrais estrangeiras, pelo menos, seis regimes: um, o dos Acordos bilaterais entre Portugal e os cinco países africanos de língua portuguesa e ainda mais quatro regimes específicos de cada Convenção atrás citada, aplicáveis aos respectivos estados contratantes; finalmente coexiste o regime dos países que não são partes, nem dos acordos bilaterais, nem das Convenções internacionais a que se aplica integralmente o regime do código de processo civil de 1961 (artigos 1094 e ss), em vigor em Portugal e com regime equivalente nos países africanos de língua portuguesa.

Acresce que a República da Guiné-Bissau tem condicionamentos convencionais para subscrever convenções internacionais que versem sobre arbitragem como

---

[15] Ac STJ em sentido contrario: Ac. do S.T.J. de 22-4-2004 (P. 705/2004) *Revisão de sentença estrangeira:"O que releva para decidir sobre qual o tribunal absolutamente competente para rever e reconhecer uma sentença estrangeira é a qualidade da entidade donde ela emana:*
   a) *se de um tribunal estadual, isto é, se se trata de uma sentença judicial, cabe tal competência ao tribunal da Relação, conforme prescrevem a alínea f) do n.º 1 do artigo 58.º da LOFTJ e o artigo 1095.º' do Código de Processo Civil;*
   b) *se de árbitros ou de órgãos de arbitragem permanente, isto é, se se trata de uma sentença arbitral, será competente o tribunal da 1.ª Instância, nos termos das disposições conjugadas da 2.º parte do artigo III da Convenção Sobre o Reconhecimento e a Execução de Sentenças Arbitrais Estrangeiras, celebrada em Nova Iorque em 10/06/1958 e dos artigos 24.º, n.º 2 e 30.º, n.º 2 da Lei de Bases de Arbitragem Voluntária, aprovada pela Lei 31/86, de 20 Agosto.* Contudo, esta posição jurisprudencial não é de todo consensual. Luis Lima Pinheiro afirma mesmo que *"não tem qualquer fundamento jurídico-positivo a posição, seguida pela jurisprudência, que atribui essa competência ao tribunal de 1.ª Instância"* (Lima Pinheiro, *Arbitragem Transnacional, A Determinação do Estatuto da Arbitragem*, págs. 299 e 300).

a Convenção de Nova Iorque, enquanto for parte do Tratado da OHADA (cf. arts. 1.º e 2.º) deste Tratado).

Releva finalmente a reserva formulada por Portugal à Convenção de Nova Iorque, fundada no princípio da reciprocidade, por força da qual só aplicará a Convenção de Nova Iorque no caso de as sentenças arbitrais estrangeiras terem sido proferidas no território de Estados a ela vinculados. Assim, ao reconhecimento de uma sentença arbitral portuguesa em relação ao Brasil e Moçambique aplica-se a Convenção de Nova Iorque. Em relação a Angola, Cabo Verde, Guiné-Bissau e São Tomé e Príncipe aplicam-se, caso a caso, os Acordos bilaterais de cooperação jurídica e judiciária.

Pensamos que, mesmo relativamente a sentenças arbitrais de Moçambique e Portugal que aderiram à Convenção de Nova Iorque, pode esta Convenção prevalecer em relação ao Acordo bilateral de Cooperação Jurídica e Judiciária[16-17] que considera como requisitos necessários para a confirmação das decisões arbitrais (art. 14 n.º 1 al. g e n.º 2) para além do que impõe a Convenção de Nova Iorque:

"(…) Artigo 14.º … (Requisitos necessários para a confirmação)
n.º 1 – Para que as decisões sejam confirmadas é necessário:
(…) g) *Sendo proferidas contra nacional do país onde se pretender fazer valer, não ofenderem as disposições do respectivo direito privado quando por este devessem ser resolvidas as questões segundo as regras de conflitos desse direito*"

De facto, a Convenção de Nova Iorque não prevê qualquer revisão do mérito da sentença arbitral e encontra-se em vigor em quase 140 países, desejando que os restantes países lusófonos a ela adiram para fomentar o investimento estrangeiro e a necessária transferência de tecnologias dos países mais desenvolvidos.

Para além deste aspecto importantíssimo do reconhecimento internacional das sentenças arbitrais que suplanta, em muito, a eficácia internacional das decisões judiciais, preconiza-se a utilização de um sistema de prevenção e gestão de conflitos que se vulgarizou no Continente Americano e que hoje já é objecto de uma Directiva Comunitária sobre Mediação de Conflitos[18] e outros meios alternativos de resolução de conflitos aplicáveis aos conflitos civis e comerciais.

A este propósito vale a pena invocar aqui a Resolução do Conselho de Ministros de Portugal n.º 175/2001[19] sobre resolução de diferendos aprovada sob pro-

---

[16] Publicado no Diário da República, I.ª Série n.º 37, de 14 de Fevereiro de 1991 – artigo 14 n.º 1 e 2.

[17] Princípio de "*Favor arbitrandum*".

[18] Directiva n.º 2008/52/CE do Parlamento Europeu e do Conselho.

[19] "…Assim, nos termos da alínea g) do artigo 199.º da Constituição, o Conselho de Ministros resolve: 1 – Reafirmar o firme propósito de promover e incentivar a resolução de litígios por meios alternativos, como a mediação ou a arbitragem, enquanto formas céleres, informais, económicas e justas de administração e realização da justiça.

2 – Assumir e afirmar que o Estado, nas suas relações com os cidadãos e com as outras pessoas colectivas, pode e deve activamente propor e aceitar a superação dos diferendos em que ele mesmo seja parte com recurso aos meios alternativos de resolução de litígios.

3 – Determinar que, no contexto da negociação de contratos em que o Estado ou outras pessoas colectivas públicas que integram a administração estadual indirecta sejam parte, se proponham e conven-

posta do então Ministro da Justiça, António Costa, sendo Secretário de Estado, Diogo Lacerda Machado – Vice-Presidente e Fundador da Concórdia.

A Concórdia – Centro de Conciliação e Mediação de Conflitos lançou em 2005 na I.ª Convenção RAL a ideia de criação de uma Rede de Centros de Mediação, Conciliação e Arbitragem dos Espaços de Língua Portuguesa. Nos vários encontros promovidos pela Concórdia, verificou-se, com assinalável satisfação, como **primeira convergência**, que há em todos os Países, designadamente entre os mais altos responsáveis dos respectivos Estados e entre os Advogados, uma ideia bastante completa e segura do que é a arbitragem e algumas noções essenciais sobre a mediação e a conciliação, estas como soluções extrajudiciais em que a decisão não é imposta por um terceiro como prerrogativa de autoridade especial e a lei pode não ser critério determinante para a superação do conflito. Constatou-se depois, em **segunda convergência** que em todos e cada um dos Países é ainda relativamente diminuta a utilização dos meios alternativos de resolução de conflitos. A partir desta constatação e em **terceira convergência**, os participantes concordaram no maior interesse e utilidade no fomento e multiplicação do recurso a tais meios ou modalidades, seja como resposta bastante adequada para necessidades individuais e de desenvolvimento social, seja como caminho complementar na reforma e na melhor afirmação dos sistemas judiciais.

Por assim ser e pelas óbvias afinidades entre todos os Países, que neste âmbito parecem encontrar-se em estádios de evolução não muito diferenciados, em **quarta convergência** e decisiva concordância, foi muito bem acolhida a ideia de se estudar a possibilidade de avançar, daqui em diante, num percurso comum e de se estabelecer uma **rede** de RAL (Resolução Alternativa de Litígios) assente na matriz da língua comum.

Revelar uma outra face da justiça, que se aproxima das pessoas e que, por se apresentar menos como o poder de castigar e mais como o dever de ajudar, pode até fazer olhar o conflito como ocasião para uma boa evolução, pode servir igualmente os Países em que o sistema judicial tradicional se afoga com processos que (só) entram nele por aparente ausência de alternativas ou por ignorância sobre estas como os Países em que esse mesmo sistema ainda está em construção. Tratando-se, assim, do preenchimento de lacunas pela criação de uma oferta plural e diversificada que complete a existência do sistema judicial tradicional, revestido com a dignidade simbólica, a solenidade e a rigidez ritual que lhe são próprias, procura-se no primeiro caso emendar o mal pretérito e no segundo, prevenir o mesmo mal futuro.

---

cionem cláusulas que privilegiem a composição de diferendos com recurso aos meios alternativos de resolução de litígios, nos termos da lei.

4 – Recomendar que, no contexto da negociação de contratos em que seja parte uma entidade integrada no sector empresarial do Estado, se proponham e convencionem cláusulas que privilegiem a composição de diferendos com recurso a meios alternativos de resolução de litígios, nos termos da lei.

5 – Determinar que, no desenvolvimento das suas atribuições, o Estado e outras pessoas colectivas públicas que integram a administração estadual indirecta proponham e adoptem soluções concretas de mediação e de arbitragem como modalidades, preventivas e alternativas, de composição de litígios com os cidadãos, as empresas e outras pessoas colectivas.

6 – Fazer novamente saber que, sem prejuízo da escolha de arbitragem ad hoc, os centros de arbitragem legalmente reconhecidos e institucionalizados constituem hoje uma oferta merecedora de especial confiança e indiscutível aceitação para actuarem nos diferendos acima referidos".

A criação de um conjunto de centros de meios alternativos, inicialmente dedicados à mediação, à conciliação e à arbitragem e a sua actuação em rede, pode também contribuir para que o conjunto dos agentes económicos que já actuam ou que se propõem vir a actuar no espaço plurinacional dos Países de Língua Portuguesa encontrem aí um importante instrumento para o reforço da confiança na protecção dos investimentos e de transferência de tecnologias.

Conclusão

Analisadas as legislações e Convenções aplicáveis aos Países e Espaços de Língua Portuguesa, Angola, Brasil, Cabo Verde, Guiné-Bissau, Macau, Moçambique, Portugal, São Tomé e Príncipe e Timor de acordo com as nossas conclusões torna-se imperioso criar um conjunto de regras de aplicação comum para o desenvolvimento das actividades de Conciliação e Mediação de Conflitos e sobretudo da Arbitragem, criando um instrumento comum: o Regulamento Geral da Rede de Centros de Mediação, Conciliação e Arbitragem de Espaços de Língua Portuguesa, contendo nomeadamente:

1) Um Código deontológico, de conduta e qualificação dos Conciliadores, Mediadores e Árbitros;
2) Uma Lista de Aderentes aos Centros de Resolução de Conflitos da REDE;
3) Um Regulamento do procedimento de Conciliação e Mediação de Conflitos.
4) Um Regulamento de Arbitragem Voluntária.
5) Um Regulamento de custos de Conciliação e Mediação de Conflitos.
6) Um Regulamento de custos da Arbitragem e dos honorários dos Árbitros.
7) Um Regulamento de Apoio Social aos Centros de Mediação, Conciliação e Arbitragem para acesso dos mais desfavorecidos.

Finalmente, admitido o princípio da existência destes instrumentos comuns, há que retomar a ideia do Conselho Empresarial da C.P.L.P. com vista a criar um tribunal arbitral ao nível desta comunidade mas com uma finalidade exclusiva de servir de tribunal arbitral de Recurso, constituindo assim um verdadeiro regime Alternativo de Resolução de Litígios, independente dos vários sistemas judiciários estaduais.

Estamos, assim, disponíveis para prosseguir nesta missão harmonizadora dos princípios que já são comuns, conciliando as instituições que já se dedicam à resolução alternativa de litígios na ajuda da construção da Paz e do Desenvolvimento. Assim, continuaremos a desempenhar com determinação o estatuto de Observador Consultivo da C.P.L.P. que cabe à Concórdia desde Julho de 2008.

PROTOCOLO DE COLABORAÇÃO

ENTRE

FUNDAÇÃO JOAQUIM CHISSANO
E

CONCÓRDIA – Centro de Conciliação e Mediação de Conflitos

ISRI – Instituto Superior de Relações Internacionais de Moçambique

STUDIUM – Associação Santomense Promotora de Investimento e Desenvolvimento

ORDEM DOS ADVOGADOS DE ANGOLA

ORDEM DOS ADVOGADOS DO BRASIL

ORDEM DOS ADVOGADOS DE CABO VERDE

ORDEM DOS ADVOGADOS DA GUINÉ BISSAU

ASSOCIAÇÃO DOS ADVOGADOS DE MACAU

ORDEM DOS ADVOGADOS DE MOÇAMBIQUE

ORDEM DOS ADVOGADOS DE PORTUGAL

Introdução

Considerando o mútuo interesse de uma cooperação nos domínios do estudo e conhecimento dos conflitos, da busca de soluções para a sua prevenção, gestão e resolução pacífica, da promoção, divulgação e adopção dessas soluções e da formação de pessoas capazes de as protagonizar, nomeadamente no Espaço de Língua Portuguesa, as entidades signatárias, entenderam oportuno estabelecer um Protocolo de colaboração, com os seguintes princípios:

Cláusula 1

As entidades signatárias afirmam a vontade de colaborarem nos domínios do estudo e conhecimento dos conflitos, da busca de soluções para a sua prevenção, gestão e resolução pacífica, da promoção, divulgação e adopção dessas soluções e da formação de pessoas capazes de as protagonizar, nomeadamente no Espaço de Língua Portuguesa, bem como a permuta de informação e documentação.

Cláusula 2

Em concretização dessa vontade, as entidades signatárias propõem-se viabilizar:
- A utilização recíproca de Bibliotecas e Centros de documentação que lhes pertençam;
- O intercâmbio recíproco de informação e documentação;
- A realização ou o apoio à realização de projectos de investigação científica no âmbito do estudo do conflito, da sua gestão e modalidades de superação pacífica;
- A realização no Espaço de Língua Portuguesa de colóquios, seminários e outras reuniões sobre temas de interesse comum;
- A permuta de publicações que venham a editar.

Cláusula 3

Também em concretização da sua vontade e especialmente do que entre as Ordens e Associações de Advogados ficou acertado nos encontros realizados em Lisboa e Óbidos, nos dias 7 de Janeiro, 2 e 3 de Junho de 2005, as partes signatárias afirmam o seu propósito e empenho na criação de uma rede de Centros de Mediação, Conciliação e Arbitragem, para funcionar no espaço de Língua Portuguesa para o que, para além de um esforço no sentido da aproximação de legislações, procurarão estabelecer um conjunto de regras comuns sobre regulamentos de procedimentos e custos, qualificação de mediadores, conciliadores e árbitros.

Cláusula 4

As entidades signatárias facultarão e incentivarão a assistência e participação, nomeadamente através do intercâmbio de assessores, professores, advogados e conferencistas, em conferências, colóquios e seminários que periodicamente realizem.

Cláusula 5

As Entidades signatárias incentivarão a participação dos advogados nas diversas instâncias da resolução de conflitos como agentes essenciais para a verdadeira concretização da cidadania.

Cláusula 6

O Protocolo começa a produzir efeitos a partir da data da sua assinatura e poderá ser alterado a todo o tempo, sem prejuízo da necessidade da sua ratificação por algumas das entidades signatárias.

Feito e subscrito em Óbidos, aos 3 dias do mês de Junho do ano de 2005.

Pela Fundação Joaquim Chissano

(Joaquim Alberto Chissano - Presidente)

Pela CONCORDIA – Centro de Conciliação e Mediação de Conflitos

(António Pires de Lima - Presidente)

Pelo ISRI – Instituto Superior de Relações Internacionais de Moçambique

(Jamisse Taimo - Reitor)

Pela STUDIUM – Associação Santomense Promotora de Investimento e Desenvolvimento

(Fernando Tonim - Vice-Presidente)

Pela ORDEM DOS ADVOGADOS DE ANGOLA

(Raúl Araújo - Bastonário)

Pela ORDEM DOS ADVOGADOS DO BRASIL

(Jorge Fontoura - Consultor para as Relações Internacionais)

Pela ORDEM DOS ADVOGADOS DE CABO VERDE

(Carlos Veiga - Bastonário)

Pela ORDEM DOS ADVOGADOS DA GUINÉ BISSAU

(Armando Mango - Bastonário)

Pela ASSOCIAÇÃO DOS ADVOGADOS DE MACAU

(Jorge Neto Valente - Presidente)

Pela ORDEM DOS ADVOGADOS DE MOÇAMBIQUE

(Carlos Cauio - Bastonário)

Pela ORDEM DOS ADVOGADOS DE PORTUGAL

(João Perry da Câmara - Vice-Presidente do Conselho Geral)

Fotografias da I Convenção RAL
Resolução Alternativa de Litígios – Lisboa Setembro 2005

Joaquim Chissano, Ex-Presidente da República de Moçambique, e o Bastonário António Pires de Lima, 1.º Presidente da Concordia.

Miguel Cancella d'Abreu entre representantes dos vários espaços lusófonos trajadas com os fatos regionais dos seus países de origem.

ÍNDICE

PREFÁCIO 5

NOTA INTRODUTÓRIA 7

I PARTE
Legislação sobre Arbitragem e Outros Meios de Resolução de Litígios:
Conciliação e Mediação de Conflitos

TÍTULO   I – **ANGOLA**
Capítulo I – Lei Sobre a Arbitragem Voluntária – Lei 16/03, de 25 de Julho 14
Capítulo II – Comentários 31

TÍTULO   II – **BRASIL**
Capítulo I – Lei da Arbitragem – Lei 9307, de 23 de Setembro de 1996 38
Capítulo II – Comentários 70

TÍTULO III – **CABO VERDE**
Capítulo I – Lei da Arbitragem – Lei n.° 76/VI/2005, de 16 de Agosto 78
Capítulo II – Comentários 101

TÍTULO IV – **GUINÉ-BISSAU**
Capítulo I – Arbitragem Voluntária – Decreto-Lei n.° 9/2000, de 2 de Outubro 107
Capítulo II – Comentários 125

TÍTULO   V – **MACAU**
Capítulo I – Arbitragem Voluntária – Decreto-Lei n.° 29/96/M, de 11 de Junho 133
Capítulo II – Comentários 168

TÍTULO VI – **MOÇAMBIQUE**
Capítulo I – Lei de Arbitragem, Conciliação e Mediação – Lei n.° 11/99, de 8 de Julho. 176
Capítulo II – Comentários 204

TÍTULO VII – **PORTUGAL**
Capítulo I – Lei de Arbitragem Voluntária – Lei n.° 31/86, de 29 de Agosto 214
Capítulo II – Comentários 237

TÍTULO VIII – **SÃO TOMÉ E PRÍNCIPE**
Capítulo I – Lei de Arbitragem Voluntária – Lei n.° 9/2006, de 2 de Novembro 248
Capítulo II – Comentários 259

Título IX – **TIMOR**
Capítulo I – Código Processo Civil de Timor – Decreto-Lei n.º 2006/01 264
Capítulo II – Comentários 265

Título X – Quadro comparativo das Leis e a sua interdependência com o sistema judicial estadual 267

II PARTE
Convenções Internacionais

Título I – CONVENÇÃO DE GENEBRA DE 1927 sobre a execução de sentenças arbitrais estrangeiras 271

Título II – CONVENÇÃO DE NEW YORK de 10 de Junho 1958, sobre reconhecimento e execução de sentenças arbitrais estrangeiras 275

Título III – LEI-MODELO DA CNUDCI sobre a arbitragem comercial internacional, de 21 de Julho de 1985 285

Título IV – ACORDO SOBRE ARBITRAGEM COMERCIAL INTERNACIONAL DA MERCOSUL 299

Título V – CONVENÇÃO DE WASHINGTON para a resolução de diferendos relativos a investimentos entre Estados e nacionais de outros Estados, de 18 de Março de 1965 311

Título VI – CONVENÇÃO INTERAMERICANA SOBRE ARBITRAGEM COMERCIAL INTERNACIONAL (PANAMÁ) 333

Título VII – DIRECTIVA 2008/52/CE DO PARLAMENTO EUROPEU E DO CONSELHO relativa a certos aspectos da mediação em matéria civil e comercial ... 337
Comentários 346

Título VIII –
Capítulo I – ACTO UNIFORME DA OHADA (Organização para a Harmonização do Direito dos Negócios em África) Relativo ao Direito da Arbitragem 347
– Regulamento de Arbitragem do Tribunal Comum de Justiça e Arbitragem da OHADA 357
Capítulo II – Comentários 372

III PARTE
Rede de Centros de Mediação, Conciliação e Arbitragem nos Países e Comunidades de Língua Portuguesa

Conclusão 387
Protocolo de Colaboração, Óbidos 2005 393
Fotografias I Convenção RAL, Lisboa 2005 397

Índice 399